【北京社科名家文库】

# 东方哲学与亚洲价值观

DONGFANG ZHEXUE YU YAZHOU JIAZHIGUAN

黄心川自选集

黄心川◎著

首都师范大学出版社
CAPITAL NORMAL UNIVERSITY PRESS

**图书在版编目(CIP)数据**

东方哲学与亚洲价值观 ：黄心川自选集 / 黄心川著. —北京：首都师范大学出版社，2018.12
(北京社科名家文库)
ISBN 978-7-5656-4893-9

Ⅰ.①东… Ⅱ.①黄… Ⅲ.①东方哲学—文集 Ⅳ.①B3-53

中国版本图书馆 CIP 数据核字(2018)第 301373 号

**北京社科名家文库**
DONGFANG ZHEXUE YU YAZHOU JIAZHIGUAN
**东方哲学与亚洲价值观**
黄心川自选集
**黄心川 著**

---

项目统筹：杨林玉　　责任编辑：钱　浩
责任设计：王征发　　责任校对：李佳艺
首都师范大学出版社出版发行
地　址　北京西三环北路 105 号
邮　编　100048
电　话　68418523(总编室)　68982468(发行部)
网　址　http://cnupn.cnu.edu.cn
印　刷　三河市博文印刷有限公司
经　销　全国新华书店
版　次　2018 年 12 月第 1 版
印　次　2018 年 12 月第 1 次印刷
开　本　710mm×1000mm　1/16
印　张　25.75　　插页　2
字　数　428 千
定　价　65.00 元

---

# 出版说明

1978年，中国改革开放的元年。自那一年开始，中国已经走过了波澜壮阔的30年。这是伟大的30年，是改变中国的30年，是震惊世界的30年，也是哲学社会科学蓬勃发展的30年。

在哲学社会科学这30年的辉煌成就里，浸透着为新中国哲学社会科学奠基的老一辈专家呕心沥血的求索，也镌循着寻着他们足迹的后来者追求真理的步伐。“学之大者，国之重器”。我们有责任将这些“大者”潜心研究的成果，重新编辑出版以飨读者。为此，北京市社会科学界联合会和首都师范大学出版社将这一套《北京社科名家文库》奉献给读者。她以自选集的体例形式，每年推出一批，争取在几年内达到百种以上。《北京社科名家文库》将系统展示当代哲学社会科学名家学者30年来的学思精华，展示他们的学术探索历程和风采。同时，为使这套《北京社科名家文库》更加丰富，编委会决定在首都师范大学出版社已出版的《当代著名学者自选集》中挑选符合体例的图书，编辑成《北京社科名家文库·纪念辑》，这将更完整地反映北京学人在学术风范和学术使命上的历史延续。

我们相信，《北京社科名家文库》将能够成为具有文化传承价值的经典性大型出版工程，成为集中展示首都哲学社会科学重要成果的一个窗口。由于我们水平所限，定有不足之处，希望读者和同仁给予批评指正。

编　委　会

2009年11月

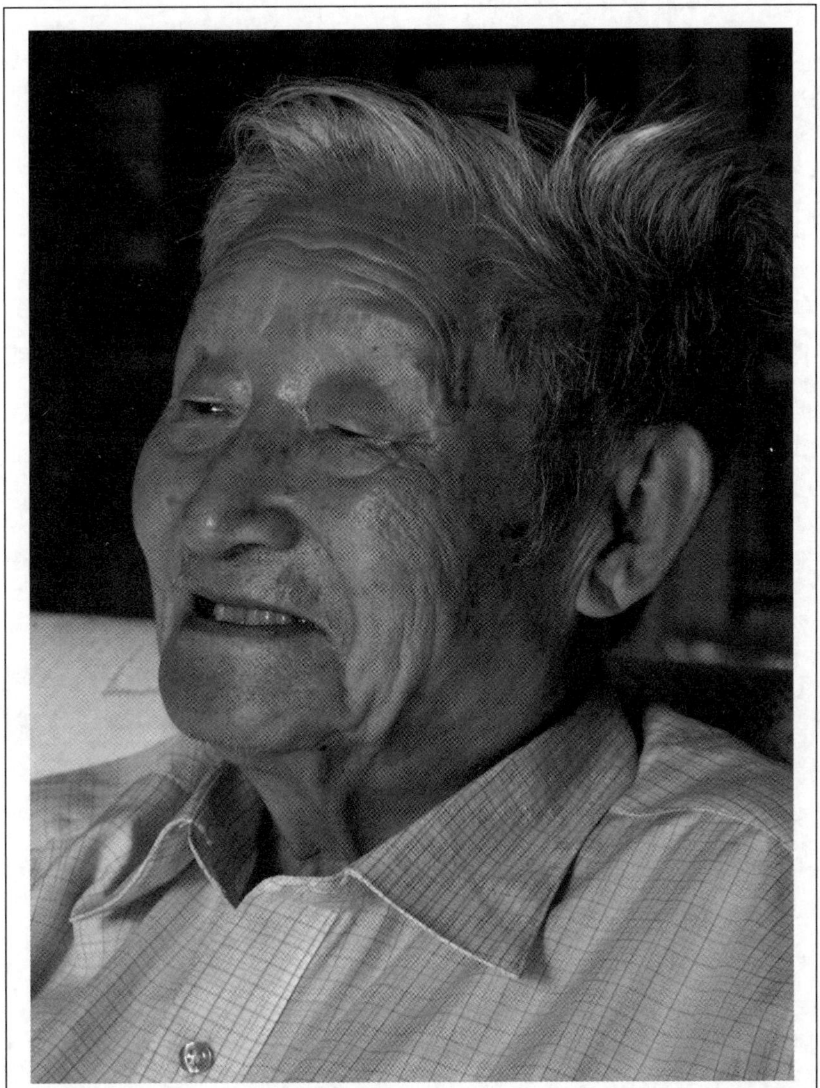

黄心川先生

# 目录

北京社科名家文库


1 学术自述

1 印度古代的唯物主义——顺世论

18 安藤昌益与《自然真营道》

29 印度 19 世纪爱国的哲学家和社会活动家辨喜的思想

49 略论泰戈尔的哲学和社会思想

61 伊克巴尔的哲学和社会思想

73 朱舜水的学术思想及其在日本的流布

82 印度奥义书的哲学思想

101 沙俄侵略蒙藏与喇嘛教

117 印度正理论的认识论和逻辑思想

125 印度的启蒙运动与罗姆·摩罕·罗易

139 印度的吠陀经
——读恩格斯关于宗教定义的一些体会

154 印度的胜论哲学及其在中国的影响

北京社科名家文库

176 印度数论哲学述评
——汉译《金七十论》与梵文《数论颂》对比研究
207 东方哲学的起源、演变及其与中国的关系
221 中国传统文化与东亚文化模式
231 中国与东方周边国家哲学的双向交流及其影响
244 “三教合一”在我国发展的过程、特点及其对周边国家的影响
254 东西文化中的人和自然的关系
258 世界宗教的亚洲起源、传播和现状
269 佛教在东亚
276 论中国历史上的宗教与国家的关系
287 中韩文化的共同特征以及相异性
293 韩国佛教的发展过程及其与中国的双向交流
302 隋唐时期中国与朝鲜半岛佛教的交流
——新罗来华佛教僧侣考
328 印度吠檀多哲学与中国佛道思想的交流

339 印度教在中国的传播和影响
348 《汉传密教》序
351 《西藏密教史》序
354 印度瑜伽与少林武功
363 唐孝敬皇帝之死与印度顺世论的关系
——唐初朝廷向印度寻求长生不死之药史迹考
368 道教与密教
381 东北亚的文化模式
385 亚洲价值观与亚太文明和宗教的发展

395 **黄心川主要著作目录**

# 学术自述

1928年，我出生在江苏常熟的商人家庭，兄弟姊妹六人，我排在第二。江南地区最热闹的商业和文化中心城市扬州是我祖籍所在地，京杭大运河连接南北两地，船队络绎不绝，乾隆皇帝六下江南也曾在这里停留。扬州黄家是当地大户，曾因办有“积善堂”留名于世。家族经营、出版的中国古典史籍，现在国家图书馆中还有馆藏。因为爷爷为庶出一支，分家以后，他就带着全家来到常熟，从此我们就以常熟为故乡了。

我家在常熟时，已经改为经商了，经营粮行生意。一次爷爷过江收债，回来路上被强盗撕票，父亲成为遗腹子。奶奶独自撑起家业，将父亲抚养成人，娶亲成家。父亲从小受过中国文化的熏陶，写得一手好书法，喜欢读书，爱与名士、高僧交往。常熟城西的新公园，是文人雅士聚会喝茶的地方，父亲常去那里，有时也带上我，我也耳濡目染到一些江南文人气质。父亲喜爱收藏，家里曾经藏有历代名家书法绘画，有时我也会跟着父亲去城外兴福寺拜谒寺院住持持松法师，听他们谈佛论道。我母亲是一位善良的家庭妇女，信佛虔诚，能将五千字的《金刚经》整部背出。初一、十五必到寺里烧香，平常在家吃长素。

我在5岁时就被父亲送到私塾受启蒙教育，从背《三字经》开始，继而学习《论语》《左传》等中国古籍。后来又被送到国立小学念书，继而考入常熟县中。1937年抗日战争全面爆发，常熟被日本军队占领。日本侵略者推行奴化教育，规定学校必须教日语，不想学日语就会受暴打，我饱尝做亡国奴的痛苦。这时我受到进步师生影响，参加了革命外围工作，协助中共地下党创办过一份反日、反蒋的刊物——《啸》。抗战胜利后，我离开家乡考进了美国教会创办的之江大学文学院，在教会学校必须掌握英语，还比较系统地学了西方哲学、文学等，同时接触到马克思主义。这时内战又起，国民党腐败之极，物价飞涨，民不聊生，和其他年轻人一样，我因为不满国民党统治，参加“反饥饿、反内战”

等活动，遭到国民党迫害，遂奔赴苏北解放区，参加新四军，之后随着部队参与了淮海、渡江等战役，后回到阔别多年的家乡。

革命胜利以后，因为我有点文化，被上级部门派往苏南行署司法处、江苏高级法院、江苏省政府等处任职。朝鲜战争爆发，我因为懂英语，被抽调到中央组织部，派往志愿军第三兵团司令部做参谋，不幸在第五次战役中负伤，转业回国担任鞍山钢铁公司特派国家监察员。这时我虽在行政部门工作，但做学问的念头始终没有放弃。1956 年，适逢中国高校开始招收副博士研究生，有这样的机会，我就报名参加，一举考进北京大学哲学系，圆了我做学问的梦，自此走上学术研究之路。

这时正是北大哲学系在全国院校中实力最强的时候，全国知名哲学教授都集中在系里，中国哲学方面有冯有兰、熊十力等名家；西方哲学方面有任华、贺麟等名教授；东方哲学方面有朱谦之、汤用彤等著名学者，一时名家荟萃。我先从任华先生学习希腊哲学，任先生是留学美国哈佛大学回来的高才生，在他的指导下，我系统地学习了西方哲学史知识。后来，根据工作需要，我又跟随汤用彤先生学习佛教与印度哲学，师从朱谦之先生学习东方哲学。老一辈的传帮带使我受益匪浅，一辈子受用无穷。后来我提前毕业，留在哲学系，先后担任系秘书、讲师，最后负责东方哲学教研室工作。

1964 年，毛泽东主席有感于在社会科学研究领域里，宗教研究的缺失对学术研究的影响太大，倡议成立从事这方面研究的学术部门。北京大学哲学系的东方哲学教研室被整体迁移到中国科学院哲学社会科学部，组建成当代中国第一个世界宗教研究所。我和任继愈教授等人一起作为筹建人员，负责组建。我们接收来自全国各地的毕业生，筹建了图书馆和研究室，并且创办了不定期刊物《研究动态》。1978 年十一届三中全会召开，学术研究迎来了春天，宗教学研究再次启动，这时我担任了世界宗教研究所的副所长，主抓科研工作，宗教研究所取得了不少重要的成果，在学术界赢得了声誉。

1980 年，中国社会科学院与北京大学共同组建南亚研究所，我因多年来持续进行印度哲学研究，写过不少相关文章，故受上级部门委托，担任南亚研究所副所长，负责筹建工作。按照社科院与北大的协议，南亚研究所设在北京大学校内，社科院提供研究经费，之后研究所开始在全国招收研究生，几年后已经在国内外产生影响，可惜后来没有坚持下去。

1989 年，中国社会科学院成立亚洲太平洋研究所，请我负责组建并担任所长。这时我已 61 岁，本应退休，但是我仍承担了这项重任。新成立的亚太所很快进入正轨，先后与世界各地研究机构及同行建立密切联系，成为这方面研究的权威机构。

中国社会科学院是学术研究机构，我在这里工作了四十余年，一直在做学问。我本来学希腊哲学，后又改学印度哲学与佛教，之后就与这些没有分开过。印度历史悠久，曾与中国有两千余年的宗教文化交流史。中国人一直把印度看作西天佛国，从印度取来了数千卷佛教经典，佛教也随之传入中国，成为中国传统文化的组成部分。作为宗教文化大国，印度的哲学、宗教思想非常丰富，传入中国的梵文佛经里保存着不少印度的哲学、宗教史料。由于佛教在中国影响很大，古代中国人主要关注佛教，对印度其他哲学、宗教不太关心。近代以来，受西方影响，中国学者也在印度哲学研究方面做了一些工作。但是这些研究成果要么是翻译欧美或日本人著作，要么就非常简略，特别是对中国古籍中保存的大量史料，还没有系统地整理与研究，这是非常遗憾的事情。汤用彤先生是我国研究佛教史的大家，他在印度哲学方面做了一些基础性工作，编撰了《印度哲学史略》《汉文佛经中的印度哲学史料》等书。

我认为，搞外国哲学研究，要注意突出中国特色，要基于中国文献以中国人为视角。以印度哲学为例，百年来外国人已经写出不少有名的研究著述，其中不乏世界哲学大家扛鼎之作。但在这些著作中，独独缺少利用中国资料的研究。印度与中国有长达两千年的宗教文化交流史，中国史籍中又记载了大量印度历史、哲学与宗教的资料，所以，利用中国的资料来研究印度哲学，不仅能表现中国学术研究特色，也能够为中国学术界在世界上争取到一个重要的位置，取得话语权。特别是可以挖掘出一些印度失传的或者被印度正统派歧视的唯物论或反对派的思想。例如唯物主义的顺世派在印度已被统治阶级的正统派彻底毁灭，但在中国保存的印度资料中有八十多处被提及。所以我在撰写印度哲学研究文章中，就充分利用中国资料，又把这些资料与印度资料进行比较研究，通过分析中国保存的资料，可以帮助鉴别印度资料的年代与可靠性，这些特色都在我的《印度哲学史》里反映出来。我的成果得到国际学界重视，被选为国际印度哲学研究协会执行会员、国际梵文研究协会顾问，被聘为印度罗摩克里希那-辨喜国际研究运动顾问委员会副主席、印度龙树大学荣誉教授等等。

1956 年以后，中国佛学院成立，全国佛教界诸山长老都集中在此学习，我受国家宗教局委托，在佛学院讲印度哲学和佛教。1964 年，世界宗教研究所成立后，我担任的是伊斯兰教与佛教研究室主任。后来配合国家需要，我研究了藏传佛教与沙俄的关系，撰写了《沙俄利用宗教侵华简史》(辽宁人民出版社，1980年)，揭露了沙俄政府利用宗教对我国进行渗透的情况。1978年后，我组织学者编写了《世界三大宗教》(北京三联书店，1979年)，这是新中国成立以后最早出版的一本介绍宗教知识的普及性著作，一时洛阳纸贵，到处抢着购买，许多后来研究宗教的学者都受此书启蒙。不久，又在三大宗教的基础上，主编了《世界十大宗教》(东方出版社，1988年)，像印度教、摩尼教等都是在我国第一次被介绍出来，该书已经被译成越南文，部分章节也被译成英文，在国外出版。我还受中国大百科出版社委托，主编《中国大百科全书·宗教卷》(中国大百科全书出版社，1988年)和《中国大百科全书·哲学卷》。在《宗教卷》的前言中我提出了“宗教是文化”的观点，这一提法后来被中国佛教协会会长赵朴初借鉴，至今仍然对中国的宗教研究与宗教文化的宣传有重要影响。1990年我撰成《隋唐时期中国与朝鲜佛教的交流——新罗来华佛教僧侣考》(《隋唐佛教论文集》，三秦出版社，1990年)一文，依据各种中国史籍，详细考证出隋唐时期来华的新罗僧侣有117人。这个数字比韩国学者李能和统计的64人、日本学者统计的66人多了近一倍，得到中、韩、日三国学者的好评。我国学者也认为：“(此文)表明国内佛学研究者在反省中正逐渐摆脱空泛的学风，转向具体、深刻、更富有特色的道路。”现在此文已被译为韩文与英文。1995年12月18日，韩国大韩传统佛教研究院将“第四届国际佛教学术奖”授予我。“国际佛教学术奖”是在第二次世界大战后韩国获得独立后建立的，专门奖励对研究韩国传统佛教的历史和现状、整理出版有关亚洲佛教的经典和著作有过贡献的学者。在我获奖之前，此项奖只颁发过三次，得奖学者有日本东京大学名誉教授镰田茂雄，日本大学名誉教授、松冈文库馆长古田绍钦博士，韩国延世大学名誉教授闵泳圭。参与评奖的评委都是国际佛学界著名学者。到目前为止，这也是我国学者在世界佛教研究中获得的唯一奖项。

印度是四大文明古国之一，印度人是一个善于玄想和思辨的民族，曾经创造了高度发达的思想文明，历史上出现过众多的思想宗教流派。佛教初时在古印度也是诸多哲学宗教派别之一，其在产生与发展过程中，曾经与其他哲学宗教派别有着千丝万缕的联系，如果不了解印度哲学宗教的背景，就不可能知道印度佛教的理论思想渊源，也不可能正确介绍它的思想特点。这就像研究伊斯兰教必须了解基督教和犹太教以及波斯宗教一样。

让我欣慰的是，我撰写的《印度哲学通史》(《印度哲学史》与《印度近现代哲学》1989年由商务印书馆出版。2015年中州古籍出版社合二为一，书名《印度哲学通史》)最终得以出版。此书用了我一生的精力，参考了国内外诸多资料，特别是清理了中国保存的印度哲学资料，对印度哲学研究起到了推动作用。我在晚年，对东方哲学及中国周边国家与我国思想的关联做了一些粗浅的研究，撰写了《“三教合一”在我国发展的过程、特点及其对周边国家的影响》(《哲学研究》1998 年第 8 期，有日文、越南文译稿)，此文比较系统地对“三教合一”思想在周边国家的流传和影响做了介绍，产生了一定的影响。此外，我还主编了五卷本的《东方哲学家评传》(山东人民出版社，2000 年)、《现代东方哲学》(浙江人民出版社，1998 年)。这些著作的出版，弥补了我国学术界在这方面研究的空白。

从 1964 年到 2005 年离休，我在中国社会科学院工作 41 年，其中参与了三个研究所的组建工作，撰写了一些著述与文章，编辑了一些工具书，为我国的社会科学研究做出了应有的贡献。人生七十古来稀，如今我已进望九之秩，回想过往真是快如梭标，国家的发展也在月月新、日日新。我给自己写的座右铭是：

学为时用，德以养人。行藏适止，吐味幽深。不倨不谄，戒急戒躁。

精厉晨昏，兀兀穷年。博而见约，深而浅出。去留无意，宠辱不惊。

有教无类，甘为人梯。

不管世界怎样在变，我始终认为做人是第一位的，能做好一个人就是成功的一生。

是为序！

# 印度古代的唯物主义——顺世论

## (一)印度古代唯物主义的名称、史料和基本特征

印度古代唯物主义学说在印度古代文字梵文中叫作 Lokāyata，Lokāyata 是由 lokā(“世间”或“人民”)和 ayata(“根基”或“流行”)两个字组成的，它的原意是“流行在人民中间的观点”。这派学说的名称在我国史籍和汉译佛经中被意译为“顺世外道”、“世间行”、“世论”、“恶论”，或者音译为“路迦耶陀”、“路哥夜多”、“卢迦臾多”等。“路伽耶底”(Lokāyatika)被译为“顺世论者”。路伽耶陀的学说又名“斫婆伽”(Cārvaka)①或“毗诃跋提说”(Brihaspati)②。关于顺世论的文献在印度古代的史籍如《摩奴法典》疏等中都曾提到过。在

---

① 关于斫婆伽一字在梵文学者中有过不同的解释：有一派人认为斫婆伽是印度古代一位圣者的名字，这位圣者曾宣扬过唯物论的学说，因此唯物论的学说就以他的名字命名。有一派人说斫婆伽这一个字表示 cāru——愉快，vāk——话或 Cary——食、大嚼，这种解释把唯物主义和“吃、着、享乐”联系起来是别有用心的；另一派人认为斫婆伽的意思是“四个词”(Car——四，vaka——词)，这是由于顺世论主张世界的基础是“四大”即地水风火而得名的。

② 毗诃跋提相传是印度古代的一位贤者，他最初宣传唯物主义的学说。

汉译佛经中也有大量的记载①。例如慧琳《音义》解释道："路伽耶陀经，梵语此名恶论议(义)，正梵音云路伽耶底迦，此则随顺世外道随顺世间凡情所说执计之法，是常是有等。"又如后秦译《十住毗婆娑论》中曾谈到印度顺世论的经典叫"路伽耶经"，西晋译《舍头谏太子二十八宿经》(又名《虎耳经》)也记载有《世理经》等等。据印度和我国资料可以肯定大概在公元前3世纪以前，印度顺世论至少有一种经典和两种注释存在②，但是由于这些经典对当时统治思想进行了攻击，绝大部分被印度的僧侣和崇信"正统派"宗教的人(即相信"吠陀"的人)所烧毁了，它们毁佚的情形是和希腊唯物主义哲学家德谟克利特的著作相似的。1921年汤姆司(F. W. Thomas)在印度发现一部《毗诃跋提经》(Brihaspati Sūtra，《广主经》)，这部经虽然援引了顺世论的某些观点，但被印度几个学者证实是印度教徒所假托的。目前我们对于顺世论的了解，有一部分材料不得不依赖于唯物主义敌人的记载。在印度教的经典中有摩陀婆(Mādhavā，约13世纪人)所著《哲学体系纲要》(Sarva-Darśana-Samagraha，旧译《摄一切见论》)，商羯罗大师(Śaṅkaracārya，788—822)所著《各派学说概要》(Sarva-Siddhānta-Samgraha，旧译《摄一切悉檀》)，克里希那·密尸罗(Krisna Miśra，意译"黑君")所著《智月的兴起》(Prabhodachandrodaya，此剧约写于1100年)以及伽耶拉希(Jayarāśi)的《各派学说的颠倒》(Tattvopaplavasiṃha，约写于7世纪初期)。我们知道商羯罗是印度印度教的重要理论家，他是为了和唯物主义斗争才加以"概括"的，至于摩陀婆的哲学理论是众所周知为维吉雅那尼加拉帝国(Vijayanagara Empire，约13世纪)的封建统治服务的。考慧尔(E. B. Cowell)在翻译他的书时曾写道："摩陀婆对于他的反对者的观点常常表现出某种耻笑的心情……并且把它们看作好像是代表与他自己完全不同的现实信仰。"③在佛教经典中记录的有《长阿含·沙门果经》(《寂志果经》)、《梵网六十二见经》

① 关于顺世论者有无经典的问题，在国外学者中曾引起很大的争论，汉译佛经中记载的有：《长阿含·梵动经》、《长阿含·阿昼摩经》、《长阿含·种德经》、《长阿含·究罗檀头经》、《中阿含·阿摄恕经》、《佛说梵网六十二见经》、《妙法莲华经》、《十住毗婆娑论》、《舍头谏太子二十八宿经》、《大宝积经》、《摩登伽经》等。上述经典中有些记载很不具体，如《究罗檀头经》记有《世典》，但查日本所译南传巴利文本，即为《路伽耶陀经》。

② 参阅印度哲学史家达斯古普塔(S. N. Dasguapta)的考证，见达斯古普塔著：《印度哲学史》第3卷，第515页，伦敦，1949。

③ 摩陀婆著、考慧尔译：《哲学体系纲要》序言，第7页，伦敦，1914。

(Brahamjāla Sūtra)、《发智论》、《大毗婆娑论》、《大乘涅槃经》、《入楞伽经》等等几十种(详见后)；在耆那教的经典第二支《经造支》(Sūtrakrtaura)及第五支《福经》(Bhāgavati Sūtra，此经约写于公元前 3 至前 2 世纪)中也有记载。

目前世界各国的印度学者由于对史料和方法论还存在着很多分歧的看法，因此对顺世论的基本特征和历史发展线索还难得出一致的看法，印度的克里希那・密斯罗在《智月的兴起》中对顺世论做过这样的概括："世理经是唯一的经典，感觉证据是唯一的权威，地、水、风、火是唯有的原素，享乐是人类生存的唯一目的，心灵是物质的产物，没有彼岸世界，死亡是所有的终结(或译死亡意谓着解脱)"①，这个概括是和汉译佛经的记载符合的。例如《梵动经》写道："如余沙门婆罗门(外道，即顺世论者——引者)食他信施行遮道法('遣其所非'的方法——引者)……以已辩才作如是说，我及世间是常……此世间有边是实余虚……我不见不知善恶有报……我不知不见有他世……说众生断灭无余，我身四大六入……说众生现在有泥洹(涅槃，指在现实生活中而不是在来世中获得解脱——引者)，我于现在五欲自恣，此是我得现在泥洹。"②从印度和我国保存的史料中大致可以给顺世论勾出一个轮廓。它的基本特征是：(1)承认世界的基础是物质，物质最小的分子或原素是地、水、风、火，并且承认物质具有着内在的力量；(2)意识是从物质中产生出来的；(3)感觉经验是认识(Pratyaksa)的唯一来源；(4)心和身是统一的，没有不朽的灵魂；(5)没有超自然的实体或神；(6)业(Karma——因果报应)的规律是不能被证明的；(7)神圣的文献、祭司、宗教仪式等等都是骗人的把戏；(8)禁欲主义是和生活的目的不符的。

## (二)印度古代唯物主义的自然观、认识论和社会伦理思想

顺世论的世界观是素朴的唯物主义世界观。自奥义书以后印度传统的思想

---

① 摩尔(C. A. Moor)主编：《印度哲学史料》第 247 页，美国纽约，1958。并参阅夏斯特里(D. Shastri)《印度唯物主义和享乐主义简史》第 29 页，加尔各答，1957。

② 关于印度顺世论的思想在我国佛经中常常和其他外道如邪命、耆那教等等记录在一起。参见《梵网六十二见经》、《长阿含・布吒婆楼经》、《究罗檀头经》、《大智度论》卷二十二等。顺世论者在这里理解的世间是指现实的、具体的世间，并且是针对佛教和婆罗门教唯心主义所主张的彼岸世界而言的。

家一直认为宇宙是由五种原素即地、水、风、火、空(以太)所组成的。顺世论从感觉经验出发仅承认地、水、风、火是自然现象统一的物质基础，反对空的原素。他们写道："大种为性，四大种外，无别有物。"①顺世论不单认为非生物是四大所组成的，同时也承认有机体，例如人和动植物等等是由四大混合所组成的。佛教徒记载道："此唯执有实计四大生一切有情(众生——引者)，禀此而有，更无余物，后死灭时，还归四大"②"人依四大种所成，若命(灵魂——引者)终者，地还归地身，水还归水身，火还归火身，风还归风身，诸根(人的器官——引者)归入空虚。(四)人以第五床舆，举尸(运)往塚间，至塚虽作(赞叹)语，(经火烧后)其骨为鸽色，供物成灰土……身坏命终，断灭消失，一无所存。"③从上述的论证中可以看出：印度古代唯物主义虽未摆脱直观和机械论的性质，但是他们并未单纯地停留在对自然现象的物质基础的感性表象上，他们已经从事物中去寻求统一的东西了。

顺世论不单认为世界是由物质所构成的，并且还进一步认为物质的运动是有其自身内在的原因的，从而否定了神和其他超自然的原因。他们写道："'谁铦诸刺？谁画禽兽？谁积山原？谁凿涧谷？谁复雕镂？草木花木，如是一切，皆不由因。于造世间，无自在者'，由斯便执我及世间皆无因生，自然而有。"④

顺世论在解决意识与物质的关系时坚持着物质第一性的原理。在早期顺世论中一般都认为意识是由人体中所有四种原素结合而生的，是"四大"的一种特殊的结合，"四大和合为我及身心"，意识是随着人的躯体存在而活动，死亡而消失。他们曾引用下面一些例子来证明："四大"结合而产生意识，这正像绿色的拘浆叶、棕色的槟榔和黄色的阿利卡果结合而产生红色一样，这种结合是一个自然的过程，没有其他的原因。

---

① 《广百论释》卷二。印度商羯罗《各派学说概要》有同样记载："按照顺世论的学说只有地、水、火、风四大原素是最高的本质，没有其他的原则。"见摩尔主编《印度哲学史资料》英文版，第 234 页。

② [唐]窥基：《成唯识论述记》卷六。

③ 巴利文《长阿含·沙门果经》，汉译《沙门果经》《寂志果经》译意亦同。

④ 《大毗婆沙论》一九九，在印度保存的文献中亦有同样的表述。例如商羯罗《各派学说概要》第五："谁装饰孔雀，或谁使布谷鸟歌唱呀？除自然而外不存在任何其他原因。"见《印度哲学史料》，第 235 页。

顺世论者也论证了肉体和灵魂统一的原理，并且否定了永恒的、无所不在的灵魂的存在。早期耆那教文献中记述了下面的论证：剑可以从鞘拔出，鞘和剑是不同的，纤维可以从茎中拔出，茎和纤维也是不同的，可是没有一个人能把灵魂从肉体中抽出来，因为没有任何地方可以使肉体和灵魂分开，也就是说不能断定灵魂寓于肉体之外①。他们还进一步认为灵魂是身体的属性或特征。“灵魂不过是身体具备的属性，这可用‘我是健壮’，‘我是年青’，‘我是成长了’，‘我是老了’等来表明。灵魂不是那(身体)以外的什么东西”②，顺世论把人的躯体的特征和“我”的概念联系起来，这明显地是在驳斥奥义书哲学唯心主义的中心理论——“神我”亦即个体灵魂(Atman)独立存在的论点。

顺世论的唯物主义也表现在它的认识论方面。顺世论坚决主张由五官所得的知觉是认识唯一的源泉，除知觉外，其他的证明都是可疑的。“只有所知觉的东西是存在的，不可知觉的东西是不存在的，这由于它从未被感知过。甚至相信不可见的东西的人们从来不说，不可见的东西已被知觉了”③。“世界共见现量(感觉——引者)所得……顺世外道计即是大”。顺世论派认为逻辑推论是以普遍联系的知识为基础的，例如从烟得出火这样一个论断中，烟和火有着不变的因果关系，这个因果关系就是以普遍的联系为基础的，但是由于我们不能尽知所有的烟和火，即使我们已经知道了过去的烟和火，也不能知道将来的烟和火，因此普遍的联系是超出我们感觉经验的范围以外的，这样，我们的逻辑推理就没有充分的根据，它像占卜一样有时是可信的，有时就不可信。从上面的论证中我们可以看出，顺世论虽然坚持这样一条原则：人愈能深刻地反映外在的客观世界，人愈能接近真理，但是由于他们不能很好地解决逻辑推理和感性知觉的辩证关系，亦即个别与一般的关系，把作为认识阶段之一的感性认识看得绝对化了，因而就贬低或者否定了理性认识在认识中的作用。这是一种局限。但值得注意的是，顺世论这种逻辑理论在很大范围内是为了反驳宗教唯心主义所主张的神是一切原因以及灵魂不朽的逻辑推理形式而提出的。后期顺世论派对逻辑推理的认识和运用有了很大的提高，他们已经知道如何在感觉经验的基础上区别正确的推论和错误的推论。例如他们认为：“区别我们日常生活的普通经验底正确推理与超出经验的、假设性的彼岸世界底真理是在于：一个

---

① 转引自龙山真章：《有关顺世论研究》，载日本《大谷学报》11 卷 1 期。

② 商羯罗：《各派学说概要》，见《印度哲学史料》，第 235 页。

③ 同上书，第 234 页。

归纳概括是由观察大量的现实的和非现实的和合事例(Cases of agreement)所构成的，没有现实的和合事例能在彼岸世界中被觉察。”①又如佛教哲学家莲花戒在对寂护的《摄真实论》的注释中写道：唯物主义者普兰达罗(Purandra，7世纪人)“承认在决定知觉经验所感知的一切现世的事物时，推论是有用的，但推论不能被用来建立有关彼岸世界或者生死或者羯摩(业)的规律中的任何教条，因为它们是我们一般感性知觉所不能及的”②。

顺世论的社会伦理观点是和他们的自然观相一致的。他们首先批判了作为阶级统治精神支柱的婆罗门教、佛教以及其他宗教教条：例如灵魂转世、天堂、业报、祭祀以及种姓等等荒诞无稽的理论。他们写道：

> 没有天堂，没有最后解脱，也没有在另外世界的灵魂。
>
> 四个阶级、各种教会等等的行为不能产生任何真正的效果。
>
> 火祭、三吠陀、苦行者的三根木杖和用灰涂身是被自然所造成的那些无智识和无勇气的人底谋生之道。
>
> 如果在吉约退须托麻祭祀(Jyotishtoma——婆罗教的一种祭祀名称)中所杀的畜牲本身能上天堂，为什么祭祀者不奉献他自己的父亲呢?
>
> 如果祭物可使死者餍饱，那末，当世间旅行者要动身的时候，就无需准备旅途的粮食了。
>
> 如果天堂中人由于我们在世间奉献的祭物而得到餍饱，那末，为什么不在屋底下给站在屋顶上的人食物呢?
>
> 当生命还存留的时候，让一个人快乐地活着，即或他要欠债，让他还吃滤清的牛油；
>
> 当身体化为灰烬的时候，它如何能再回来呢?
>
> 如果离开身体的人到另外一个世界去，他如何挂念着他的亲属，还不再回来呢?
>
> 婆罗门所建立的祭祀只是谋生之道。
>
> 三吠陀底作者是丑角、恶汉、魔鬼。③

---

① 达斯古普塔：《印度哲学史》第3卷，第536页。原引自莲花戒《摄真实论注》。

② 同上。

③ 摩陀婆著、考慧尔译：《哲学体系纲要》第1章，第11页，伦敦，1914。

其次，在和宗教唯心主义压抑人的一切欲望和禁欲主义的斗争中，顺世论肯定了人的现实生活。被保存下来的毗诃跋提基本言论是：“一切现象都是自然的……道德是自然的，它是由社会协定和利益所产生的，而不是神圣的启示。本能和感觉是不需要统制的，自然支配着它们，生活的目的是生存，唯一的明智——这就是幸福”①。顺世论这种追求生活幸福的学说被佛教徒叫作“现世涅槃论”(即在现实生活中求得解脱的学说)。佛教徒写道：“现法涅槃论者……若于现在我受安乐名得涅槃。若我有苦，尔时不名得涅槃者不安乐故。初作是念。此我清净解脱出离一切灾横。谓现受用妙五欲乐，尔时名得现法涅槃”②顺世论这种思想是印度一切唯心主义学派历来攻击的目标。例如摩陀婆描绘道：“人底唯一目的是感官快乐所生的享受。你不能说，由于快乐是和某种痛苦相混合，它就不能叫作人底目的，因为我们的智慧是要尽量享受纯粹的快乐而避免随之而来的痛苦；正如一个要吃鱼的人把鱼和鳞、骨都吃下去，尽量吃了，再停止下来；或者又如要吃米的人把米和稻秆都吃下去，尽量吃了，再停止下来。”③佛教徒也说：“卢伽耶陀种种辩才，巧妙辞句迷惑世间，但随世间愚痴凡夫情所乐，故说世俗事，但有巧辞言章美妙失于正义”④。摩陀婆和佛教唯心主义者的这些描述是和顺世论的伦理思想很不相同的，也是和印度古代史籍如《摩诃婆罗多》等以及早期佛教经典的记载相矛盾的⑤。历史唯物主义告诉我们：每个时代个人的享乐是和阶级关系以及产生这些关系的物质环境，即生产条件和交换条件等有关的，因此，马克思曾指出：“在中世纪，享乐已经完全分级了；每一个等级都有自己特殊的享乐和特殊的享乐方式。贵族是一个具有专门过享乐生活这种特权的等级，而在资产阶级那里劳动和享乐已经分家，而且享乐服从于劳动。农奴是一个被指定专门从事劳动的阶级，他们所得到的享乐只是极少的极有限的，甚至是偶然才能得到的，要看他们主人的

---

① 转引自格·弗·亚历山大洛夫(Г. Ф. Александров)：《古代东方社会思想史》，第421页，莫斯科，1959。

② 《阿毗达磨大毗婆沙论》第二百，玄奘译。

③ 摩陀婆：《哲学体系纲要》第1章，英译本，第2～3页。

④ 《入楞伽经》第六。元魏菩提留支译。

⑤ 在这个问题上德比普拉沙德·恰托帕德耶耶作了苦心的考证，参见他所著《路伽耶陀——印度古代唯物主义研究》一书，第30—35页。汉译早期佛经《长阿含·种德经》，《长阿含·阿摩昼经》等等的记载也是与摩陀婆、商羯罗的记载不同，但是为什么会记载不同，还须进一步研究。

高兴和其他偶然情况而定，而且不一定会被考虑到的。——在资产阶级统治下，享乐的形式取决于社会上不同的阶级。资产阶级的享乐是由这个阶级在它不同发展阶段上生产出来的物质资料决定的。”又指出：“享乐哲学一直只是享有享乐特权的社会知名人士的巧妙说法。至于他们享乐的方式和内容始终是由社会的整个制度决定的，而且要受社会的一切矛盾的影响，则已经不用说了。”①马克思这些话对于我们弄清印度“享乐主义哲学”究竟是统治阶级还是人民的思想有着重要的指导意义。印度封建主义思想家对于这个思想的描绘倒是赤裸裸地自白了他们所代表的阶级的享乐方式和思想意识。

顺世论也提出了社会平等的主张。他们认为不论在婆罗门或堪特拉(Candala，最低种姓)的血管中的血液颜色都是红色的，因而人类是生而平等并有着同样的享受机会。另外，他们也提出了这样的口号：“国家的统治者应该合式地被人民所承认(loka-siddho bhaved rājā)……。”②

## (三)印度古代唯物主义的历史发展线索

关于顺世论的历史发展线索，虽经世界各国学者多年研究，现在还不能得出一致的结论。我们大体上可以这样说：顺世论在印度古代和中世纪一直是流行在普通人民中的世界观和人生观，它与印度史前时期的印度河流域文明直至当前民间信仰之间有着联系，它和印度各种形形色色的唯心主义和神秘主义进行了尖锐的斗争。据恰托帕德耶耶研究，在史前氏族社会中，顺世论虽然还是一种“原始的准唯物主义”(Primitive Promaterialism)，但是我们在印度被外来的雅里安人所征服的所谓“阿修罗”(Asūra)土著部落人的思想和信仰中获见了端倪③。当时顺世论是与印度的“秘咒主义”(或译“密宗”(Tantrism)④密切联

---

① 马克思、恩格斯：《德意志意识形态》，第479—480页，人民出版社，1961。

② 达·薄泰恰里雅(D. Bhattacharya)：《斫婆伽哲学》，见《东西方哲学史》，第137页，伦敦，1952。

③ 据恰托帕德耶耶考证。“阿修罗”是公元前两千纪居住在印度信德摩亨·特罗的土著部族人，这些土人皮肤色黑，鼻子扁平，经营农业生活。后为外侵的雅里安人所征服。汉译佛经中把“阿修罗”看作“魔鬼”是信仰主义说法。

④ 印度教的一支，崇拜女神沙克提(Sakti，能力的化身)，认为她是宇宙最高主宰。这支宗教也相信灵魂与身体的同一，他们实行的崇拜仪式是和吠陀完全不同的。

系着的，阿修罗人的基本信仰是：(1)灵魂和身体的同一(Dehavade)，人是宇宙的小天地或者是"小宇宙"。这种思想虽然忽视了有机界和无机界的本质差别，但是也包含着对于自然发展和统一的唯物主义的猜测；(2)一切创造或生产都是由二性结合所产生的。例如人是由男女二性结合所产生的，宇宙也是由男女二性在最初的太空中结合而生成的，这些信仰是和雅里安人所信奉的吠陀唯心主义和神秘主义的创世论①相对立的，它们之间的对立是雅里安游牧民族之间的社会斗争在意识形态上的反映②。在公元前9至6世纪间印度阶级社会形成特别是国家出现以后，印度唯物主义在与奥义书唯心主义哲学斗争中也形

---

① "吠陀"(直译就是"知识")是印度最古的宗教文献，它主张宇宙是由抽象的神或统一的精神原则所创造的。

② 关于这个论点，苏联阿尼凯也夫表示不尽同意的看法。他认为史前时期的宗教神话思想不能单纯是"自然和社会现实的客观关系底反映"(《今日马克思主义》1962，12月号，第378页)，他说："本书(指恰托帕德耶耶著《顺世论——印度古代唯物主义研究》——引注)中的有力方面及其作者在科学上的功绩，在于书中在分析印度哲学的早期形式时始终不渝地贯彻了唯物主义决定论的马克思主义原则，揭示了印度哲学早期形式对社会生活条件的依赖；经常强调指出，只有通过社会关系和社会实践，客观世界才在人的意识中得到反映，但是，德·普·恰托帕德耶耶有时忽略了，历史哲学研究中的马克思主义方法论远远不归结为这个原则，这个原则在分析精神现象时必然为其他的方法论上的重要要求所补充，这些要求是：必须考察社会意识，首先要考察远离经济基础的哲学和宗教这样一些社会意识的形式。作为相对独立现象的哲学和宗教不经常直接地从社会关系的性质中抽引出来(参见《马克思选集》第2卷，俄文本第474—476页，1955；中文本第2卷493—495页，人民出版社，1958)"(《哲学问题》1963年1月号，第177页)。阿尼凯也夫的这种意见是值得研究的。另外，恰托帕德耶耶所提出的印度"秘咒主义"的基本特征在汉译佛经后魏译《提婆菩萨释楞伽经中外道小乘涅槃论》中也有记载："外道尼犍子论师作如是说。初生一男共一女。彼二和合能生一切有命(灵魂——引者)无命等物。后时离散，还没彼处，名为涅槃(最后的原因——引者)"这段引文中所说的尼犍子(nigantha)，据日本宇津百寿根据汉译佛经等等的研究，是耆那教祖师大雄在公元前六世纪中叶改组的耆那教以前存在于印度的一种原始宗教学说的名称，这种宗教流行于印度史前时期中(参见宇津《印度哲学研究》第2卷，第395、398页，甲子社书房，大正十四年)。据此，本文作者认为恰托帕德耶耶的说法，不论在观点上和史料上都是有根据的。

成了自己的理论系统和派别，目前一般学者认为顺世论在古代活动最重要的时期是公元前 6 至 4 世纪，它的奠基者是传说中的贤者毗诃跋提。史诗《罗摩衍那》中所提到的贤者阇婆梨（Jābāli）以及佛经中所提到的阿耆多翅舍钦婆罗（Ajita Kesakambali）也可归入这个学派。据《利论》（公元前 4—前 3 世纪）和《摩奴法典》记载，顺世论是当时流行的哲学派别中的重要的一个，它在印度农村公社的商人、手工业者、农民以及其他的下层人民中间有着重要的影响。顺世论首先与奴隶社会的精神支柱婆罗门教进行了尖锐的斗争，这种斗争发展到统治阶级不得不用法律的武器来加以压制。例如《摩奴法典》（Ⅱ—10）规定："凡对启示（即吠陀）和传承（法典）抱怀疑见解，轻视它们的根基者应该作为无神论派（nāstike—即顺世论者，美达梯西注）和蔑视经典的人被开除出善人之列。"嗣后，顺世论又和奴隶社会的王族代表武士种姓的意识形态——佛教和耆那教进行了斗争。据汉译佛经记载，当时顺世论和其他"外道"向佛教诘难的有"四类十问"，其中主要的问题是：（1）世界是实在的，还是不实在的；（2）世界是有限的，还是无限的；（3）身体和灵魂是相同的，还是相异的；（4）人死后灵魂存在还是不存在的。《杂阿含经》曾记录当时的争论："一外道作如是言，我见一切世间常，是则真实，余者虚妄……世有边此是真实，余则虚妄……复有说言命（灵魂——引者）是身……如来死后无……"①顺世论者在驳斥佛教唯心主义的论点时表现出非凡的智慧和勇敢，例如在论及佛教的"苦谛"时写道："他们（佛教徒）认为必须放弃人生的快乐，因为这种快乐是和苦难联系在一起的，但是有那一位聪明人仅仅因为谷子外面包着一层谷皮就把这颗包着宝贵米粒的谷子抛掉呢？"②又如在斥责"智是前智"时写道："意识是由身体通过呼气和吸气的活动而产生的，假定在胎生初期有着某种潜伏的意识也是错误的，因为意识意味着客体的认识，当感觉器官在胎生时还未正常的发育，不能会有任何的意识……也不能承认意识在死后转入了另一个中介性的身体，因为没有这样一种身体曾被人感知过。在二个不同的身体中决不能有同一列的意识，正像一头象的心所（mental state）不能在一个马的驱体上"③顺世论同样对耆那教的灵魂不

---

① 《杂阿含经》卷三十四。

② 克里希那·密尸罗著、推勒（J. Taylor）译：《智月的兴起》第 2 章，印度，1811。

③ 达斯古普塔：《印度哲学史》第 3 卷，第 540—541 页，原引自莲花戒的《摄真实论注》。

灭的观点进行了批评。

在中世纪，印度的宗教在社会生活中有着极重要的影响，当时印度占统治地位的宗教是印度教和伊斯兰教，为印度教作哲学论证的是商羯罗的吠檀多主义，印度顺世论虽然受到统治阶级的残酷迫害，它的理论系统受到统治阶级意识形态的侵蚀，例如个别的顺世论者开始承认四大以外空的原素的存在，但是印度唯物主义仍然通过公开的或者隐蔽的形式和吠檀多主义进行着斗争，从而保卫了印度哲学中的唯物主义传统，中世纪印度顺世论者的文献虽然没有很多的被保存下来，但我们仍可以从印度教和佛教的文献中看出它们发展的情况。苏联皮亚齐斯基(A. M. Пядигорский)在整理印度泰米尔文湿婆教的文献《湿婆娜娜伏驮哈姆》(Siva ñanabodham 或译《湿婆正觉》)及《湿婆娜娜悉达喜耶》(Siva ñana siddḥiyar 或译《湿婆之成就》)后曾指出："中世纪印度顺世论的传统是有持久性的"，它的特点是："a，否定个体灵魂'我'的存在；σ，承认知觉是认识世界的唯一的(或基本的)手段；в，把被感知的世界同物质原素的世界看作同一个东西；ι，'存在'(вуществованая)与'生成'(вохранения)是世界存在的唯一形式，并且因此而承认世界是没有开头的。"①

这一个时期历史文献表明：印度顺世论在与商羯罗吠檀多不二论的斗争中已经发展了生理与心理统一的原理以及娴熟地掌握了逻辑推理和证明的技术，这一点在商羯罗的著作中也可看出："……如果说某物只有当他物存在时才存在，没有他物就不存在，那末我们就说某物仅是他物的性质、特性，例如光和热是火的性质，由于生命、运动、意识、记忆等等(而在那些主张灵魂脱离肉体独立存在的人看来，它们是灵魂的特性)只在肉体之中，从来不在肉体之外，由于无法证明这些性质脱离肉体而存在，由此可以得出结论说：它们只能是肉体的属性。因此，灵魂是不能脱离肉体的"②。顺世论对封建社会的宗教、道德和社会学说进行了全面的批判，他们的批判我们可以在摩陀婆的《哲学体系纲要》和室利哈尔沙(Śrīharsa，约10世纪人)的《尼砉陀传》(Naiṣadhacarita)看到。他们写道："实行祭祀产生奇迹的可疑观点是直接和经验相矛盾的……依赖吠陀祭祀或者持三根拐杖，或者在额上涂灰以赖生活的人只是一些缺少智慧

① 苏联科学院亚非研究所编：《东方学问题》，1960年4月号，第99—100页。

② 商羯罗《吠檀多经精义》，见麦克斯·谬勒(F. Max Müller)编：《东方圣书》第38卷，第269页。

和工作能力的人。种姓的纯洁是没有确定性的，因为考虑到男女性的情愫是不能抑制的……男人特别不能保持纯洁，他们所以严酷地要求妇女深居闺房的理由不是为了别的而是嫉妒……罪恶在来世带给痛苦，美德带给快乐是不能被证明的，这因为我们在现世常常看到恶人享荣，好人受苦，而谁能知道来世将怎样呢？”①

顺世论对印度近代启蒙思想家的影响，虽然很多印度哲学史家回避了它，但是我们在伊·章·维迪雅沙伽尔（Isvar Ghandra，Vidyasagar，1820—1891，著名的学者和无神论者）、阿·古马尔·达特（Aksay Kūmar Datta，1820—1886，自然神论者）②以及诗人泰戈尔的哲学和社会观点中仍能找出联系。泰戈尔的哲学思想虽然很复杂，但是他的世界观中的唯物论、感觉论因素，他对生活所抱的乐观主义态度以及对普通人民的关怀是明显的证据。例如泰戈尔写道：“这个生命的欢乐，这个动作的欢乐，在人类里是绝对真实的……要使无限（哲学最高本体）离开动作的世界是无益的。”③

### （四）汉译佛经中关于顺世论的记载以及顺世论在我国古代思想斗争中的影响

印度顺世论的思想大概和印度佛教的思想同时传入我国。在我国藏译、汉译佛经以及其他史籍中都保存着一部分重要的资料，据初步整理探知，自吴至明一千年间，在我国翻译或撰疏的五十五部佛经中以及其他史籍中都有或多或少的记载（不包括藏译、维吾尔译佛经以及印度有唯物主义倾向的其他‘外道’，

---

① 转引自达斯古普塔《印度哲学史》第3卷，第549页，室利哈尔沙是印度正理派有名的注疏家。

② 阿·古马尔·达特在印度最初用近代的方法整理了印度哲学宗教史料，写出《印度宗教体系》一书。

③ 泰戈尔著、钱家骧译：《人生之亲证》，第118页，泰东图书局。

如胜论、数论等等的材料)①。最早系统地阐述这派思想的是吴支谦(223—253)所译的《佛说梵网六十二见经》(Brahamajāla sūtra)以及东晋所译的《寂志果经》,最迟所见的是明寂光所撰的《梵网经直解》。这些佛经记载的内容大概

---

① 吴:《佛说梵网六十二见经》(支谦译)《摩登伽经·往缘品》第二;西晋:《舍头谏太子二十八宿经》(法护译),《正法法华经》七(法护);东晋:《寂志果经》(竺昙无兰译),《中阿含·箭毛经》(伽提婆译),《阿摄惒经》(伽提婆译),《那先比丘经》;前秦:《尊婆须密论》卷九(伽跋澄译);后秦:《妙法莲华经·乐行品》(鸠摩罗什译),《十住毗婆沙论》卷九(鸠摩罗什),《维摩诘所说经》卷上(鸠摩罗什),《成实论》卷十(鸠摩罗什),《注维摩诘经》中(僧肇),《长阿含·梵动经》、《长阿含·沙门果经》、《长阿含·阿昼摩经》、《长阿含·种德经》、《长阿含·布吒婆楼经》(佛陀耶舍共竺佛念译)、《长阿含·究罗檀头经》、《长阿含·摩诃黎经》、《长阿含·阇利经》、《长阿含·迦叶师子经》(江鍊百译、芝锋校,这几个经是1944年据南传巴利文翻译的,可供参考),《大宝积经》第二一、一一二(失译);北凉:《大般涅槃经》卷第二、十九、三十六(无忏译、宋慧严等修正)。刘宋:《杂阿含经》第三、三十四(求那跋陀罗译);元魏:《入楞伽经》第六(菩提留支译),《提婆菩萨释楞伽经中外道小乘涅槃论》(菩提留支译);陈:《金七十论》(真谛译),《摄大乘论释卷》第二(真谛);隋:《添品妙法莲华经》第五(阇那崛多译),《妙法莲华经文句》卷中(智者大师撰),《法华义疏》第十(吉藏撰);唐:《成唯识论》(玄奘),《大乘广百论释论》卷二(玄奘),《阿毗达磨大毗婆沙论》第一二七、一九八、一九九、二〇〇,(玄奘),《显扬圣教论》卷十(玄奘),《阿毗达磨发智论》卷第十二(玄奘),《成唯识论述记》卷一、二、六、七(窥基撰),《法苑义林章记》第二、第九(窥基),《成唯识论演秘》第一(智周),《三传法师传》卷四(慧立),《续高僧传》四(道宣),《西域求法高僧传·玄昭传》(义净),《根本说一切有部毗奈耶卷》第三十五(义净),《法华文句》卷第九(湛然),《妙法莲华经玄赞》第九(沙门基),《华严经疏钞玄谈》卷八(澄观撰),《华严经随疏演义钞》(澄观撰),《四分律疏饰宗义记》卷七(定宾撰),《尼乾子问无我义经》(日称),《一切经音义》卷十五、二十七(慧琳),《般若灯论释》卷十一(波颇);又《旧唐书·天竺传》,《酉阳杂俎》卷七,《册府元龟》卷四六亦有记载;赵宋:《注大乘入楞伽经》卷七(宝臣);明:《梵网经直解》(寂光)。

日本佛学家用汉文写的有:《唯识义私记》卷三(明万历年间,真兴撰),《唯识义灯明记》卷一(善珠撰),《成唯识论本文抄》卷四(失名),《翻梵语卷》第六(宽保年间,贤贺作)。我在整理上面的资料中曾利用了我国汤用彤教授和日本赤沼智善教授所整理出的一部资料,他们的研究是有意义的。

可以分为下列几类：(一)是对于印度顺世论派的时代背景、活动情况等等的记载。例如《摩登伽经》、《梵网经》都记载顺世论者大都精通医学、天文学、农学等并从事所谓'世间'的工作。又如《根本说一切有部毗奈耶卷》第三十五记载顺世论者在印度室罗伐城与佛教徒辩论以至彼此'拳打脚蹴，恣意熟搥'的情况；(二)是对于顺世论宇宙观、认识论和社会思想的介绍；(三)是记述佛教徒与顺世论互相诘难的问题和情形，从这些诘难中我们可以知道当时印度思想界的斗争情况和焦点；(四)是我国僧侣对于顺世论的字义的解释，有些解释明显地是和顺世论原有思想不同的，这一般是为了适应我国古代思想斗争而作的曲解；(五)记录了个别印度顺世论者在我国活动的情形以及我国僧侣和印度顺世论者思想交锋的情况，例如《旧唐书·天竺传》曾记载印度"卢迦溢多"(顺世论者)来中国为唐高宗炼长生不老之药等等①，又如《续高僧传》卷四记载玄奘在印度那烂陀寺与顺世论者摩诃耶那提婆奴辩论的情形，提婆奴主张"四大为人物因"，玄奘则"申大乘义破之"，这个材料可以证实印度7世纪(玄奘在印度的时间为629—645)进入封建社会以后顺世论的影响还是很强大的。关于在藏译佛经中的顺世论资料，意大利印度哲学史家托骥(J. Tucci)教授曾亲自去西藏作过整理，他的某些研究成果反映在他所写的《印度唯物主义概要》(《Linee di una storia del materialismmo Indiano》，1926，Rome)一书中②。在我国著名的藏族佛学家妙音笑金刚所著的《自他宗派建立》中有着重要的记录。

关于印度顺世论与中国哲学思想的相互影响问题。印度恰托帕德耶耶在

---

① 此事在《西域求法高僧传·玄昭传》《册府元龟》《旧唐书》《新唐书》《酉阳杂俎》等书中都有记载。有些史籍把这位来自乌荼国(Udayana或译乌苌、乌仗那，此国位于北印度，葱岭附近)的僧侣误作了来自乌荼国(Oude，此国在尼泊尔西南)的僧侣，另外把"卢迦溢多"(实际上是"顺世论者")也当作了来华僧侣的名字。(参见《玄昭传》的不同记载。以及印度柏·穆克吉(P. K. Mukherji)在《印度文献在中国和远东》一书第276页及美国列柏(Dale Reipe)在《印度哲学中的自然主义传统》一书第52页中的不同解释。列柏把这个来华的"卢迦溢多"解释为"明显的从事炼丹术的唯物主义者。")

印度的顺世论和流行在民间的"秘咒主义"有着密切的联系。印度教的"秘咒主义"和中国的道家一样从事炼丹和习气功，对于印度化学思想的发展有着最重要的影响。(参见恰托帕德耶耶：《顺世论——印度古代唯物主义研究》"秘咒主义"一章)

② 参见苏联谢尔巴斯基(Ф. И. Шербатской)所著《佛教逻辑》第1卷，第15页脚注，谢尔巴斯基认为藏译佛经中的印度唯物主义资料可补印度的不足。

《路伽耶陀——印度古代唯物主义的研究》一书中依据英国科学史家李约瑟(Needham)和印度著名的化学家赖易(P. C. Ray)的研究指出:“中国道教的世界创成论与印度密宗(在恰托帕德耶耶看来密宗和顺世论的观点是一致的——引注)的世界创成论是十分相似的，这种相同特别需要注意的是不单限于世界创造论的方面。”①又指出:“鉴于印度秘咒主义的非常古老，当然不可能证明它是源出于道教，可是，学者们所提出的事实和证据是有意义的，在秘咒主义中有着外来的因素。”②不可否认，印度秘咒主义所主张“二性和合而生万物”与道家“万物负阴而抱阳”有着某些相似之点，另外、秘咒主义为了延长生命而从事的养气(Prānyama)、练身(Asana)、炼丹制药(Sasāyana)和中国道教的实践也有着共同之处。这两种宗教虽然有着很多神秘主义，但对中、印两国科学思想特别是化学和医学思想的发展有着一定的影响。我国道家哲学思想的西传在我国和印度史籍中都可以找到某些证据。例如《旧唐书·西域传》载:在公元7世纪时“五天竺所属之国数十……有伽没路国(即今印度阿萨姆邦西部的甘姆路勃——引者)……王玄策(中国派去的大使——引者)至，其王发使贡以奇珍异物及地图。因请老子象及《道德经》”③。另外，唐朝著名的高僧玄奘还曾把《老子》译成印度的梵文。这书可能传到印度去，因为当时皇帝指定他译这部书就是为了要把中国哲学思想传到印度去的;又如据印度泰米尔密宗文献的记载:古代南印度密宗十八个著名的宗师中有两个是中国人，他们的名字叫鲍嘉尔(Bogar 泰米尔文译音)和波力派尼(Pulipani)。这二人是在公元3世纪去印度伽耶(Gaya)等地传播医学、化学和工艺知识的，从印度保存的他们的著作中可以看出他们的观点没有受到佛教唯心主义的影响，并且和密宗的其他宗师一样是反对婆罗教哲学唯心主义的④。印度秘咒主义接受我国道家某些自然主义

---

① 恰托帕德耶耶《路伽耶陀——印度古代唯物主义研究》，第337、345页。外国有些学者常常把“道家思想”和“道教”混在一起，请注意。

② 同上。

③ 见《旧唐书》卷一九八。关于道家思想西传在我国史籍中有很多荒诞的记载。例如《三国志》卷三十记“昔汉哀帝元寿元年，博士弟子景卢受大月氏王使伊存口授《浮屠经》……浮屠(即佛)所载，与中国《老子经》相出入，盖以为老子西出关，过西域之天竺教胡”。印度历史学家薄泰恰里雅(Bhattacharya)认为印度密教的中心在阿萨姆，阿萨姆在7世纪曾有《道德经》的梵文译本。

④ 恰托帕德耶耶:《路伽耶陀——印度古代唯物主义研究》第354—355页。有些论据原引自赖易(Ray, P.)《印度古代和中世纪的化学史》1956，加尔各答。

的观点以及科学思想当然主要是为了反对婆罗门种姓的政治和思想统治以及适应日常的生活实践需要。

印度顺世论的思想在我国思想斗争和社会斗争中也有一定的影响。我国各个时代的佛教唯心主义者一直把顺世论看作重要的敌人，竭力加以歪曲和诬蔑，说什么他们是"恶论"，"邪论"，"魔说"，顺世论者的行为是"无父无君"，"绝仁弃智"，"巧妙辩才"，"弟子破师"。佛教徒告诫人们不要学习顺世论的学说，否则是"以刀割泥，泥无所成，而刀自破"。有的还把顺世论的"四大"解释为唯心主义的东西或者从"四大"中引入主宰的"精灵"。例如唐释智周写道："顺世极微(原子——引者)有其三类，一极精虚，二者清净，三非虚净。所生之果亦有三，一心心所，二眼等根，三色声，如其次第三因所生。"①又如唐释定宾写道："微尘者如顺世外道……彼计一切色心等法皆用四大极微为因。然四大中寂(最——引者)精灵者能有缘虑，即为心法，犹如诸色虽皆是大。而灯发光。余则不尔。"②在我国南北朝和隋唐的释道、儒释所开展的有神论和无神论的斗争中，由于儒、道二家所提出的形神相接(身体和灵魂的统一)、"法性自然"、无报应等等某些唯物主义观点与顺世论相类似，因而佛教徒常常把顺世论看作当时儒、道的同路人而加以抨击。例如吉藏(549—623)在陈、隋之间建立中国三论宗唯心主义体系的过程中就把儒、道的唯物主义思想和印度顺世论相提并论的。他写道："路伽耶陀者旧云是恶解义。逆路伽耶陀者(Vāmalokāyatika或释'左顺世外道'，此系顺世论者的另一派别——引者注)是恶论义。注经云，路伽耶陀者如此间礼义名教儒墨之流也，逆路伽耶陀者如老庄玄书绝仁弃圣之例。"③又如唐武宗利用道教打击佛教的毁佛事件前后，以华严宗为代表的唯心主义和道教的某些唯物主义观点进行了争辩。华严宗的中兴代表澄观(760—820)在批判道教道法自然和无因思想的同时，也对顺世论进行了批判。他在论及顺世论"自然为因"时写道："若以自然为因等者断义也。通其两势，初即老子意由道生一，道是自然，故以道为因是邪因也，若谓万物自然而生，下出庄子意，则万物自然无使之然。故曰，自然即无因也。如鸟之

① [唐]智周：《成唯识论演秘》卷第一末。

② [唐]定宾：《四分律疏饰宗义记》卷七。

③ [隋]吉藏：《法华义疏》卷十。在陈、隋、唐所写顺世论的义疏中一般把顺世论与老庄、儒墨并论。参见《法华文句》卷第九(茫然)，《妙法莲华文句记》卷中(智者大师)等等。

黑者即庄子交亦涅槃经意。”①

在印度和西欧资产阶级哲学史家所写的大量著作中普遍地认为：印度哲学最高的成就是它的唯心主义和宗教倾向。印度哲学中的唯物主义是微不足道的。例如当代印度有影响的哲学史家夏尔玛(C. Sharma)在其最新的著作中写道：“……唯物主义在印度哲学中从来不是一种力量，它在不满中产生而又瞬息在严正思想的前面死亡……唯物主义作为一种形而上学从未被印度的哲学家所眷爱。”②印度顺世论的存在及其发展完全驳倒了上述的说法。历史事实和生活实践证明：印度顺世论在古代和中世纪一直是流行在普通人民中的世界观和人生观，它是在印度的自然斗争和社会斗争中产生的，并且是和进步的社会力量一直相联系着，它是印度人民最宝贵的思想传统。

① 《华严经疏钞玄谈》卷八，唐澄观撰。引文中所谈到：“乌之黑”在《大乘涅槃经》亦曾提及。

② 沙尔马：《印度哲学批判的探讨》第40页，伦敦，1960。

# 安藤昌益与《自然真营道》

## 一

安藤昌益是18世纪中叶日本最伟大的唯物主义哲学家和社会政治理论家，但是由于这位哲学家对日本的封建统治思想进行了有力的和彻底的抨击，因而他的名字以及他的伟大著作长期被埋没着，直到20世纪初才被人们发现。目前安藤昌益的理论活动已引起了日本和全世界进步史学界和舆论界的注意，他的重要著作正在陆续地被刊行，他的战斗精神正在被复苏并发扬光大。1959年10月，日本《赤旗报》连续刊载了有关昌益的生平事迹。加拿大东方学家诺尔曼(E. H. Norman)发表了对昌益哲学思想的研究著作《被遗忘了的哲学家安藤昌益》(原名 Audō Shōeki and the Anatomy of Japanese feudalism)。这部著作在西方和日本的舆论界中都曾引起一定的反响。1957年苏联科学院所刊行的《哲学史》一书，对于这位哲学家在世界哲学史中的地位和作用给予了应有的和正确的评价。

昌益所处的时代正是日本封建社会趋于瓦解并陷于危机的时代。当时日本的自然经济体系已逐渐被商品货币经济所排挤，商业资本控制了部族的、行会的和传统的农业和手工业，从而破坏了农村经济生活的平衡。随着商业的发展，在日本出现了很多新型的城市(长崎等等)，这些城市在传播新文化方面起着重要的作用。

德川封建关系的瓦解，使封建社会的矛盾，首先是封建主和农民之间的矛盾越来越加深。与此同时，封建贵族的各个集团之间的斗争也剧烈起来。日本的军事封建主义在东方各国素以残暴著称。在德川幕府时期，日本盛行着士(贵族)、农、工、商(平民)、秽多、非人(贱民)等等的严格身份制度，任何人生下来就被身份所束缚，这种社会等级制度在农村尤为严格。在农村，封建主和武士们对农民进行着无尽的压迫和掠夺，据当时的统计，农民一般要向领主缴纳收获总量的百分之六十(所谓“五公五民”)，并且农民的居住、婚嫁和选择职业都是没有自由的。随着国内资本主义的诞生和发展，由于封建主需要大量的金钱，同时商业资本和高利贷渗入农村，使农民的负担更加繁重不堪。农民在无法忍受的情况下，对封建主和新兴的高利贷者进行了各种形式的斗争。在昌益开展活动的年代(1713—1792)，日本各地的农民暴动竟达418次之多。① 例如昌益的家乡奥羽地方，1783—1787年连续遭到灾荒并发生大饥馑，被压迫得无路可走的农民曾掀起持续的、声势浩大的起义。

阶级斗争的剧烈的进展，也引起了思想领域中的深刻变化。在昌益所处的时代，在日本占有统治地位的思想体系是后儒唯心论、佛教和神道教。这三种宗教虽然有着各自的宗派和活动范围，但是它们在维护封建的统治方面则是一致的。他们异口同声地宣传着封建的阶级制度是与生俱来、一成不变的，人民必须安于被奴役和被剥削的命运。例如与昌益同时代的最大封建学者雨森芳洲，从朱子学的立场出发宣称：“君臣上下、尊卑大小，各尽其分而已……人有四等曰士农工商，士以上劳心，农以下劳力，劳心者在上，劳力者在下，劳心者心广志大而虑远，农以下劳力自保而已，颠倒则天下小者不平，大者乱矣。”②但是这些统治思想在新的社会力量已经发生、人民运动蓬勃高涨的条件下，必然会分崩离析并陷于危机之中。在18世纪初，日本若干先进的地区已出现不少的反封建的先驱者，他们根据民族的、先进的哲学和社会思想的传统，对后儒唯心论、佛教和神道教等等进行了无情的批判，并且力图把他们所认识的西方科学介绍给国人(如新井白石，1657—1725)。在昌益开展理论活动的年代，“兰学”(荷兰的自然科学)在日本已初步传播开来，昌益本人也曾接触过这种思想。日本启蒙思想家的活动和当时已经传入的西方某些科学思想，对于昌益唯物论体系的发展有着明显的影响。

关于昌益的生平事迹，虽经日本学者多年苦心的考证和研究，但到现在还

① 拉杜尔·扎土洛夫斯基：《儒教及其在日本的传播》俄文版，第258页。

② 雨森芳洲：《橘窗茶话》上。

没有得出一致的看法。据日本史学家羽贺与七郎等等的意见，① 昌益幼名三之丞，别字良中，号确龙堂。于1707年（宝永四年，我国康熙四十六年）生于江户（一说秋田），早年曾学过医学、药物学，并且亲身参加过农业劳动，后在奥州八户执行医业（参阅川合勇太郎《八户厅日记与安藤昌益》，载《日本历史》第三十四号）。晚年移居长崎（一说江户），在那里从事创作和讲学的活动。关于昌益参加和组织秘密社团反对封建统治的事情，到现在还不能得出最后的结论。

关于他的生活和理论活动，他的著名弟子神山仙庵（又名仙确，日本八户名医）曾有记载："良子我师也，良子无师无弟子……常不望尊直耕，悲古老圣释老之徒不耕而身盗天真之道……又患后世永受盗乱之苦，故将自然世真营之妙道者为书。""师寡欲，薄贪事，朝晚食除汤外无他物……夫妇之外无异性。"②又据神山仙庵的家传载有"予祖父医官仙庵，从确龙先生学自然真自感（自己的运动——引者）之一气，其书仅遗，读是书非尽算数之术与物之理方能知。"③从上面的材料中我们不难得出这样的印象：昌益是一个生活在下层的知识分子，他的职业是和群众有着密切联系的，他对封建社会和劳动人民的苦难有着直接的感受和了解，眼界也较宽广。另外，他从事医务工作的时候，已接触到了某些西欧的科学思想，这不单在他的生活经历中，也可在他的医学著作中看出来。

## 二

昌益的主要著作有《自然真营道》《统道真传》与《孔子一世辨记》（全书二册，已遗失）。《自然真营道》（大册）是日本历史学家狩野亨吉于1899年在一堆旧书中发现的，全书共一百零一卷，九十三册，1923年归东京大学图书馆收藏，旋因东京受地震，该书大部分被焚毁，目前仅留存十五卷。另外，昌益在1753年曾刊行《自然真营道》三册（日本学者称此书为小《真营道》，以此区别于全书），据负责编纂《日本哲学思想全书》的三枝博音在《自然真营道》的解题中说：这书和大册（一百零一卷本）在内容和体系上极相似，但措词较温和一点，这可能是昌益为了争取公之于世而做的让步。昌益的另一部著作《统道真传》系

① 羽贺与七郎、神山由助久品：《史学杂志》六十四编第一一一号。

② 《自然真营道》大序，见《日本哲学思想全书》日文版第4卷，第91—92页。

③ 转引自家永三郎著《日本近代思想史研究》日文版，第54页。

手抄本，共五卷，这书论旨大致和《自然真营道》相仿佛。

昌益把他的著作称作《自然真营道》，这是和他所要求建立的庞大的哲学思想体系的内容相一致的。关于“自然真营道”这个名词，苏联拉杜尔·扎土洛夫斯基教授译为“真正起作用的自然规律”。① 日本三枝博音在《自然真营道》解题中把“营道”也解释为“作用”，② 这种解释和汉文的字义是相一致的。《自然真营道》(大册)涉及的问题很广泛，其中有作者对儒书、佛书、神道书、医书、私制字书(即人为制度的字书)等等的批判和研究；有对天文、地理、历史、自然科学等等问题的阐述(据说第五十五卷曾有对我国的论述，惜已焚失)；也有作者表达自己哲学和社会理论的章节。在刊行本中，昌益论述了“自然真营转定”(转定即天地之意)、“古说天地异失”(即日本和中国古说天地得失的问题)、日月星辰、自然气行、南极北极、自然声音等等问题。

## 三

《自然真营道》系统地阐述了昌益的哲学唯物论。他的唯物论突出地表现在确认世界的规律性在于物质性，物质和运动是分不开的。他运用自己独特的范畴，宣称世界最高的实体是“气”、“道”(有时联称为“一气之真道”)、“精”或“活真自感”(自己运动的活生生的真实存在——本文作者)。他说：“道云者，无始无终自然真感(感是运动的意思)一气自进退，自成转定(天地)，转(天)则日月星辰是一气进退退进之凝见也，定(地)则于中土、木火及金水，是为四形而万方形，此中土一气进退退进之凝成也，故此一气，满转(天)，满定(地)，满人身人心，满于万物，无非一气之生，无非一气所满之故，自然转定(天地)人物中，唯一气充塞而无间矣。”③(参阅朱谦之《安藤昌益——十八世纪日本反封建思想的先驱者》一文，载《北京大学人文科学学报》1962 年第 2 期)又说：“真营在于道行，道云者，转定之道、日月星宿辰之道、谷种之道、人伦之道、鸟兽虫鱼之道、草木之道。”④昌益在这里提出自然界和生物界的种种现象都是“气”的表现；“气”则是由物质结构的基本单位五行(金、木、水、火、土)所组

① 拉杜尔·扎土洛夫斯基：见苏联科学院编《大哲学百科全书》俄文版，第 66 页。

② 三枝博音：见《日本哲学思想全书》日文版第 4 卷，第 73 页。

③ 《自然真营道》第 5 卷，儒书卷。

④ 《自然真营道》小册第 1 卷，见《日本哲学思想全书》第 6 卷，第 26 页。

成并是它的集中或凝聚的表现；“气”经常处于运动的状态中，与运动有着不可分割的联系；同时，这个“气”也是自然界和生物界的一种规律(道)。他还进一步认为这个物质实体的“气”的运动是有其自身原因的，自然界在空间上是无限的，时间上是连续的，当物质由一种状态向另一种状态转化时，它的总的质量是不会有所增减的。例如他写道：“自然者五行之表现也，五行者自然自感(自己运动——引者)进退退进之一气也，故五行各别实非别，只一气之进退也……自然无始无终也。”① 自然自行，“不教不习，不增不减”。② (大意为自然自己运动，不赖别人的指教也不需向别人学习，当它运动时，不增加质量也不减少质量)，他又写道：“自然无始无终，五行一真……无上无下，无尊无贱，无二而进退一体。”另外，他还根据上述物质不灭的定理，批评我国古书所说“鸿荒之世，天地大减”是一种“颠倒之愚昧”。③

昌益的唯物论思想也表现在他对“谷精”(即米)的看法上。他认为人的肉体、生命、行动一切都是由“谷物所为”，“谷精”是“天地日月星辰的精凝”，“谷精之通发，可见自然之妙用，谷与人共为一世界，谷精者人，天地之精者谷也”。④ 昌益虽然自发地相信：世界按其本性来说是物质，但他还不是从科学的理论上去把握的。

《自然真营道》(小册)以很大的篇幅，讨论了有关医学的问题。昌益在医学理论的研究和实践活动中进一步发展了他的唯物论思想。昌益对我国古代的医书如《内经》、《古今医统》(明徐春甫著)、《证治准绳》(明王肯堂著)等都有深湛的研究。他指出这些书中有着与“自然”符合的东西，也有“荒诞无稽”之言行。他强调医学应以“亲临实验为重”，心理的现象是由生理的机能所确定的。例如他写道：“身形的八序(八种表现)应察府(腑)藏(脏)之情，面部八序(一说喜、怒、哀、乐、爱、恶、欲、恐——引者)当辨腑藏之八着。”⑤ 又说：“木念、火心、土思、金觉、水工一连。”⑥ (大意是人的知觉与感觉是由五行所组成的，

---

① 《自然真营道》第7卷。

② 《自然真营道》大序，见《日本哲学思想全书》第4卷，第76页。

③ 《自然真营道》小册，第2卷，见《日本哲学思想全书》第6卷，第34页。

④ 《统道真传》第5卷，汉士禅法始论。

⑤ 《自然真营道》转引自三枝博音《日本の思想文化》第239页，参见《自然真营道》大序。

⑥ 《自然真营道》小册，第1卷，见《日本哲学思想全书》第6卷，第29页。

五行是一气所连。)昌益对人的心智活动寻求唯物论的解释，这是非常可贵的，但是他的解释仍不免带有某些机械论的成分。另外，昌益认为人和自然是一体的，例如他说："人即转定(天地)，如我身不以转定知之，乃是大罪。"又说："父母是小转定，转定是大父母。"①昌益这种看法无疑地是一种唯物论的猜测，但他忽视有机界和无机界、自然界和社会生活之间的差别则是十分错误的。

昌益以他的"自然真营道"对当时占有统治地位的后儒朱子学派所谓"总万物之理的太极"理论进行了批评。他说："易曰，太极动而生阳，静而生阴(按此说出自周敦颐《太极图说》——引者)，阳仪者天，阴仪者地……果如斯言，天地乃由太极而始，是则太极伊始即失(其真——引者添注)，天地乃是无始无终自然进退退进之一气，太极或其类似细烦之言皆非(不正确——引者)也。"②

昌益的唯物论从整个看来仍未摆脱原始的直观的性质，例如他认为物质是由"五行一连"所构成的，万物及人伦"生于谷而复归于谷"，这是受当时自然科学发展水平所限制的一种局限。在昌益的著作中，特别是在论述宗教的问题时，我们常常能见到一种自然神论的观点，他认为自然界具有某种"感应的""神圣的"灵性，例如他写道："神互性妙道主矣，常测无止也，不知之不测神云偏惑也。"③(大意是：神是相对存在的、神妙的万有的主宰，恒常的可以测知他而无所限止，那种认为神是不能被认知和不能被测知的说法是一种偏见和迷惑)。又写道："自然之神道是五行大小进退而为一神，天地一神，日月一神，男女一神，无始无终，常中不易之神也，进而神妙，退而灵验，神妙灵，真一神矣，故天地人物悉一神明所行也。"④昌益的这种观点虽然在他的哲学体系中不是经常出现的，并且和体系是完全对立的，但不能不说这是一种缺陷。这种自然神论我们在西欧和中国的启蒙思想体系中也经常能见到，因为在与封建神学的斗争中，自然神论经常是"无神论的隐蔽形式，是唯物主义者摆脱宗教的便利方式"。⑤

在昌益《自然真营道》的论述中包含着某些辩证法的因素，他常常以三个密

---

① 《统道真传》第5卷，《糺佛失》，见《日本哲学思想全书》第5卷，第187页。

② 《自然真营道》小册，第2卷，见《日本哲学思想全书》第6卷，第36页。

③ 《自然真营道》第5卷，《良演哲论》，见《日本哲学思想全书》第1卷，第83页。

④ 《统道真传》第5卷，《神道太子失论》。

⑤ 转引自苏联《哲学简明辞典》，人民出版社，第181页。

切联系的范畴来观察自然和社会的一切现象，并表述他的哲学和社会政治理论。这三个范畴是："互性"，即事物的相互制约性或交互作用；"活真自行"即活生生的真实存在的自我运动；"通、横、逆"即事物的经常运动的状态是"进通"、"休横"和"退逆"(参见昌益在《自然真营道》小册《自然三气转定常回为人物分在事》篇中自释)。他认为自然界和社会的现象都是相对的，互为条件的，但相对之中有着绝对，比如生与死、好与坏、升与降在表面上看似乎是"二别"，但实际上则是"一真"的。另外，他还认为这种事物的相对性是与运动分不开的，"互性活真"乃是一个不可分割的、永恒的全体。他说："有互性而始有活真，无互性就无活真。"又说："活真故常进退，互性妙行无一息止，进而明德，其性暗德，退而暗德，其性明德，活真德也。"①(大意是：有活生生的真实事物的存在，故而有进退的运动，相对存在着的、神妙的运动是没有一刻停止的，当事物向前发展的时候，表现出了明显的属性，可是这种属性中已经包含着暗潜的属性，当事物停顿的时候表现出了暗潜的属性，可是这种属性中已经包含着明显的属性，明显的属性和暗潜的属性是相对地存在着的，这表示了活生生的事物的性质。)昌益在这里提出的"二别"即"明德"及"暗德"和希腊哲学家亚里士多德的"潜能性"和"现实性"相类似，它正确地揭示了事物发展过程中对立面的存在及其分解的倾向，但是他对对立面如何转化，即对立面的斗争是绝对的，统一是相对的、有条件的理解是不清楚的，因而常常陷入相对论的泥淖，例如他竟说"雄之性雌，雌之性雄，男之性女，女之性男"。② 他的这种缺陷正如马克思在评价亚里士多德的某些辩证法成分时曾指出："亚里士多德已经深思熟虑地指出了那种以某一抽象原则为出发点的方法的表面性，但他没有设想这一原则在高级形式中的自我否定。"③

昌益这种辩证法的观点是在社会斗争中产生出来的，他运用这些观点正确地观察和评价了很多社会现象，例如他写道："生就是扩张和前进，死就是收缩和后退，生死是统一的具有灵魂的自然原质的一种永恒性，因之，关于命运先定和生死先定的教条(儒家的)，关于'无量精气的不灭'的教条(道家的)以及关于'再生'的教条(佛教徒的)等等，所有这一切都是臆想，实际上并没有这回

---

① 《自然真营道》大序，见《日本哲学思想全书》第 4 卷，第 93 页。

② 同上。

③ 转引自苏联科学院《哲学史》第 1 卷，第 124 页，三联书店 1959 年版，原引自《马克思恩格斯早期作品选集》第 125 页，1956 年俄文版。

事，经常不变的扩张和收缩是存在着的……生和死不是分割的东西。”①又如1746年2月11日(适亨三年)昌益在和弟子(神山仙确、岛森慈风、中村中平)的一次讨论中曾说：儒家之“仁”不是一种抽象的“爱或慈善的东西”(ぬくみ原意“暖和气”)而是体现“上下统治”的一种对立的“身份关系”，它是统治阶级用来威胁与欺骗劳动人民的。②

昌益从唯物主义的自然观基本原理出发对日本的佛教、神道教和儒教等进行了猛烈的批评，例如他在《统道真传》的《纠佛失》篇中对佛教的各派学说以及佛行各种仪式如出家、剃发、正觉等等都逐个地、细致地进行了剖视，指出它们都是与“自然不合”的一些“迷世魔言”和“奇特怪事”。他也说日本神道教的“所有神书都是虚妄的故纸”。

## 四

昌益在《自然真营道》第一卷《私制字卷书》及二十四卷《法世物语》中，表达了他的基本的社会政治理论，即“自然世”与“法世”(人为的社会)相对峙的理论，他描绘“自然世”的情形是：

> 自然世转定与人业行转定无微无异矣。(在自然世中人类的行动与自然天地是没有差别的——引者解)
>
> 中平土人伦十谷盛耕田，山里人伦取薪材出之平土。海滨人伦取诸鱼出之平土。薪材十谷诸鱼易之而山里薪材十谷诸鱼食之家作之……平土人相同而平土无余，山里无少不足。海滨无过不足，彼无富此无贫，此无上彼无下，夫妇道互相应自感合，无犯他妻，无交他夫，转定无二、转二定转定，一夫妇无二夫二妻，故人伦相同。(大意是：住在平地的人们多耕田，住在山地的人们采薪材并把它们运到平地，住在海滨的人们捕捉各种鱼类也把它们运到平地，在那里把各种东西进行交换，以此满足各种人们的需要……住在平地的人们生活都相同而且没有过剩的东西，山里人们无不足，海滨的人们也无过多和过少的现象，这样大家没有贫富的差别，也没有上下的差别，夫妇之道应互相融洽，无犯他人之妻，无交他人之夫，

① 转引自苏联科学院《哲学史》第1卷，第221页，北京，三联书店1959年版。

② 参见寄本司麟、桜田著《安藤昌益》，载《赤旗报》1959年10月11日。

正像天地没有两个一样，人们不应该有二夫或二妇。）

无上责取下无奢欲，无下无上諂巧故无恨争，故无乱军出也。无立上盗转道植上盗根者，无上在盗货材者（没有盗窃天道进行剥削的大盗，也就没有窃取他人财货的小偷了）。无上立法无刑罪下。无上犯上法受上刑无患无立上教导圣人。闻教犯不耕贪食徒者无之。法地狱极乐贪食众人心施无卖佛僧法。诳虚伪利己巧言无迷狂者……无私法医术无盲配剂毒杀者。

无五常五伦四民等利己教，无圣贤愚不肖隔。无下民刑虑处扣其头士。（大意是：因为没有五常、五伦、四民（士农工商）等利己的教育，也就没有圣贤愚不肖的悬隔，或在下民头上加以打击的武士了）。

各耕育子壮能耕养亲育子，一人为之万万人为之而无贪取者而无被贪者，转定人伦无别转定生人伦耕，此外一点无私事，是自然世有样矣。……无结绳觉用世则况无文字义，曾无学问言及历世异相者出始生文字也。（大意是：在自然世中各人应该参加耕作并养育自己的亲子，一人要做到，千万人也要做到，这样就不会有剥削的人和被剥削的人……在结绳的世界没有文字，也没有叫做学问的，到了私法盛行，违反自然的人才开始使用文字。）①

所谓“法世”是指人们自行建立起来的社会，昌益在《法世物语》一书中，他运用寓言形式（例如鸟兽召开座谈会等）对封建社会的等级制度，人剥削人的现象以及各种流行的社会罪愆进行了无情的抨击。

昌益上述空想的共产主义理论既有着积极的革命的内容，也有着空想乃至反动的成分。他以战斗的姿态对封建社会的所有制暨其上层建筑以及社会的流行罪恶进行了彻底的、有力的批判，揭露了它们的本质和破坏作用。他对被压迫的普通人民特别是农民表现出无限的同情和关怀，时刻维护着他们的利益。他在日本的启蒙学者中较先并系统地提出了社会平等、男女平权、消灭私有制度等等的见解，这种见解丰富了人民民主主义的内容，它是资产阶级革命时期小资产阶级特别是农民革命的思想基础，它对以后的农民民主革命运动的发展有着重要的意义。例如幕府末期很多地区农民发动的“世间改革”的运动（又称

① 《自然真营道》第1卷，《私制字书卷》中的《自然世论》，原文为汉文，参阅马采注解，北京大学哲学系，油印本。

"平均世间"即从根本上改革社会，使社会平均起来)中，都提出了与昌益"自然世"相类似的要求。① 又如1870年(明治三年)一月，日本陆奥地区登米郡的祠官七郎，在组织农民夺取土地的运动中，曾散布传单说："为彻底复古，事无大小，一应世事悉应贯彻恢复本来面目之精神。凡过去转移于他人手中之土地，根据革新的原则，均应享有公开收回之权，可勿踟蹰自误。"②祠官七郎在这里所提出的复古与昌益的恢复"自然世"的思想很有共通的地方。昌益把"直耕"(劳动)和"自然世"与"法世"联系起来，要求未来社会建筑在劳动的基础之上。这是一种唯物主义的虽然是原始的但是非常深刻的猜测，他的这个猜测和法国空想社会主义者傅立叶(1772—1837)所提出"劳动是未来社会本性"的理论有很多类同之点。马克思在评价傅立叶的这个观点时曾指出："傅立叶第一个确立了社会哲学的伟大原理，这就是：因为每个人天生就爱好或者喜欢某种劳动，所以这些个人爱好的全部总和就必然会形成一种能满足整个社会需要的力量……这种论断尽管听起来是非常武断，可是经过傅立叶论证以后就象哥伦布竖鸡蛋一样，成了无可辩驳的，几乎是不言而喻的道理。"③昌益乌托邦的历史局限性，主要表现在他缅怀于古代社会的自给自足的经济状态和伦理关系，从农业一元论的立场出发，反对流通经济和工业。例如他主张："天下万国人伦，男耕女织，耕织之外无他事，自然自行也。""自然五伦，祖父母、父母、我、孙、夫妇各立，一人为五人也。"④又如他要求在自然世"无知利倍欲无商人用"，"无金钱通用"。⑤ 他在反对封建的糟粕文化的同时，对人类若干世纪积累起来的文明(如医术、文字等)也无分别地加以否定了。这些都是封建复古主义和虚无主义的表现。另外，他虽然憧憬未来的无阶级无压迫的社会，但如何达到这个目的，即依靠何种社会力量来进行社会革命是不清楚的。他错误地认为由"法世"向"自然世"过渡时只要有"通晓大道的圣人"或"名义上的君主"出来实践他的理论即可达到预期的目的。不仅如此，他还像反对封建侵略战争一样地反对农民起义，说什么"我道不言战""不言军"。总之，从昌益的乌托邦的社

① 井上清、深谷精等：《日本农民运动史》，中文本，第16、29页，北京，三联书店，1957。

② 同上。

③ 《马克思恩格斯全集》第1卷，第578页，北京，人民出版社1956年版。

④ 《统道真传》第1卷，《自然世论》。

⑤ 同上。

会结构、反对商业和文明、拒斥社会关系的扩大、拥护君权、反对武装革命等等方面，可以说明昌益的封建思想仍然是很多的，这反映出了旧时代农民革命思想体系和运动的一般弱点。

昌益的《自然真营道》小册，是在1753年即法国卢梭(1712—1738)发行《论人类不平等的起源及其原因》前一年在京都发表的。他的这本书中的很多论点，例如“自然之世”一切人都平等，没有社会压迫和剥削，私有制是产生不平等的原因，社会恶习是少数人掠夺多数人的劳动成果所致等等，和卢梭所描绘的“自然状态”下的情形有相似之处，但他们对于社会经济问题所提出的具体解决办法则是不同的。卢梭要求以小私有制代替大私有制，发展实业等等；而昌益则企图回复古代的自然经济，实行公有制并且拒斥文明和流通经济等等。卢梭和昌益都处在封建社会解体前的一段时期，他们同样地对封建社会进行了抨击。卢梭是一个自然神论者，而昌益在哲学体系中也有明显的自然神论的成分，因而在启蒙思想方面有着很多相同之处。他们都反映了与封建专制政体进行斗争的小资产阶级思想体系，但是由于当时法日两国资本主义发展程度的不同，在卢梭开展活动的时代，法国原始积累过程基本上已结束，资本主义工场手工业阶段已经进入全盛的时代，在那时法国的资产阶级已经蔚成一个独特的社会力量走上了历史舞台，无产阶级也已成长起来，而日本那时资本主义还处于萌芽状态，资产阶级还没有在全国范围内统一和组织起来，近代的自然科学还没有奠立巩固的基础，古典的信条仍然有着重要的影响，因此，卢梭和昌益的哲学和社会理论也有着迥异的地方。卢梭是法国小资产阶级中第三等级的发言人，而昌益则是道道地地的农民思想家。卢梭的《论人类不平等的起源及其原因》以及随后发表的《社会契约论》，与昌益的《自然真营道》，是东西方思想史上可以媲美的两大历史文献。

从上面的论述中，我们可以确定，昌益不单是18世纪日本也是世界哲学史的一个“不怯懦”的唯物论者、战斗的无神论者以及历史上较早出现的空想社会主义者。他的伟大著作在当时有力地打击了日本的封建统治思想，为日本的农民革命运动提供了理论武器，它对于当前正在要求摆脱奴役和剥削的日本人民的斗争仍然有着重要的和现实的意义。

# 印度19世纪爱国的哲学家和社会活动家辨喜的思想

印度19世纪著名的哲学家和社会活动家斯哇密·维帷卡南达(Swami Vivekananda，意译辨喜)是今年世界和平理事会号召全体进步人类纪念的世界文化名人中的一个。辨喜是印度资产阶级民族主义理论的创立者。他的反封建、反帝、爱祖国和爱人民的思想在印度资产阶级民族解放运动中有着重要的影响。他是世界和平和友谊的创导者，也是热爱中国的一个人，他对我国劳动人民表现了无限的关怀，并且对我国文化有着高度的评价。

## 一

辨喜所处的时代正是资本主义在世界范围内进入帝国主义的时期，这个时期也是印度历史上重要的转折阶段。自从1857年印度民族起义被镇压后，英帝国主义公开并吞了这个国家，他们为了镇压印度人民的反抗与印度的封建王公结成了政治的联盟，同时在经济上开始对印度资本输出，英国资本控制了印度经济的主要命脉，从而就摧毁了传统的手工业和农业，印度人民在这种帝国主义新的压迫和掠夺下曾掀起多次的、持续不断的起义。伴随着政治和经济上的压迫与掠夺，殖民当局也开始了对印度的文化侵略，他们派出了大批的传教士在印度的知识分子和农民中间进行所谓“基督化”的工作。马克思对当时印度的情况曾做过这样的分析：“英国则破坏了印度社会的基础本身，并且至今还没有表示出任何改造它的意图”(见《不列颠在印度的统治》)。

英国资本的输出反过来推动了印度资本主义的产生和发展，随后印度新的社会力量——资产阶级和无产阶级就茁长了。英国殖民当局为了商业和行政的需要，他们培养了大批的印度知识分子，这些知识分子中的一部分人后来成为印度民族运动的重要力量。在19世纪50年代，印度的新生资产阶级开始在社会上显露头角，他们在几个商业城市建立了自己的宗教文化和社会改良的组织，通过这些组织发出了复兴民族文化和社会改革的呼声，但是印度资产阶级在全国范围内的联合，作为统一的力量在印度政治历史舞台上起作用要到1885年印度国民大会党成立以后才开始。

在这个时期中，印度占统治地位的宗教是印度教和伊斯兰教。“哲学、政治、法律等等思想体系的一切形态都囊括在神学之内”，印度教和伊斯兰教的教义虽然受着新时代的冲击，但仍然保持着旧时代的信仰的残余，他们强调人在尘世的地位或者取决于前世的“业”或者取决于“安拉”的意志，因此人对于自身的命运不能做任何的变更，在印度教中还保留着动物崇拜、诅咒等等不可思议的活动。为这种宗教思想做哲学论证的是吠檀多派商羯罗的“不二论”。他们宣称现实世界只是一种“摩耶”(幻，Maya)，它是不真实的，只有个人精神“我”(Atman)和宇宙精神“梵”的“同一不二”的存在才是真实的。这种宗教和哲学理论无疑地都是为巩固封建制度和殖民统治的目的而服务的。新生的资产阶级思想家是当时社会利益和民族利益的表白者。在新的思想阵营中明显地可以看出两个派别：一派是资产阶级自由主义派(也可称之为温和派)，他们希望通过和平的道路，即通过合法的议会斗争来实现民族的要求和资本主义的改革，但不想触及帝国主义的统治基础和现存的社会秩序，他们的政治哲学和策略的基本内容是“忍耐”；另一派是激进民主主义者，它在一定程度上反映了小资产阶级及其相联系的穷苦知识分子的利益。这一派和帝国主义进行了严肃的斗争，并且企图用武力建立印度的“完全自治”，但是他们从来没有注意到把反帝的斗争和反封建的斗争任务结合起来。这一派出现的时间较前一派为迟，辨喜在开展活动的时代(90年代)，他们还在酝酿的过程中。印度民族资产阶级的哲学和社会思想当其诞生的时候就已经暴露出殖民地和半殖民地国家资产阶级思想所具有的共同特征——两面性。这些也反映在辨喜的哲学和社会思想体系中。

辨喜原名挪伦特拉那特·达泰(Narandranath Datta)，辨喜是法号，他出生于加尔各答一个富有的和自由主义的家庭中，属刹帝利(武士)种姓，1884年毕业于印度加尔各答中央学院(Presidency College)。他在大学读书时曾一度醉心于西欧的哲学(康德、斯宾塞、笛卡尔、黑格尔等等)，在西欧哲学的影响下还接受过无神论的信仰，另外，他还热心参加当时最有影响的梵社(Brahmo

Samoj)的宗教和社会改良运动。在大学毕业时，他原想做一个法官，但因生活的刺激(他父亲的突然去世和家庭的破产，谋生无着)以及和室利·拉摩克里希那(Sri Ramakrishna)①的接触使他改变了初衷，决心献身于印度的宗教和社会改革活动。1888 至 1894 年他以托钵僧的身份，走遍了印度各个地区，在这次漫长的旅行中他和印度各个阶层的人民接触，熟悉了群众的生活情状，并且还向各地的民间学者学习了印度各派的哲学经典和地方语言。1893 年他不顾印度教不准教徒远航的规定，出席了在美国召开的世界宗教会议，在路经我国时还访问了广州等地。1894 年在美国他发表了几十次的宗教和学术演讲，这些演讲受到了美国资产阶级知识界的注意。他被美国哈佛大学、哥伦比亚大学聘请为梵文和东方哲学的讲席，但受到了顽固的印度教徒和基督教在印传教士的围攻。嗣后他访问了英国、瑞士、德国等国，1897 年盛载国外的声誉返回印度。回国后他便悉心从事于印度的宗教和社会改革活动，他奔波于印度南北各地，向广大群众发出了成百次的呼吁：要求印度建立民族的工业和文化教育系统，改善群众的精神和物质福利状况，驱除封建的“社会暴君”，打破宗教和种姓的对立，提高妇女权利，另外，他还参加了孟加拉的“拥护民族解放运动小组”②的活动，1897 年他在加尔各答筹建了以他的老师命名的拉摩克里希那教会(Ramakrishna Mission)，1899 年又在喜马拉雅山麓创立了旨在研究和宣传印度古典哲学和宗教的吠檀多“不二论”书院(Advaita Ashram)，1899 年 6 月他再度出国，在法国参加了巴黎世界宗教史会议，会见了无政府主义的理论家克鲁泡特金和军火发明家希伦·马克沁姆(Hiram Maxim，1840—1916)，后因病返国，于 1902 年 7 月 4 日逝世。

辨喜留下的著作是巨大的。后人已把它编成全集八大卷，这还不包括他的一部分译作在内。他一般是用英文和孟加拉文写作的，间或也用梵文写作，涉

---

① 室利·拉摩克里希那(1836—1886)是印度 19 世纪的宗教改革领袖，提倡各种宗教联合。

② 关于辨喜参加民族解放运动的问题，印度研究家达泰(B. N. Datta)根据辨喜某些言论及其和军火发明家希伦·马克沁姆的联系，认为他曾企图建立“革命者的政党”。苏联印度学家布罗多夫(В. В. Бродов)根据间接的材料判断：辨喜虽然对革命的任务和动力不很明确，但参加了当时印度民族解放运动，所谓“革命者的政党”是孟加拉的“拥护民族解放运动小组”。参见苏联科学院编《哲学史》第 4 卷，俄文本，第 493 页。

及的问题极为广泛，体式也不拘一格，他的哲学和社会理论的主要著作是《业的瑜伽》(Karma-yoga)、《力的瑜伽》(或译“王的瑜伽”，Raja-yoga)、《知的瑜伽》(Jnana-yoga)、《理性和宗教》、《吠檀多哲学》、《现代印度》、《从科伦坡到亚尔莫拉的演讲集》、《东方与西方》等等。

## 二

辨喜在哲学上追随着吠檀多不二论的路线，但是他的哲学思想是区别于吠檀多主义先前各种形式的，并且明显地可以看出摄取了西欧资产阶级哲学的某些东西，辨喜和商羯罗一样，对哲学基本问题的解答是从客观唯心主义的立场出发的。他写道：“我们现在看到的宇宙力能的种种表现，像物质、思想、力量(Force)、理性等等都不过是那种宇宙理性的表现，你看到的、感到的、听到的每一种东西即整个宇宙都是它的创造，或者精确地说是它的投射(Projection)”(Ⅱ.211. 即辨喜著作全集第Ⅱ卷，第211页，印度不二论书院1918年出版，以后均按此简写)。在他看来，宇宙理性梵是全部现实世界的灵魂，是一切现存事物的泉源，世界上任何现象无论自然、社会以及人的思维都是它的表现，都是从它那里派生出来的。

辨喜从客观唯心主义立场出发，运用逻辑演绎的方法，推演出了一套哲学思想体系，他的这套哲学体系的中心问题是梵与世界的关系问题，现用他的图式分解如下：

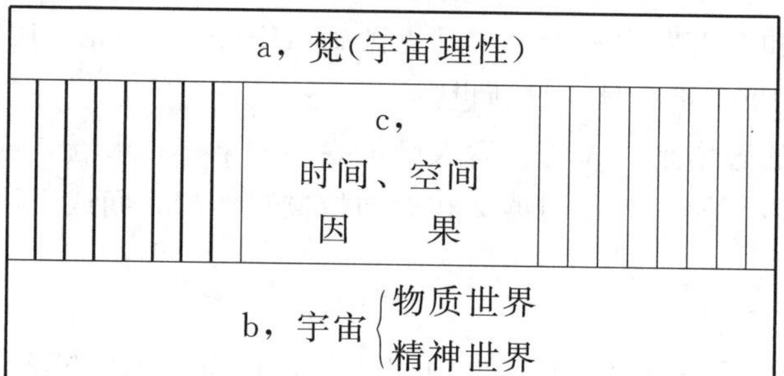


在上图中a是梵，b是宇宙，在梵变为宇宙的过程中，梵和宇宙发生了联系，宇宙是梵较低的一个阶梯，并是梵的表现。梵通过时间、空间和因果显现宇宙，正像事物透过镜子被反映出来一样。宇宙是由物质和精神两个方面所组成的，宇宙是受规律(即时间、空间和因果的不变关系)所制约的，并经常处于变化和运动当中，宇宙对于梵说来是一种相对的实在，是一种变异(Variation)或者说是不实在的，但是从它本身说来则是一种真正的、完全的实在。梵是一种纯粹的、独立的和最高的实在，它完全不受着规律的支配，在梵中既无时间、空间、因果亦无性质、方位、数量、质量等等的差异，总之，梵是“多中之一，散中之总，杂中之纯，动中之静，变中之常，异中之同”。他的解释同西方柏拉图的绝对理念和我国华严宗的最高境界“万象纷然，参而不杂，一切即一，一即一切”有很多类似之处。但是值得注意的是辨喜没有在梵和宇宙之间划下一道不可逾越的鸿沟，在他看来，梵既是独立于宇宙的，但又和宇宙保持着不可分离的联系，它既独立和超越于人的感觉经验之外，但又通过它的派生者——宇宙和人的感觉经验发生着联系。

辨喜认为宇宙是由物质和精神两个方面所组成的，物质和精神的关系是一种平行的关系，(他经常把精神的方面称之为“精神世界”(Spiritual World)，或“心理世界”(Mental World)或“精神实体”；把物质的方面称之为“物质世界”(Material World)或“物质实体”，但在他的实体概念里并不是指的哲学的最高实在，最高实在还是梵或宇宙理性)。他说：“在我看来外部世界确实是一个实体，并且是一种在我们心灵概念以外的实在。”(V. 236)，辨喜在这里虽然承认客观世界是独立于我们的认识以外的，但是他又认为物质和精神都是一种变异，都是梵的表现，在本体论和更高级的意义上看，它们是没有区别的。

辨喜进一步对于在物质意义上的宇宙或者宇宙的物理世界进行了探讨，他认为世界并非像唯心主义者所说的一种“绝对的零或不实在”而是由物质所构成的，世界上千差万别、形形色色的事物和现象都是物质的种种表现，例如他说：“在这个宇宙中有着一种依存于各级存在的、连续的实体，这个宇宙在物理上是统一的，没有太阳和你之间的差别，科学家对于这要作相反的说法乃是一种妄想，没有桌子和我之间的真正差别，桌子是物质大块的一点(Point)而我是另一点，每种表现的形式宛如物质的无边海洋中的一个旋涡，其中没有一个是不变的……因此整个宇宙是一种经常变化着的物质。”(Ⅰ. 150)另外，他也认为物质和运动是不可分的。例如他说：“当然我们能够见到粗大东西的运动，但是细微运动发生时，我们就不能见到了。当一种粗大的东西运动时，我们可以抓住它，因此我们可以自然地证明粗大的东西和运动是在一起的……我们不能见到任何细微的运动，因为细微的运动过于剧烈我们不能感觉它，但是如果我们得到某种科学研究帮助而可抓住那些外现者的原因的细微的力量。”(Ⅱ. 17)辨喜对于时间、空间和因果也有合理的看法，他写道：“我们在时间、空间和因果中发现一种特性，这就是它们不能和其他事物分立而存在的特性，设想没有颜色或者界限，或者与周围事物没有任何联系的空间——一种抽象的空间，你不能作这样的设想。你必须认为它是两种界限之间或者是在三个物体之间的空间，空间的任何存在必然与某一物体相联系着。时间也是这样，你不能会有任何抽象时间的概念，你必须取出一在前和另一在后的两件事实，并且用连续的观念去联合它们，你才会获得时间的概念。时间存在于这两件事实正像空间必须和外界物体相联系一样。另外，因果的观念不能和时间和空间相分离的，这是它们的特征，即它们不具有独立的存在。"(Ⅱ.135)辨喜在这里指出时间、空间和因果的最大特性是客观实在性，即承认它们都是客体或者客观事实的基本存在形式，并且反对抽象的时空和因果；另外，他从客观事实的联系和发展去考察空间和时间，肯定时间、空间表征着客观事实的持续性和连贯性，而且还进一步承认空间、时间和因果的不可分性(记得客观唯心主义者黑格尔是不承认时空的客观实在性和不可分离性!)，这明显是一种唯物主义的因素。从上面辨喜对于物质世界的统一性、运动和时空等等的分析中可看出：辨喜虽则对于世界的认识归根结蒂是唯心的，即最终地承认物质世界是梵的表现；但也包含着某些合理的和唯物主义的因素，辨喜这种对于世界的解释明显地是和他的整个哲学体系相对立的，因为他既然承认宇宙的物质实体是真实的，这个物质实体又和最高的实在——梵相联系的，并是梵的一个阶梯或相应的部分，那么作为部分的和被蕴涵的物质实体不能不和全体的、蕴涵者的梵有着共同一致的方面，物质实体的属性不得不反映或者包含在梵的属性里面，从而就否定了上节所述他的所谓梵绝对独立、不可认知、不受规律制约的理论。辨喜对于世界真实存在的解释在当时思想界的斗争中有着重要的意义，我们知道印度历来统治阶级的唯心主义哲学，对待世界的态度都是采取消极和否定的，这些哲学派别异口同声地宣称：现实世界只是一堆苦难，人愈能摆脱这个世界，则愈能获得解脱，他们提出这种理论的目的，无非要求人们逃避现实，脱离社会斗争，消极地忍受统治阶级的压迫和宰割。例如吠檀多不二论者商羯罗在这个问题上曾提出过一种摩耶(Maya，幻)的理论，他认为梵通过一种魔力——摩耶创造了世界，世界仅是幻的一种表现，它是不真实的，也是不实在的。"真实的是梵，其他都是不真实的"(Brahma Satyam jaganmithya)①，有些人把世界

① 关于梵与世界的关系问题，在印度和西欧资产阶级研究家中有人认为梵是在我们经验意义上(Vyavahárika)的一种实在(即是由我们的意识所组成的)；也有人认为梵是幻、或不实在、或在我们意识中的存在，这种区别在我们看来都是唯心主义的。

的多样性看成真实性，这就像人们有时会把最普通的绳子看出是一条蛇一样，为此，他号召人们力图摆脱这个不真实的世界。辨喜在改革吠檀多主义的过程中，他对这个理论作了新的解释，这个解释实际上是和商羯罗的理论完全对立的，辨喜认为“世界不是一种绝对的零”而是对“正在发展中的世界底事实的一种说明”。“摩耶是到处存在的，我们必须在摩耶中(即世界中——本文作者引注)去工作，如果不投入工作中去，正像一个人要等待恒河之水流入大洋以后再准备渡河一样”(Ⅱ.94、103—104)。辨喜这种论点反映了早期印度资产阶级要求正视现实，要求积极参与社会和政治的斗争，有着重要的意义。辨喜这个哲学论证和同时代的激进派领袖铁拉克以及后来的诗人泰戈尔的表述都是一样的。①

辨喜对于精神世界或者在精神意义上的宇宙[有时他明确地称为心理世界(Mental World)进行了解释]，他认为人的一切思维活动包括人的认识形式在内都是人的意识的产物，精神世界是独立于物质世界的，精神世界是梵的另一种表现，在梵的演化过程中它是较物质世界更高的一个阶梯，它和梵的关系更密切，总之，在他看来，梵和精神世界只是数量上的差异。他的这种解释是和一般唯心主义的表述相类似的，在这里不再缕述了。

在辨喜的哲学体系中我们到处可以看到形而上学的说法，但也能找到某些不彻底的、尚未发展的辩证法的观点，辨喜在分析某些社会现象和自然现象时也谈到了对立和矛盾。例如他说：“凡是我们感官所及或者我们心灵所想象的，我们发现在其中有着作用和反作用的二种力量，其中一种作用于另一种，并且造成我们周围所看到的、我们心灵所感觉的、经常处于变化的错综复杂底现

① 铁拉克认为世界的最高基础是梵，也是逻葛斯(Logos，即规律)“人与逻葛斯的结合决不能离开绕着人的现实世界并且只有依赖于人的积极行动”，“为世界服务即是为上帝的普遍意志服务是一种最真实的拯救的道路，这种道路只能留在世界中而不远离世界才能达到。”见铁拉克：《薄伽梵歌注解》(Srimad Bhagavadgita Rahasya)。

诗人泰戈尔从逻辑上反驳了世界是幻的说法。他写道：“有些哲学家说宇宙没有像有限的这种东西，它只是一种摩耶(Maya，幻)，真实的才是无限的，只有幻这种不真实的东西才生出有限的外象来，但是幻这个字仅是一个名词，它并没有说明什么，它只是说与真实相对立的就有这种与真实相反的现象，但这个相反的东西，如何在同时不相矛盾而存在，则是不可思议的”。见泰戈尔：《生命之证果》(The Realization of Life)，1931年英国伦敦版，第95页。

象。在外部世界，这些相反力量表现为引力和拒力或为向心力和离心力，在内心世界为爱和憎，好与坏”(Ⅱ.372)。“这个退和涨、这个上升与下落是内在于世界的真正本性之中……如果你要生存你必需每一刻为生存而死亡，生与死不过是从不同立场所看到的同一事物的不同表现，它们都是同一波浪的起伏，一个全体的二种形式”(Ⅰ.111 页)。辨喜虽然承认社会和自然现象中有着正反二个不同的方面，而且这二个方面还经常处于变化和运动的过程中，各自向着对立的方向在转化，这些说法似乎接近了辩证法，但是他又认为这些现象的对立和转化是暂时的、相对的而它的和谐或统一则是绝对的，从而又使他陷入了形而上学。例如他写道：“这个宇宙中的每一个部份是在一种永久流动的状态中，但是把宇宙作为一个整体来看，它是不能运动的，它是不能变化的，运动永远是一种相对的东西”(Ⅱ.79)。辨喜所以这样，是他企图在事物的发展和运动过程中找出外在的、最高的原因，所谓“第一推动者”或梵，借以建立他的体系，这正如恩格斯在论述黑格尔的辩证法时所指出：“黑格尔急于要建立一种体系，而依照传统的习惯，哲学体系是一定要有某种绝对真理来完成的”①。辨喜通过这种方法正确地观察和评价了很多现象，但也使他经常处于十分矛盾的地位，这充分说明了这种方法的社会作用。例如他一方面认为在阶级社会中各个集团的心理状态、伦理标准都不一样，“在社会中的某一阶级认为某种特定的东西是他们的义务，而在另一阶级看来则完全相反，并且如果必须实行这些东西，这另一阶级必然会憎恶”(Ⅰ.35)，但另一方面又认为各个阶级的人有着一种共同的“神性”和“普遍的义务”，通过教育和宗教可以发扬这种“神性”和实现“普遍的义务”，使社会和心理的矛盾自行融和消失。

辨喜的认识论具有矛盾的性质。他认为人们对真理的认识可以通过二条道路：一条是常识即感觉经验的道路，另一条是宗教感情或者内省直觉的道路，这二条道路在某些人中是完全结合着。他在描写第一条道路时写道：“所有人类的认识都是由经验所产生的，我们除了依赖经验以外不能认识任何东西。我们一切推理都是以一般经验为基础的。我们所有的认识不过是一种统一的经验。看看我们的周围，我们会发现什么？一种连续不断的变化，植物由种子产生并且种子再变成了植物……动物在一定时期内生死，并且循环往复。人也是一样，循环转动无论何处都在进行着，生育、成长、发展和衰亡像数学的精确

① 恩格斯：《费尔巴哈与德国古典哲学的总结》，第 7 页，北京，人民出版社，1957 年版。

那样互相紧接着，这就是我们日常的经验”(Ⅱ.226)，辨喜在这里虽然承认经验是认识的基础，并且承认经验的内容是和客观实在相一致的，但他所指的经验仅仅是个人的狭窄活动以及自然界的机械活动，还未从人类社会的实践的观点来理解经验，即把经验看作人类改造自然和社会的实践，在他的经验概念中还未包括着阶级、政党的活动和生产的活动等等方面。关于这条道路的认识过程他描绘如下：“在我瞧你的时候，这种视觉需要多少个东西呢？第一是眼睛……第二是视觉真正的器官(Organ)，这因为眼睛并不是器官，它不过是视觉的工具，而在它的后面有着真正的器官，即在大脑中间的神经中枢，如果神经中枢被损伤了，一个人即使有一对最清楚的眼睛，可是他仍不能看到任何东西，这样还不够。假若你在你的图书馆中专心地读着一本书，钟声响着，可是你仍不会听到它……这是心灵(Mind 或译思维)不在那里，因此我们要看到第三种东西的需要，心灵必须在那里……心灵进一步把感觉传递给理智(intellect)，理智具有决定性的能力，它决定着心灵所带给它的东西，但是理智还是不完全的，理智仍需带感觉前进，把整个东西递至身体的管理者、人的灵魂(Human Soul)、在王位上的君王，在君王的面前，这整个外界东西呈献着，于是从这个君王发出怎样做或不怎样做的命令，并且在同一的顺序中把命令传达至理智、至心灵、至器官。再由器官把它传达给视觉的工具，这样感觉就完成了。”

“外界工具是在人的外在的肉体即粗身(gross body 即粗的物质——引者)中，但是心灵和理智则不是，他们在印度哲学中被称作细身，细身虽然比了肉体要细致得很多，但仍不是灵魂，……灵魂是超越于它们(指理智、心灵、器官等等——引者)所有一切的”(Ⅱ.213—214)。辨喜这段话试用图例来解释：

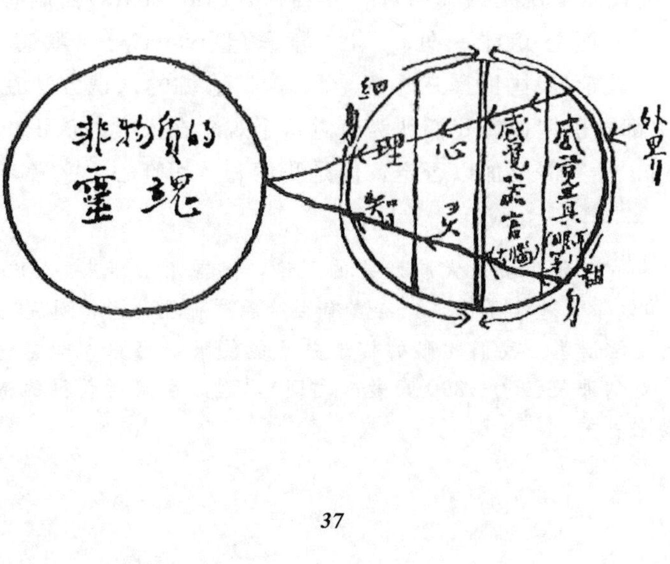

辨喜这种解释明显地是要撮合具有二元论性质的印度数论(僧佉学说)和西方资产阶级的心理学说，这其中包含着很多唯心主义和神秘主义的东西，但也有合理的、合乎现代科学的成分。他一方面认为感觉是外界对象直接作用于我们感官的结果，必须从感性的知觉提升到抽象概念来反映外在的世界，他把人的意识和肉体器官联结起来，强调大脑是神经系统的中枢和思维意识的真正器官①，反对感觉器官产生意识的说法，如他举出眼睛②不能产生意识等等(感觉器官产生意识的理论在现代心理学上称之为“外周论”)，这些都和现代科学相一致的；但是在另一方面他又把一种神秘主义的、超感觉的灵魂从外面引入了人的认识过程，在他看来，灵魂是不依赖于肉体的一种独立的、永恒的存在，它是感觉和思维的主宰者，是认识的真正源泉。从辨喜这种解释中可以看出：他不能解决感性认识和理性认识、个别与一般的关系问题，由于他不懂得普遍的东西是由理论思维形成的，是在反映个别事物的属性的感性知觉基础上产生的，因此他不得不臆想出不依赖于感觉的、不依赖于肉体的、作为抽象思维负担者的“灵魂”。

辨喜也提出了另外一条认识的道路——宗教感情的道路。他认为人类有着一种不以经验和逻辑证据为基础的天赋的认识能力——自明性，这种自明性也是认识的来源和真理标准，因此要想了解真理的人也可以通过自省或者直觉的途径获得。他认为这条道路最好的途径是印度瑜伽哲学的“八支分法”(即达到真理的八种方法)：(一)禁制(Yama)——不杀、实语、不盗、不淫、不贪；(二)遵行(Niyama)——清净、知足、苦行、读诵、敬天；(三)坐法(Asana)——原指坐的姿势，引申为锻炼身体之方法；(四)调息(Prânâyamâ)——控制呼吸(用现代术语说是做气功)；(五)制感(Pratyâhâra)控制感觉；(六)执持(Dhâranâ)——使心专注一处；(七)静虑(Dhyâna)——默想；(八)等持(Samâdhi)——入定(我国旧译三昧)(Ⅰ.137)。瑜伽的认识方法在印度各种唯心主义哲学中都被引用过。我们认为直觉这个观念在人类的认识史中是一再被人注意的问题，没有需要加以否定，但是我们和一切唯心主义者有着根本分歧

① 关于人的心理活动是大脑产物的理论，俄国谢切诺夫在1863年所著《大脑反射》最先和较系统地作了论证，辨喜有否接触这种理论尚待研究。

② 现代科学证明：我们的眼的构造并不能使眼球感觉和知觉一切光波，而只能感觉到一定的波长(950—300毫微米之间)，因此由眼所获得的感性认识必须要由思维活动来补充。

的看法，在人类认识里，作为一种感触或猜想而言的直觉是以大量实际经验以及科学知识为基础的，因此以经验为基础的直觉在认识中是起着作用但非主要的作用，它是认识的偶然性而非基本的契机。辨喜的谬误在于他把这种认识与人的实践完全割裂开来，另外，把它绝对化起来，作为认识的唯一源泉，这当然是和生活以及科学完全不符的。

辨喜本体论和认识论中的矛盾，充分反映了印度民族资产阶级的双重性格以及他们所处的矛盾的社会地位。我们知道，被压迫的印度民族资产阶级一方面与帝国主义和封建势力有着矛盾，他们要求维护民族独立和实现资本主义的改革，因此在哲学中反映出要求正确的说明和认识世界，并在世界中积极行动；但在另一方面它是一个十分软弱的阶级，他们害怕人民和害怕阶级斗争，因而又力图加以歪曲。辨喜世界观的矛盾是他所处时代、社会斗争、历史传统等等的反映，它鲜明地表现出了印度民族资产阶级在民族解放运动和社会改革运动中的复杂心理状态。

## 三

辨喜的社会政治理论是他的“行动的吠檀多主义”的一个不可分割的部分。他在印度被称为印度资产阶级民族主义的“奠基人”，对于印度民族解放运动和社会改良运动有着重要的影响。

辨喜对帝国主义和封建主义发出了抗议的呼声。他对印度的封建统治进行了历史的、批判的评价，揭露了它们所给予人民的祸害，并且号召人民反对封建的顺从，迅速摆脱封建的统治。他在考察印度的历史后写道：“为了保卫国家、统治者个人的舒适、自己的奢侈以及长长的扈从开支的需要，并且，更重要的是填塞为赎罪所需的全能的祭司的金库，封建的君主汲涸了他的臣民的泉源，正像太阳吸干了土地的湿气一样，他的特别的掠夺对象——他的乳牛——是吠舍(商人)”(Ⅳ.372)。又写道：“婆罗门(印度的高级种性——引译者注)在事实上逐渐采取了十分不道德和压迫的道路，他们由于自私，引入了为数众多的、非吠陀的(这里指不是正统的意思——引者)、不道德的和不合理的原则——这仅仅是为了保持他们的特权”(Ⅶ.171)，辨喜这种信念是和他的行动相符合的，例如1894年他在给群众的一则信上公开提出“不要愚民僧侣，不要社会暴君”(Ⅳ.313)的号召。

但是辨喜像旧时代的启蒙思想家和同时代“激进派”的领袖一样，对于封建主义的斗争是不彻底的、中途而废的。例如他一方面认为印度“种姓对立”是印度社会进步的障碍，因之，大声疾呼地要求废除上层种姓的特权，但是在另一方面又认为“种姓是一种自然秩序”，是“社会创造力的各种表现”，如果把它摧毁，必将“导致社会创造力的毁灭”(Ⅲ.460，Ⅳ.317)，这种看法说明了印度资产阶级的先天孱弱性，以及他们和封建主义千丝万缕的联系。

辨喜对于帝国主义有过幻想，但是殖民统治残暴的现实常常激起了他的愤懑。他在给一个外国朋友的信中对英国的统治进行了抨击：“尽管在几个世纪中即英国人为了取得统治而进行征服斗争的混乱时期中，英国人在1857—1858年所犯下的骇人的屠杀罪行，以及英国统治必不可免的结果所引起的更可怕的饥馑使成千万的人失去了生命，印度的人口仍然有了相当的增加，但是这种情况较之我国完全独立时即在回教统治以前有着不同，印度的劳力和生产能够宽裕地支持现有人民五倍的需要，如果全部生产出来的东西不被英国拿去的话。

“这是事情的现状——甚至教育也不再准许传播，出版自由早已停止(当然我们很早以前就被解除武装了)……人们由于写了几字无罪的批评，立刻被判处终身的流放，其他的人不加审讯而加以拘押，没有人会知道什么时候将被处死。

“恐怖的统治在印度已有若干年了，英国士兵杀害我们的同胞，并且强奸我们的妇女——可是，仅仅由我们支付路费和年金送还家乡”(Ⅷ.483—485，重点原有)。辨喜在反帝的同时，对于印度某些人中的媚外、崇外、懦怯和麻木不仁的现象进行了批评，此外，他还通过他的独特的宗教说教以及诗歌对印度人民进行了广泛而又热情的爱国号召。

辨喜根据他在美国亲身的经验，发出了反对美帝国主义种族歧视和压迫的呼吁。他写道：“黑奴的今天的情形比之废除黑奴战争(指美国的南北战争——译者)以前更坏了千百倍……他们的生命是分文不值的，他们可以借口被活活烧死，他们可以被不受任何法律制裁的谋杀者所枪毙，这因为他们是黑人他们不是人类，他们连动物也不如”(Ⅲ.214)。

辨喜的爱国主义浸透着对普通人民权利的同情和关怀，他在印度资产阶级民族主义运动中是最先把爱国主义和改善人民的物质境遇的任务结合起来的一个，他把印度的希望寄托在群众身上，“印度的唯一希望就在群众身上，那些上层阶级不论在形体上和道德上都是僵死的”(Ⅴ.81)。他还进一步探讨了人民群众在国家历史命运中的作用问题。例如他说：“唉！没有人考虑到国家的贫苦大众，他们是国家的骨干，他们用他们的劳力生产粮食，如果这些穷困的人民、清道夫、劳动者停止一天的工作，将要使市镇陷于一片混乱”(Ⅶ.244)。又说：“不论社会的领导权在于垄断知识的那些人手里，或者在于支配财富或者武力的权力底那些人手里，它们力量的源泉终是在于被统治的群众”(Ⅳ.403)。辨喜这种探讨诚然有着十分重要的意义，但是他对人民群众在社会历史中的作用的探讨，不是从历史唯物主义而是从人本主义出发的，辨喜不懂得人是社会关系的产物以及人的真正的社会本质。在他看来，社会是由二个集团所组成的，它的上层是“财主集团”，这个集团中包括着富有的婆罗门，占有世俗权力的刹帝利(武士)以及新兴的吠舍(商人)和柴明达(Zamindari 即包税人)等等，它的下层是“穷人集团”，它包括着农民、手工业者、皮鞋匠、屠夫等等，这个集团构成居民的大多数，是社会的“骨干”。辨喜正确地看到了社会对立的存在，但是他的人民概念还不是科学的和历史的，他始终没有把当时已经出现的、虽然为数很少的产业工人划为一个阶级，当然他的不明确也和当时印度资本主义发展的规模有关。

辨喜虽然对人民表现出了无限的关怀和同情，但是他对人民仍然抱有一定的怀疑和恐惧的心理。他的阶级局限和唯心主义没有使他了解到什么是人民的真正利益，因而他的解放群众的愿望始终未能如愿以偿。

关于印度社会的改革问题，辨喜提出了一套行动的纲领，这套纲领的中心口号是“行动的宗教和统一的印度”，他号召印度各个民族、宗教和种姓在印度精神的基础上统一和团结起来，打破宗教的对立和种姓的隔离，改善劳动人民的精神和物质境遇，普及教育和文化，发展民族的工商业，提高妇女的权利，消除印度与世界隔绝的情况等。总之，他要求在印度建立起西方资产阶级的民主自由的社会，这诚如他向人民呼吁：“用印度的宗教来建造一个欧洲式的社会……在你的平等、自由、工作和活动力的精神上，你得变成一个西方人中的西方人，而同时在宗教文化方面，你得彻头彻尾地是一个印度教徒。”①

辨喜也提出了改变现实的所谓“根本道路”，他把主要作用归之于人，归之于“人性”的改变。这是一种资产阶级局限性的表现。

辨喜在陈述改变世界的道路中，探讨了“不反抗”(Non-resistance)的问题，这个探讨是他的社会理论中最积极的方面。他说：“所有伟大的导师都说‘不要抵抗罪恶’，不反抗是最高的道德理想。我们全都知道，如果我们当中一部分人把这个原则全力去付诸实践的时候，那么整个社会组织就要瓦解，恶者将要

① 见《从科伦坡到亚尔莫拉的演讲集》。

侵犯我们的财产和我们的生命，并且要为所欲为，即使有一天实现这种不反抗必将把我们引到灾难……宣教这个原则等于是对广大的人类进行了谴责，不但如此，它将使人们感到他们的作为经常是错误的，使他们在各种行动中感到内心的犹豫，这结果必将削弱他们并且因为经常的不以为然而产生了比任何软弱最大的罪恶，那些开始憎恶自己的人已是推开了堕落的大门，这对于一个国家也是同样的。"(Ⅰ.35—36)我们知道"不反抗"的理论历来就是印度统治阶级宗教道德学说的一个互相因袭的重要原则，是用来麻痹和欺骗人民的一种思想武器，它在印度人民中有着重要的影响，而且也为亚洲某些其他专制国家的统治者所倡导过，甚至是俄国托尔斯泰主义的一个组成成分，列宁在评论托尔斯泰时曾经指出："不用强暴力量去抵抗恶的主义"是一种"亚洲制度的观念形态"。① 辨喜虽然没有也不能够正确了解这个原则所包含的具体的、历史内容，但他无情地揭露了它的虚伪性，它在国家和人民中所起的麻醉和破坏的作用，并且号召："反对罪恶是人们的责任……让人们战斗，让人们挺着肩去战斗，只有当你获得反抗力量的时候，不反抗才是一种美德"(Ⅰ.37)。辨喜这种号召和批判反映出了印度资产阶级早期的革命性和战斗的精神。

辨喜在瞻望未来的社会中，提出了他的空想社会主义理论，现在把它的基本方面介绍如下：

> 人类社会是轮流地被四个阶级所统治的，即祭司、武士、商人和工人。每种统治有它的光荣和缺陷，当祭司(婆罗门)统治时，他们根据世袭的理由有着极大的排他性——祭司本人和他们的子孙受到各种庇护——没有别人，只有他们有着各种知识——没有别人，只有他们享有灌输知识的权利。这种统治底光荣是：在这个时期奠定了科学的基础，祭司们陶铸着人们的精神，因为他们是通过精神来统治的。
>
> 武士(刹帝利)统治是专制而残暴的，但是他们不是排他的，在那个时期中艺术和社会文化达到了他们的高度。
>
> 其次是商人(吠舍)统治，它的默默无声的压迫和吸血的力量是非常可怕的，它的好处是：他们作为买卖人到处奔走，把前二种统治时期所收集起来的思想予以传播，商人们比之武士更不排他，但文化开始衰退了。

---

① 瞿秋白：《列夫·托尔斯泰和他的时代》，见《瞿秋白文集》第2卷，第1225页，北京，人民文学出版社1953年。

> 最后将有工人统治(Labourer rule或译首陀罗统治),它的好处是:将物质的舒适分配给大众,它的坏处(或许是)是文化底降低,普通教育将要大大地普及,但是非常的天才将要越来越少。
>
> 如果能够建立这样一种统治在这种统治中能够保持祭司时代底知识,武士时代底文化,商人时代底分配精神和最后时代(即工人统治——译引者)底平等理想,而除去它们的坏处,那就是理想的统治。但这可能吗?
>
> 前三个统治已经有过它们的鼎盛时期,现在是最后一个统治底时代了——工人们必定要有这种统治——没有什么人能抗拒它……我是一个社会主义者,不是因为我认为社会主义是一个完善的制度,而是因为半块面包比没有面包好。
>
> 其他的制度都曾试验过并且发现都是不行。让这种制度来试验一下罢——如果没有别的理由,就算是为了它的新奇罢。(Ⅵ.342—344)

辨喜这套空想方案是东西思想和新旧思想的一种混杂。其中既有着积极的、批判的方面,也有着消极的成分。在这个方案中我们首先可以看到他对资产阶级生产关系的种种揭示,对阶级社会中各种破坏因素的抨击。例如他揭露商人的统治:“这些有钱的阶级控制着政府,吮吸人民群众的鲜血而肥胖起来,并且派出兵去外国为他们战斗、卖命,依靠人民在战场上流血所取得的胜利来填满黄金的口袋”(Ⅴ.364)。另外,他还把他的希望寄托于劳动人民,寄托于未来的“工人统治”,这种看法虽然很模糊、主观,但毕竟反映出了要求摆脱压迫和剥削的愿望。就当时印度的社会条件看(资本主义还刚刚形成,资产阶级与无产阶级的对立还刚刚开始),还全然带有空想的性质;其次,在他的方案中也可以追索某些东方宗法思想的痕迹以及西方资产阶级空想社会主义思潮的影响。例如他神化印度婆罗门的精神力量,渲染我国的儒教,把孔子解释为中国武士统治时期的“皇权力量”的中心,并且“控制和指导着士大夫的力量”达二千五百年之久(Ⅳ.383),他的这种说明不禁使我们想起英国罗素(B. Russell)把孔子和他的家系(衍圣公)当作我国独一无二的封建贵族一样的任意。① 他自称是社会主义或无政府主义,并且宣传人类互助合作,这明显是他和克鲁泡特金接触后所受的影响。辨喜对于社会发展规律的看法是纯然主观主义的,他虽然一再谈到社会发展的“自然规律”,但他所理解的“自然规律”乃是一种臆想出

① 参见罗素:《怀疑论集》,第152页,上海,商务印书馆,1932年版。

来的东西。在他看来，社会和个人一样是由三种力量(我国佛教书籍中译为“三德”)即“剌阇”(Rajas，积极性，相当于人的理性或爱)、“答摩”(Tamas，消极性，相当于恨)、“萨埵”(Sattva，平衡性)所组成的并在发生着作用，在社会发展中时而这种力量，时而那种力量在占着上风，因而一种统治由另一种统治所代替。例如封建统治的衰替，主要是由于封建统治者的“不仁”即“答摩”占了上风。辨喜这种解释是十分神秘主义和唯心主义的，我们知道，社会发展不是什么“剌阇”或者“理性”取得了胜利，而归根结蒂是由物质生活所决定的。

## 四

辨喜在阐述他的空想社会主义理论时，提出了下面一个有趣的问题：他“预言”未来的社会必然是“劳动人民的统治”，而这个统治可能是由俄国或中国开始，关于这个问题的叙述有下面几个来源：一是辨喜在《现代印度》一文中自述：“……但是有希望，在巨大的时间过程中，婆罗门以及其他高种姓，正在摔到首陀罗的低级地位，而首陀罗正在上升到高级的地位……就在我们的眼前，有力量的中国正在跨着急速脚步走到首陀罗的资格……。一个时期行将来到，这个时期首陀罗阶级将带着他们首陀罗的资格兴起……一个时期行将来到，在这个时期中每一个国家的首陀罗……将要在每一个国家中获得绝对的统治权力……社会主义无政府主义和虚无主义是这个社会革命的先锋。”(Ⅳ.401，重点引者加注)；另一是辨喜的传记作家法国著名的文学家罗曼·罗兰所引辨喜的弟子美国女教士克里斯丁娜(Christina Grinstidle)《未发表的回忆录》中的一段话，这段话的原文是“三十二年(即1896年)辨喜对我说：‘引入另一个时代的紧接而来的起义将要来自俄国或者中国，我不能看清楚是那个，但将是他们二个中间的一个’，接着又说：‘这个世界是在吠舍(商人)统治下的第三个时期，第四个时期将要由首陀罗统治(无产阶级)’”①；第三是《维帷卡南达——爱国的预言者》一书的作者达泰(B. N. Datta)在美国听到一个人转述克里斯丁娜所说的一段话，这段话的原文是：“在辨喜最后一次访问美国的时候，辨喜在纽约告诉我们这样的事情，他在楼板上来回走着并且说道——第一是婆罗门的统治，其次是刹帝利的统治，目前的世界正由吠舍统治着，下一个将是首陀罗的统治，我正要知道将要在那里建立第一个首陀罗的国家，它必然在俄国或

① 罗兰：《辨喜的生平及其说教》，第166页，印度“不二论”书院，1947年。重点引者加注。

者在中国，在这二个国家中众多的人民群众被压迫着和被践踏着。”①此外，在希姆章特拉·高士(Hemchandra Ghose)的回忆录中也曾谈到辨喜曾亲自对他说过东方的复兴将要自中国开始，中国的首陀罗将要奋起等等，高士还问过辨喜他如何获得这种认识，辨喜答称是由于“上帝的恩惠……多年的深入观察、阅读和旅行”的结果②。辨喜在1893年来过我国，他对我国人民的境遇是有亲身经验的。辨喜在他的著作中也经常谈到俄国，在他第二次出国时还想到俄国去参观，他对俄国的情形看来也还是有所了解的。上述的材料我们现在还没有足够的理由可加以否认，从这些材料及参证辨喜的生平和其他言论至少可以肯定的一点是：他对在帝国主义和封建主义统治下的我国人民是十分关怀和同情的，并且寄予了重大的希望，但是我们不能同意达泰在其书中所说辨喜“预见”到了历史进程中的具体事件，把预见苏联和中国所发生的伟大的革命强加在辨喜的头上，使辨喜成为一个神奇式的人物。

辨喜在1893年曾来我国广州等地旅行，他把这次旅行所得的印象写在他给马特剌斯公众的一封信中，辨喜对我国的历史和文化是比较熟悉的，他在他的著作中经常提起我国，并且给予了很高的评价，例如1894年他在英国伦敦一次招待会上公开说：“我曾经在中国和日本旅行，今天，中国虽然像一个无组织的团体，但是在他伟大的盛年时期，他拥有任何国家所不知的最可羡的组织。我们称之为现代的很多技巧和创造在百年甚至千年以前的中国人那里就被实行了”(Ⅴ.129)，辨喜对当时我国文化的“僵死”(他称之为木乃伊式的)情形表示了无限的叹息，但他预言中国文化必将像“凤凰一样”获得新生，担负起“综合西方和东方”的伟大使命，罗曼·罗兰曾记述过他对这一问题看法的演变过程，辨喜在初去美国时对美国文化的表面繁荣抱有很大的幻想，他曾经把综合东西文化的希望寄托在美国的身上，但他第二次去美国经过深入地观察以后，他“愤怒地发现他被金元的帝国主义贪婪所欺骗了”，因而他认为“美国不是完成任务的工具，而只有中国和俄国才能完成(这意思是：实现东方和西方的双重的联合使命)”。③

辨喜对于在封建主义和帝国主义压迫下的我国人民寄予了无限的同情和希

① 达泰：《斯哇密·维帷卡南达——爱国的预言者》，第×页，重点原有。

② 见达泰书，第334—335页，原引自由高士所签名的回忆录。

③ 以上二段见罗兰书第81页，引文后一段是辨喜对麦克里奥特(Macleod)所说的话，括号中的注释是罗兰原注。

望，例如在前一节中已叙述他对我国劳动人民未来的展望。又如他和希姆章特拉·高士谈话中曾说："……整个东方将要获得复兴，重新建立一个人道的世界，这是像白昼光明一样清楚的，瞧着！中国未来的伟大，并且随着中国，所有其他国家也有未来的伟大"。①

## 五

关于辨喜在印度资产阶级民族解放运动中的作用问题，在印度和其他国家的研究家中有过二种对立的说法：一种认为辨喜是一个完全脱离政治的宗教家，他的学说不具有直接的政治的意义。例如梅达(G. L. Mehta)写道，"辨喜不是一个政治家，他既没有打过政治仗，也没有参加过公民和立法的团体，他主要是一个宗教改革者……"(见拉摩克里希那文化学院公报6卷7期)，又如穆克哈吉(P. B. Mukharji)把辨喜的社会理论看作"超越政治的民族主义"(Nationalism Without Politics，见公报9卷5期)，当然，不可否认辨喜在其言论中曾经表示过不要"政治"的看法，例如他写道："我和政治胡说毫无关系，我不信仰政治"(辨喜1895年9月9日演讲稿)。但是辨喜所谈到的政治正如苏联布罗多夫(В. В. Бродов)所指出："常常是被用来标明英国殖民主义者的反印政治"②。这种"政治"当然印度的先进知识分子是不屑同流合污的；另一派则认为辨喜是一个农民思想家，是印度的革命民主主义者，他的重要的理论概念(如劳动人民专政、无产阶级文化等等)是和科学的马克思主义的理论完全一致的。例如达泰写道："人们在阅读辨喜的著作中将会感到惊奇，大师不单用了马克思的词句'穷者愈穷，富者愈富'，而且还说到'无产阶级文化'，并预言印度群众的无产阶级文化(Proletocult)将是新印度的未来文化"。③ 这种贬低或者抬高辨喜作用的说法，我认为都与辨喜的言论和客观事实不符的。他的哲学和社会理论是和科学的马克思主义理论有着本质的区别。

辨喜对于印度民族主义的诞生和发展有着重要的影响。例如他的"人类宗教"、种姓理论、宗教团结等等对于甘地主义的形成起过一定的作用，甘地在说教中惯常使用的"穷人上帝"(Daridra Narayana)一词就是辨喜创造的。辨喜对于孟加拉的民族解放运动的影响是更直接和广泛的，据当时参加民族斗争的

① 见达泰书，第334—335页，原引自高士的回忆录。

② 苏联科学院编《哲学史》第4卷，第492页。

③ 见达泰书，第8页。

乔多戈鲍尔·穆克罕吉(Jodugopal Mukhlejeiee)、希姆章特拉·高士等等回忆，孟加拉的很多革命领酋如铁拉克、斯里许·派尔(Srish Pal，革命烈士，1908年因反英被处死)、乔根特拉·达泰(Jogendra Datta，1914年因反英被捕，曾引起群众抗议)和辨喜都有过直接的交往。他的《从科伦坡到亚尔莫拉的演讲集》一书是当时爱国者的最重要的精神食粮，他的口头禅"通过足球较之《薄伽梵歌》更接近天堂，我们需要强似钢筋的人"(Ⅲ.242)，在印度民族解放运动中曾被当作青年群众的口号。印度历史学家麦金达(R. C. Majumdar)在评述辨喜在1905年孟加拉自治运动中的影响时曾举出这样一个例子，孟加拉有一个烈士在被殖民当局处死前二小时，还诵读着辨喜的著作，希望从辨喜那里获得精神的支持(见麦金达《孟加拉的自治运动》)。辨喜手创的拉摩克里希那教会以及它的领导者在1914年孟加拉官方政府的报告中曾被列举为"印度民族主义的最先煽动者"。孟加拉的总督卡密却尔勋爵(Lord Carmichael)在1916年公开宣称："印度的恐怖主义者为了更方便达到他们的目的正在成为拉摩克里希那教会的会员，因此没有比这个更需要的是解散这个教会"①，以上这些都可以看出辨喜的明显影响。但是必须指出：辨喜的宗教和社会理论在印度资产阶级民族运动中所起的一定的反作用也是存在着的，他利用宗教和唯心主义来达到爱国目的，这不可避免地削弱和阻碍了群众政治意识的进展。另外，他对印度教的偏重也必须对一部分回教人士与印度民族运动的疏远担负相当的责任。

## 六

从上面的分析中我们可以看出：辨喜的新吠檀多主义的哲学就其整个说来是一种客观唯心主义的体系，但在他的庞大的唯心主义和形而上学的体系中包含着某些唯物主义和辩证法的因素，他的复杂而又矛盾的认识论中有着某些合理的思想。当其宣称世界是梵的表现，超空、超时、没有因果的联系时，当其宣称人的神性以及天赋的认识能力是我们知识的泉源时，他把他的哲学引向了唯心主义和神秘主义；当其承认世界在我们之外，物质的统一性、时空、因果的实在性以及经验感觉是我们知识的基础时，他把自己的哲学引向了唯物主义，虽则他的这种思想不是贯彻始终的。辨喜把各种互相对立的思想囊括在一个体系里，其目的是要想调和科学与宗教、唯物主义和唯心主义，使科学为宗教服务，唯物主义向唯心主义妥协，他思想的矛盾和摇摆反映出了印度民族资

① 见罗兰书，第358页。

产阶级的双重的性格以及他们所处的复杂的历史地位。

辨喜的社会观中有着进步的一面，也有着历史局限的一面，他的社会理论的积极方面主要是在于他的反帝反封建、爱国爱人民、爱世界友谊的思想，他是印度爱国的资产阶级民主主义者中杰出的一个。他对我国文化的重视，对于我国劳动人民的关怀，获得了我们的尊敬。

# 略论泰戈尔的哲学和社会思想

罗宾德拉那特·泰戈尔(1861—1941)是当代印度最著名的诗人、哲学家和社会活动家。他的哲学和社会理论反映了印度资产阶级民族主义思想本质上所固有的种种特征，在南亚次大陆各国有着重要的影响，在我国一部分知识分子中也有过不同的反响。泰戈尔曾访问过我国；他十分珍视我国古老的优秀文化，热爱中国人民，对帝国主义在中国的侵略和压迫进行了无情的谴责。他对我国人民的友谊，赢得了我们的尊敬。本文试对他的哲学和社会思想及其在中国的影响作一简略的评介。

## 一、生平和时代背景

泰戈尔于1861年出生在加尔各答一个地主的家庭，属婆罗门种姓。他的祖父特瓦那特·泰戈尔是孟加拉省的一个贵族，也是一个著名的社会改良主义者。父亲德本特拉那特·泰戈尔是一个著名的哲学家和社会改革活动家，印度近代著名的宗教社会改革团体——梵社的重要领导人之一。这个充满资产阶级自由气息的家庭，对于泰戈尔思想的形成和发展有着重要的影响。泰戈尔早年曾在英国伦敦大学学习了一个很短的时期，于1880年回国从事文学和社会活动。1890—1901年他定居于农村，由于和人民的接触，使他了解到殖民当局的专横暴戾，激起了他的爱国意识。1905年，印度掀起了第一次民族解放运动的高潮，他亲自参加了群众的游行示威活动，写作了很多鼓舞群众前进的爱国主义歌曲，创办了宣传进步思想的《宝库》杂志。在1919年第二次民族解放运动高潮中，英国殖民当局在阿姆里察屠杀手无寸铁的人民，他向英国总督写了抗议信，并坚决抛弃了英国政府所给予他的爵位和特权。1901 年他在圣地尼巴坦创办了一所学校，大力宣传印度的民族文化，这所学校就是著名的印度国际大学的前身。从 1912 年起，他游历了亚洲、欧洲和美洲的许多国家。1924 年曾来我国访问，他把这次访问中所作的讲演辑成《在中国的谈话》一书。1930 年他访问了苏联，对苏联社会主义建设所取得的成就有着深刻的印象。1941 年病逝于加尔各答。

泰戈尔是在 19 世纪末 20 世纪初开展他的文学和社会活动的。他所处的时代正是资本主义发展到腐朽和没落的时期，也是亚洲各地掀起革命风暴的年代。在亚洲革命形势的鼓舞下，印度各个地区爆发了多次的农民起义，并且掀起了多次具有相当群众规模的反对英国殖民主义的斗争高潮；印度的宗教、社会改革运动和文艺复兴运动也有了很大的进展。泰戈尔是这些运动的参与者和目睹者。他的哲学和社会思想就是在上述印度民族和民主的斗争中产生和发展的。

泰戈尔是一个学识渊博、多才多艺的人。在六十多年的创作活动中留下了大约 172 种著作。他的主要哲学著作是：《生命的亲证》(1914)、《论人格》(1921)、《创造的统一》(1922)、《有闲哲学》(1929)、《人的宗教》(1931)、《国家主义》(1917)等。

## 二、哲学思想

泰戈尔是一个诗人，他的活动主要是在文学方面，但是他曾说过："我觉得我不能说我自己是一个纯粹的诗人，这是显然的。诗人在我的中间已变换了式样，同时取得了传道者的性格。我创立了一种人生哲学，而这哲学中间，又是含有强烈的情绪质素，所以我的哲学能歌咏，也能说教。我的哲学像天际的云，能化成一阵时雨，同时也能染成五色彩霞，以装点天上的筵宴。"(《海上通信》，译文载《小说月报》第 20 卷第 4 号，1924 年)

泰戈尔的哲学思想虽然有着新时代的内容，但是仍未摆脱印度传统的形式。他接受印度古代唯心主义哲学吠檀多①宇宙观三种实在的说明：作为最高意识或最高人格的"梵"或神，作为可变和复杂的自然或现象世界以及作为个人

① 吠檀多宣称作为宇宙精神的"梵"和作为个人精神(灵魂)的"我"在本性上是同一的，物质世界是由"梵"生出来的。

灵魂的“个我”或精神。他以神或“梵”为一方，称之为“无限”；以现象世界和个人灵魂为另一方，称之为“有限”。“无限”和“有限”之间的关系是他哲学探索的中心问题。

泰戈尔把神或“梵”看作是他三种实在中的最高实在。他在各种场合对神或“梵”作了各种不同的解释，给予了各种不同的名称(“世界意识”“最高意识”“无限人格”“绝对存在”等)。他认为神是我们经验中的一种“原初质料”，也是一种植根于客观实践生活中的一种“自明的实在”。它是有限和无限、有形和无形、有属性和无属性、个别和全体、一与多的“统一”或“和合”，它既存在于时空、因果等等之中，但又超越于时空、因果等等之外，它内在于事物和思维之中，但又不为事物和思维所限。总之，它的本质也如传统吠檀多所概括的是“实在—意识—欢喜”①，亦即真、美、善或绝对的爱。

泰戈尔对神或“梵”的解释与传统吠檀多一元论一样，无疑是一种客观唯心主义。因为他最终认为神是一种超越于客观世界和人的思维，而不以人的意识为转移的一种绝对的、无限的存在。但值得注意的是，他和传统吠檀多不同：他认为神或无限“只是一个空词”，它“本身根本没有意义”，“无限只有在有限中才能表现出来，正像歌(无限)需要歌唱(有限)才能表现出来一样”(《论人格》，伦敦麦克米伦出版公司 1921 年版，第 57 页)。泰戈尔用有限，亦即自然、世界和人的精神去解释无限的神或“梵”，把神或“梵”和自然、世界看作同一个东西，这不啻将神贬低成为一种有限的存在。这样，他在哲学上就从客观唯心主义流入了泛神论。因此，我们在泰戈尔的哲学或文学中不仅能看到客观唯心主义的观点，也能看到泛神论的倾向。例如：他说，我们“不独在万物指示中可以看见神，而且在世界的对象里向他敬礼”，“在个别和全体中去亲证他，不独在自然界而且在家庭、社会、国家中可以认识他”(《生命的亲证》，印度，1943 年第 2 版，第 17、20 页)，“神在火中，亦在水中，……神在植物中，亦在树中”(拉达克里希南：《泰戈尔的哲学》，伦敦，1918 年版，第 46 页)。

泰戈尔认为神不单内在于自然界、人类社会中，也表现于人的精神领域中。他是用神的属性去说明神，亦即用宾词去说明主词，这明显是一种泛神论。

---

① 吠檀多把“实在—意识—欢喜”三者的统一作为哲学的最高本体和宗教解脱的最高目标。

泰戈尔之所以主张泛神论，是为了要在唯心主义体系加进唯物主义的内容，力图用泛神论的观点来调和精神与物质的对立。他是想从旧的印度教神学中摆脱出来，去建立他的新的宗教原则。他从宗教需要出发肯定了神的物质性，把物质性提高为一种神性的本质，在他把物质性提高到神性的同时，也就将人的思维或精神提高到为一种神性的本质。泰戈尔将思维肯定为神性的本质，间接地是使神从一种人格化实体中摆脱出来使之成为一种思维的对象、一种精神的实体。它的唯心论实质是很明显的。但应该指出，泰戈尔是用这种新宗教的原则去反对中世纪封建的印度教正统神学和偶像崇拜的。

泰戈尔认为神与现象世界的关系是一种同与异、部分与全体、形式与内容的关系。在他看来，“没有世界，神是幽灵；没有神，世界一片纷乱”(《飞鸟集》，译自英文本，第 43 节)。他进而认为外部的世界是真实的。他写道：“说世界是我们所知觉到它的那个样子，这几乎是一个自明的真理。”(《论人格》，第 42 页)他说：“当你从实在(指世界——引者)剥夺去它的现象时，它就失掉了它的真实性的那个最好部分。”(《论人格》，第 51 页)世界上各种现象的易变性、流动性也不能说明现象是不真实的或虚幻的，因为易变性、流动性和不真实、虚幻是属于两种不同的范畴。这些思想，是泰戈尔唯心主义哲学体系中值得重视的唯物主义因素。

泰戈尔认为现象世界不单是真实的，而且还是变化和运动着的。世界上的各种事物是和运动分不开的，运动是事物的属性。他说：“很显然，世界就是运动(梵文中世界这个字义就是‘那运动着的东西’)，所有它的形式都是无常的……”，“如果世界停留静止而变成最终的，那么它就成为一个孤独的事实的牢房。”(《论人格》，第 59、61 页)但是泰戈尔对运动的承认只限制于现象的世界或科学世界的范围里，如果超越了这个范围，即在无限或神的世界里则不是运动而是静止的。他说：“当我们在那些离得近的部分追寻真理时，我们看见真理是动的。当我们认识整个真理时，即当我们从远处看它时，它是停止不动的。”(《论人格》，第 44 页)显然，泰戈尔的运动观是和辩证唯物主义的运动观相对立的。辩证唯物主义认为运动是物质的存在方式，是物质的固有属性，运动与物质不可分，世界是永恒运动、变化和发展的物质世界。运动是绝对的，静止是相对的，运动既不能创造也不能消灭。物质世界的运动是由其内部的矛盾所推动的。但泰戈尔认为物质世界的运动是有始终的，在有限的世界或科学的世界中是运动的，但在无限的世界亦即神的世界中则是静止不动的。也就是认为运动是一种相对、暂时的形态，而静止则是绝对的、最终的形态。物质运动不是由于内因，而是由外因推动的。泰戈尔在运动中寻求不运动，是要建立他的目的论的体系，为他的神或“梵”是“最高实在”“绝对存在”寻找理论根据。

泰戈尔在分析物质世界运动问题时，谈到了事物的对立统一问题。他认为在自然和社会现象中有着相互对立、相互排斥、相互矛盾的倾向。他说：“在我们梵文中有称为 Dvandva，即宇宙创造的一系列相反的东西，例如正极与负极、向心力与离心力、引力和斥力……这些名词不过是用各种不同的方法来断定宇宙在本质上是各种对立力量的调和，这对立力量像创造者的左右手一样，在绝对的和谐里能动作，在相反的方向里也能动作”(《生命的亲证》，第 96 页)，“在这个世界上，我们发现好与坏总是在一起——同样，……恶的地方也总能看到善。”(《戈拉》，第 306 页)但他又认为这些矛盾的对立是暂时的、易逝的、相对的，而它的和谐或统一则是永久的、不变的、绝对的。他只谈对立面的联系和统一，否认对立面的矛盾和斗争，从而也就从根本上否定了事物的存在和发展。泰戈尔这种哲学是一种矛盾调和论。矛盾调和论也就是阶级调和论的哲学基础。泰戈尔谈这些哲学观点不是无的放矢的，而是要把它直接引用到社会行动之中。例如他一方面承认印度种姓、宗教等等的对立是印度罪恶的根源，但又认为解决这些对立的方法主要是实现“统一的爱”，“在爱里所有的矛盾自身便沉没而消失。”(《生命的亲证》，第 114 页)泰戈尔这种矛盾调和论是典型的资产阶级世界观。

泰戈尔认为在科学的世界或现象世界的范围内，物质世界及其现象是按它们自身的规律在发展着的。这些规律是客观地存在着，不以人们的意志为转移的，人们可以认识它、驾驭和利用它来为人类服务。他写道：“这个世界有它外表的现象，就这方面看起来它不过是一件极大的机器，在这方面，它的规律是固定的，并且无论向着那一边运动都没有丝毫可以假借之处……要想不照着它的规律去做，便总骗不过机器只骗了他自己罢了，但是有一些人，看懂了那机器的动作的方法，不但能够避去它的阻碍，并且能够得到它的帮助。这样，他们便能在这物质世界的道路上任意驰骋了。”“信奉普遍的、不能改变的规律，便是科学的基础。”①这些思想是可贵的。但是泰戈尔除了承认物质世界的规律外，还承认什么人的“内在精神的规律”，说什么物质世界的规律是和人的精神规律“相调和无间的”，从而又使他陷入了唯心主义和神秘主义。

---

① 泰戈尔：《东西文化的结合》，子贻译，载《东方杂志》第 19 卷第 10 号，第 8、10 页，1922 年 5 月。

泰戈尔认为神与自然或现象世界的关系同样适用于神和人或个体灵魂(泰戈尔经常把人、人的精神和个体灵魂即个我、精神相混淆。在我们看来有着根本的区别。请注意)的关系。人的精神有着两个方面：一方面是独立于神的；另一方面是统一于神的。因此，人是“有限——无限的存在”，要了解人的有限性只能从内在于人的无限性中去寻得，人在必然的现象世界中有着“有限之极”，在神的希望世界中有着“无限之极”，为此，人必须“踏着两个世界”，既要在地上世界中生活，也要在神的世界中生活。泰戈尔这种沟通神和人的观点是要在印度教种姓统治的社会中，使人从神的束缚中解放出来，追求现世的生活。这种观点虽然披着宗教的外衣，表现出它的不彻底性，但是在当时反对种姓制度的社会斗争中仍然有一定的历史意义。

在泰戈尔三个存在的三角关系中，除了神和世界、神和个体灵魂之间的外部关系外，还有世界和个体灵魂或者自然与精神之间的关系。泰戈尔认为要了解自然和精神的关系首先要了解自然、精神和神的关系，因为自然和精神都是神这个最高实在的两个不可缺少的组成部分。因此，泰戈尔认为自然(物质)与精神两者不是自然产生精神，或精神产生自然；也不是自然先于精神，或精神先于自然的关系，而是互相依存、互相包涵、互相需要、互相融合的。精神没有自然或者自然没有精神都是“不完全的”。自然依赖精神是为了“赋予自然以意义”，精神依赖自然是“为了精神自身的表现”。自然和精神的互相需要正像音符对于和音的互相需要一样①。

泰戈尔是一个诗人，他是用诗人的语言来表述哲学问题的。他经常摇摆于自然和精神、主观和客观之间，显现出无数的自我矛盾，使人难以确切理解。虽然如此，我们从以上的例子中可以看出，他对哲学问题的回答虽然貌似二元论，但归根结底还是唯心论的，因为他最终还承认自然、精神都是由神或“梵”所派生出来的。泰戈尔对哲学基本问题的回答，明显地可以看出，是受到20世纪初欧洲资产阶级反理性主义思潮的影响。他和反理性主义思潮的代表柏格森、克罗齐等都有过直接的交往，他的哲学强调直觉等等也都是和他们一样的。

在认识论上，泰戈尔一方面认为我们的感觉是由于外部世界作用于我们感官的结果所产生的。自然界和社会是我们感觉的“母亲”。他说：“我永不会关

---

① 《生命的亲证》，第7页。

上我感觉的门户。”①“我们的心灵是一面镜子，多少是精确地反映着我们外面所发生的东西。”②这种观点接近了旧唯物主义的反映论。但另一方面，他又认为“真正的认识”(他称之为“无限的认识”“全体的认识”“创造意识”等)是不依赖于外界而独立存在的，它与感性的知觉、理性等等也是没有联系的。达到“真正的认识”的方法不能依靠科学的分析和综合，而只能依靠人的内心的洞察和直觉。他说：“我们探求自然界领域里的真理是通过分析和科学渐进的方法得来的，然而我们要了解我们心灵里的真理是直接的，并通过直接的直觉得来的。我们不能用逐渐所得到的连续的认识获得至高的心灵，因为心灵是全一，不是许多部分凑合而成的”，“……直接的直觉全然不根据任何推论或论证。”③他不懂得个别的东西与普遍的东西、感性认识与理性认识是互相联系的。个别的东西给我们提供感性的知觉，即关于对象的某个方面或个别对象本身的认识。普遍的东西是以个别的东西为基础的，理性认识是以反映个别事物的属性的感性知觉为基础的。由于泰戈尔不懂得上述的联系，认为人的认识“只能感知个别的、有限的对象”，“无限的认识”才能认识“一切无限的对象”，从而使他陷入了唯心主义和神秘主义。

泰戈尔的美学观点是他的哲学观点在文艺领域中的具体表现。泰戈尔认为艺术最终的目的是要揭示神或“梵”的世界，但是神的世界是和现实世界有着密切的联系，因此，艺术不能不反映着现实世界的生活。艺术形象在某种意义上说就是外部世界在作家认识中的主观映像，作家通过他们的创作活动对外部的“原初的经验材料”进行塑造和加工。“艺术家是自然的情人，所以他是自然的奴隶，也是自然的主人。”④泰戈尔认为“艺术中的美只是一种工具，而不是它的完全的和最终的目的”，“艺术的任务是要建立人的真正的世界——真理和美的活生生的世界”。他说“为艺术而艺术”这是一种西方的“声名狼藉”的观点。⑤泰戈尔的美学观点虽然有它的局限性，但是他一再强调艺术要反映生活，为普通人民服务。他说：“农民和工人推进整个世界在前进。如果一位诗人不能走

---

① 《吉檀迦利》，谢冰心译，载《泰戈尔作品集》第1卷，第158页。

② 《论人格》，第47页。

③ 《生命的亲证》，第37、36页。

④ 泰戈尔：《飞鸟集》第八十五首，郑振铎译，载《泰戈尔作品集》第2卷，第83页。

⑤ 《论人格》，第19、31、7—8页。

进他们的生活，他的诗歌篮子里装的全是无用的假货。”①

另外，他也用这个标准去衡量过去的艺术作品，指责“古代的古典文学只是充斥着圣人、帝王和英雄。它不是从属于那些在默默无闻中被爱和受苦的人们”②。这些思想是难能可贵的，而且他也是以这些美学观点指导他的创作的。

关于泰戈尔哲学思想的来源问题，在国外的研究家中曾引起不同的争论。由于泰戈尔是一个复杂而又矛盾的人物，他对东西方文化都有一定的了解，特别是因为他在政治上有着影响，因此很多资产阶级研究家都怀着各种不同的目的扩大他某一方面的影响，对泰戈尔及其哲学思想，给予不同的评价。有的说他是印度毗湿奴教的先知；有的说他是基督教义的阐扬者；有的说他是东方文化派；有的说他是西欧主义者。我们认为泰戈尔的哲学来源虽然很复杂，但不难看出印度古老的宗教唯心主义哲学、特别是“奥义书”一元论和毗湿奴教的“信爱说”对他的影响是主要的。佛教的哲学思想对他也有一定的影响，泰戈尔很多诗歌和论文都取材于佛教。至于印度“启蒙之父”罗摩·摩罕·罗易(1772—1833)的宗教哲学思想对他的影响更为直接。在他的哲学体系中也可以找出柏格森、克罗齐、达尔文等人的哲学思想痕迹。

## 三、社会政治理论

泰戈尔在一生中通过他的创作和社会活动，对帝国主义和封建反动势力进行了斗争。他所处的时代正是英帝国统治印度最黑暗的时代，很多人在殖民当局的怀柔政策与镇压下失去了信心。泰戈尔对这种现象进行了斥责，他号召印度人民从印度的伟大过去中汲取力量，树立信心，为争取祖国独立和自由而斗争。他在《戈拉》一书中写道：“我的祖国不管受到什么创伤，不论伤得多么厉害，都有治疗的办法——而且治疗的办法就操在我们的手里。”1930 年他从苏联回国后，曾号召印度人民起来推翻殖民主义的统治。他说：“我看到了俄国人民走向光荣的道路是多么困难，拿俄国忠实子孙所经历的那些难以忍受的艰苦来比一下，那警察的袭击算不了什么，告诉我们的后代，勇往直前吧！……不需要眼泪，别看低了自己。”③泰戈尔不单以他的文艺创作唤醒人民的觉悟，并且还亲身参与了民族的斗争。他对印度民族主义运动中出现的两种政治派别

① 《泰戈尔作品集》第 2 卷，第 174—175 页。

② 《论人格》，第 28 页。

③ 《俄国书简》，载《译文》，1957 年第 4 期。

作了理智的剖视，他指出温和派的态度是从“迁就主义出发的”。他对“激进派”虽然表示同情，但也批评他们某些人脱离群众和“不负责任”的恐怖主义的方法。

泰戈尔的爱国主义浸透着要求人民从封建主义枷锁中摆脱出来的精神，他说：“印度在没有摆脱人们和集体的愚昧，普通的人民不被看作真正人的情况下，地主把他们的农奴仅仅看作他们一部分财产，强者践踏弱者被认为是永久法律的情况下，在高种姓轻蔑低种姓像畜牲一样的情况下是永远不能获得独立的。”①泰戈尔对印度的宗教欺骗、种姓压迫、早婚、寡妇的悲惨生活、婆罗门的愚昧无知等等黑暗现象都进行了揭露和抨击。他号召印度教徒和伊斯兰教徒团结起来，共同对付民族的敌人。

泰戈尔对帝国主义和法西斯主义都进行了谴责。他揭露英帝国主义在印度统治的后果时写道：“命运车轮的转动将有一天迫使英国人放弃印度帝国。但是在他们走了以后，留下的将是……一个可怕的贫困，……一堆污泥和一片荒凉！”②

诗人的祖国长期被殖民主义者所践踏，因之他对于被压迫的国家，特别是亚非的殖民地和半殖民地国家有着深厚的同情。他在《非洲》一诗中对帝国主义在非洲大陆的掠夺和屠杀，进行了揭露和谴责，并预言帝国主义在这些土地上的必然死亡。

> “当今天西方的地平线上，
> 落日的天空涨塞着尘沙的风暴，
> 当走兽爬出他们的洞穴，
> 用狂吼来宣告一日的死亡。”③

泰戈尔号召亚洲被压迫的民族在共同反帝的基础上团结起来。他在访问我国时说：“在亚洲，我们必须在联合中，在坚定的信仰正义中，而不是在自我

---

① 《印度的将来》，转引自拉达克里希南：《泰戈尔的哲学》，伦敦，1918，第 226 页。

② 《文明中的危机》，印度，1941 年。

③ 《非洲》，《泰戈尔作品集》第 2 卷，第 157 页。

的分裂中以及维护自利的权益中寻得力量……亚洲必须团结起来”①，共同反对帝国主义的侵略。

泰戈尔是一个诗人，他的思想经常驰骋于“自由的天国”，他对人类社会的理想曾作过很多的描绘。当他丢掉幻想的天国，进入苦难重重的现实世界时，他憧憬于朦胧的社会主义理想。他说：“我不知道那目的要更合理地分配财富的社会主义是否会有实现的一天，如果没有，那么上天的安排实在太残忍了。”②

泰戈尔在1911年曾经写过一个名叫《顽固堡垒》的剧本。在这个剧本中，泰戈尔认为现存的社会秩序和反动国家都是建筑在剥削和压迫劳动人民的基础之上的。对于这样的社会秩序和国家只有使用革命的暴力的方法才能把它们推翻。并且认为只有在钢铁工人的领导下才能取得革命的胜利，才能建立没有压迫和剥削的理想社会。因此，印度有人认为他对社会的理想是明确的，他的世界观是和他的作品有矛盾的，泰戈尔是一个热忱的资产阶级民主主义者。

泰戈尔提出了人类社会未来的问题，可是并没有明确地加以回答，没有模拟未来社会的具体样式，但却提出了一个判断理想社会的价值标准。他说，“形成社会制度的理想有两个目的，一个目的是规划我们各种贪欲以及人的和谐发展，另一个目的是帮助他对别人养成不计利害的仁爱，因此社会是人的提高天性中道德和精神志趣的表现。”③泰戈尔这个价值判断暴露了他对人类社会历史发展的唯心主义看法。

泰戈尔从上述的观点出发批判了历史的和现存的一切国家形式和统治，并且号召人们蔑视和抛弃它。他说：“当这个政治、经济组织——它的别名就是国家——牺牲较高社会生活的和谐而成为全面权力的时候，那末它就是人类罪恶的时日，它只是被贪婪力量所引导的活动机器，那时它能做出在正常心理状态所引以为耻的事”，“现在已到了一个时期，当这时期，欧洲为了全世界被压迫民族的利益，应该完全晓得国家一物是荒谬无理的。”④泰戈尔对帝国主义国家的批判诚然有合理的成分，但是他否定和批判一切国家则不是一个科学和历史的态度。我们知道，国家是一种历史现象，历史上出现过很多类型的国家，

① 《在中国的谈话》，印度，1931，第66页。

② 《俄国书简》，第154页。

③ 《国家主义》，伦敦，1924，第120页。

④ 《国家主义》，第9页。

剥削阶级的国家是为剥削阶级服务的，它是剥削阶级用来保护他们的剥削，镇压人民的工具，像这样的国家，无产阶级和广大人民要获得革命的胜利，不粉碎它是根本不可能的，至于无产阶级和广大人民推翻资产阶级专政而建立起来的新的、无产阶级专政的国家，它是为广大人民服务的，对于这样的国家我们应该竭力捍卫它、加强它。国家是要消亡的。但在帝国主义还存在的条件下，泰戈尔宣称一切国家必须消亡，这是一种空想而有害的理论。

泰戈尔热爱人民，相信人民的力量。他一直渴望着印度人民能从封建主义、帝国主义的桎梏中解放出来，获得独立和自由，过着正义、美好的生活，但是由于他的阶级和历史的局限，他没有、也不可能找到正确的解放道路。他在《俄国书简》中写道："人类多年来的文化都是平凡人劳动创造的，他们是多数，他们担负着一切重担，但他们从来没有过着人的生活。……他们手执火把照耀着站在他们头上的人"。但又写道："我在这一问题上想了很久，觉得这一问题是不会得出结论来的，如果没有一些人在下面，那末另外一些人也就不会在上面，而上面的人原是不可缺少的。"①泰戈尔的摇摆，充分反映了印度民族资产阶级的矛盾心理和所处的复杂历史地位。

## 四、在中国的影响

泰戈尔对我国怀有深厚的感情，推崇我国的优秀文化，热爱我国人民，痛恨帝国主义对我国的侵略。例如 1916 年他在《旅日途中》一文中描写他在新加坡所看到的中国工人的印象："首先引起我注意的是码头上中国工人们的劳动。——从那种劳动的力量、技巧与欢乐的汇合里，使我体会到在这个广大阶层里蕴藏着整个中国的巨大力量，美国惧怕的正是这种巨大的力量，中国这种巨大的力量一旦能放在现代化道路上运行，那就是说掌握现代科学，那时，在世界上恐怕没有力量可以阻挡他向前迈进。但是具有这种可贵的民族力量的中国越是向前发展，有些专为自己利益作打算的国家越是想尽主意来摧毁它。"②泰戈尔对英帝国主义和日本帝国主义侵略我国的暴行进行了无情的谴责。他在临逝世前所写的一个文件中指出："另外一个伟大而古老的文明，对它的新近的悲惨历史英国不能辞其责的乃是中国。英国人为了本国的利益先用鸦片毒害它的人民，后来又占有它一部分领土。当世界将要忘记这种残害的时候，我们

① 《俄国书简》，俄译本，莫斯科，1956，第 9—10 页。

② 《旅日途中》，《泰戈尔全集》第 19 卷，印度，1945，第 331—342 页。

又被另外一件事而痛苦惊讶，日本默不作声地并吞华北，它这种肆无忌惮的侵略竟被英国老练外交忽视为微小事件。”①

远在五十年以前，泰戈尔的著作就被介绍入我国。他的文艺思想和社会理论对我国的知识界中的某些人有过一定的影响。由于泰戈尔是一个复杂而又矛盾的人物，他的思想发展曾经有过一个自我痛苦的斗争过程，同时由于我国资产阶级的各个阶层以及封建余孽怀着各种不同的目的去扩大他某一个方面的影响，因而他的思想在我国的反响是不同的。中国的封建军阀和复古派大力宣传他封建的宗法思想。东方文化派故意抹去泰戈尔要求东方人民摄取世界进步文化的积极作用，把他比之于我国封建遗老的辜鸿铭。玄学派一笔勾去他哲学思想中的积极的因素，专门宣传他的唯心主义与形而上学。资产阶级改良主义者极力鼓吹他的抽象的人性论。例如梁启超说：“在泰戈尔的人格和诗中，可以找到表明绝对的爱和绝对自由的原则。”②可是泰戈尔并没有把这个原则实行于人民的敌人方面，他曾说：“对于那些不爱人民的人是很难发出爱的感情来的。”③

*　　*　　*

从上面分析中我们可以看出：泰戈尔的哲学从整个看是一种客观唯心主义的理论，但在他的庞大的唯心主义和形而上学的体系中包含着某些唯物主义和辩证法的因素。在他的宗教气氛极浓的神学说教中可以找到某些科学和无神论的观点。他的认识论具有复杂矛盾的性质。泰戈尔社会理论的积极方面在于他的反帝、反封建、爱祖国、爱人民、珍重世界友谊的思想。泰戈尔是一个极为复杂的历史人物，他的世界观中的矛盾，不单是他个人所特有的，而是他所处的时代、社会条件、历史传统等等的反映，这些东西曾经决定了在长时期内印度民族解放运动和社会运动中印度民族资产阶级的精神状态。

---

① 《文明中的危机》，第 20 页。

② 《在中国的谈话》“序言”，第 20 页。

③ 《海上通信》，载《东方杂志》第 20 卷，14 号。

# 伊克巴尔的哲学和社会思想

阿拉马·穆罕默德·伊克巴尔(1877—1938)是当代巴基斯坦最著名的诗人、哲学家和社会活动家。他的哲学和社会理论对于巴基斯坦的建国起过指导作用，在南亚次大陆、中东等各国穆斯林中有着重要的影响。伊克巴尔热爱中国，关怀着中国人民的解放事业，表达了巴基斯坦人民对中国人民的战斗友情。本文试对伊克巴尔的哲学和社会思想作一简略的评介。

## 一、时代背景和生平

伊克巴尔于1877年11月9日诞生在旁遮普省锡亚尔科特一个中产阶级的家庭，他的父母都是虔诚的伊斯兰教徒。1897年毕业于拉合尔大学，嗣后又去英国剑桥大学和德国慕尼黑大学学习，得到了哲学博士学位。他在欧洲广泛接触了西方资产阶级的文学和哲学。他在欧洲的游学对他世界观的形成有着重要的影响。伊克巴尔于1908年回国，开始在母校拉合尔大学担任哲学、英国文学和阿拉伯语教授，旋又放弃教育活动，悉心从事政治活动、哲学研究和文艺的创作活动。1930年他被选为全印穆斯林联盟年会的主席，并代表该联盟出席1931年在伦敦召开的英印谈判圆桌会议。以后他又大力进行巴基斯坦建国的理论宣传活动。1938年因病逝世。伊克巴尔用乌尔都文、波斯文和英文写过大量的诗歌和哲学论著，他的诗歌被收集在《驼队的铃声》等十部诗集里。哲学的代表作是《伊斯兰宗教思想的重建》《自我的秘密》《无我的秘密》《波斯形而上学的发展》等等。

伊克巴尔所处的时代正是资本主义在世界范围内发展到腐朽和没落的帝国主义阶段，也是世界人民特别是东方各国被压迫的民族和人民奋起反抗的革命风暴年代。列宁分析这个时期的革命形势时写道：亚洲“几万万被压迫的、沉睡在中世纪停滞状态的人民觉醒过来了，他们要求新的生活，要求为争取人的起码权利、为争取民主而斗争。”①在中国、土耳其、波斯等国家革命的鼓舞和影响下，南亚次大陆的若干地区掀起了一系列有相当群众规模的反对英国殖民主义的斗争高潮(1905—1908 年，1929—1922 年，1930—1932 年)，和多次的农民起义。第一次世界大战后，南亚次大陆各地的穆斯林为了反对英国对土耳其的干涉，维护土耳其君主哈里发的地位，曾掀起了反英国侵略的基拉法运动。1921 年印度马德拉斯省马拉巴尔地区的摩普拉族贫苦农民发动了反对帝国主义、封建主义的武装起义，起义者宣布成立了“哈里发共和国”，建立了自己的管理机构，英国殖民当局不得不调动成千上万的军队才把这次起义残酷地镇压下去。另外，在伊克巴尔活动时期，南亚次大陆伊斯兰教的宗教和社会改革运动已有巨大的进展，以阿里迦大学为中心的改革领袖们对宗教中的封建黑暗现象、中世纪的陈腐习俗进行了批判，并且力图把现代的科学文化和伊斯兰教传统结合起来，以适应资本主义日益发展的需要。另外，伊斯兰的政党——穆斯林联盟正在酝酿建立巴基斯坦国家的运动。伊克巴尔的哲学和社会思想就是在上述民族和社会斗争中产生和发展起来的。

## 二、宗教、哲学思想

伊斯兰教在南亚次大陆的传播有着悠久的历史，巴基斯坦的居民极大部分信奉伊斯兰教。在英国统治次大陆以后，伊斯兰教和印度教一样已处于停滞的状态。对《古兰经》的教条主义解释以及繁琐的宗教仪式，严重束缚着教徒的精神和社会活动。伊斯兰教中的一些派别宣称：人在尘世的生活和地位是由真主的意志所决定的，人不能对自己的命运加以丝毫的怀疑和改变。以积极入世和反苦行为特征的早期伊斯兰教义，到了这时已被禁欲主义和来世报应的说教所代替。伊克巴尔对伊斯兰教中的形式主义、教条主义和命定主义以及宗教中的剥削和压迫等进行了无情的批判，并且以唯理主义、资产阶级人道主义的精神对《古兰经》和伊斯兰教的教义进行了新的解释。他认为伊斯兰教的真主并不像传统所主张的那样是在彼岸世界，而是在此岸世界的。真主是属于人们并和人

① 《列宁选集》第 2 卷，第 448 页。

们同在一起的。他说：

> “真主找寻着我们，可是我们远离了他，
> 他和我们一样谦卑，是一个欲望的罪人……
> 他隐匿于每一个原子中间，
> 仍然是我们的一位生客。”①
> “为了强调最高‘自我’的个性，
> 《古兰经》给予真主的名字。”②

从伊克巴尔对真主的解释中，明显地可以看出，他是想用资产阶级人道主义的原则解释传统的真主理论。在他看来，真主虽然是宇宙万物的主宰，但它是一种抽象的人类道德行为的价值判断标准，凡是符合这个价值判断标准的内容也就是真主的内容。伊克巴尔这样做的目的，明显地是要因袭伊斯兰教的传统，使伊斯兰教的改革适应资产阶级日益发展的需要。他力图使宗教和科学相调和，使科学为宗教服务。在他看来，“在科学的领域中，试图了解关于存在外界行为的经验底意义，在宗教领域中，……试图发现关于那种最为主要的存在内部性质的经验的意义。”③伊克巴尔把科学看作是外在世界的经验，把宗教看作是人们内在世界的经验，这和康德的“两重真理论”有着某些相似之处。康德认为，经验的“现象世界”通过理性的认识是可以证明的，而现象世界以外的“上帝、灵魂和自由意志”则可作为信仰的对象留待“实践理性”去确立或证明，“纯粹理性”和“实践理性”有着各自不同管辖的范围。

伊克巴尔在改革伊斯兰教的基础上，提出了一整套的哲学思想。他认为：宇宙是一种存在，它是由持续不断的生命所创造的，生命就是个体，个体的最高形式(人)是个性，个性的最高形式是自我(呼谛，khudi)。他写道：

> 存在的方式是自我所造的结果，
> 你所看到的任何东西都是自我的秘密。

---

① 转引自 W.C. 史密斯：《印度的现代伊斯兰教》，1948 年伦敦英文版，第 120 页。

② 伊克巴尔：《伊斯兰宗教思想的重建》，1958 年拉合尔英文版，第 63 页。

③ 伊克巴尔：《伊斯兰宗教思想的重建》，第 98—99 页。

当自我觉着有意识，
它就显露出思维的宇宙，
千百个世界隐藏在它的本质之中；
……
自我分解它自己以造成原子，
它暂时分散开来就成为沙粒，
后来它厌倦这个分散，
再把自己联合起来就成为高山。
自我的性质说明着它自身，
在每个原子中眠伏着自我的威力。
……
主体、客体、手段和原因，
都是自我所袭取的方式以达到行动的目的。
自我升起、落下、发光、呼吸、
燃烧、烛照、行走、飞腾。
时间底空旷是它的决斗场所，
天堂是它路途上尘埃的巨浪。①

历史是什么东西呀？
啊！不自觉的自我②

从上面的阐述中，可以看出：伊克巴尔的"自我"不单是伊斯兰教的真主，也是自然的主宰、生命的泉源和社会历史发展的动力，总之，是一切存在的基础，是哲学的最高实体。

伊克巴尔对哲学的基本问题，即思维与存在的关系问题，从本体论和目的论方面作过明确的回答。他写道：

说(say)心灵和物体的分立乃是一种讲话的方式；

---

① 《自我的秘密》，1940 年拉合尔英文版，第 16—19 页。
② 《无我的秘密》，1940 年拉合尔英文版，第 61 页。

知(see)心灵和物体的分立则是一种罪恶。①

在他看来，人们在说话中可以把精神和物质当作两种不同的东西，但从哲学上去理解，物质和精神是一种东西，精神是第一性的，它派生出了物质，客体归根结底是由主体决定的。精神是一种“心理状态的统一体”(unity of mental state)或“思想系统”。下面是他对思维和存在关系有代表性的说明：

“我们心里有一个完善东西的观念，这个观念的来源是什么呢？它不能来自自然，因为自然只现出变化。……一个完善东西的观念包含它的存在的观念，在我心中的完善东西的观念和那个东西的客观实在之间是有一道鸿沟，……我们可能把思维不当作是外面来组织和调整的材料的原则，而是把它当作规范它的材料本质的一种功能，这样看来，思维或观念对事物的本性不是疏异的，它是事物最后根本，构成它们存在的本质。从事物进程开端，思维就把它本身渗入到它们之中，激动它们的前进以达到自我决定的目的。”②从以上论述中，我们可以看出，伊克巴尔不是把物质看作是思维的内容，或者说，思维是客观事物在我们认识中的反映，相反地思维倒是物质的“渗入者”，思维按照预定的目的，从自己那里派生出物质。其主观唯心主义的性质是很明显的。

可是，在伊克巴尔的唯心主义世界观中我们也可以看到某些明显的自我矛盾，他对自然和社会现象的某些观察是具有唯物论和辩证法观点的，伊克巴尔并不怀疑客观世界的实在性或者外界经验的意义。他曾说过：“伊斯兰教……承认理想和实在是有联系的，对物质的世界说着‘是’，并且指出驾驭它的方法。”③

伊克巴尔还认为，世界的一切事物都是在运动、变化、发展着的，物质和运动不可分离。他说：

所有的生命正在运行，
所有的事物都在运动，
月亮、星星和生物

---

① 转引自 W.C. 史密斯：《印度的现代伊斯兰教》，第 121 页。

② 伊克巴尔：《伊斯兰宗教思想的重建》，第 98 页。

③ 伊克巴尔：《伊斯兰宗教思想的重建》，第 10 页。

还有天空和海洋。①

整个世界的生命就是运动来维持，
这是一个古老的法则。②

伊克巴尔认为，世界上的一切事物包括社会历史的运动和发展，都是由两种力量——肯定的力量(Illa)和否定的力量(La)——斗争和平衡的结果。他说："生命在其开始的时候，首先是否定，然后才是肯定。没有肯定的否定就是死亡③。但他却认为对立面的斗争是暂时的、相对的，而它的平衡则是绝对的、永久的。伊克巴尔这个观点是和他的目的论体系相矛盾的，因为一切事物是由两种对立的力量所推动的，那么，他的作为存在最高形式的自我在事物的运动、变化、发展过程中，就成了一个消极的、外在的"旁观者"或"推动者"，在"自我的创造"中也就不是什么最高的原因了。

伊克巴尔在"自我"学说的基础上，进一步提出了他的人类最高类型的"完人"(múmin)理论。他的这种理论和柏拉图的"金人"、尼采的"超人"有着很多相同的地方，也有着不同的地方。他认为人类最高类型的"完人"是人类进步的基础，也是历史命运的决定者。这种"完人"可出自社会上的任何阶级，它的基本条件是坚强的意志，无限的信心和忘我的劳动。人类完善的类型就是这种理想，如果人类要避免堕落的话，就应该为这种理想而奋斗。

伊克巴尔提出作为存在最高形式的"自我"学说以及"完人"理论，在当时有着一定的进步意义。我们知道，伊斯兰教是一个具有严格教规的宗教，举凡教徒的精神活动和社会行为都是受制于宗教规定的。19世纪末，在南亚次大陆穆斯林社会中广泛流行着来世幻梦和禁欲主义的思想，竭力否定个人和现世生活的价值。这些精神束缚对于新兴的资产阶级来说当然是不能容忍的。伊克巴尔的"自我"学说就是上述思想的一种否定。他宣传这些学说的目的是要想替资产阶级树立一种道德伦理的价值判断标准以及行为的规范，借以唤起群众为实

① 伊克巴尔：《杰伯列尔的羽翼》，见V.G.居尔南编译的《伊克巴尔诗选》，伦敦"智慧丛书"1955年英文本。

② 同上书。

③ 伊克巴尔语。转引自阿·拉·费喀尔：《伊克巴尔的革命哲学》，载《巴基斯坦画报》第1卷，第2期，第56页，1977年9月。

现资产阶级的理想而奋斗。伊克巴尔用这种哲学去鼓舞、召唤人民同帝国主义、封建主义进行斗争，这在他的热情横溢的诗歌中是到处可以见到的。如说：

> 如果这世界不合他（“自我”）的脾味，
> 他就敢于和天斗争，
> 他要挖起宇宙的基石，
> 把它的原子铸成新的模型，
> 他要用他自己的力量，
> 创造适合他所乐意的新世界。①

伊克巴尔对伊斯兰教中停滞落后现象的批判，有着重要的社会意义，因为在当时的历史条件下，正如马克思在分析德国资产阶级兴起时期对宗教批判的意义所指出的那样：“对宗教的批判是其他一切批判的前提。”“宗教批判使人摆脱了幻想，使人能够作为摆脱了幻想、具有理性的人来思想，来行动，来建立自己的现实性；使他能够围绕着自身和自己现实的太阳旋转。”②当然，伊克巴尔在一些场合也提倡过“非我”（贝呼谛，bekhudi），要求人民顺从和“自我控制”③，在哲学思想中暴露出了矛盾，但这种矛盾正是次大陆穆斯林社会阶级、民族矛盾的反映，鲜明地说明了民族资产阶级的双重性格以及复杂的心理，同时也表明了巴基斯坦民族解放运动的曲折道路。

## 三、社会政治思想

伊克巴尔的社会政治理论是建筑在他的哲学基础上的。他是全印穆斯林联盟的领导人，是这个组织公认的理论家，他的一些社会政治观点对巴基斯坦的建国有着极为重要的影响。

伊克巴尔通过他的诗歌和政治评论，对殖民主义给南亚次大陆所带来的压迫与种族歧视等等进行了谴责，洋溢着对祖国解放和幸福生活的热望与信心。

伊克巴尔对西方资产阶级的民主、资产阶级的政治、社会制度；对帝国主

① 伊克巴尔：《自我的秘密》，第1033等行。

② 《马克思恩格斯选集》第1卷，第1、2页。

③ 伊克巴尔：《伊斯兰宗教思想的重建》，第181—182页。

义、殖民主义的罪恶；对地主、资产阶级的剥削和压迫，进行了揭露和深刻的批判，指出工人阶级和劳动人民要求得解放，“唯一的办法就是革命”，并预言“新的世界正在诞生，旧的世界……定被摧毁”①。他写道：

“在西方民主制的背后、曾有一时，
没有别的，只是皇帝的声音，
专制魔王穿着民主的外套在舞蹈，
而你把它当作自由的女神，
立宪的团体、改革、特权和权利，
是尝起来很甜的催眠剂。
……
资本家从工人的血液中为自己造成一块明亮的红玉，
地主的压迫劫掠了乡村人民的田园，
唯一的办法就是革命！”②
“西方的上帝是亮光闪闪的金属！
虽说科学技术的光辉笼罩着欧洲，
实际上那里是没有生命之泉的黑窟！
……
一人得利，千百万人死亡！
什么科学、哲理、策略、政府，
唱的是平等，喝的是人血！
酗酒、淫逸、失业、贫穷，
欧洲文明的胜利品何止这些？”③

伊克巴尔热爱普通人民，他对他们在帝国主义、封建主义重压下的处境，表示了深切的关怀和无限的同情，并且对他们的前途寄予无限的希望和胜利的信心。他写道：

---

① 《伊克巴尔诗选》，人民文学出版社 1977 年版，第 37—38 页。

② 转译自 W. C. 史密斯：《印度现代的伊斯兰教》，第 126 页。原诗用波斯文写作。

③ 《伊克巴尔诗选》，第 29—30 页，人民文学出版社 1977 年版。

你的生存——是什么呢？讲吧！什么是它的秘密？
辗转在沙尘里面是你成千年的历史！
而在那深深的沙尘里的，你的火焰已经被窒息。
醒来吧！因为黎明的尖塔宣告着他们召集的信息。
……
让种族和种姓的偶像被捣毁吧！
让牢固地桎梏着人们的旧制度被捣毁吧！①

到劳苦的工人中去传布我的信息吧！
这岂是黑哲尔的，也是全宇宙的信息。
咳！狡猾的资本家喝你们的血，吃你们的肉，
你们的报酬多少世纪以来都挂在鹿犄！
创造财富的双手得到的工资，
就像富人给穷人的一点布施。
资本家靠欺骗诡计赢得了这场竞争，
工人的失败是由于极端的纯朴真挚。
起来！现在的人间又是一度沧桑，
在东方、西方，你们的时代已经开始。②

由于中国人民和南亚各国人民在反对帝国主义、殖民主义的斗争中有着共同的历史命运，因此，伊克巴尔一直关怀着在封建主义、帝国主义重压下的中国人民。在他的诗歌中经常提到中国的古老文化和中国兄弟，并把中国人民看作是和他们一起战斗的共同力量。他说：

我们酒的力量不在任何碗盏中，
中国人和印度人同有我们瓶子的成分。③

---

① V. G. 居尔南：《伊克巴尔诗选》，第 68 页，伦敦“智慧丛书”1955 年英文版。

② 《伊克巴尔诗选》，人民文学出版社 1977 年版，第 4 页。诗中提到的黑哲尔是伊斯兰教中的一位先知，据说他是一个指示达到正道的人。“挂在鹿犄”是句成语，意思是“可望不可即”，喻工人得不到应有的报酬。

③ 伊克巴尔：《无我的秘密》，第 29 页。

伊克巴尔渴望中国人民能从帝国主义、封建主义的桎梏中解放出来，获得独立和自由。他高呼亚洲新时代的到来，欢呼中国人民的觉醒：

> 新时代、新天地，
> 新的乐器奏出新乐曲。
> ……
> 沉睡的中国人民正在觉醒，
> 喜马拉雅山的喷泉开始沸腾！①

伊克巴尔对于无产阶级的社会主义革命抱着矛盾的态度。一方面他对社会主义革命的具体行动表示了同情和欢迎，他是南亚次大陆知识分子中最先欢呼十月革命胜利的一个，他称这一革命为“太阳”。列宁逝世后，他写了一首献给列宁的长诗，在这一诗中，对列宁所缔造的工农苏维埃国家抱着十分欢迎和同情的态度，并且号召：

> 全世界的穷人们，起来！
> 起来！醒来！
> 去震撼富人宫殿的基石吧！
> 用自己的信仰之火，
> 去温暖奴隶们的血液。
> 让那些卑小的雀儿去向山鹰出击。
> 人民执政的时代已经到来，
> 把旧有的标记，统统刷掉。②

但是，他另一方面从宗教立场出发又对科学社会主义的理论基础进行了批评。他说：“近代无神论的社会主义——这主义具有一种新宗教的一切热情——是有广阔的见地；但是它的哲学基础虽来自左翼黑格尔学派，它是反抗那否则可以给予它力量和目的的来源……无神论的社会主义都不能医治失望的

---

① 《伊克巴尔诗选》，第 33 页，人民文学出版社 1977 年版。

② 伊克巴尔：《列宁》长诗中“真主给众天使命令”的一节，见 V.G. 居尔南编。《伊克巴尔诗选》1955 年伦敦“智慧丛书”英文版，第 42—43 页。

人类底疾病"①。

伊克巴尔在诗歌和宗教哲学著作中提出了理想社会的蓝图，他宣称，新的世界秩序应该接受伊斯兰教一神论的指导，应当建筑在由"个体自我"发展到"集体自我"的基础之上，在理想的社会里，民族、种姓、社会等等藩篱都将被取消，私有制度将被消灭，"人的社会地位不取决于他的族籍、皮肤的颜色、股息，而取决于生活方式。在那里，贫民将征富人的税，人类社会不是建立在吃饱肚子的平等的基础上，而是建立在灵魂的平等基础之上；在那里，娶国王女儿为妻是通常的事情；在那里，有产者是监护人，而资本家的积累不能超过管理生产者所必需的财富程度"②，"在这个社会里的政府最好方式是民主，它的理想是让人们发展他们各种可能的天性，并允许他们获得足以能够实践的自由。伊斯兰的哈里发(君主)不是一个不犯错误的人，他像其他的穆斯林一样，要服从同一的法律，君主由人民选举，如果违法，则由人民加以罢免。"③伊克巴尔认为达到上述理想社会的道路，主要是改变人的思想意识而不是改变人所生存的物质环境。

在伊克巴尔的理想社会蓝图里，我们可以看到他对现存生产关系种种矛盾：股息寄生、种姓、种族歧视、阶级压迫等等的揭露，但是由于他的阶级局限，他没有也不可能找到造成这些现象的根本原因以及解决它们切实可行的办法，因此，只是一种主观的愿望。在他的方案里我们也可以追溯某些东方宗法思想的痕迹。他把理想的社会建立在一神论的基础上，这是对伊斯兰教过去光荣时代的回忆，要求通过人的"自我净化"以摆脱现实的苦难，则是印度教的古老说教。但是在他的蓝图里我们可以看到更多的是资产阶级的愿望：把未来社会安置在"自我"即个人主义的基础之上，要求有产者充当无产者的保护人等等。这就是伊克巴尔所寻求摆脱人民苦难的方法和途径，希望建立的公正良好的社会秩序。伊克巴尔这个未来社会的方案是一种新旧思想和东西方思想的掺杂，其中有的是过去的余音，有的是现实的讽刺，有的是未来的玄想，它是人类认识树上不能结实的花朵。

从上面的分析中可以看出，伊克巴尔的"自我"哲学就其整体来说是一种主

---

① 伊克巴尔：《伊斯兰宗教思想的重建》，第187—188页。

② 伊克巴尔语，转引自1956年4月21日巴基斯坦《公报》第6页。

③ 转引自贾米尔乌丁·阿赫麦德：《伊克巴尔博士论伊斯兰政体》，载《巴基斯坦画报》特刊，第1卷第2号，第82页，1977年9月。

观唯心主义的体系，但在他的这个体系中也包含着某些唯物论和辩证法的因素，伊克巴尔并不怀疑客观世界的真实存在和外界经验的作用，他把这些对立的思想吸收在他的哲学体系之中，其目的是要调和科学与宗教、唯物主义和唯心主义。他的哲学思想中的矛盾反映出了巴基斯坦民族资产阶级的性格以及他们所处的复杂历史地位。

伊克巴尔社会政治思想中的积极方面在于他反封建、反帝国主义、爱祖国、爱人民、爱自由、珍重世界友谊的思想。他对我国民族文化的重视，对于我国人民的关切，获得了我们的尊敬。

# 朱舜水的学术思想及其在日本的流布

中国和日本是一衣带水的邻邦，有两千多年友好关系的历史，两国文化彼此互相学习、互相影响，非常深远。作为文化纽带之一的儒学在公元3世纪就传入日本，在江户时代得到了勃兴。日本朱子学、阳明学和古学的兴盛与封建制度的改组，特别是和统一的"幕藩制"的确立有着密切关系，但也受到了明末清初大批流寓日本的中国儒学者和佛教僧侣的影响。据不完全的统计，自公元1620年(日本元和六年，中国明朝光宗泰昌元年)迄1686年(日本贞享三年，清康熙二十五年)长期定留在日本各地的学者和僧侣约34人①。其中著名的有陈元赟、戴笠曼公、陈明德、何倩、林上珍、释隐元、木庵、独知、超然等等，而朱舜水又是其中的佼佼者。本文拟对朱舜水的学术思想及其在日本的交流和影响作一概略的论述。

关于朱舜水的生平和活动，日本今井弘济、安积觉和中国梁启超等等都写过行传或年谱。但是他的早期活动到现在有些情况还不很清楚。在明末以后中国所记录的舜水事迹如邵念鲁《思复堂文集》中的"明遗民所知录"、光绪二十五年修的《余姚县志》、《清史稿》卷五百的"遗逸传"都略而不详或还有忌讳。中国的史料只是日本史料的补充。现在我们只能对舜水的生平作一概略了解。朱舜水，身世比较清苦，在《与诸孙男书》中说："汝曾祖清风两袖，所遗四海空

① 参见朱谦之：《日本的朱子学》，第116—117页，北京，三联书店1958年；辻善之助：《日本文化之交流》，第195—217页。

囊，我自幼食贫，荠盐疏布。年廿岁遭逢七载饥荒。”①舜水一生受到明朝廷十二次的征辟，而他不求举业，厌于仕途，始终未就，但在明室岌岌可危的时候，即他从45岁到60岁的15年间却终日奔走国事，多次往来于南洋、日本之间，其中曾和明守将张苍水在舟山共事，入四明山助王翊练寨兵，还随郑成功入长江北伐，在郑成功失败后，他“决蹈海全节之志”，长期流寓日本，年83卒于江户。他的一生曾如黄遵宪在《日本杂事诗》中所描述：“海外遗民意不归，老来东望泪频挥。终身耻食兴朝粟，更胜西山赋采薇。”

朱舜水的民族主义是和他的国际主义密切不可分的。他的国际主义首先表现是，在垂暮之年，殚尽心思地为日本文化教育事业服务。他原原本本地向日本学者介绍中国的思想文化、科学技术，并虚心地向日本人民请教、学习。从他与日本学者们书札问答中可以看出，他对日本的政治大计、教学设施、礼仪制度、学术建设、文化源流、工程设计、农事园艺、服装衣饰都提出了自己的建议或实施的方案，其中很多被德川当局所采纳和施行。今东京汤岛的圣堂就是根据舜水设计的“学言图说”并由他亲自参加建设起来的。日本水户藩主称赞舜水“先生为经济家，假令旷野无人之地，士农工商，先生皆可兼之，而礼乐刑政之大，以及田园耕作酒食盐酱等事，先生殆亦无不胜任愉快也”。其次，一直提倡中日两国要“世世通好，若汉赵之交”②，两国人民要平等对待，亲如家人。他在《答奥村庸礼》书中说：“不佞视贵国之人，如一家昆弟父子，尝怪周媿量窄意偏，尊中国而贬秦邦，岂是语于圣贤之道?”③又《与陈遵之书》中说：“世人必曰古人高于今人，中国胜于外国，此是眼界逼窄作此三家村语。”④舜水还进而认为中国与日本思想的交流是“动关中国日国千年之好”，不可等闲视之。再次，祝愿日本国家昌盛，人民繁荣，臻于孔子“大同之治”。他曾以孔子礼运大同之说为蓝本，向德川光国提出政治改革的主张，希望日本比中国早日实现“大同”的理想。⑤ 另外向加藤明友也提出了同样的想法：“若以贵国为褊小、为东夷，谦让不遑，则大不然……今贵国幅员广大……而物产又甚饶富，失今不为，后必有任其咎者矣。至若以风物礼义为歉者，则建学立

① 马浮编：《舜水遗书》《文集》卷四“与诸孙男书”。

② 《舜水遗书》《文集》卷九“答安东守约”。

③ 《舜水遗书》《文集》卷十“答奥村庸礼”。

④ 《舜水遗书》《文集》卷四“与陈遵之书”。

⑤ 《舜水遗书》《文集》卷七“元旦贺光源国”。

师，乃所以习长幼上下之礼，申孝悌之义，忠君爱国而移风易俗也。何歉焉？惟期锐志举行之！"①舜水这种思想在当时历史条件下虽然是封建知识分子对理想主义的憧憬，但也包含着某些社会民主的内容，对后来德川幕府进行"尊王一统"的改良主义活动有着一定的影响。

关于朱舜水的哲学思想在中日研究者中有着不尽相同的看法。有人把他归入朱子的道统，② 或者列入阳明的左派③；也有人认为"朱舜水所学的是介于朱熹和王阳明之间的一种学说"④。这些看法都有着一定的理由，因为舜水的学识广博，善铸经史，博采各家之长，又重视实功实用，很多研究家各自从一个方面去理解，乃常见的现象。舜水的学术思想是中国明清之际社会环境的产物，它和同时期的启蒙学者如黄宗羲、颜元等等的思想有着很多共同之点。

中国近代启蒙思想有一个显著的特点就是对宋明理学一般都抱着批判的态度。朱舜水也不例外，他对宋明理学及程朱陆王各家进行了具体分析。舜水并不简单地否认理或道，但反对的是"死理"或"抽象的道"。他从"事理合一"或者性理与事功统一的标准去分析道学家的所言和所为，肯定了他们的"事功"和"不阿精神"，但对道学家的"说玄说妙""浮夸虚伪""分门标榜""援佛入儒"("阳儒阴佛")等等进行了严肃的批评，并且指出了他们"断伤心术""颓靡风俗""丧败国家"等等害处。例如，他在评论宋朝理学大师程颐时说：

"伊川先生……但欲自明己志，未免有吹毛求疵之病。"⑤

而对程颢，则说：

"学贵有用，先生之学则有用；学贵不阿，先生之学则不阿。"⑥

---

① 《舜水遗书》《文集》卷六"答加藤明友"。

② 例如邵念鲁《思复堂文集》"明遗民所知录"说："朱之瑜乞师日本，入东京，国王以下，咸师奉之，为建学，设四科，阐良知之教，日本于是始有学，国人称为朱夫子。"光绪二十五年修的《余姚县志》也说："之瑜留海岛，日本师奉之，为阐致良知之教"。

③ 陶希圣在郭垣编的《朱舜水》一书所作的序中说："舜水先生亡命日本，传王学于彼邦，以尊王攘夷及废幕讨藩为口号的明治维新运动，奉王学为哲学的指导，这不是偶然的"。苏曼殊在《断鸿零雁记》中也说："朱公流寓长崎，公逐传阳学"。

④ 中村新太郎：《中日两千年》，第222页，中译本。

⑤ 《舜水遗书》《文集》卷十四"答安东守约杂问"。

⑥ 《舜水遗书》《文集》卷二十五"题程明道像"。

又如他在评价王阳明的为学和行事说：

“王文成亦有病处，然好处极多。讲良知，创书院，天下翕然；有道学之名，高视阔步，优孟衣冠，是其病也。出抚江西……剿横水、桶冈、浰头之方略，与安岑之书，折冲樽俎，亦英雄也”①。

朱舜水对理学家的弊病说得很直率透彻，批评得也很尖锐。他说：

“嘉隆万历年间聚徒讲学，各创书院，名为道学，分门别户，各是其师，圣贤精一之旨未辟，而玄黄水火之战日烦，高者求胜于德性良知，下者徒袭夫峨冠广袖，优孟抵掌，世以为笑，是以中国问学真种子几乎绝息！”②

“朱陆之徒，遂尔互相抵牾，凡此皆实理实学，与浮夸虚伪，岂不风马牛不相及乎？浮夸虚伪，以文其奸，以售其术，此小人无行之尤者，而谓君子为之乎？……痛愤明室道学之祸，丧败国家，委铜驼于荆棘，沦神器于牛羊，无限低徊感慨故耳。”③

朱舜水在批判道学的基础上提出了他自己为学的宗旨。他认为：“为学当有实功，有实用”④；“学问之道，贵在实行，……圣贤之学俱在践履”⑤；“道之至极者，不在于生知安行，而遍在于学知利行及勉强而行之者乎？”⑥他的日本弟子安积觉在他的传记中有一段话很好地概括了他的为学宗旨。现抄录如下：

“盖先生……不以循行数墨为学，而以开物成务经邦弘化为学，大而礼乐刑政之详，小而制度文物之备，靡不讲究淹贯，而其教人未尝高谈性命，凭虚鹜究，惟以孝弟忠信诱掖奖励，其所雅言不离乎民生日用彝伦之间……务欲成就人才，以为邦家之用。”⑦

总之，他的为学的目的就是要“经邦弘化，康济艰难”⑧。这是对当时统治地位的哲学思想——理学的一种否定，它是明清之际社会矛盾和民族矛盾日益

---

① 《舜水遗书》《文集》卷十四“答安东守约杂问”。

② 《舜水遗书》《文集》卷九“答安东守约”。

③ 《舜水遗书》《文集》卷六“答某书”。

④ 《舜水遗书》《文集》卷十五“答小宅生顺问”。

⑤ 《舜水遗书》《文集》卷十四“答安乐守约杂问”。

⑥ 《舜水遗书》《文集》卷十八“勿斋记”。

⑦ 《舜水遗书》《文集》附录，安积觉“朱舜水先生文集后序”。

⑧ 《舜水遗书》《文集》卷十五“答林春信问”。

激化在思想领域中的反映，也适应了当时中国资本主义萌芽产生的需要。朱舜水的学术思想是和同时代的启蒙思想家颜习斋、李塨等等的"经世论"有很多类似之处。它传入日本后也适应了德川幕府改组封建制度的需要，因此得到了传播。

朱舜水的学术思想在日本的交流是中日文化关系史上的一段佳话。舜水寄寓在日本二十余年中，与当时日本儒学的三个主要流派——朱子学、阳明学和古学派的一些代表人物都直接或间接地有过交往。在朱子学派中接触频繁的有京师的木下顺庵(木下贞干)、人见传(即野传或野道设)、田犀(田一角)、辻达等，海西的安东省庵(安东守约)，水西的德川光国、安积淡泊(安积觉)等；在古学派中主要有山鹿素行、伊藤仁斋、荻生徂徕等等。由于上述流派学术思想的迥异，地区分布的不同，它们接受舜水的思想也不一样，现在分别概述如下。

木下顺庵(1621—1698)是日本朱子学的大师，他和舜水交往甚密，馈赠有加。在《恭靖先生遗稿》中有《与朱舜水书》十首、《谢朱舜水书》二首、《复朱舜水书》三首、《与朱舜水启》一则、《与朱之瑜书》一首。《舜水遗书》中也有《与木下贞干书》六首、《答木下贞干书》六首。他们二人在书信中讨论较多的是有关教育、历史、道德等等问题，彼此十分契重。木下顺庵在给舜水的一则启中曾说："恭维老先生……一生忠肝，拟折朝廷之殷鉴，千古道脉，竟极考亭之渊源。"①安东省庵(1622—1701)是舜水的嫡传弟子，1655 年舜水客寓长崎时，生活十分困难，只有省庵前往照拂，投入门下，并把他的俸禄一半赠给舜水。朱舜水《与孙男毓仁书》中说："日本禁留唐人已四十年……我故无意于此，乃安东省庵苦苦恳留，转展央人，故留驻在此，是特为我一人开此厉禁也。既留之后，乃分半俸供给我……其自奉敝衣粝饭菜羹而已……家止一唐锅，经时无物烹调，尘封铁锈，惟日夜读书乐道而已……此等人中原亦自少有，汝不知名义，亦当铭心刻骨，世世不忘也。"②省庵与舜水往来的书函，在《舜水全集》中收舜水与省庵的书信 30 余通，省庵给舜水的共 24 通及祭朱先生文 4 篇。他们探讨的问题极为广泛，几乎涉及经史子集各个领域。省庵在学术思想上属朱子学系统，但和舜水一样对理学采取分析批判的态度。省庵在一篇文章中论朱陆

① 见《续群书类丛》答十三诗文部第二〇五页，转引自朱谦之著《日本朱子学》，第 172 页。

② 《舜水遗书》《文集》卷四，"与孙男毓仁"。

异同说："朱陆鹅湖之议论不合……其门人互相姗议，随声雷同，彼坚我白，操戈入室，其流弊甚于洪水之泛滥矣。"①这也出之于舜水之口。② 省庵在世界观上主张"理气合一"，具有唯物主义倾向，与舜水"理事同一"每多吻合。另外，他们二人在政治思想上都揭露封建统治的暴政，寄同情于人民。省庵与舜水在学术上互相尊重、学习，生活上互相关怀、爱护，这种隆谊高情，患难相交，在中日文化交流史中是值得大书特书的。

舜水晚年受到日本水户藩主德川光国的器重，延聘为国师，参与《大日本史》的编纂事业，因此与水户学派的关系更为密切。水户学派缘源于孔子的《春秋》和朱子的《通鉴纲目》，因此在学术思想上常常被纳入朱子学的系统。日本三浦藤在《日本伦理学史》中曾把朱舜水系统列为水户学中朱子学派三个之一，其传承关系如下：③

朱舜水
- 人见懋斋
- 粟山潜锋
- 安积淡泊 —
  - 菊池南汀—青山瑶溪
  - 德田锦江—谷维杨
- 今井鲁斋
- 秋山久积

水户派的创始人是德川光国(1628—1700)。在《舜水遗书》中朱舜水向光国所作的书、答、序、启、字说等共约75篇，可见他们之间交往的密切。《桃源遗事》中说："朱之瑜来长崎也，公(指德川光国——引者)遣使征聘，竟以为师，问道讲学，自执弟子礼，之瑜时有规谏，言甚剀切，公尝喜纳焉。"安积淡泊(1656—1737)是《大日本史》编纂总裁，他从10岁起就跟朱舜水学习儒家经典，是舜水在日本最亲密的学生，在舜水死后曾为舜水作传记，《舜水遗书》中故有安积淡泊所写的"行状"和"遗事"。淡泊晚年诫其子孙说："舜水先生自书《缘由》一卷……凡我子孙当敬之如神明，其或沦落丧失者，非我子孙。"④舜水十分重视史学，他认为"一部《通鉴》明透，立身制行，当官处事，自然出人头地……经简而史明，经深而史实，经远而史近……得之史而求之经，亦下学而

① 转引自朱谦之：《日本朱子学》，第206页，原文出处不明。

② 参见《舜水遗书》《文集》卷二十二"答安东守约杂问"。

③ 三浦藤作：《日本伦理学史》第222页以下，昭和一四年第九版。

④ 《淡泊史论》卷首，甘雨亭丛书本。

上达耳。”①舜水这种“通会经史，旁考古今”的治史方法在他参与的《大日本史》编纂事业中无疑地会给予一定的影响。至于他的忠君爱国、大义名分、王政复古等等思想更不容说了。

朱舜水和古学派的著名代表山鹿素行、伊藤仁斋和荻生徂徕也有交往。所谓古学，实际上是一种新学或“私学”，它以复古的名义力图从朱子学或“官学”中解放出来。山鹿素行(1622—1685)是古学派的先驱者。舜水曾作《素行号记》说：“问学如何？徵乎素行，希贤希圣……儒道非难，善至德性，懿美内涵，闻望外令，文武张弛，维人无竞，温恭诚允，端庄静正，不在他求，是在子敬。”②可见对素行的尊崇。舜水所主张的“实理实学”“理事合一”“文武合一”等等学术思想对素行有一定的影响。日本井上哲次郎认为，素行虽然不属朱子学派，但“抱一家之见，主古学，所云古学，在舜水那里多少也有，可见素行古学派系统中，不能说与舜水全然无关”③。朱舜水与古学派的创始人、日本唯物主义的奠基人伊藤仁斋(1627—1705)也有一段因缘。仁斋在哲学思想上前后有过重要的变化，他开始笃信宋儒的心性之学，但后来又主张以气为本的一元论。在政治思想上一直宣传“王道”和以仁为中心的“德本主义”。仁斋最初从安东省庵的弟子那里知道了舜水，颇有从学之意。他曾写信给省庵说：

“承闻明国大儒越中朱先生，躬怀不帝秦之意，来止长崎……倘若先生之道得大行于兹土，则虽后来之化，万万于今，实台下之力也，岂不伟哉！岂不伟哉！……仆又欲……往从先生于武城，不知先生许之否？若获为仆言之于先生，实大幸也，至悬至悬。”④

但舜水认为仁斋所治的性心之学与他不同，曾复书省庵力辞再三：

“伊藤诚修(即仁斋——引者)诚贵国之翘楚，颇有见解……。昔有良工能于棘端刻沐猴，耳目口鼻宛然，毛发咸具，此天下古今之巧匠也。若使不佞目

---

① 《舜水遗书》《文集》卷十“答奥村庸礼”。

② 稻叶君山编：《朱舜水全集》《文集》卷十六“子敬箴”(为山鹿素行轩作)。《舜水遗书》未收。《朱舜水集》卷二十《子敬箴》中，“善至德性”作“养至德盛”(见该书 578 页)。

③ 井上哲次郎著：《日本朱子学派之哲学》，第 817 页，大正十三年版。

④ 伊藤仁斋：《古学先生文集》卷二，第 28 页“答安东省庵书”，古义堂刊本。转引自朱谦之著《日本的古学及阳明学》，第 63 页，上海，上海人民出版社，1962。

炫玄黄，忽然得此，则必抵之为砂砾矣。……何也？工虽巧无益于世用也。……宋儒辨析毫厘，不曾做得一事，况又于其屋下架屋哉！……如果闻其欲来，贤契幸急作书止之。”①

“伊藤诚修学识文品，为贵国之白眉，然所学与不佞有异，不佞之学木豆瓦登布帛菽粟而已，伊藤之学则雕文刻镂、锦绣纂组也，未必相合……贤契幸婉辞之，多一事不如少一事也。”②

“陆象山、王阳明之非自然可见矣，不论中国与贵国皆不当目之为法也，伊藤诚修止之为妙。”③

盖当仁斋从宋儒理学中解脱出来，转对理学进行批判并转向唯物主义的“气一元论”学说时，舜水又给予了重要的评价：

“伊藤诚修兄策问甚佳，较之旧年诸作，遂若天渊。倘由此而进之，竟成名笔，岂逊中国人才也，敬服敬服。”④

舜水对古学派的另一个创始人获生徂徕(1665—1728)也有影响。徂徕在哲学上追随伊藤仁斋的唯物主义路线，提倡学习中国的古代文学。他十分推崇舜水和安积淡泊，称他们是“巍然以存，有如灵光”。徂徕自述是读明末作家李攀龙和王世贞的文字后乃“尽废旧学而治古文辞”。舜水也竭力提倡古文，他多次教导他的弟子们“为文务使字字句句俱从经史古文中来，而又不见其痕迹”⑤。在这一点上，他对古学派中的人确有一定影响。值得注意的是，徂徕虽受中国李、王和舜水的影响，但他自己的学术思想也反过来给予中国思想界巨大影响。据《长崎年表》知在1809年(明嘉靖十四年)徂徕的重要哲学著作《论语征》及《大学解》《中庸解》与蟹养斋的《非徂徕学》就传入中国。1836年(清道光十六年)钱泳又把徂徕所著的《辨道》《辨名》编成文集，附以自序和“日本徂徕先生小传”在中国出版。徂徕的学术思想传入中国后极受中国著名的学者如刘宝楠、戴望、刘恭冕、俞樾、李慈铭等等推崇。俞樾在读《论语征》以后，在其《东瀛诗记》中说：“余尝见其所著《论语征》一书，议论通达可喜者多……余已采取数十条，入《春在堂随笔》矣。”李慈铭在1886年看了《萱园随笔》(萱园是徂徕之

---

① 《舜水遗书》《文集》卷九“与安东守约书”。

② 同上。

③ 《舜水遗书》《文集》卷十二“与安东守约书”。

④ 《舜水遗书》《文集》卷十二“答安东守约”。

⑤ 《舜水遗书》《文集》卷八“与小宅生顺”。

号)之后写道："其言颇平实近理"，"议论颇为正大"，"皆有特识"，"文极醇实，得教化之本"①。

从上所述，朱舜水的学术思想对日本江户时代儒学的发展起过重要的交流作用。朱舜水在学术思想上能开花结果是和日本学者的帮助、启发和日本人民的热情关怀、支持分不开的。这正如日本后藤新平在《朱舜水全集》的序言中所说："我之所得于之瑜也，固大矣，然之瑜之所负于我，亦有均大者矣，我之知所以摄取于彼者，已为可贵。彼之知所以寄托于我，亦可谓明矣，水月镜花，相得则成俊致，之瑜之于我邦也，其得其所。"②中日两国的学者有着悠久的交谊传统。舜水先生提倡中日两国要"世世通好"，指明思想文化的交流"动关中国日国千年之好"③，并以自身的行动谱写了中日文化交流史上光辉的篇章。我们中日学者在新的历史条件下一定要互相学习，互相协作，取长补短，加强文化交流，继承和发扬我们先辈在学术和思想上所建立的友谊和合作的精神。

---

① 朱谦之：《徂徕学传入中国》，载《文汇报》，1962年3月13日。

② 稻叶君山编《朱舜水全集》序，明治45年。

③ 《舜水遗书》卷九"答安东守约"。

# 印度奥义书的哲学思想

奥义书是印度最古老的哲学典籍。它反映了印度奴隶制国家形成时期哲学唯心主义与唯物主义的斗争。奥义书的多种思想形式对印度以后各种哲学派别的形成和发展都起过重要的作用，它的唯心主义路线为历来印度“正统派哲学”所追随，迄今还有着重要的影响。随着佛教传入我国，奥义书的一些重要观点也在我国传播。奥义书传入西方后，对古代的新柏拉图派直至现代的存在主义都有过影响。印度和西方的资产阶级研究者为了当前政治、思想斗争的需要一直津津乐道奥义书的唯心主义和神秘主义，阉割它的唯物主义和辩证法的内容。本文根据印度和我国保存的史料，拟对奥义书中唯物主义和唯心主义的斗争做一概括的论述。

## (一)奥义书的时代

印度是古代世界文明发源地之一。印度最早的文明是流行在公元前2500年至公元前1500年之间的印度河流域文明。据莫亨约·达罗和哈喇帕古城遗址发掘证明：当时定居在印度河河谷的居民已经使用青铜制的劳动工具和生活用具，他们中间大部分人从事农业和畜牧业，有一部分人从事手工业和商业，海外交通、贸易已经开始。据发掘所见生产设备、生活设施和占有贸易资料已有不同，或者可以推测到当时社会上已有财产不等和阶级对立的存在，这个时期已经进入了早期奴隶占有制社会。

公元前2000年代中叶，原住在中亚高加索一带的雅利安部落，由兴都库什山和帕米尔高原涌入印度后，印度河流域文明开始衰落。雅利安人在入侵印度过程中曾和土著民族进行过长期的、残酷的斗争，最后终于征服了他们。雅利安在入侵前原是游牧部落，在他们的氏族公社中父权关系占统治地位，无论在经济和文化方面都较印度原居民为低。雅利安人在印度河流域定居后，逐渐开始过渡到农业生活，并且有了巨大的发展。公元前1000年至公元前1000年代中叶，雅利安人又从印度河上游向东推至恒河、朱木拿河流域平原之间，史家称这个时期为“后吠陀·梵书、奥义书时期”。在这个时期，印度的原始公社制度在若干地区完全解体，最初的奴隶制小国出现了。初期的国家是由很多部落或部落联盟发展而成的城镇国家。据婆罗门教和佛教经典记载，在印度河、恒河和朱木拿河流域有名称可稽的是十四个国家，其中重要的有拘卢般阇罗、骄萨罗、迦尸、韦提法、摩揭陀、犍陀罗等等。

在梵书、奥义书时，印度次大陆已开始使用铁器，农业比前一个时代有了重要的发展，手工业和商业也在较大规模上进行。经济的发展加速了社会的分化，过去以血缘为联系的村社现在变成了以地域为联系由若干村社组成的农村公社，这些农村公社是印度最初奴隶制国家的基层行政单位。随着阶级的分化和奴隶制的形成和发展，印度的种姓制度亦即社会等级制度便确立了。当时的种姓或瓦尔那①有四种：(一)婆罗门即祭司，他们被称为“人间之神”，是当时一切知识的垄断者，也干预着社会的经济生活，在群众中有着重要的影响；(二)刹帝利即军事贵族，他们是世俗权力的实际执行者；(三)吠舍即农民、手工业者和商人；(四)首陀罗即非雅利安族的奴隶、为上面三个种姓服务的广大劳动者。根据婆罗门法典的规定前三种瓦尔那可以诵读吠陀经并参加宗教上再生的祭礼，因此被称为再生族，后一种不能参加宗教的祭祀，被称为一生族。各个瓦尔那在社会地位、权利、义务和生活方式等方面都有不同的规定(“法”)。印度种姓的划分和阶级的划分大致是一致的。婆罗门和刹帝利、一部分吠舍上层大体构成了奴隶主统治阶级，吠舍的下层和大部分首陀罗构成了被统治的奴隶阶级，其他则为平民阶级。首陀罗是被压在最底层的奴隶，他们必须无偿地为高等种姓服役。《爱达罗氏梵书》将首陀罗描写成为“别人的奴仆，可以随意驱逐，随意残杀”。瓦尔那制度是维护奴隶主利益的工具。在原始公社开始瓦解，奴隶制小国逐渐形成的过程中，祭司、军事贵族和人民大众之间进行了极为残酷的斗争。另外，在统治阶级内部祭司和军事贵族之间也进行着争夺权力和剩余产品的斗争。军事贵族有时也领导或参与了人民反对祭司的活

① 梵语瓦尔那(Varna)有质、色等意思。我国古籍中译为种姓。

动，当然，统治阶级内部的斗争在整个社会斗争之中还是占着次要地位的。

## (二)奥义书的名称

印度最古老的宗教历史文献叫作“吠陀”①。它是用吠陀梵文写作的，是印度西北部一些文献的总汇，形成于公元前2000年至公元前1000年之间。吠陀包含着：吠陀本集（吠陀赞歌，Saṃhitā）、梵书（婆罗门书、净行书，Brāhmaṇa）、森林书(āraṇyaka)和奥义书(秘书、近坐书，Upaniṣad)。

吠陀本集共有四部：一、《梨俱吠陀》(《赞诵明论》，Ṛg-Veda)，二、《夜柔吠陀》(《祭祀明论》，yajur-Veda)，三、《娑摩吠陀》(《歌咏明论》，Sāma-Veda)，四、《阿闼婆吠陀》(《禳灾明论》，Atharva-Veda)。这四部又可分为两组。前三部主要是关于神的颂歌、祷文以及如何应用这些颂歌、祷文进行祭祀的文集；后一部是关于巫术、咒语的汇集，它记录了如何驱逐恶神、病魔，避免自然灾害以及祈祷战争胜利、家族繁荣、身体健康等等的巫术、咒语和咒法。

梵书是说明吠陀本集有关祭祀的起源、目的和方法及赞歌、祭词的意义等内容的文集。四部吠陀本集都有自己所属的梵书。例如《爱达罗氏梵书》是《梨俱吠陀》所属的梵书，《百道梵书》是《耶柔吠陀》所属的梵书等等。梵书虽然主要说的是宗教神话、巫术等，但也涉及当时某些社会生活的、历史的和自然科学的内容②。它大概在雅利安人从次大陆西北旁遮普地方(五河流域)渐次向东南迁移，定居在恒河和朱木拿河流域以后产生的，其制作的年代一般推定为公元前10世纪至公元前8世纪左右。森林书是因在森林中传授而得名，它是梵书的附属部分。森林书不仅包括着对祭祀的仪式和实行方法的说明，而且也涉及为什么要进行祭祀，什么是宇宙和人生的奥秘，人和自然、神等等关系的哲学思辨的问题。奥义书则是森林书的附属部分，也是吠陀的最后部分，它往往和森林书相混，不易辨别。奥义书虽然在宗教意识形态中产生，但在很多方面已开始摆脱和破坏宗教神话的内容，以思维的方式来探讨人的本质、世界的根源、人和精神世界的关系、死后的命运等等哲学问题了。

---

① 我国古时译为“明论”“毗陀”等，它是关于神的颂歌和祷文的汇编。

② “弥曼差附录”(Mimamṣā-Vṛtikara)概括梵书的特征是：1. 富于不变语(如前置词等)，2. 包括习惯语，3. 逸事趣闻，4. 阐述哲理，5. 评注，6. 反驳，7. 赞词，8. 疑问，9. 训诫，10. 古代史传，11. 个人行事，12. 逻辑上蕴涵(三段论法之小前提——引注)的变更。

奥义书的梵文叫 Upaniṣad，它的原义是“近坐”，“秘密的相会”，引申而成为师生对坐所传的“秘密教义”。奥义书也被称为吠檀多(Vedānta)，所谓吠檀多就是“吠陀的末尾”或“吠陀的最高意义”。相传下来的奥义书有两百多种，它是在长时期内逐渐出现的，最迟所见是公元 16 世纪的作品。奥义书的内容极为庞大芜杂，而且相互矛盾，其中最古的部分，据很多学者的考证为十三种。现将它们的名称、时代分述如下：

(一)初期(佛陀以前，即公元前 6 世纪以前)《婆罗陀楞耶迦奥义》(《广森林奥义》，Bṛhadāraṇyaka Up.)

《旃度伽耶奥义》(《歌者奥义》，Chāndogya Up.)

《案达罗氏奥义》(《他氏奥义》，Aitareya Up.)

《乔尸多基奥义》(KauSītaki Up.)

《多底梨耶奥义》(《鹧鸪氏奥义》，Taittir Īya Up.)

《基那奥义》(《由谁奥义》，Kena Up.)

《伊莎奥义》(Īśā Up.)

(二)中期(佛陀以后)

《迦陀迦奥义》(Kāthaka Up.)

《蒙陀迦奥义》(《剃发者奥义》，Muṇḍaka Up.)

《波罗湿那奥义》(《质问奥义》，Praśna Up.)

以上约公元前 350—公元前 300 年

《尸吠多斯婆多罗奥义》(《白骡奥义》，Śvetāsvatara Up.)

约公元前 300—公元前 200 年

(三)后期

《曼特罗耶那奥义》(《慈氏奥义》，Maitrāyana Up.)

约公元前 200 年以后

《曼度迦耶奥义》(《蛙氏奥义》，Māṇdūkya Up.)

约公元后 100—200 年

奥义书在我国古籍中一般都和吠陀没有区别，也称明论、围陀等等①，它

① 在庞大的佛教著作中，直至中观派清辨(5 世纪)以后，才开始提到吠檀多学派的名字，这是一个值得研究的课题。汉译佛经中一直没有提到吠檀多学派，这可能是佛教学者把吠檀多和吠陀、弥曼差派混淆了起来。吠檀多作为一个独立的、有系统的哲学派别出现的时间较迟，早期佛经没有提到吠檀多是可以理解的。

的思想材料散见于各种汉藏译佛经及我国僧侣所写的各种撰疏中①。它对于研究佛教和吠檀多的关系有着一定的参考价值。

## (三)唯心主义哲学的中心思想

奥义书的内容虽然很庞杂，包括不同时期、不同地区以及吠陀本集各个不同派别的宗教哲学观点和社会伦理思想。但是这些派别对于哲学最高问题的回答，明显地可以分成唯物主义和唯心主义两条阵线。就奥义书唯心主义内容看，它的中心思想是“梵我同一”和“轮回解脱”，这是婆罗门教以及后来的印度教的哲学论证和理论基础；与其对立的唯物主义是以原素论为中心的素朴的唯物主义自然观以及乐生的社会伦理思想。

### 一、“梵我同一”

在《梨俱吠陀》后期，吠陀诗人已对宇宙的根源、人的本质等问题进行了思索和争论。他们从众多的现象世界中概括出了宇宙统一的神或原理。梵天就是其中的一个。在梵书中，梵天的概念已开始成为宇宙的实体，梵天在宇宙形成

---

① 可见《长阿含·三明经》，《长阿含·布吒婆楼经》，《梵网六十二见经》，《中阿含经》卷十九，《大毗婆娑论》卷一九九、卷二〇〇，《成实论》卷八、卷十，《大日经》住心品及疏，《十住毗婆娑论》卷十，《提婆菩萨释楞伽经外道小乘涅槃论》，《瑜伽师地论》卷六、卷七，《显扬圣教论》卷十，《摄大乘论》卷上(真谛译)，《大乘掌珍论》下，《造般若灯论》卷一，《般若灯论释》卷一，《广百论释论》卷三，《成唯识论》，《金刚针论》，《尊婆须密菩萨所集论》卷一，《法苑义林章记》卷二，《华严经随疏演义钞》卷十三，《金七十论》卷上。

在藏译清辨《中观心论颂》和释本第八章及莲花戎对寂护著《真理纲要》注第六、第七章中有重要和系统的表述。

以上译载比较系统的有宋法称所译的《金刚针论》(即《金刚针奥义》，Vajrasūcikaopanishad)。这个经的内容，明显地可以看出是佛教徒对于婆罗门哲学思想的反驳。唐波罗颇密多罗所译印度清辨的《造般若灯论》卷一中载有印度骄罗波陀(Gaudapada)著《蛙氏奥义颂》第三品第三颂的内容。前秦僧伽跋澄共佛念所译的《尊婆须密菩萨所集论》卷一中也有印度《伽陀卡奥义》第四章的材料。另外，在后魏菩提留支所译《提婆菩萨破楞伽经中外道小乘四宗论》、《提婆菩萨释楞伽经中外道小乘涅槃论》也有系统的记述，《小乘涅槃论》所记第二十外道本生安荼论师说与《歌者奥义》Ⅱ.19.4 的记载大致是相同的。清朝学者刘献廷曾翻译过奥义书中的一些章节。

之时，创造诸天神衹，掌管天、地、空三界。森林书进一步描绘梵天具有三种不同形体：粗大(如大地)、精细(如内部感觉思维器官)和自由(如气息活动)等等。他们宣称："万物从梵天而产生，依梵天而存在，在毁灭时又归于梵天。"梵天同时被称为"实在"、"识"和"无始无终者"(ananta)。至奥义书又进一步抽象、概括为形而上学的实体，哲学的最高范畴。用梵文中的中性名词梵(Brahman)代替阴性名词梵天(Brahmā)了。

梵在梵文中原有"圣智""咒力""祈祷"等意义，引申而成为"祈祷而得的魔力"，再引申为世界的主宰、哲学的最高本体。在奥义书中，梵在一般意义上被当作宇宙的本体、生命的根本、所有事物存在的原因。它的本性被归结为不依赖于人们认识而存在的一种"识"(Vijñāna)或"一团识"(Vijñānaghana)、一种实在(Satyam)和一种喜乐(Ānanda)。《他氏奥义》Ⅲ.3说：

> 它(最高存在——引译者)是梵、因陀罗、生主和一切诸神；它是地、水、风、火、空五大；它是一切混合的细微者(即元素——引译者)；它是这或那的种子：卵生、胎生、湿生、芽生、马、牛、人、象，无论是有气息的东西——能走的或能飞的以及不动的东西(植物)都是它。
>
> 所有这些都是建立在识之上的，由识所指引。识是一切的根本，识就是梵①。

奥义书常常用否定达到肯定的方法，即遮诠(遮其所非)来表述梵。他们认为梵在本体的意义上既不具有任何属性，也不表现为任何形式，它是超越于人类感觉经验，不能用逻辑概念来理解或用言语来说出的。对于梵只能意谓着"不是这个，不是这个"(Neit，Neti)。例如《森林奥义》Ⅲ.8.8说：

> 它(梵)不粗不细，不短不长，不像火红，不像水湿；没有阴影，没有黑暗；不是风，不是空，不黏着；没有味，没有嗅(香)，没有眼睛，没有耳朵；没有语言，没有感觉，没有生力，没有气息；没有端，没有度，没有内，没有外；它不消灭什么东西，也不被什么东西所消灭。

---

① 本文所引奥义书的章节，据 R.C. Vidyarthi 及 G. Bhiranda 辑校的梵本并参考 R.E. Hume《十三个主要奥义》英译及其他英、日译本等。

奥义书中另一个基本概念是阿特曼(我、自我或个体灵魂，Ātman)。阿特曼在吠陀中没有和任何神祇发生过联系。在梵书中一般解释为人体的主要器官——皮、血、骨、肉、心等等。森林书一方面把阿特曼解释为人的各种器官或气息；另一方面又认为阿特曼和“肉体的我”(灵魂)是不同的，它渗入于一切事物之中，是万物创造的原理。到奥义书则解释为个体灵魂、万物内在的神妙力量、宇宙统一的原理，因此和梵等同起来。如说：

> 它(阿特曼)是我的灵魂，处于我心，小于米粒或麦粒，或芥子，或黍，或黍子核。这个我心中的灵魂，大于天，大于地，大于空，大于万有世界。(《歌者》Ⅲ.14.3)
>
> 或在心中；如指节量(像手指那么大小)，光明炽盛；或在身中，称身形量，内外明彻。(《大毗婆娑论》卷二〇〇)
>
> 所有这个是阿特曼。(《歌者》Ⅲ.14.1)
>
> 最先只有阿特曼。(《他氏》Ⅱ.1；《森林》Ⅰ.41)
>
> 我(阿特曼)造一切物，我于一切众生中最胜，我生一切世界有命(灵魂)、无命物……一切物从而作生，还没彼处。(后魏菩提留支译：《提婆菩萨释楞伽经中外道小乘涅槃论》)

奥义书的唯心主义者为了宗教解脱的需要，通过哲学的思辨把梵、我两个概念等同了起来，从而建立了所谓“梵我同一”(Brahmātmaikyam)的原理。他们认为作为外在的、宇宙终极原因的梵和作为内在的、人的本质的阿特曼(自我)在本性上是同一的，也就是说“大宇宙”和“小宇宙”是统一的。阿特曼归根结底应该从梵那里去证悟，但是由于人的无明(无知)，人对尘世生活的眷恋，受到业报规律的束缚，因而把梵和我看作了两种不同的东西。如果人能摈弃社会生活，抑制感性欲求，实行达摩规定，那么，他就可直观阿特曼的睿智本质，亲证梵我的同一。奥义书常常谈到“我是梵”(Ahaṁbrahma asmi，《森林》Ⅰ.4.10)，“你就是那”(Tat tvam asi，《歌者》Ⅵ.8.7)，“这个我就是梵”(Ayam ātmā brahma，《林森》Ⅱ.5.19)，指的就是这个意思。

关于梵我的哲学本质，目前印度哲学史研究者中有着不同的解释，有人认为它是一种唯心主义泛神论的说明；也有人认为是一种客观唯心主义的论证。但是从梵我与自然界和人的思维关系上看，明显的是一种客观唯心主义的表述。奥义书的唯心主义者们不单摒弃当时印度人熟知的各种科学所达到的成就①，而且也反对以感觉和推理为基础的科学认识。按照他们的解释，客观世界也就成为人们幻觉中的幽灵。他们把梵看作脱离客观实在和人类认识的一种"识"或"一团识"。这种"识"或"一团识"在我们看来，无非就是人类认识的一个变种，一个哲学雕塑过的上帝。他们把人类认识的一个部分——理性，片面地加以渲染、夸大，使之脱离自然，脱离人的意识，成为绝对，从而再外加于自然界和人类社会，使之成为世界的创造者、一切存在的终极原因，这是客观唯心主义一般使用的手法。费尔巴哈在分析宗教哲学的特征时指出："把客观的本质看作主观的东西，把自然界的本质看作有别于自然界的、人的本质，把人的本质看作有别于人的、非人的东西——这就是神的存在，这就是宗教的本质，这就是神秘主义和思辨的秘密"，列宁给予了"很好""绝妙"的评价②。我认为这种分析也同样适用于对奥义书"梵我同一"思想的分析。

奥义书唯心主义哲学是在印度次大陆阶级社会形成以后，社会上划分为统治阶级和被统治阶级、劳力者和劳心者，一部分劳心者脱离劳动、脱离实践、专门从事玄学思考的产物。毛主席说："唯心论……都是以主观和客观相分裂，以认识和实践相分离为特征的。"③

据印度《摩奴法典》(Ⅰ.116—117)及曼达梯西注释，婆罗门和刹帝利是不允许参加生产劳动的，他们中一部分人专门从事于祭祀、玄学的思考和繁琐的辩论。奥义书中的唯心主义思想就是他们这种思辨活动的产物。这些思想家们由于长期脱离劳动，特别重视人们的意识活动，把意识看作是一种脱离客观事物的、独立的存在，并在这个基础上建立了奥义书唯心主义的体系。这从他们对一些哲学范畴的解释中也可以看出。例如，在吠陀中，智慧(般若，prajña)和行动(dhi 或 karma)、行为(业，karma)和智(kratn)都是同义字④，知和行，即理论和实践之间没有一条横隔的界线。但奥义书的唯心主义者们在解释这些字眼时，就特别强调了智，把智即人的精神看作与实践无关的独立存在，进而把它夸大为世界的本原。又如，上述的阿特曼一字在《百道梵书》中解释为人体

---

① 一般认为有十八门。

② 列宁：《费尔巴哈〈宗教本质讲演录〉一书摘要》，见《列宁全集》1959 年版，第 38 卷，第 73—74 页。

③ 毛泽东：《实践论》，《毛泽东选集》第一卷，第 284 页。

④ D. 恰托帕德耶耶：《印度哲学》，印度人民出版馆 1964 年版，第 88 页。

的一个组成部分——气息或呼吸，后来在《爱达罗氏森林书》及奥义书中就人为地把它解释为离开人体的一种独立的精神的实在——神我或宇宙灵魂。从这些字义的变化中也可以证实唯心主义认识论的根源就是脑力劳动和体力劳动、认识和实践相脱离的结果。这正如马克思所指出："分工只是从物质劳动和精神劳动分离的时候起才开始成为真实的分工(与此相适应的是思想家、僧侣的最初形式。——马克思原加的边注——引者)。从这时起意识才能真实地这样想象：它是同对现存实践的意识不同的某种其他的东西；它不想象某种真实的东西而能够真实地想象某种东西。从这时候起，意识才能摆脱世界而去构造'纯粹的'理论、神学、哲学、道德等等。"①

奥义书的"梵我同一"思想是在印度诸部落或部落联盟融合为一以及国家权力统一过程中产生的。它提出这种思想的目的是要使印度刚刚确立起来的种姓制度披上一层神圣的宗教外衣，论证婆罗门、刹帝利的特权地位是天意的、合理的、不可侵犯的。奥义书公开宣称婆罗门是"至高无上的""唯一的"种姓，刹帝利应该"依赖婆罗门种姓作为自己的渊源"(《森林》Ⅰ.4.11)。旃陀罗(Caṇdāla)是"最低的"种姓，他们应该和猪狗并列(《歌者》Ⅴ.10.8)。此外还渲染统治种姓的意志是与神灵同一的，只有婆罗门和刹帝利的灵魂才能和梵或神结合，其他种姓是不可能的。"离开阿特曼要想知道世界一切的事物是不可能的。这个阿特曼是婆罗门、刹帝利，是世界、神、被造物，这个阿特曼是全宇宙。"(《森林奥义》Ⅱ.4.6)，这是一种赤裸裸的奴隶主意识形态。

**二、轮回解脱**

与"梵我同一"相辅而行的是轮回解脱的思想。这种思想与其说是哲学思想，毋宁说是一种宗教伦理学说。轮回业报思想在《梨俱吠陀》中还未见到过，梵书中间或谈到死后转生的问题，但不很突出，到奥义书则被系统的提出来了，可见这个思想是和印度阶级的形成有着密切的关系。轮回解脱思想的主要内容是：每一个人的灵魂在死后可以在另一个躯壳里复活，一个人重新转世的形态，首先是取决于他过去本人的行为——业(羯磨，karma)，即取决于他奉行婆罗门、刹帝利的要求和保持那些树立在各个种姓之间的界限认真到什么程度，"依照人的行为，决定那个人将来要成什么样，行善的成善，行恶的成恶。"(《森林》Ⅲ.2.13)。如果他崇信神明，奉行吠陀的规定，可以投入"天道"

① 马克思、恩格斯：《德意志意识形态》，见《马克思恩格斯全集》第三卷，第35—36页。

(devayāna，神的地位)；如果奉行差一点，可投入“祖道”(pitṛyāna，人的地位)，轮转为婆罗门、刹帝利、吠舍等等；如果他不信奉神明，违逆种姓的义务则要永劫沉沦于“兽道”，即地狱之中，来世变为首陀罗和动植物等等。奥义书根据轮回的教义把生物界分为胎生(jāruja)、卵生(aṇḍaja)、湿生(svedaja)、种生(udbijja)四种。所谓胎生是从母胎生，像人兽等等；卵生是从卵化生，像鸟、鸡等等；湿生是从湿气生，像蚊蚋等等；种生是从种子生，像草木等等(《他氏》Ⅲ.6)。以上就是三道四生的说教。这种思想和我国《左传》所说“祸福无常，为人所造”等等也有相似之处，它通过佛教的渲染在我国也有一定的影响。

奥义书也规定了各个种姓断灭轮回的解脱方法。解脱方法主要是证悟梵我同一(即通过自我的认识使个体灵魂与梵合而为一)和从事艰苦卓绝的修行。奥义书规定的修行的方法是：苦行(tapas)、布施(dāna)、正行(ārjava)、不杀生(即非暴力，ahiṃsā)、实语(satyavacana)、禁欲(dāmyata)、同情(dayadhva)。(参见《森林》Ⅴ.2 及《歌者》Ⅲ.17)。这些规定无疑是统治阶级用来欺骗和麻痹人民的精神武器。它号召人民远离生活，避开社会斗争，安于命运，忍受统治阶级的剥削和压迫。这些思想后来为印度一切反动统治阶级所奉行，并且得到了重要的发展。奥义书的唯心主义社会伦理思想是在印度奴隶社会的结构相对稳定以后才出现的，它是直接用来为种姓特权辩护的。

## (四)素朴的唯物主义自然观

资产阶级所写的大量印度哲学史中一般都津津乐道奥义书的哲学唯心主义，他们阉割或者避而不谈奥义书的哲学唯物主义。但是在奥义书中我们到处可以找到唯物主义和辩证法的丰富内容，这些唯物主义思想是在破坏吠陀的宗教神话并和唯心主义进行斗争中产生和发展的。

奥义书的素朴的唯物主义自然观，据印度奥义书和汉译佛经的记载大致可以分为三类：

第一，宣称某种物质或者某种物质的属性、物质的存在形式是构成世界的最终原理。属于这种类型的派别有：

(1)水论①：《森林奥义》Ⅴ.5.1 说：“太初这个世界仅是水，那水产生实

① 在汉译佛经中叫作计水外道。外道(tīirthika)的意思是“心游道外”。这是佛教徒对于异教徒或与自己不同派别的贬称。

在”“水确实是比地(食物)更重要……这个世界只是水凝结而成的。气象、苍穹、神与人、鸟与兽、花草、树木、动物、昆虫、苍蝇、蚂蚁都是水凝结而成的，应当尊敬水啊！凡尊敬水，以水为实在的，必能万事顺利。”汉译佛经《外道小乘涅槃论》第十八水论师亦说：“水是万物根本，水能生天地，生有命(灵魂——引注)、无命一切物，下至阿鼻地狱，上至阿迦尼咤天，皆水为主。水能生物，水能坏物，名为涅槃(这里作为‘最后的原因’——引注)”①，这个思想和我国的管子②以及希腊最早的哲学家泰勒斯的表述很类同。泰勒斯是游历过东方的大商人。他研究过雅利安人奥克阿若神(Okeanos)的神话，按照这种神话，暴风雨的云气，浸灌大地，变为一切生物的祖先和世界的原因，这可能与印度雅利安人的思想有关。

(2)火论：汉译《大日经·住心品》说：“此宗计火能生万物，火为真实”③。这与希腊哲学家赫拉克里特所说：“万物换成火，火换成万物”是一致的。

(3)风论：《歌者奥义》Ⅳ.3.1—2说：“空气确实是一个摄收者。火熄了归于空气，太阳落了归于空气，月亮没了也归于空气。水干了归于空气，空气确实摄收了一切，因此，它是至上神”④。《外道小乘涅槃论》第三亦记：“风能生长命物，能杀命物。风造万物，能坏万物，名风为涅槃”，这些和希腊阿那克西米尼(Anaximenes)的说法是一致的。

(4)地论(方论，pṛthil)：《外道小乘涅槃论》第二方论师说：“最初生诸方，从诸方生世间人，从人生地，天地灭没，还入彼处，名为涅槃”。《十住心论》说：“或言地为万物因，以一切众生万物依得故”⑤。这种说法在希腊最初哲学家中还没有看到过。恩格斯在研究希腊古代自然观时曾指出：“亚里士多德已经说过：这些最古的哲学家都把原初放在某种物质中：空气和水中……但是没有一个人放在地中。因为地的组成是复杂的，《形而上学》第一卷第八章(第二一七页)”⑥。可是在我国和印度很早就被人注意到了。

---

① 参见《森林奥义》Ⅲ.6；《歌者奥义》Ⅶ.16，1—2；《乔尸多基奥义》Ⅰ.7；《迦陀迦奥义》Ⅳ.1.9。

② 《管子·水地篇》主张水为万物之源。

③ 参见《鹧鸪氏奥义》Ⅲ.8。

④ 参见《森林奥义》Ⅰ.5.22和Ⅲ.7.1—2，《乔尸多基奥义》Ⅱ.12—15。

⑤ 参见《森林奥义》Ⅲ.7.3；《阿闼婆吠陀》Ⅶ.1.1。

⑥ 恩格斯：《自然辩证法》，人民出版社，1957，第152页。

(5)金卵论①：这种理论在《梨俱吠陀》Ⅹ.121及《百道梵书》Ⅺ.16.1—3已见端倪，至《歌者奥义》Ⅲ.19.1—4被系统的提出："这个世界，最初是无，由无变有，再从有中成长，变成一个鸡卵，周年成熟，破裂成两片卵壳：一片是金的，另一片是银的。"这与《外道小乘涅槃论》二十所记本生安荼论师"本无日月星辰虚空及地，唯有大水，时大安荼生，如鸡子周匝金色，时熟破为两段，一段在上作天，一段在下作地……作一切有命、无命物"是相同的。《外道小乘涅槃论》这段文字显然是从印度奥义书中译出的。这种宇宙观虽然带有神话色彩，但其性质是唯物主义的。

第二，宣称世界是由物质的普遍本原或在抽象意义上的物质如自然(自性，sva-bhāva)、质料(aunam，原有"食物之意")等等所构成的。《鹧鸪氏奥义》Ⅲ.2.1说"万有是由质料所产生的，当它产生后，依质料而存在；当它毁灭时又进入质料。"《白驴奥义》Ⅰ.2说："时间、自然、必然、偶然、原素、胎源、原人是被当作(世界)原因"。《外道小乘涅槃论》第十六亦记："无有无缘生一切物……自然是常，生一切物，是涅槃因。"

第三，认为世界是由某些最初的物质元素结合而产生。在奥义书中所见的有三元素和五元素说两种。例如《歌者奥义》Ⅵ.2.3—4说，人的灵魂以及最高的存在是由水、火、土所构成的；《他氏奥义》Ⅱ.3.11说，物质世界的根源是"地、水、风、火、空。"空在奥义书中常常解释为地、水、风、火结合的场所②。《外道小乘涅槃论》第十九也有类同的记录，这和我国古代五行(水、火、木、金、土)学说在性质上是一致的。

从以上所引材料中可以看出：印度哲学在其发展的最初阶段上就产生了关于构成宇宙万有本源的唯物主义观点，这种观点是和"梵我同一"的唯心主义创世论完全对立的。奥义书的唯物主义哲学家们不仅从直观的、具有固定形态的个别事物中，如地、水、风、火等等，而且还从各种具体的、各别事物中力图找出它们普遍的物质性的东西，如自然(自性)、质料等等作为世界的本源。并且认为这种本源构成了世界上的一切事物，构成了统一的、客观存在的、现实世界。在这里实际上已包含了对世界物质统一性的思想。这种素朴唯物主义自然观的基本特征，正如恩格斯在研究希腊最初哲学家的自然观时所指出："这

---

① 在汉译佛经中又名本生安荼论师所计(安荼是梵文aṇḍa的音译，即卵)。

② 参见《鹧鸪氏奥义》Ⅱ.1；《他氏奥义》Ⅲ.3；《质问奥义》Ⅵ.2；《白骡奥义》Ⅱ.12.6。

些哲学家们断言'有一个东西，万物由它构成，万物最初从它产生，最后又复归于它，它作为实体(οὐδiα)，永远同一，仅在自己的规定(πάθεδι)中变化，这就是万物的原素(δγοιχεĩογ)和本原(ἀρχή)……'，因此，在这里已经完全是一种原始的、自发的唯物主义了，它在自己的萌芽时期就十分自然地把自然现象的无限多样性的统一看作不言而喻的，并且在某种固定形体的东西中，在某种特殊的东西中去寻找这个统一，比如泰勒斯在水里去寻找。"①

另外，他们的素朴唯物主义还和自然的辩证法观点结合在一起。奥义书的唯物主义哲学家认为世界万物是在不断变化发展中的，并对某些自然现象试图作出辩证的解释。但是由于历史条件的限制，他们没有、也不可能揭示出自然界发展的真正规律。从这里可以看出：唯物主义是世界各地人民的共同的、科学的和健康的世界观，是世界人民的共同经验和财富。印度失传的唯物主义思想材料被我国所保存，足以证明我国古代人民对印度科学唯物主义思想的珍视，两国人民对科学和唯物主义思想交流的密切。印度古代素朴的唯物主义观点可补西方古代的不足，是对世界哲学史的贡献。

## (五)对立的时空观

辩证唯物主义认为：时间和空间是客观事物的存在形式，时空的自然存在是客观的，反映时空存在的时空观念是主观的。时空存在的主观性或客观性问题正像思维和存在问题一样是哲学中的一个根本问题。几千年来在这个问题上唯物主义和唯心主义一直进行着不调和的斗争。印度哲学在其开始的时候就提出了这个问题，并且给予了不同的回答。

印度次大陆气候属热带季风式，由于天气干热，时令的变化对于生产和生活有着重要的影响，因此反映在《梨俱吠陀》中就有对时间之神——时母的崇拜。吠陀把时间划分为三界(过去、现在和将来)，又划分每年为两个时令(夏至与冬至)，五个季节，十二个月，二十四个半月，每月为三十天，每天为八个时计等；空间也划分为六合(东、西、南、北、上、下)。在哲学从宗教中分离出来的时候，时空也就成了哲学思辨的对象。关于时间是宇宙万物根源的说法，我们在吠陀时代后期已见端倪。《阿闼婆吠陀》XIX.53 说："时生了那方的天，时生了此方的地，过去未来都是从时中生出来的"。《百道梵书》XVIIII.53.7—8 也说："心、气息与精神(名)皆由时而定"，"苦行和最高者(生主)亦

① 恩格斯：《自然辩证法》，《马克思恩格斯全集》第 20 卷，第 525 页。

依时而定，时者万有之主，生主之文也”。到奥义书时代，时空问题成了一个哲学争论的中心问题，奥义书的思想家们，对它们进行了不同的甚至对立的解释。《慈爱奥义》Ⅵ.14—16认为时间是最高的原因，“一切的存在是从时中流出的，从时中成长前进的，在时中得到休止(消灭)，时是有形的，也是无形的”，但《白驴奥义》Ⅰ.2又反对它。这个问题很有趣地在汉译佛经中也有不同的说法：《外道小乘涅槃论》说：“时作一切物，时散一切物……一切物时生，一切物时熟，一切物时灭，时不过灭”；《大日经·住心品》一方面表述与《外道小乘涅槃论》同样的意见：“时来众生熟，时至则催促，时能觉悟人，是故时为因”，但另一方面又说：“一切人物虽非时所作，然时是不灭之法(存在)，是实有法”。

关于空间(虚空)是世界万物的原因在中印的资料中也能看到。《歌者奥义》Ⅶ.12.1说：“空间确比热更强。日月、闪电、星火的确都生于空间。人通过空间而呼号，人通过空间而听话，人通过空间而回答。人在空间中享乐，人在空间中受苦。人生于空间中，向空间致敬!”《外道小乘涅槃论》第十九也说：“虚空是万物因。最初生虚空。从虚空生风(空气)，从风生火，从火生暖，暖生水，水即冻凌坚作地，从地生种种药草，从种种药草生五谷，从五谷生命，是故我论中说，命者是食(地)，后时还没虚空，名涅槃，是故外道口力论师说，虚空是常，名涅槃因。”

奥义书的作者们虽然对时空的解释很简括、模糊，甚至在同一首赞歌中也有自相矛盾的说法，但在这些解释中明显地可以看出，在时空问题上唯心主义和唯物主义的两种观点是相互对立的；一种认为时空是和运动着的具体事物密切不可分的(“一切物时生”“日月、闪电……都生于空间”)，时空既是有形的，又是无形的；既是无限的，又是有限的(“一切物时灭，时不过灭”)；另外，承认时间的连续性和空间的广延性就其内容来说是客观的，就其形式来说是主观的，这大致是一种唯物主义的说明；另一种认为时空虽然是从具体事物中抽引出来的，但时空是一切事物的前提，是一切事物赖于存在和发展的原因和条件(“虚空是万物因”“时者万有之主”)，世界上一切事物都由时空所创造或者从时空中“流出”的，这种说法无疑地是唯心主义的。我们知道世界上除了运动着的物质以外就没有别的东西，而运动着的物质除了在时间和空间之内就不能运动。如果把时空和运动着的物质割裂开来，时空也就成了绝对的存在，从而也就陷入了唯心主义的目的论。这正如列宁所指出：“在时间性事物之外的时间

＝神。"①奥义书的唯心主义者们承认绝对的时空的存在，把时空归结为宇宙万有的根本原因，除了宗教说教的需要外，也有着认识论上的原因。他们在众多的自然时空存在中概括出时空的概念时，或者是由于歪曲和割裂了时空的客观内容；或者是由于不了解时空存在和时空概念之间的辩证关系，这样就陷入了唯心主义和僧侣主义的泥坑。奥义书的时空观对于以后唯物主义和唯心主义各派的发展都有着重要的影响。

## (六)唯物主义与唯心主义两个阵营、两条路线的斗争——邬达罗迦与耶若婆佉

在奥义书中，明显可以看出，唯心主义与唯物主义两个阵营、两条路线的存在和斗争。这些斗争主要表现在对下面一些问题的不同回答：(1)现实世界是由物质的东西(地、水、风、火等)抑或由精神的东西(梵、阿特曼、识、灵魂)等等所生成？(2)神的本原是物质还是精神？(3)身体(包括各种器官以及身体的生理机能)和灵魂是一个东西，还是不同的东西？灵魂是永存的，还是断灭的？(4)业报轮回是否存在或不存在？这些争论在早期奥义书中虽然还未得到充分的开展，但在后期的奥义书中以及顺世论(印度古代唯物主义)和佛教的反驳中已完全看得清楚了。当时参加唯物主义阵营的人大都是一些生活贫苦，带有愤世嫉俗色彩的下层祭司、巫师及某些新兴的武士和商人。据德国鲁本的研究，奥义书中所提到的一百多位思想家中，至少有十八个人是主张具有唯物论性质的风——气息②学说的。其中著名的有《森林奥义》所提到的邬达罗迦(Uddālaka Aruṇi)；《歌者奥义》所提到的邬湿尸提(Usasti)跋迦(Baka)，罗伊讫婆(Raikva)，波罗郅陀(Prātṛda)；《乔尸多基奥义》提到的乔尸多基(Kauṣītaki)，波因笈耶(Paiṅgya)；《他氏奥义》提到的摩希陀姿(Mahidasa)；《百道梵书》所提到的佛映罗(Budila)等。参加唯心主义阵营的一般都是婆罗门司仪祭司、荐牲祭司、教师、国王等等，其中主要的有《森林奥义》所提到的耶若婆佉(祭皮衣仙、祭言 Yājñavalkya)，《鹧鸪氏奥义》提到的伐楼拿(Varuṇa)，《乔尸多基奥义》提到的商地利耶(Sāṇḍilya)，巴德佛婆，另外还有国王波罗婆诃那(Pravāhana)，国王阇那迦(Ganaka)③，国王阿湿婆跋提·翅迦耶

① 列宁：《哲学笔记》，45 页，北京，人民出版社，1956。

② 气息在奥义书中有"活动的空气"的意思。

③ 鲁本：《印度哲学史》德文版，84 页，柏林，1954。

(Aśvapati Kekaya)，等等。

在上述思想家中最有影响的是唯物主义者邬达罗迦和唯心主义者耶若婆佉，现将他们的哲学和社会思想，以及他们之间的斗争概述如下：

邬达罗迦是世界上最早出现的唯物主义哲学家，据鲁本的推算，他的生卒和活动年代大概在公元前七世纪中叶(公元前610—640)①，这个年代要比希腊最早的哲学家泰勒斯(约公元前627—547)还早六十多年。关于他的生平和活动，我们现在知道的还不清楚，《百道梵书》说他是阿罗纳(Aruṇa)的儿子，拘卢般阇罗国(Kuru-Pañcala)的婆罗门，做过祭司和教师。他曾带着他的儿子室吠多揭堵(Śvetaketu)去当时学术中心、犍陀罗的首都坦义始罗旅行和学习。他的儿子也是一个反对婆罗门教意识形态的人。

奥义书哲学唯心主义路线的代表者是耶若婆佉。他是邬达罗迦的学生，也是邬达罗迦的唯心主义对手。他很富有，投身在韦提诃国王阇那迦门下，备受优礼。他是当时公认的祭司和祭祀理论家之一。

邬达罗迦提出了一种物活论的一元论学说。他把世界的最高本体和终极原因归结为一种“细微的东西”(“不可见的东西”)——“实在”(sat)。邬达罗迦首先反驳了从无生有的理论：“有人说太初这个世界是‘非实在’，从‘非实在’产生了‘实在’，但是怎样能够这样说呢？‘实在’怎样能够从‘非实在’产生呢？毋宁说太初只有‘实在’”(《歌者奥义》Ⅵ.2.1—2)。他认为“太初”这个世界只是唯一的“实在”，由于“实在”的“繁殖增多的愿望”(bahubhavitumiccha)，自己产生了火(热)，由火产生了水，由水产生了地。当“实在”连同它的“生命的灵魂”(“生命我”，jiva-ātman)进入水、火、土三原素，使三原素结合的时候，便产生了现象世界的名称和形态(名色，nāmarūpa)(《歌者奥义》Ⅵ.2.3—4；Ⅵ.3.2)。例如太阳、月亮和雷电等都是由三原素结合而成的。太阳里面的红色是火，白色是水，黑色是土(《歌者奥义》Ⅶ.4.2—4)。邬达罗迦虽然承认世界上的一切物质都是由水、火、土三原素构成的，但又认为“实在”及水、火、土都有着灵魂，这是一种具有唯物主义性质的物活论的说明。

邬达罗迦认为“实在”是一种真实的，而且是可以被认识的东西。他把“实在”比作制造出陶器来的黏土，做出铜珠来的铜，造成修指脚刀的铁等等(《歌

① 邬达罗迦和阇那伽是同时代人，他们活动的年代大概在婆罗多战争以后，阇那伽的名字可能叫邬格罗孙那(ugrasena)。详见《印度人民的历史和文化》第1卷，326—327页，伦敦，1952。

者》Ⅵ.1.4—6)，邬达逻迦使用的这些例子都是我们日常生活所见的东西，可见他的哲学概括是与生产实践有关的。

可是耶若婆佉则与之对立，宣传“梵我同一”的唯心主义理论。耶若婆佉认为，梵我是世界上一切自然和社会现象的“主导者”和“最后原因”。他说：“像蜘蛛出丝，火中爆花一样，从这自我里产生出一切生命，一切世界，一切神天，一切东西，此中奥义乃是真中之真(satyasya satyam)”(《森林》Ⅱ.1.20)。他还把自我比作敲打大鼓发出声响的大鼓或鼓手，现象界是大鼓外散的声响，只有抓住了大鼓或者鼓手，才能控制声响。(《森林》Ⅳ.5.8—10)

耶若婆佉为了使自我或精神摆脱客观实在性，提出了一种叫作“我的四位说”的神秘主义学说，按照这个学说，人的精神状态即自我从外到内可以分为四种，即醒位、梦位、熟眠位和死位(大觉位)。在醒位时，人的主观的东西与客观的东西纯然对立着，自我受着外界事物的束缚，是不自由的；在梦位时，人的精神虽然作了主宰，但仍未摆脱在觉醒时所受的外界经验的印象，因而这个精神状态还是不自由的和不纯粹的；到熟眠位和死位时，精神才能彻底摆脱外界事物的束缚，超越主客观的对立，成为纯粹绝对的状态，与梵合一，从而达到“最高的归趋，最上的安乐，最上的欢喜”(《森林》Ⅳ.3.32；《歌者》Ⅳ.3.7以下)。耶若婆佉提出这个彼岸的学说是要欺骗和引诱被压迫人民无视现实的生活，脱离社会斗争，忍受婆罗门、刹帝利的剥削和压迫，使精神和希望从现实内容中抽离出来，在虚无飘渺的梦幻世界中或彼岸世界中求得慰藉和解脱，这是最彻底的唯心主义，也是最反动的社会主张。这和希腊唯心主义哲学家柏拉图所主张摒除感性欲求的迷妄，使自己的灵魂纯化到和世界、肉身相分离，直观永恒的理念如同一辙。

邬达罗迦论证了人的精神是由物质产生的。他说：“吃了的食物变成三个部分：它的最粗的部分变成了粪，不粗不细的部分变成了肉，最细的部分变成了精神；同样，喝了的水变成三个部分：它的最粗部分变成了尿，中间的部分变成了血，最细的部分变成了气息”(《歌者》Ⅵ.5.1—2)。邬达罗迦为了证实他的这种理论具有可靠性，还教他的儿子尸吠多揭堵亲食做试验，尸吠多揭堵在绝食后失去了记忆，但是在恢复了食物后，又获得了精神和思维的能力(《歌者》Ⅵ.5.2—7)。邬达罗迦这种论证虽然还不像今天辩证唯物主义所指出的那样，思维是由高度组织的物质的属性，但在当时科学发展水平的限制下，已是最好的推测了。

耶若婆佉则从相反的方面论证灵魂是物质的主宰。他说：“你不能看到观看的观者，你不能听到听聆的听者，你不能认识到认识的认识者，你不能理解到理解的理解者，它是你自己的灵魂，而这个灵魂在所有事物当中”(《森林》Ⅲ.4.2)。耶若婆佉就这样论证了思维是自己的对象，认识的主体也就是认识的客体。这种说法明显地是一种唯心主义的理论。

邬达罗迦在死亡的问题上也和耶若婆佉表示了对立的观点。例如他曾观察一个垂死的人和他亲属的谈话，这个人开始还能听着和想着他的亲属的谈话，渐渐回答中断了，呼吸停止了，最后身体也冷却了，于是邬达罗迦作出这样的结论：言语归于思维，思维归于气息，气息归于温度(火)，温度最后归于“实在”。这个“实在”无疑地是从可见的事物中概括出来的，是物质的抽象。而耶若婆佉则渲染一个人死后，肉体溶入水中，精神进入月中，眼睛进入太阳，气息归入风中，言语归入火中，至于这个人的阿特曼(不死灵魂)则是根据业报规律作出最后的决定(《森林》Ⅲ.2.3)，这完全是一种宗教唯心主义的说教。

邬达罗迦反对吠陀的神圣权威，长期流行在民间的《邬达罗迦本生故事》反映邬达罗迦的思想说：“如果一个人知道一千个吠陀而不能解脱痛苦，他仍然不知道正确的道路。我的思想是：吠陀是无用的，自制的道路才是真理。”①他号召人民从祭司的精神统治中解放出来，积极投入生活，“人类依照自然而生活将会获得满足，但是如果依照祭司的迷信而生活，将会无望和绝助”②。

与邬达罗迦相反，耶若婆佉鼓吹业报轮回的宿命论思想。他宣称轮回业报是和人的行为、欲望互为因果的，“行善者成善，行恶者成恶”“人有何欲望，就有何决心，有何决心，就造何业”(《森林》，Ⅲ.2.13；Ⅳ.4.5)。要获得解脱的道路有二：一是学习吠陀，举行宗教仪式，供献祭品，实行苦行；另一是证悟梵我，“知解梵智慧的人，由此直升天界而获解脱”(《森林》Ⅳ.4.8)。耶若婆佉要求人们在自身中寻求解脱的直观与内照，是想使人们在社会斗争中逃避现实，消极无为，这正如列宁所指出：“一切从事造神的人，甚至只是容许这种做法的人，都是以最坏的方式侮辱自己，他们所从事的不是实际活动，而恰巧是自我直观，自我欣赏，这种人只‘直观’自‘我’身上种种被造神所说神化了的最肮脏、最愚蠢、最富有奴才气的特点。”③

---

① 转引自戴尔·里帕(Dale Riepe)；《印度思想中的自然主义传统》第29页，美国西特尔，1961。

② 戴尔·里帕：《印度思想中的自然主义传统》，第31页。

③ 列宁：《给阿·马·高尔基》的信，见《列宁全集》，第35卷，第106—107页。

从上面的阐述中，我们可以看出印度哲学在其最初的发展阶段上，唯心主义和唯物主义就展开着斗争。奥义书的哲学唯物主义虽则是原始的、素朴的，但实质上是正确的世界观，它与印度人民大众的社会斗争、生产实践有着密切的联系。奥义书哲学的多种多样形式，在以后发展的各种哲学派别中都能寻出痕迹。它的以元素说为中心的唯物主义思想对于印度古代唯物主义的发展有过某些影响；它的哲学唯心主义路线，历来为印度"正统派哲学"所追随，在中世纪得到了进一步的发展，迄今还有着影响。印度的佛教是在批判和继承奥义书的思想中建立他们自己的理论体系的。随着佛教传入我国，奥义书的某些观点也在我国得到了传播。奥义书的唯心主义思想在古代通过新柏拉图派创始人普罗提诺(204—270)、奥古斯丁(354—430)传入西方后，影响了当时的基督教。在近代对于资产阶级的某些哲学流派(如谢林、叔本华、雅斯贝尔斯等人的哲学)也有过一定的影响。例如叔本华在证明其"世界是意志和表象"的基本原则时就求助于奥义书的。他说："在整个世界上没有再比阅读奥义书那样有益和激励，它是我生前的安慰，也将是我死后的慰藉"。雅斯贝尔斯在论证他的哲学本体'无所不包者'时曾借鉴于奥义书梵我理论，他写道："对我成为对象的万物，我觉得是从"无所不包者"而来的，而我作为主体也是从那个"无所不包者"而来的……因此，"无所不包者"是仅仅——在客观现实与视野中——宣示自己的那个东西，但它从来不能成为对象和视野"①。西方资产阶级宣传印度奥义书的唯心主义当然是为了适应他们政治和意识形态斗争的需要。

① M. K. 马勒毫托拉：《雅斯贝尔斯哲学与印度哲学》，原引自雅斯贝尔斯著：《论真理》，第 30 页，美国，1962 年版。

# 沙俄侵略蒙藏与喇嘛教

喇嘛教是我国佛教的一个派别。公元 7 世纪佛教分别由印度和汉地传入西藏，由于西藏统治阶级的提倡和扶持，佛教在和西藏原始的宗教信仰——本教①经过长期的斗争和融合过程形成了喇嘛教。公元 11—13 世纪，西藏地区出现了很多僧俗结合的封建地方割据势力，因而在喇嘛教中也出现了不少教派。13 世纪花教(萨迦派)领袖八思巴被元朝册封为“帝师”后，喇嘛教的上层僧侣和封建主、贵族，在西藏地区建立了联合专政，逐步形成了“政教合一”的制度。14 世纪末宗喀巴(1357—1419)适应封建统治的需要，对喇嘛教进行了改革，创立了黄教(格鲁派)，这派在 15—16 世纪中从西藏传播到了西康(今四川西部)、青海、甘肃、蒙古和内地，成为新中国成立前西藏地方的执政教派和其他地区的宗教教派。

## 一、沙俄利用喇嘛教对蒙古的渗透和分裂

沙皇俄国原是一个欧洲国家，16 世纪下半叶莫斯科大公伊凡四世加冕为沙皇后，开始向东侵略，它最先征服了位于伏尔加河中下游的喀山和阿斯拉特罕两个王国，以后又越过乌拉尔山脉侵占了西伯利亚鄂毕、叶尼塞、勒拿三大河流域的地区，并把它的侵略魔掌伸向我国东北和西北边境地区。17 世纪中叶俄国征服了贝加尔湖以东蒙古喀尔喀部土谢图汗的原辖地、布里亚特蒙古人聚居的地区，建立了伊尔库茨克城堡。布里亚特蒙古人聚居的地区原是萨满

① 8 世纪前藏族社会中占统治地位的宗教，信多神，尚巫术。

教和喇嘛教流行的地区，经常有大量的西藏、蒙古喇嘛到那里去传教。据当地蒙古民族的记载，在1712年有150名西藏喇嘛曾去过那里①。1727年中俄签订《恰克图条约》，确定两国边界后，俄国政府便采取措施断绝布里亚特人与外蒙古的宗教中心——瓦尔嘎(库伦)各大寺庙、各教派和"圣地"的联系，同时，派出东正教传教士在布里亚特人中进行诱骗改信东正教的工作。在他们看来，布里亚特人改信东正教后就可成为"完全的俄国人"，并可以从游牧生活转变为定居生活。伊尔库茨克的大主教维尼阿明·巴格梁斯基说："接受东正教，在布里亚特人看来就意味着不仅在信仰方面，而且在语言和生活的各方面要做一个俄国人。"②东正教士通过向当地居民赠送日常用品，减免赋税，免除某种义务，诱以官职等等手段要求他们加入东正教。但沙俄这种"锁边政策"和"俄罗斯化计划"并没有达到他们预定的目的。于是继任沙皇叶卡捷琳娜二世(1762—1796年在位)便转而采取扶持、利用和控制喇嘛教的政策，1741年俄国政府在色楞格斯克东南与蒙古边境交界处修建了桑格里寺；1764年委任该寺主持喇嘛(锡勒图)丹巴·德尔吉·扎亚也夫为整个布里亚特喇嘛的首脑，并赐以班第达·堪布喇嘛称号③；1853年又拨给该寺1400俄亩土地(折合3,780英亩)④。在这个寺庙后来长期居住的喇嘛有四五千人，吸引了蒙古很多喇嘛来这里学习和修持。此后不久，俄国政府在1758年又赐地1500俄亩(4,050英亩)，在色楞格斯克西北建立了古西诺奥泽尔寺(鹅湖寺)，委任班第达·堪布喇嘛主持庙务，规定该庙定员300人，但后来实际数目最高到达2万人。从1809年起，这个寺成为俄国境内第一大庙，贝加尔湖以东喇嘛的官方中心，寺的主持喇嘛

---

① 阿·尼·科切托夫：《喇嘛教》俄文版，第44页，莫斯科，1973年。

② 姆·纳·吉特阔夫：《论西伯利亚民族的俄罗斯化》，见斯·斯·德米格里雅夫：《苏联历史文献》俄文版，第3卷，第442页，莫斯科。

③ 阿·尼·科切托夫：《喇嘛教》，第45页。参见《布里亚特蒙古苏维埃社会主义自治共和国通史》，第157页，乌兰乌德版，1950年。班第达、堪布都是喇嘛教的宗教(学塾)职务。班第达是精通佛教经典的最高学位者，堪布是监督学塾的学位。这些学位后来变成了封号一类的东西，某个班第达或堪布死了以后，如果寺庙或王公要求转世，经过上级批准，就可找人转世，这样，拥有班第达、堪布学位的人就多了。

④ 考拉尔茨：《苏联宗教》英文版，第451页。美国麦克兰伦1962年。参见阿·尼·科切托夫：《喇嘛教》，第48页。科切托夫认为俄国政府在1863年拨给桑格里寺1200俄亩土地。两者在年代和土地数目上都有出入。

也成了俄国喇嘛的首脑①，1811 年在赤塔附近又赐地 1,400 俄亩兴建喇嘛教最高的教育中心“阿格金寺”②。随着布里亚特地区寺庙的增加，喇嘛的数目也从 1741 年的 150 名（11 个庙）增加到 1845 年的 4,546 名③，1893 年又增加到 15,000人，占整个布里亚特居民的十分之一④。1853 年俄国政府在外贝加尔湖地区设立了宗教事务管理处，颁布了《关于东西伯利亚喇嘛教僧侣的条例》，对喇嘛的教阶、权利和义务（例如堪布喇嘛分地 500 俄亩，锡勒图分地 200 俄亩）、寺庙的数目（315 座）、定员等等都作了规定。由布里亚特族族长和僧院代表会议上选出熟谙俄文的上层喇嘛一人为班第达·堪布喇嘛，经皇帝裁可委以管理所有寺庙和僧众的事务。班第达·堪布喇嘛对沙皇政府负责，他有权向政府推荐所辖各寺主持的人选，但要经由政府批准，分别加委⑤。这样，上层僧侣无异成了沙皇官僚统治系统中的一个组成部分。

俄国政府之所以耗费巨资修建和扩建规模巨大的喇嘛庙，赋予喇嘛各种特权，建立新的宗教中心，这一方面是要通过喇嘛教的管理加强对新征服的蒙古游牧部落的控制，强迫他们定居下来，变成俄罗斯臣民，形成新的行政管理中心，因为蒙古的游牧部落常常是以寺庙为其聚散的中心，寺庙既是举行宗教仪式和聚会的地方，也是进行商业、教育和医疗活动的场所；另一方面是要通过建立新的宗教中心，笼络和控制上层喇嘛，并利用喇嘛们在民间的活动，为俄国政府收集各种税收，拉拢、胁迫蒙古的游牧部族归并入俄国。例如 1768 年色楞格斯克军事当局曾指定罗·德·兰莎·桑日也夫为色楞格斯克地区达喇嘛，要求“在他指挥下的自己人（喇嘛——原注），以巨大的热情，毫不疏忽地把皇室大宗皮毛税收集到国库中去”⑥。也就是说，在蒙古的游牧部落中进行殖民主义活动。

老沙皇侵略、分裂蒙古的一个重要手段是收买、控制蒙古的上层喇嘛、王

---

① 阿·尼·科切托夫：《喇嘛教》，第 45 页。

② 考拉尔茨：《苏联宗教》，第 541 页。

③ 伊·奥·谢格洛夫著、吉村柳日译：《西伯利亚编年史》，第 306 页，日本公论社，1944。

④ 阿·尼·科切托夫：《喇嘛教》，第 46 页。

⑤ 帕·拉贝：《在西伯利亚的喇嘛中》法文版，巴黎 1909 年，第 106—109 页。参见伊·奥·谢格洛夫：《西伯利亚编年史》第 679 页。

⑥ 阿·尼·科切托夫：《喇嘛教》，第 46 页。

公，挑拨民族关系，扶植分裂势力。蒙古喇嘛教的首领，库伦的哲布尊丹巴呼图克图①是他们一直追逐的主要目标。早在彼得一世统治时期，沙俄就着手进行控制外蒙古的政治和宗教中心库伦的侵略活动。彼得一世自己曾两次要沙俄托波尔斯克教区大主教设法劝诱库伦哲布尊丹巴呼图克图改信俄国东正教。1719年俄国派遣我国的第一届传教士团在去北京路过库伦时，根据彼得的指示曾对外蒙古第一世哲布尊丹巴呼图克图罗布藏旺扎布勒三进行过拉拢的工作，但没有成功。以后俄国传教士又对第三世哲布尊丹巴伊什丹巴尼玛进行过同样的活动，也遭到失败。② 俄国东正教会妄想："一旦抓住了呼图克图，他的信徒就会毫无困难地尊奉(东正教)的信仰。"③ 1763年(乾隆二十八年)年仅五岁的外蒙古第三世哲布尊丹巴呼图克图伊什丹巴尼玛坐床后，沙俄曾用非法贸易、金钱利诱等等手段控制了哲布尊丹巴左右的堪布喇嘛扎木巴勒多尔济、尚卓特巴逊都布多尔济、沙克都尔等人，妄图对第三世呼图克图施加影响。这时正值清政府平定准噶尔叛乱，粉碎沙俄侵略不久，叶卡捷琳娜二世进一步策划侵占蒙古之际。清乾隆帝知道这一情况后于1765年发出特别指令，把扎木巴勒多尔济等人调离库伦，到京候命④，以此斩断沙俄侵略的魔掌。1873年(同治十二年)第八世哲布尊丹巴从西藏被迎至库伦时，年仅四岁，沙俄驻库伦的领事为了从小就给他灌输亲俄的思想，曾送给大批欧洲新制的各种玩具。1908年沙俄新任驻华公使科罗斯托维茨(廓索维慈)赴任途中特地到库伦向他赠送价值两万元的金银珠宝和钟表、望远镜等等。1911年沙俄导演外蒙古"自治"时，哲布尊丹巴又收受沙俄政府的馈赠，沙俄在这个活佛身上所下的赌注，后来发生了效果。沙皇政府除了控制库伦的大活佛外，也笼络、收买其他上层喇嘛、贵族王公。例如1912年沙俄政府和外蒙古签订出卖外蒙古权益的《库伦条约》谈判中，俄国全权代表科罗斯托维茨曾用五万卢布收买了外蒙古的代表杭达多尔济亲王，并用贵重的钟表、金烟盒、花瓶贿赂了参与谈判的上层喇

---

① 蒙古最大的活佛，掌握政教两权，采取转世制度。呼图克图是喇嘛教的封号，意指"德行最高者"。呼图克图在宗教上是教主，行政上是首领。

② 唐盛镐：《1911—1931年，俄国和苏联在满洲和外蒙的政策》，第283页，1959年美国杜克大学英文版。

③ M. N. 巴甫洛夫斯基：《中俄关系》英文版，第16页，1949年纽约。

④ 《高宗实录》第742卷，第14页。乾隆三十年八月丁巳。参见妙舟编《蒙藏佛教史》，下卷，1935年北京版，第43页。

嘛、贵族王公等等，这个沙俄分子后来在他所写的回忆录中谈到这件事时还沾沾自喜地说："未尝发生一点贿赂痕迹。"①

沙俄在蒙古地区的扩张，在20世纪初进入了一个新的阶段。1907年日本和俄国签订《日俄密约》，日本承认"俄国在外蒙之特殊利益"后，沙俄政府派出了大批乔装布里亚特、卡尔梅克喇嘛的间谍在内外蒙古地区偷窃情报、测绘地形、拉拢收买封建王公贵族、物色代理人等等，活动十分猖獗。当时我国的报刊曾发出警告说："俄人图蒙之心进行日亟。赴内外蒙旗托言游历，阴作侦探。近如呼伦贝尔一带，又有俄人数十名，由内蒙古达尔汗王旗取道江省(黑龙江)，西往外蒙车臣汗各境。其徒皆效僧侣装束，到各处参拜佛像。……该俄人每到一庙，必逗留数日，且多娴熟蒙语，与蒙古喇嘛甚昵。此辈驻庙喇嘛，半多蒙旗贵族，有势力而又为蒙民信仰者，俄人交结之，以为愚弄，势殊可虑。"②

1911年，中国爆发辛亥革命，俄国政府认为这是一个难得"可以利用"的机会，于是，在外蒙古一部分上层喇嘛、贵族、封建王公中策划了外蒙古"自治"。1911年8月沙俄政府勾引大活佛哲布尊丹巴派土谢图汗军队指挥官杭达多尔济亲王潜往彼得堡去进行密谋，哲布尊丹巴曾向沙皇建议"签订承认外蒙古独立的条约"以及俄蒙邮政、铁路等经济协定。以后，沙皇政府积极地向蒙古投俄当局提供军械弹药，大量经费，并令集结在中俄边境上的俄军侵驻库伦。俄国外交大臣沙查诺夫道出了沙俄包藏的祸心："蒙古人对于实行自治一事，现在尚无此项能力，不过是替我们煮了一碗好汤，叫我们慢慢咽下而已。换言之，我们对于蒙古势必从此担任保护之责，或者甚至于非将外蒙加以合并不可。"③列宁在分析当时俄国对外行动时曾一针见血地指出："俄国政府的整个对外政策，要特别提到渴望侵占(并且已经开始侵占)……蒙古的'野心'。"④1911年12月1日外蒙古一小撮上层分子在沙俄的支持下，乘着中国各地爆发推翻清朝统治的人民革命运动，悍然宣布"独立"，成立了以哲布尊丹巴呼图克图为大汗的政教合一的"大蒙古国"。在这个封建专制主义国家中，蒙古喇嘛教

---

① 科罗斯托维茨：《库伦条约之始末》，王光祈译。1973年影印版，第86页。

② 见《东方杂志》第7卷，第12号，第377—378页。

③ 科罗斯托维茨：《库伦条约之始末》，王光祈译，第19页。

④ 列宁：《关于工人代表的某些发言问题》(1912年11月)，《列宁全集》第18卷，第411页。

的第一号头子成了独裁皇帝，第二号头子(二达喇嘛)车林齐密特成了总理，很多上层喇嘛也成了各级政府的行政首脑。他们拥有免交赋税等等特权，据有些材料证实，在蒙古“自治”时期，蒙古总人口的三分之一变成了上层喇嘛和寺庙的阿尔巴特(牧奴)。1912 年沙皇政府为了使他们在外蒙古取得的权益合法化，又强迫外蒙古当局签订了《俄蒙协约》《俄蒙商务专条》等，通过这些条约掌握了外蒙古所有政治、军事、经济等大权，把外蒙古变成了沙皇的殖民地。列宁曾尖锐地指出：“俄国同‘独立的’蒙古订立‘条约’(掠夺蒙古)。”①还指出俄国在蒙古的政策是“冒险和掠夺政策”②，是“破坏我国同伟大的兄弟之邦中华民国的友好关系的行为”③。

## 二、沙俄利用喇嘛教对西藏的争夺和颠覆

沙俄图谋侵占我国西藏远在彼得一世在位时就已开始，1721 年 1 月 30 日(俄历同年 1 月 19 日)彼得曾经向俄国枢密院下令说：“与中国的……达赖喇嘛住地亦应有商务往来。但此等商务往来的目的并不在于牟利，而在于……探访何地出产黄金？产量如何？欲往其地何路可通？即便路甚艰险，亦须查明能否到达其地并加以占领”④。彼得这个野心虽然没有得逞，但他所定下的侵略方针，一道为后继的沙皇们所遵循。

在 18 世纪至 19 世纪上半叶，沙俄一直觊觎着西藏。他们利用布里亚特、卡尔梅克喇嘛教徒去西藏进香、求学、修行等机会，⑤ 或者通过“科学考察”、经商及俄国在华东正教传教士团的活动等，大肆搜集西藏和西藏附近地区的情报，笼络和收买西藏上层人士，为他们以后大规模的侵略做了充分的准备。

1840 年鸦片战争迫使我国沦为半殖民地后，沙俄乘机强迫我国签订了《瑷

---

① 列宁：《关于帝国主义的笔记》,《列宁全集》第 39 卷，第 777 页。

② 列宁：《论国民教育部的政策问题》,《列宁全集》第 19 卷，第 128 页。

③ 列宁：《关于杜马中的工人代表和他们的宣言问题》,《列宁全集》第 18 卷，第 416 页。

④ 《1649 年以来俄罗斯帝国法令全集》，俄罗斯帝国秘书厅刊本，第 6 卷，1830 年，第 313 页。转引自张广达：《沙俄侵藏考略》,《中央民族学院学报》1978 年第 1 期，第 21 页。

⑤ 俄国布里亚特、卡尔梅克喇嘛教寺庙在其他院组织系统上对我国西藏的拉萨三大寺和日喀则的扎什伦布寺都保持直接的关系，俄国上层喇嘛到上述黄教四大寺进修、学习，取得学位，为其完成学业最高阶段的标志。

珲条约》《北京条约》等不平等条约，夺走了我国边疆地区大量土地，从而在短时期内接近了我国西藏地区，与此同时，英帝国主义占领了不丹、尼泊尔、印度等地，与沙俄在西南亚、中亚展开了斗争。在这场角逐中，西藏成了他们争夺的目标。因此，沙俄加紧了对西藏侵略的步骤，在19世纪下半叶和20世纪初，进行了一系列的、具体的侵略活动。例如俄国政府在1870—1888年中五次组织了以总参谋部军官尼·米·普尔热瓦斯基为首的“考察队”去西藏和西藏邻近的地区搜集情报，勘探地形，探察入藏道路，拉拢和结交蒙藏上层分子。1899年普尔热瓦斯基曾奉沙皇亚历山大二世的直接命令去西藏首府进行“考察”，为此俄国国库拨款两万九千卢布，这次“考察”的目的，普尔热瓦斯基在给俄国总参谋部的报告中直言不讳地说：“达赖喇嘛的宗教统治，遍及于整个中亚、东亚和南亚……在达赖喇嘛的宝座旁，不同出身、不同语言、不同习俗、不同生活方式的人聚集在一堂。对于他们来说共同点只有一个，即宗教……拥有两亿五千万信徒的宗教权力，一经掌握在有经验和有天才的人手里，毕竟是一种可怕的力量，安抚它，笼络它，如有可能的话，就和他交朋友——我觉得，正是从这里俄国能够获得相当大的利益。”①普尔热瓦斯基一行人在越过唐古拉山口以北时，残暴地屠杀了我藏胞崖热娃部牧民四人，打伤多人②。在潜入离拉萨约220公里的那曲地区时，因遭到爱国的藏族人民、僧侣的强烈反抗才不得不折回青海。可是苏联的某个学者后来仍吹捧这个侵略分子为“西藏的哥伦布”，表示要“向那亲爱的亡灵(指普尔热瓦斯基——引译者)致敬，这亡灵便会乐意地把他蓄积的全部并不复杂的精神武器转赠给你”③。又如1892年，沙皇亚历山大三世曾批准从国库中拨出三万卢布组织以伏·伊·罗伯洛夫斯基等为首的两个“考察队”去青藏高原进行测量，1895年3月，这批侵略者闯入黄河河源一带时，遭到当地藏族人民的反抗，入侵者竟开枪打死我藏族同胞多人。当这些侵略者返回俄国时，沙皇尼古拉二世还特地接见并颁发奖章。再如1900年冬，俄国总参谋部派出以军官彼·库·科兹洛夫(廓泽罗伏)为首的“考察队”去西藏附近地区活动，这批入侵强盗在距昌都八站的琐图地区，

---

① 1878年8月24日尼·米·普尔热瓦斯基呈报总参谋部及地理学会《关于预定去西藏考察的报告》，转引自尼·费·杜勃洛文：《普尔热瓦斯基传》附录14，第579—580页，1890年彼得堡俄文版。

② 吴丰培辑：《清季筹藏奏牍》，第1辑，文硕奏稿附录。

③ Б. 依沃尔金：《为了祖国的荣誉》，载苏联《星火》杂志，1974年第15期。

"竟枪毙百姓男女二十一命，受伤十九名，烧毁民房，抢去马匹"①。此外，沙俄还利用与我国宗教有联系的一些布里亚特、卡尔梅克喇嘛，收集西藏和我国内地的情报，在藏族上层中间进行拉拢和分裂活动。据日本和尚河口慧海记述，1889 年在西藏甘丹寺、色拉寺、大昭寺和扎什伦布寺学习和进香的布里亚特、卡尔梅克人就有 150—200 人②，这些人的活动曾引起清政府的注意。1889 年驻藏帮办大臣升泰在给清帝的奏折中说："蒙古人由草地来礼佛者，络绎不绝，随来人类，颇杂俄人"③，但是清廷没有采取有效的防止措施。

俄国为了侵略蒙藏需要，一直鼓励俄国资产阶级学术界对西藏、蒙古佛学和民俗学的研究。远在 18 世纪初，这种研究就开始了。沙皇彼得一世曾亲自发布关于收集和保存藏文、梵文、中亚各种文字等等佛经抄本的命令。以后沙皇政府又通过公开的外交途径或者秘密派遣"考察队"、佛教学者、喇嘛等等去我国各地搜集、盗窃有关佛教经典、文物。例如，18 世纪 70 年代，帝俄科学院派出帕拉斯等人到色楞格斯河流域布里亚特蒙古人中间大力结交住在当地的西藏喇嘛，搜集有关蒙藏地理、政治、宗教情报及蒙藏语的抄本、刻本图书。后来帕拉斯又到伏尔加河卡尔梅克人中活动，搜集蒙藏历史和宗教文献。又如 1905 年沙俄派遣到新疆吐鲁番地区作"地质调查"的奥保尔捷夫得知敦煌古文书出土后，马上穿过戈壁沙漠赶到敦煌千佛洞，最先从管理千佛洞的王道士手中骗取了两大包用藏文、汉文、梵文、中亚文写的佛教文献。1914 年俄国"探险家"奥尔登贝格继英国斯坦因、法国伯希和之后又去敦煌盗走了一部分汉文佛教文献，其中已知有隋大业四年(公元 608 年)书写的《大般涅槃经》，唐宝历二年(公元 826 年)手写的《大乘起信论》等等④。目前苏联保存的敦煌文书据苏联科学院已经公布的数目为 1243 号⑤。但据日本学者多方面的调查和统计，约为一万号，占敦煌文书总数的四分之一⑥。再如 1910 年俄国科学院曾派出

---

① 《清季筹藏奏牍》，第 1 辑，安成奏牍。

② 河口慧海：《西藏旅行记》卷下，第 169 页，1905 年东京日文版。

③ 《清季筹藏奏牍》，第 2 辑，升泰奏牍，卷 2。

④ 梅原末治《西域探险家的侧面》，载《世界美术全集月报》第 14 期，日本平凡社。

⑤ 门希科夫：《远东民族研究所藏敦煌汉文写本文献目录》第 1 卷(1963)，第 2 卷(1967)，莫斯科俄文版。

⑥ 长泽和俊：《敦煌》，第 47 页及第 204 页补注，1974 年东京日文版。

院士、佛学权威谢尔巴茨基去拉萨等地收集和“复写佛教经书”，偷窃了不少喇嘛教的文物，这个院士还受到达赖十三世亲自的接待①。长期潜伏在达赖十三世身边的俄国大间谍德尔智也曾从达赖手中盗去印度著名的僧侣、佛教哲学家莲花戒手写的《修定论》等稀世珍本。《修定论》目前已译成多种欧洲文字②。因此，俄国在长时期内积累了大量贵重的西藏历史、佛教和其他方面的文献，这些文献现在集中保存在苏联科学院所属列宁格勒的亚洲博物馆和苏联科学院布里亚特分院的社会科学研究所。在老沙皇统治时期，俄国出现过很多研究佛学的资产阶级学者。他们写过西藏佛教史、因明(逻辑)史，编过佛教丛书和佛教大辞典，在西欧资产阶级学术界颇有些名声。这类重要著述和翻译自 1870—1917 年共有 85 种之多③。

19 世纪下半叶，俄帝和英帝在中亚地区开始了争夺殖民地的竞争，西藏靠近中亚，一直是他们争夺的一个目标。俄国陆军大臣库罗巴特金(1848—1938)在他的日记中供认：“我们皇上的脑袋中有宏大的计划：为俄国夺取满洲，把朝鲜并入俄国。还想把西藏并入本国”④。亚历山大三世和尼古拉二世为了打开西藏的门户，采取过种种阴谋诡计，其中之一就是利用喇嘛教。为此，俄国的资产阶级舆论界一直鼓吹佛教是和“俄罗斯精神”相一致的，俄国要利用喇嘛教去笼络、征服西藏及其附近地区。俄国侵华的急先锋、华俄道胜银行的经理和中东铁路的董事长、俄国报纸的发行人爱·爱·乌赫多姆斯基在 1892 年及 1904 年中分别抛出了《到拉萨之路》和《漫谈喇嘛教地区》，他在后一书中写道：“在最完整地表现为佛教的亚洲教义和俄罗斯的民族精神之间建立起一个共同体难道是不可能的吗？为什么亚洲本能地感觉到那种被称为东方的那一部分精神世界是在俄国呢？深厚的宗教感情同亚洲与俄国的神秘的向往相遇的原因就是对沙皇虔诚的尊敬。”⑤这个帝国主义分子还赤裸裸地说，俄国政

① C. 柏尔：《西藏的过去和现在》，第 115 页。

② E. E. 奥伯米勒：《西藏的梵文抄本：莲花戒的“修定论”》，载印度《西藏期刊》第 2 卷第 1 期(1977 年春季)，第 29 页。

③ 基达连科：《东方哲学书目》佛教部分，莫斯科大学哲学系打印本。这个统计极不完整。

④ 《库罗巴特金日记》(1903. 2. 16)，载苏联《红色档案》杂志 1922 年第 2 卷，第 31 页。

⑤ 爱·爱·乌赫多姆斯基：《关于中国的事件》，转引自海因茨·哥尔维策尔：《黄祸：一个口号的历史：帝国主义思想研究》，第 100 页以下。

府只要控制了达赖、班禅，就能“在精神上征服和笼络住这个喇嘛世界”①。

1895年，西藏十三世达赖喇嘛实行“亲政”，掌握了政教大权。他鉴于英帝的步步逼紧，人民的不断反抗，清廷的腐朽无能，妄想依靠其他大国，保持其专制统治，于是，沙俄便乘虚而入，派出大特务德尔智（АгванДержев，藏名罗桑古巴，中国史籍译为阿王，1849—1938）去藏进行种种阴谋活动。德尔智出生于贝加尔湖以西乌丁斯克省朱林斯卡耶的一个布里亚特蒙古人的家庭，幼时在家乡的喇嘛庙以后又在蒙古学塾受过喇嘛教的训练，大概在1875年左右随布里亚特进香队伍至西藏哲蚌寺学习藏语和喇嘛教的经典，获得该寺的拉让巴格西学位（一级格西）。② 以后，他受俄国外交部和总参谋部的指示经常往返于俄国和西藏之间，1898年从俄国回西藏时，带了很多珍贵的“礼物”和“重金”，利用收买、送礼、布施等手段，逐渐结纳了西藏的一些上层喇嘛和贵族，特别是取得了达赖首席噶伦③夏扎·边觉夺吉等人的信任，终于当上了达赖的侍讲（参宁堪布④），以后又正式当上了达赖的外交秘书，成为“左右达赖喇嘛势力远在中国驻藏大臣之上”的人物。据说1899年达赖发动政变，排除原摄政第穆呼图克图一派势力，亲自执政，也是由于德尔智买通驻藏大臣未将情况上报清廷的结果⑤。德尔智在亲近西藏封建上层统治集团的过程中，一直散布什么清廷不可恃，英人不足畏，只有依靠强大的俄国，才能维护西藏的存在和挽救黄教的命运。他为了制造亲俄舆论，援引黄教经典中的传说故事，写了一本小册子，这个小册子的内容大意是：在距今1300—1200年以前，气候温和、物产丰富、景色绮丽的克什米尔地方佛教很盛行，在克什米尔稍为北面有一个

---

① 爱·爱·乌赫多姆斯基：《漫谈喇嘛教地区》，第128页，1904年彼得堡俄文版。

② 格西，喇嘛教的学位名称。一个学经喇嘛，在学完必修的五部经典之后，经过辩论考试，可以获得格西学位。格西分四等，第一等称为拉让巴。

③ 原西藏地方政府（噶厦）设委员四人，藏名叫噶伦，照例三俗一僧。清政府规定噶伦是三品官。

④ 与达赖辩证经典者。

⑤ 张广达：《沙俄侵藏考略》，载《中央民族学院学报》第1期，第59页。原引自菲尔希纳：《亚洲风云》，第4页，1923年柏林德文版。

称为“香巴拉”（Shambala）[①]的国家，是菩萨或者罗汉所居的地方。这个优美的国家曾一度被伊斯兰教消灭，但根据佛教“正因正果”的道理，将来在这个国家佛教必然要复兴，而且要出现一个统一世界的“佛法大王”，这个“佛法大王”也就是黄教创建者宗喀巴的化身。德尔智胡诌的“香巴拉”按地理方向无疑就是指的俄国，“佛法大王”也就是沙皇尼古拉二世[②]。德尔智这种“香巴拉”“白沙皇是活佛转世”的说教，其实，也不是他的独创。远在叶卡捷琳娜二世执政时期，加尔梅克的僧侣就宣扬叶卡捷琳娜二世是“伟大的白度母的化身”，“白沙皇”就是“活佛”，以后还创造了历代沙皇都是叶卡捷琳娜转世的神话[③]。在与德尔智同时代的俄国喇嘛中也鼓吹这种舆论，如1912年加尔梅克喇嘛丹波·乌里杨诺夫在其所著的《释尊有关罗曼诺夫王朝的预言和1904—1905年我游历西藏的札记》中说：“香巴拉就是俄国，俄国沙皇也就是香巴拉的君主。”[④]俄国喇嘛宣传这种神话，无非是要为老沙皇的统治和侵略假托神意，制造种种理论的根据，借以欺骗和麻痹人民。德尔智在俄国十月革命胜利后回国。在我国抗日时期又鼓吹他的这套东西，他把投靠的新主子日本又比附为佛教的“香巴拉”[⑤]。德尔智的这些胡诌原来是不值一提的，但是在一些迷信的喇嘛教徒中确实起过作用。俄国的东正教在塞尔维亚的斯拉夫人中也创造过相似的关于“沙皇万能”的神话。

达赖在德尔智的长期影响和煽动下，逐渐投靠俄国，1900年(光绪二十六年)曾密遣德尔智和达赖的大仲尼(副官长)等经由尼泊尔、印度到俄国敖德萨。德尔智携有达赖给沙皇的亲笔信。达赖称沙皇为“保护佛法的皇帝”，希望与俄

---

① 按喇嘛教神话，香巴拉是释迦牟尼所说的密法经文保存的地方。它被描写成是一个神秘的小王国，周围有雪山环绕，中间陆地上有一大城，城内有王宫、果园、佛教徒修法的坛城等等，该城为苏堪德拉王所建。据很多学者研究，香巴拉最初可能是印度以外的一个真实地方，后来逐渐渲染成为佛教徒的一个神秘的理想的王国。

② 河口慧海：《西藏旅行记》，卷下，第172—174页。参见R.A.鲁本：《蒙古的民族主义》，载《皇家中亚学会会刊》，第14卷，第15页。

③ 阿·尼科切托夫：《喇嘛教》，第53页。

④ 同上书，第170页。

⑤ G.D.R·菲立普：《西伯利亚的黎明，贝加尔湖的蒙古人》，168页，伦敦，1942。

国建立良好的关系等等。尼古拉二世在雅尔塔的西瓦底亚行宫接见了德尔智等人①。翌年4月德尔智又以"西藏特使"的身份率领堪布卓尼罗卜藏衮觉坚赞，索本仁仲彭错等八名西藏官员再次经印度到俄国活动，沙皇于7月6日在大彼得霍夫宫接见了西藏使团。接见后沙皇赠给达赖一套俄国东正教大主教的法衣，这意味着授予达赖大主教的教阶。同日，皇后也接见了使团。7月8日俄国外交大臣兰斯多夫和财政大臣维特又分别和德尔智进行了长时间的会谈。据当时俄国报刊透露，德尔智这次赴俄的使命是要在"俄京彼得堡建立永久性的使团，以谋促进和俄国的亲善关系"等等②。1901年10月德尔智由俄国回西藏，于1902年1月到达拉萨，随后，沙俄政府就派出两支队伍：一支由俄国总参谋部军官阿·尼·奥尔洛夫率领，由两百峰骆驼驮运着枪支弹药，伪装成科学考察团，经库伦取道青海柴达木，翻过唐古拉山到达拉萨；另一支由受过间谍训练的布里亚特人赖策仁贝率领，扮作蒙古客商，由五十匹马和两百头牦牛运送枪械弹药沿青海的托索湖、鄂陵湖经黄河上源南下入藏到拉萨③。这些无疑是"西藏使团"去俄国，和俄国总参谋部"安排"的内容。

在德尔智这次去俄国时，据当时英国和中国报刊揭露，他们还代表西藏地方当局与俄国政府非法地签订了由俄国保护西藏的"俄藏条约"，该"条约"第三款称："至于俄国东正教和喇嘛教的信仰在藏传播应完全自由，但其他宗教义旨必须绝对禁止。为此目的，大喇嘛和北京东正教传教士团的临护官应亲密共

① 1900年10月15日(俄历10月2日)《圣彼得日报》载称："皇帝陛下于9月30日(俄历)星期六在西瓦底亚行宫接见西藏达赖喇嘛的首席参宁堪布阿旺·道尔济也夫(德尔智)"，见英国蓝皮书《关于西藏的文件》，帙1920，第113页，第31号文件附件。

② 俄皇接见德尔智使团的事，在1901年俄历6月25日(公历7月8日)俄国官方刊物《公报》上宣布过。1901年俄历6月12日(公历6月25日)的《敖德萨新闻》也报道过德尔智到俄的新闻。此事清驻俄参赞胡维德也向总理各国事务衙门报告"西藏遣专使到俄，用头等礼接待，今日谒俄主谨闻云"。因此，是完全可以确定的。参见《李文忠公全书》，电稿卷39；英国蓝皮书，《关于西藏的文件》帙1920，第113页。

③ 梅拉：《西藏与俄国的阴谋》，载《皇家中亚学会会刊》第45卷第1期，第34—35页。1903年旧历10月18日(光绪二十九年)驻藏大臣电告俄兵入藏，也可能指的是这些活动。参见《东方杂志》创刊号第239页。

进，互相协作，以此保证两教的自由传播，并为防止宗教纠纷而采取一切措施"①。这个条约签订后，西藏地方当局一些亲俄派认为有了政治靠山，达赖"对英态度由当初的胆怯如兔突然变为雄壮如狮"②。清廷在闻知这个条约后，曾电令驻俄公使胡维德对俄表示"决不承认"的声明③。胡维德还当面斥责德尔智的无耻行径，指出"藏事应请驻藏大臣转奏核办，外务应由朝廷主持"，这个穿着"洋装出见"的喇嘛，只好"唯唯无词"以答④。英国政府也向沙俄发出照会，表示不能漠视改变西藏现状的行动。在这种情况下，俄国外交大臣不得不假惺惺地宣称，德尔智的"使命纯然是宗教性质的"⑤。1903年4月，俄国外交大臣又一次向英国外交大臣兰斯多恩保证，俄国"既没有和俄国自身，也没有和中国或其他任何国家订立条约，俄国政府在西藏既没有代理人，也没有打算在那里派出代理人或使团"⑥。但据清廷驻藏大臣1903年10月报告俄国在藏地建筑炮台、派兵入藏等情况⑦，日本河口慧海在藏目睹以及在西藏统治人物中所了解到的事实⑧，以及英国侵藏指挥官荣赫鹏的报告⑨、英国外交部蓝皮书有关西藏问题的记载，结合当时国际形势以及达赖的动向等等，这个密约是有具体行动可以证明的。从这些具体活动中可以看出：俄国已着手进行并吞西藏，他们企图首先把西藏变为保护国，然后再加以并吞。俄国在侵略西藏中遇到的主要对手是英国，这正如列宁所指出：俄国要"在亚洲打败英国(夺取整个波斯、蒙古和西藏等等)"⑩。另外，也可以看出，他们不单利用喇嘛教而且也想利用东正教作为精神侵略的思想武器，把两种宗教配合起来使用，这正如沙

① 引自中国传教差会编：《教务杂志》"编者评论"，第35卷，1904年第3期，第144页。

② 荣赫鹏：《印度与西藏》，伦敦第2版，第320页。

③ 《奏复西藏情形并善后事宜折》，见《清季筹藏奏牍》第1辑，张荫棠奏牍，卷5，第2页。

④ 《寄西安行军机处》，《李文忠公全书》电稿，第30卷，第19页。

⑤ C. 柏尔：《西藏的过去和现在》，第63页。

⑥ 同上书，第65页。参照英外交部蓝皮书《关于西藏的文件》帙1920，第187页。

⑦ 《东方杂志》1904年第1期，第239页。

⑧ 河口慧海：《西藏旅行记》，卷下，第180页。

⑨ 荣赫鹏：《印度与西藏》，第320页。

⑩ 列宁：《论单独媾和》，见《列宁全集》第23卷，第128页。

皇尼古拉二世赠给达赖东正教大主教法衣所表明的那样。

1904 年英国发动大规模的军事入侵西藏后，达赖在德尔智的唆使、挟持下，由布里亚特蒙古喇嘛 70 名作为护卫，仓皇逃入外蒙古库伦。达赖原想投奔俄国，但由于清廷事先知道了这个消息，设法阻止，没有达到目的。达赖在 1905 年春秘密派遣德尔智携带他的书信和礼物去彼得堡谒见沙皇①。关于此事。俄国外交部亚洲司司长曾面告英国驻俄大使，承认沙皇确实接见了德尔智，并接受了礼品(佛像一尊，佛教祷文一件，织锦一副)。达赖在他的信中向“伟大的白沙皇”致敬，乞求俄国政府“保护”他的生命安全，重返拉萨等等。沙皇给达赖的复信表示了对达赖的关注和慰问。同年夏天，俄国驻清公使璞科第又奉沙皇之命，特往库伦探视达赖，赠给礼物，怂恿达赖再去俄国。由璞科第带给达赖的沙皇信中说：“当伟大崇高的教主巡行与俄罗斯毗邻的北蒙时，我的大批皈依佛教的臣民，荣幸地向您致意。由于我的臣民有此机缘，从您有益的精神影响中获得恩泽，我感到欢欣。我恳请您接受我对您衷心的谢忱和问候。”②1905 年 9 月，清政府命令达赖返藏，次年 4 月，在达赖由库伦动身返藏时，俄国政府竟正式要求派遣由布里亚特“佛教徒”组成的“兵队”护送，这一无理要求遭到了清政府的驳斥：“达赖世受国家恩命，俾持佛教。此次行程……无庸他国人干涉，俄派佛教人随行一节，断难允准。”③

1905 年，日俄战争爆发后，沙俄为了对付日本的战争，同时要防止正在崛起的德国，因此不得不在西藏问题上同英国妥协，彼此划分在亚洲的势力范围，于 1907 年背着中国政府签订了《英俄条约》。在条约谈判中，帝俄为了对抗英人享有访问西藏的权利，提出了俄国佛教徒应保持他们和达赖喇嘛以及西

---

① 这里附带提一下德尔智的最后下场。德尔智在十月革命后，一直在伊尔库茨克任班弟达·堪布喇嘛。他组织了一个佛教改良派，鼓吹佛教和苏维埃政权无论在意识形态或者政治实践方面都是一致的。在抗日战争时期，迫不及待地跳了出来，在布里亚特佛教徒中鼓吹他那套“香巴拉”理论，把“香巴拉”附会为他投靠的新主子日本帝国主义，进行反共、反华。1937 年因充当日本军国主义代理人被捕，翌年死于乌兰乌德监狱中。参见考拉尔茨：《苏联宗教》，第 454—457 页。

② 梅拉：《西藏与俄国的阴谋》，载《皇家中亚学会会刊》第 45 卷第 1 期，第 41 页，注 63。

③ 《外部致胡维德俄派佛教人护送达赖断难允许电》，载《清季外交史料》第 196 卷，第 21 页。

藏其他佛教代表直接交往的权利①，这些谈判结果反映在《英俄条约》第二款中。

> ……尚有明白声明者，即英、俄两国佛教徒，关于纯粹宗教事务，得与达赖喇嘛以及藏中其他佛教代表直接来往。英俄两国直接负责，不使此项直接来往，损及本约规定②

这个声明说明，即使英国在西藏取得优势，沙俄还念念不忘利用佛教作为继续渗透、拉拢西藏的工具，妄图有朝一日，实现他们把西藏划入俄国版图的迷梦。

1907 年末达赖在返藏之前曾去北京朝见光绪皇帝和慈禧太后，德尔智也参加了这次觐见。

1908 年 1 月(光绪三十四年元月)，达赖到达山西五台山。沙皇又特地派人去“探望”，除了送给达赖大批礼物外，还转给了尼古拉二世的信件。使者表示，由于达赖的祈福沙皇已经生了太子，太子相貌类似藏人，因之取名为“达赖喇嘛皇子”，俄国沙皇愈益信仰佛教，已勒令在俄国首都建立喇嘛庙和佛寺等③，极尽拉拢阿谀之能事。

同年 8 月，达赖由五台山回到北京后，俄国新任驻京公使科罗斯托维茨又往“谒见”，暗中煽动达赖反对清政府对西藏的改革，这次“谒见”，德尔智也在座④。1908 年 12 月达赖离京抵西宁塔尔寺，俄国总参谋部派遣来我国“探测”的科慈洛夫再一次前往“会晤”。与此同时，尼古拉二世无视我国的主权，在俄都接见了“达赖专使宁万及其随员”⑤。1910 年达赖叛国投英，德尔智等唆使

---

① 维·彼·里昂节夫：《1888—1819 年外国在西藏的扩张》，中译本，第 106 页。原引自《俄国外交政策档案库档案》。

② 转引自余素著：《清季英国侵略西藏史》附录。1959 年中文版，第 175 页。

③ 多田特观：《十三世达赖喇嘛教传》，东京日文版第 49—48 页。这里提到的喇嘛庙是沙皇于 1905 年下诏在彼得堡近郊，按照西藏庙宇形式建筑起来的，1913 年落成，德尔智任筹建委员会主任。沙皇修建这座庙的目的是要拉拢、讨好蒙藏的喇嘛。10 月革命后已改为博物馆。

④ 科罗斯托维茨(廓索维兹)：《库伦条约之始末》，第 46 页。

⑤ 《闻俄皇接见达赖专使电》，载《清季外交史料》卷 3，第 213 页，1909 年 4 月 5 日。

达赖第二次逃离拉萨，潜往印度大吉岭。翌年，沙皇尼古拉二世还念念不忘给达赖写信，煽动达赖继续坚持叛国活动。1911 年我国爆发辛亥革命后，沙俄和英帝一起暗中活动，怂恿以达赖为首的西藏分裂势力，妄图把西藏从祖国分离出去，但由于遭到我国各族人民包括藏族人民以及爱国的上层人士在内的坚决反对，也由于帝国主义之间矛盾的加深，这两个帝国主义国家都没有敢公开承认西藏的“独立”。

1913 年正当召开西姆拉会议期间，俄国政府指使德尔智怂恿达赖与外蒙古当局勾结，让西藏脱离祖国。德尔智曾携带达赖的信件，代表达赖潜往库伦和外蒙古叛变当局签订了非法的“蒙藏条约”。这个“条约”签订于 1913 年 1 月，蒙古方面公开出面的全权代表是所谓“大蒙古国”代理外交部长大喇嘛罗布顿，西藏方面则是西藏银行行长卡钦罗桑。全文共九款。该“条约”声称“蒙古与西藏均已摆脱满清的羁绊从中国分离出来，自成独立的国家”，“西藏达赖喇嘛承认蒙古之自治权及辛亥年 11 月 9 日黄教首领宣布的独立”，“蒙古政府承认西藏的自治与宗教首领达赖喇嘛的独立”，“两国为谋黄教的繁荣将采取同一措施”，“在内忧外患之际要永远互相援助”等等①。这个“条约”由于遭到我国各族人民特别是蒙藏人民的反对，英帝的嫉妒，西藏地方当局虽然后来曾加以否认，诡称“达赖从未授权德尔智和蒙古签订任何条约，给予德尔智的信不过是一种普通信札，要求他为佛教的利益尽力”等等②，但是他们从未敢公布达赖给德尔智信件的真本。“蒙藏条约”的签订是蒙藏地方反动势力出卖祖国权益，投靠沙皇帝国主义的背叛行为，也是老沙皇分裂蒙藏地区的铁的罪证。

目前，沙俄的统治已成为历史的陈迹，我国西藏和内蒙古地区在中国共产党的领导下，正在走向繁荣富强，是中华人民共和国的不可分割的组成部分，我想，重温一下历史经验教训，记下这笔旧账，也不是无益的。

---

① C. 柏尔：《西藏的过去和现在》，1924 年英国牛津英文版，第 304 页。上面引文引自《蒙藏条约》前言，第 1—4 款。

② 同上书，第 229 页。

# 印度正理论的认识论和逻辑思想*

## 一、认识的定义和分类

正理论的认识论是建筑在它的本体论上的。正理论认为“认识只是在于对象的表明”(ar-thaprakāś buddhih)，所谓对象就是“为我们所揭露和表现的世界上的一切事物”，他们反对把认识看作是一种最高的实在(婆罗门教)，或者是刹那的过程(佛教)，而把认识看作是个体灵魂和外界接触的结果。

认识有很多种类，大别为二：确切的认识和不确切的认识。确切的认识是外界对象的一种确定的(asandigdha)、无疑的(gathārtha)的表现。它可分为知觉、推理、类比和证言；不正确的认识是外界对象的一种不确定的或者错误的表现，它可分为记忆、疑惑、错误、假设的论证等等。

## 二、知觉

知觉是认识的来源。《正理经》释“知觉是感官和它的对象接触而生的认识，它是决定的、不可言说的、无误的”(经Ⅰ.1.4)。所谓“决定的”是指无疑的、确定的认识。因为我们感官在和外界接触时可能会发生确切的认识，也可能会发生怀疑的认识。例如我们看到远处升起的一撮尘土，可能把它认作尘土，也可能认作是烟。不确定或怀疑的认识不能构成知觉。所谓“不可言说的”是指我们感官

* 本文为作者《印度正理论的哲学和逻辑思想》一文中的第三节。——编者注

和外界在接触时所获得的纯粹的认识，这种认识还没有给予名言或加入概念的作用，正理派提出这个限定的目的要想说明知觉只是供自己了解而不传达给别人。所谓“无误的”就是说：一个事物被感知为像它实际的那样。例如我们对于阳焰中的水的认识就不能称为知觉。

正理论像数论派一样把知觉分为直接的知觉（无分别现量）和间接的知觉（有分别现量），前种是一种对于事物没有明确的特性或关系的认识（即没有加入概念作用），后者是对于事物已有概念作用的认识。

正理论的知觉理论在后来受到唯心主义明显的影响，后期正理论师把知觉分别为通常的知觉（laukika，世间现量）和特别的知觉（alaukika，非世间现量）二种。前者是我们感官和对象直接接触所引起的认识，它又可分为视觉、听觉、触觉、味觉、嗅觉、内觉等等。后者是我们感官和对象间接接触所引起的认识，也就是对象通过一种中介性的东西而传达于我们感官的认识，它又可分为三种：(1)共相或类的知觉（Sāmānyalakṣaṇa），即认识对象的类的知觉。例如有人说：“凡有烟的地方就有火”，在这种说法中势必提出这样一个问题：一个人不能尽知所有地点（此山或那山）和所有时候的烟（过去、现在、将来等），那么他如何能知“凡有烟的地方就能有火”呢？正理论认为这种回答是可能的。我们对于“凡有烟的地方就有火”的了解可以通过感官和作为个体的烟的本质属性或共性，即“烟性”相接触而获得，也就是说，对象是通过中介性的东西，即“烟性”呈现在我们知觉中的。正理论这种说明在我们看来已不属于知觉的作用范围，因为感觉所反映的只是具体事物的一定特性，至于反映许多事物的某种共性乃是属于意识的高级形态——思维的作用范围了；(2)心智的知觉（智相，Jñānalakṣaṇa）即对象通过它自身以前的认识和感官相接触而引起的知觉。例如有一个人在看到远处的某种东西时说：“我看到了一块芳香的檀木”，这个人对香有了直接的知觉，但有一个问题需要回答，这个人在远处如何能感知到檀木呢？正理论认为这种知觉是通过一种中介性的东西，亦即通过过去我们对香的经验而使视觉器官和檀木相接触而获得的；(3)直觉的知觉（Yogaja），即瑜伽行者依靠直观而直接获得的关于对象的认识。这是一种神秘主义的说明。

## 三、推理

1. 推理的分类

推理是正理论重点研究的认识来源之一。推理在梵文中叫作 Anumana，它原意是“一个跟随着其他认识的认识”。推理是一种推论过程，也就是我们从某一事物的表征(相，liṅga)推知其他事物的过程。例如我们从此山有烟(表征)推知此山有火。

正理论和数论一样把推理分为三种：(1)见前推理；(2)见后推理；(3)同类推理。

正理论也把推理分为为己推理(Avārtha)和为他推理(Parartha)二种。前者是为自我了解的，是自我的一种心理过程；后者是为把自己意见传达给别人或者驳斥别人的，因此要用言语和有组织的论式来加以表述。

正理论和西方逻辑一样认为推理的组成至少需要三个部分，即大词、中词和小词。例如我们看见此山有烟从而推知有火的推论中，由是小词(主体、主词)、火是大词(命题、客体)，烟是中词(理由，使主体和客体发生联系的根据或理由)从此山有烟推知有火的过程也就是通过中词使小词和大词发生联系的过程。烟(中词)和火(大词)的普遍必然关系(旧译回转，Vyāpti)是推理的基础。

2. 推理的论式

正理论把推论式环节分为命题或主张(宗)、理由(因)、例证(喻)、应用(合)、结论(结)五个。现把它们的关系用符号和图说明如下：

(1)S是P

∵S是M

M是P

∴S是P

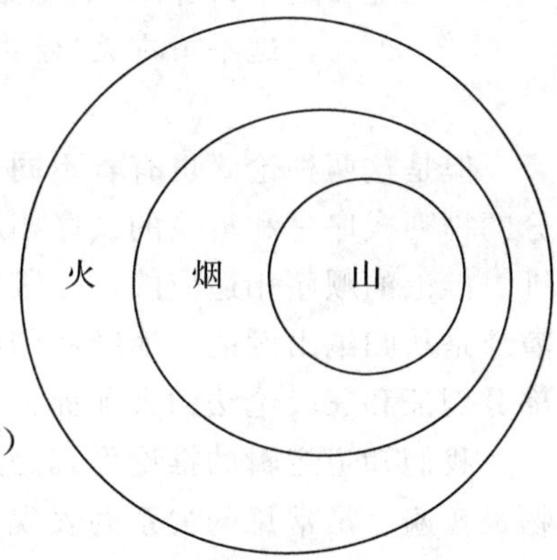


或

此山有火，(命题)

因为山上有烟，(理由)

凡是冒烟的地方必有火，如灶。(例证)

而现在此山冒烟，(应用)

所以此山有火。(结论)

这个五分法也可用下列公式表示：①$\psi a$，②$\varphi a$，③$(x)\varphi x\supset\psi x$；④$\phi a\supset\varphi a$；⑤$\psi x$ 或简化为$(x)$，$\varphi x\supset\psi x$：$\varphi a\supset\psi a$。

(2)S是P

∵S是M

没有P就没有M

S是M

∴S是P

或

此山有火。
因为山上有烟，
凡是不冒烟的地方就没有火，如湖。
而现在此山冒烟，
所以此山有火。

如果我们比较一下正理论和亚里士多德的三段论法，可以知道，正理论的论式是和三段论法第一格的AAA式相当的。正理论的论式部分虽然有五个，亚里士多德有三个，但二者的词都只有三个——大词、中词和小词。如果我们把五分论式中的第四部分(应用)和第五部分(结论)除去，那么五分论式先前三个部分是与亚里士多德三段论法的结论、小前提和大前提相当的；如果把五分论式的第一部分(命题)和第二部分(理由)除去，那么其余三个部分和三段论法的大前提、小前提和结论是相当的。例如：

凡是冒烟的地方必有火(大前提)，
现在这个山冒烟(小前提)，
因此，这个山有火(结论)。

但是这两种论式也有着不同点，正理论的论式部分或环节有五，这五个部分的排列次序是和辩论的次序相顺应的，三段论法有三，它的排列次序是和思维、推论的顺序相适应的；三段论法的论式是演绎的、形式的，而五分论式的演绎是从归纳出发的，演绎和归纳在推论过程中很难分开。五分论式的第三个部分例证和三段论法的大前提相当，但例证已涉及逻辑上归纳范围了。

我们知道逻辑的推论形式是人们长期生产和社会实践的产物。它是客观事物最普遍、最常见的关系的表现，这些关系在我们的头脑中以逻辑的格固定下来。印度的五分法无疑也是这种长期实践的产物，可能也受到外国特别是希腊逻辑理论的影响，① 它对提高人们的思维活动有着重要的意义。但是这种推论

① 有这样一种说法：在亚历山大·马其顿向印度进军的时候，婆罗门把尼也耶的逻辑理论告诉了在亚历山大军队中的希腊哲学家卡里斯芬，后来卡里斯芬把这种理论转告给了亚里士多德，因此，亚里士多德在他的逻辑学说中吸收了尼也耶的理论。同样，印度的正理论也可能受到希腊逻辑思想的影响，在《正理经》Ⅰ.1.7的后注中，正理论承认“值得信赖的人(āpta)”的言论是认识来源之一，这种“值得信赖的人”也包括雅里安人以外的异国人(mleccha)。

形式仍然还是一种形式逻辑的东西，它远远不能概括我们复杂的推理活动，只有从辩证逻辑的观点出发，才能不为形式逻辑的推理所局限，才能阐明推论形式的全部丰富性。正理论的五分法一般是在辩论中提出的，因此把例证作为论式的一个必需的组成成分以及大前提的思想代表，但例证常常是个别的、具体的事例，它的范围是很暧昧、有限的，因此有时会使命题和例证之间的普遍必然关系不能明白，以至推出了不正确的结论。试用一个例子加以说明：

凡栖于水中的是冷血动物，如鲛等。
鲸栖于水中，
故鲸为冷血动物。

这个推论，如果用正理论的推式来衡量并没有错误，但由于举例不当(鲛是栖于水中的特殊的冷血动物)，因此和事实相违，导致了错误的结论(鲸是冷血动物)。

3. 推理的错误

正理论也研究了推论的错误理由，错误理由在梵文中叫作 hetvābhāsa，它原意是“一个表现为真实而实际上是不真实的理由”，我国旧译“似因”很为确切，正理论把推理的错误理由分为五种：

(1)中词不定(savyabhicara)，即由于中词(理由)的不确定，不能获得一个结论或导致各种矛盾的结论。这又可分成三种：

甲、中词太普遍(sādhārana)，即中词(理由)太大，中词既有正面也有反面的两种矛盾情形。例如：

所有可知的东西是火，
这山是可知的，
因此这山是火。

在这个推论中，中词或理由是“可知的”。但“可知的”是一种广泛的说明，它既包含着有火的厨房，也包括着无火的湖。像这样广泛的中词，不能构成“这山是火”的理由。

乙、中词太有限(asādhārana)，即中词太小，中词既没有正面的，也没有反面的情形。如说“声音是永恒的，因为它是可闻的”，在这个推论中，中词

（理由）是“可闻的”，但“可闻的”只有声音上才有，声音以外的其他东西都是没有的。因此用“可闻的”的理由不能证明“声音是永久的”的正确性。

丙、中词无定（anupasamhari），即中词不能被证实。例如有人说：“灵魂是不灭的，因为它是彼岸世界的”，在这个推论中，中词或理由是“在彼岸世界的”，但“在彼岸世界”是不可被证实的，因此，不能构成“灵魂是不灭的”的理由。

（2）中词矛盾（相违，viruddha），即所用的中词（理由）原来要想证明某一命题，但得到了相反的结果，成立了一个相反的命题。如说：“空气是重的，因为它是‘空的’”，但是“空的”这个中词（理由）恰好成立了相反的空气不是重的命题。

（3）中词平衡（实有违宗，satpratipaksa）指用一个中词（理由）成立某一命题，同时又用另一个中词（理由）证明这个命题的反面。如说：“声音不是永恒的，因为它是像瓶一样被制造出来的”，又说：“声音是永恒的，因为它是自然界所固有的”，这两个命题中的中词“被制造出来的”和“自然界所固有的”既是互相平衡又是互相矛盾的，但两个命题各自能成立。

（4）中词不成（asiddha），即用不真实或未被证实的理由（中词）来成立一个命题。它又可分为三种：

甲、中词没有根据（所依不成，āsrayāsiddha），即命题中的小词或主词不实在，使中词（理由）无所依据。如说：“天空莲花是香的，因为这是一朵莲花”，在这个论证中作为小词“天空莲花”并不实在，因而使中词“一朵莲花”无所依据。

乙、中词自身不成（svarūpāsiddha），中词对小词来说或者全部的不能提供证明；或者部分的不能提供证明，因此不能用它来做推理的根据。前一种情况如说：“声音是一种物理性质，因为它是可见的”，在这里中词“可见的”不能属于小词“声音的”。后一种情况如说：“水、木、金、土是物质，因为它们是可饮用的”，在这里，中词“可饮用的”对于小词中的水说来是可以证明，其他是不可证明的，因此，在这个命题中的中词只有部分可以作为证明的依据。

丙、中词没有必然关系（回转性不成，vyāpyatvāsiddha），中词与大词（命题）根本没有普遍必然的关系；或者在一定的条件下才有着关系。前者如说：“所有存在的东西都是刹那生灭的，声音是一种存在，因此声音是刹那生灭的。”在这个推论中，大前提是错误的，因为“存在”和“刹那生灭”并没有普遍必然的关系；后者如说“此山有烟，因为它有火”，这种推论也是不确切的，因为在有些情况下可以有火无烟。

(5)中词自相矛盾(自违，bādhita)，用一个理由(中词)来推论一个与认识来源相矛盾的命题(即指与经验相反的命题)。如说：“糖是酸的，因为它产生了酸味。”这与第(3)节所述“中词平衡”不同，因为在“中词自相矛盾”的情况下被推出来的命题本身就已经与经验相违反；而在“中词平衡”的情况下被推出的两个相反的命题都有理由可以成立。

## 四、类比

正理论的第三个认识来源是类比(upamāna)。《正理经》说：“类比是对于一个事物的认识，由于这个事物和先前熟知的另外一个事物相类似”(经Ⅰ.1.6)。例如有一个未见过野牛的人曾听见别人说过野牛的形状和家牛相似，后来他在森林中看见一个类似家牛的动物，便把这个动物推定为野牛。类比和同类推理(见上节推理的分类)不同的是：前者是以已感知的事实推知未感知的事实；后者则是证实已知的名称(如听见过的野牛名称)和这个名称所代表的事物(看到的野牛)的一致。

正理论的类比曾受到印度各派哲学的批评，印度唯物主义顺世论认为它不是一种正确的认识来源或方法，它不能给予我们任何真实的知识：胜论和数论把它归入推理的范畴中去；佛教则把它归入知觉的范畴中去。

## 五、证言

正理论的第四个认识来源是证言(śabda)，证言是从一个值得信赖的人的言说中所获得的认识(经Ⅰ.1.7)，它可分为二：(1)可见对象的证言(drstārtha)，即普通人、权威者或圣书根据可见事物所作的教言，如农民对于农作物的知识，流传的医方等；(2)不见对象的证言(adrstārtha)，如吠陀或圣者所说的箴言等。正理论所说的以上两种证言虽然包括着一部分宗教神秘主义的内容和统治阶级的说教，但也包括着很多有益的、科学的知识，这些知识是在长期的生产和社会实践中所积累起来的。正理论所说的证言和希腊哲学史上所说的不证自明的公理有很多类似之处，它常常被古代哲学家视作认识的一个来源。

## 六、真理的标准

正理论在探讨逻辑问题的时候不能不涉及真理的标准问题。早期正理论师认为“认识是外界的表明”。认识是独立于我们之外并且不以我们的意志为转移的，正确的认识就是“对于事物原来怎样存在的就怎样了解(yathābhūtam)，原来不那样的就不那样了解”。

但是正理论并不像辩证唯物主义那样，把认识看作是一个反映过程。他们认为认识不是认识者直接感知客观对象，而是感知作为客观对象的本质或特性的“自所有性”(旧译“自色”，avarūpa)的结果。例如我们看到一块石头，石头并不进入我们的知觉中，石头自身不是我们知觉的对象。因为如果我们所见的东西就是外物自身，那么认识的错误就无从发生，这是与实际的情况相矛盾的。另外，我们对石头的所见也不仅仅是我们的心理状态，因为如果对象纯属我们的心理状态，那么，就不需要外物，也不能称为对外物的感知了。这使我们陷入了主观主义。总之，我们对于石头的知觉内容乃是石头的本质或特性，即“石性”为我们的心所见。这个“石性”据说既不是物质的，也不是纯然心理的。

正理论认为，认识的内容即是对客观事物“自所有性”的认识，那么认识决不能是主观的、自明的。自明性的认识正确与否不能由自身而应由外界的事实来检验。为此，他们提出这样一种主张：凡能符合外界事实并能引起实际行动成功的就是正确的认识，反之，就是错误的认识。例如我们要知道杯子里的水是甜的还是咸的，最好的办法是拿来饮用。

正理论虽然承认外界事物是我们认识的来源，但是由于他们不懂得认识的辩证发展过程，反映事物本质和规律的概念(共性的东西)是在感觉材料的基础上并对感觉材料进行了抽象和概括而产生和形成的，因而错误地把认识仅仅归结为对客观事物本质“自所有性”的认识。其次，他们也不懂得认识按其形式来说是主观的，按其内容来说是客观的，因而把知觉内容看作一种既不是物质的也不是心理的东西。此外，他们所说的实践当然也不是马克思主义关于实践是真理标准的论点，因为他们所理解的实践还不是人们关于生产和阶级斗争的实践，而只是个人宗教和日常生活的实践，它带有很大的思辨性质。

# 印度的启蒙运动与罗姆·摩罕·罗易

罗姆·摩罕·罗易是印度启蒙运动的著名思想家和社会活动家，他的哲学和社会思想对于印度近代的宗教和社会改革运动有着十分重要的影响。由罗易首创的启蒙团体梵社在唤醒人民思想、普及和提高教育文化、改革封建习俗等方面起过重要的作用。本文拟对印度启蒙运动的社会经济背景、性质以及罗姆·摩罕·罗易的思想和活动作一简略的评价。

## 印度启蒙运动的社会经济背景

16世纪欧洲人出现在印度斯坦之前，封建的生产方式在印度各地占有统治地位，并且还保存着奴隶制的残余。当时，广大的农民被组合在古代留存下来的农村公社之中。农村公社是一种建立在农业和手工业基础之上的自给自足的经济结构，同时也是一种具有宗法联系的社会政治组织。公社内部实行严格的种姓制度，各个种姓都从事着各种不同的职业，这种职业代代相传，极少变动。公社上层分子(村长、司书等)占有重要的生产工具，运用宗教所赋予的特权，对下层种姓和公社以外的成员(以上这些人中不少是半奴隶、半农奴的身份)实行残酷的压迫和剥削。印度封建主义在东方各国中是具有特别的稳固性和保守性的。

印度封建生产方式的瓦解和危机，大概开始于17世纪①，18世纪后半期进一步加剧。这一段时期内，商品经济和货币关系得到了重要的发展，社会分工日益加强，随着商业和手工业的发展以及国外市场的开辟，许多城市也繁荣起来了(例如恒河下游的达卡，北部的拉合尔)。所有这一切都破坏了封建经济的基础，从而促使资本主义生产关系开始萌芽。

在印度封建生产关系的瓦解过程中，由于货币和高利贷势力的增长，封建统治阶级加强了对农民和手工业者的剥削和奴役，阶级斗争空前激烈，民族矛盾和宗教对立日益尖锐，从16世纪建立起来的莫卧儿王朝的基础终于由于各地农民和手工业者的连续起义(17世纪初的锡克教徒起义等)以及被压迫部族的不断反抗(1656年的马拉特人起义，1666年的阿富人起义，1679年拉吉普特人的起义)在18世纪后期被摧毁殆尽了。

就在大莫卧儿王朝衰落的过程中，英帝国主义闯进了印度，他们通过贸易、传教、收买、掠夺、战争等等方式逐渐取得了这个国家的主权。到18世纪后半叶以后，整个次大陆几乎都成了英国统治势力的范围。

英国的殖民统治给印度的政治、经济、文化等各个方面带来了严重的后果。英国强盗抢劫了这个国家价值十万万卢比的财宝和艺术品，破坏了印度的农村经济生活，摧毁了印度的手工业，使大批农民和工人陷于赤贫和死亡的境地。一个英国的印度总督曾说："这样的穷乏，在商业史上，实难有其匹，棉织工人的白骨，把印度的原野都漂白了。"②马克思在他的《不列颠在印度的统治》一文中写道："不列颠人给印度斯坦带来的灾难，与印度斯坦过去的一切灾难比较起来，毫无疑问在本质上属于另一种，在程度上不知要深重多少倍……英国则破坏了印度社会整个结构，而且至今还没有任何重新改建印度社会的意思，印度失掉了它的旧世界而没有获得一个新世界，这就使它的居民现在所遭受的灾难具有了一种特殊的悲惨的色彩，并且不列颠统治下的印度斯坦同自己的全部古代传统，同自己的全部历史断绝了联系。"③又说："他们破坏了本地

① 据苏联列夫柯夫斯基的研究，印度封建生产方式的瓦解开始于14世纪(《1947年前印度资本主义发展的一些特点》，第11页，三联书店，1958年)，但一般都认为开始于17世纪。

② 马克思：《资本论》第1卷，第525页，人民出版社1955年版。

③ 马克思：《不列颠在印度的统治》，载《马克思恩格斯全集》第9卷，第144页，北京，人民出版社。

的公社，摧毁了本地的工业，夷平了本地社会中伟大和突出的一切，从而消灭了印度的文明。”①

英国在印度的统治，除了上述主要的破坏作用外，还不自觉地起了另一种作用。19世纪中叶以后，殖民当局开始了资本输出，在印度经营铁路和电讯工程等，并在沿海地区创办了一些轻工业和修配工业，把资本主义的某些生产方式带到了印度殖民地，与此同时，在印度实行了土地包出制度，助长了土地在市场上的买卖，这样就带来了印度资本主义的畸形发展。马克思把这种在英国卑鄙利益驱使下的印度社会经济变革称之为“亚洲历来仅有的一次社会革命”②，马克思着重指出：“英国资产阶级看来将被迫在印度实行的一切，既不会给人民群众带来自由，也不会根本改善他们的社会状况，因为这两者不仅仅决定于生产力的发展，而且还决定于生产力是否归人民所有。”③

在殖民主义的残酷统治和封建主义的深重压迫下，印度的农民、手工业者和城市贫民在19世纪曾多次发动武装起义，其中规模最大的是1845—1849年的旁遮普锡克教徒的起义和1857年印度北部各省的民族起义，这些起义动摇了封建制度的基础。印度人民在和帝国主义、封建主义的斗争中表现出了顽强、勇敢的精神，起义虽然被镇压下去了，但他们的斗争在历史上树立了光辉的榜样，一直鼓舞着印度人民前进。

印度近代社会中新与旧的斗争就是正在形成中的资产阶级和农民、手工业者等新势力反抗帝国主义、封建主义旧势力的斗争，在斗争中处于主导地位的政治力量是农民和手工业者。当时社会的主要矛盾是印度人民特别是农民大众和帝国主义、封建主义的矛盾，而帝国主义和印度民族的矛盾又是各种矛盾中最主要的矛盾。印度宗教、种姓、部族之间的矛盾以及统治阶级内部之间的矛盾等等也是很尖锐的，它们往往和主要矛盾穿插在一起，构成近代印度社会斗争的一种错综复杂的局面。

印度近代资产阶级的启蒙运动和社会改革运动就是在上述社会历史条件下

---

① 马克思：《不列颠在印度统治的未来结果》，载《马克思恩格斯全集》第9卷，第247页，北京，人民出版社。

② 马克思：《不列颠在印度的统治》，载《马克思恩格斯全集》第9卷，第148页，北京，人民出版社。

③ 马克思：《不列颠在印度统治的未来结果》，载《马克思恩格斯全集》第9卷，第250页，北京，人民出版社。

产生的，而且对以后的民族、民主运动起着重要的影响。

## 印度封建制度瓦解时期的思想斗争情况

17 至 18 世纪印度封建制度开始瓦解时期，宗教在社会生活中有着极为重要的影响，任何社会意识形态——哲学、政治、法律等等都被囊括在神学体系之内，而神学体系的主要代表是印度教和伊斯兰教。当时次大陆有四分之三的人口都集中在毗湿奴派和湿婆派的周围。毗湿奴派崇奉保护神毗湿奴(遍入天，Viṣṇu)以及它的十个化身(鱼、龟、猪、人狮、矮人、持斧罗摩、罗摩、克里希那、佛陀等)；湿婆派崇奉破坏神湿婆(Siva)以及它的妻子迦梨女神(时母 Kālī)。这两个教派都盛行着偶像崇拜和动物崇拜，毗湿奴教中的扎格纳特派在举行祭祀的时候，很多教徒为了表示自己信仰的虔诚，常常把自己投身于载着毗湿奴神像的车轮下让它轧死。印度教严格地遵守实行种姓分立的社会等级制度，并遵循与此相适应的寡妇殉夫(撒提，Satī)、多妻、童婚等等封建野蛮习俗，严重地束缚着人们的思想和社会生活。马克思曾指出："这种失掉尊严的、停滞的、苟安的生活，这种消极的生活方式，……甚至使惨杀在印度斯坦成了宗教仪式。……它们使人屈服于环境，而不是把人提升为环境的主宰，它们把自动发展的社会状况变成了一成不变的由自然预定的命运，因而造成了野蛮的崇拜自然的迷信，身为自然主宰的人竟然向猴子哈努曼和牡牛撒巴拉虔诚地叩拜，从这个事实就可以看出这种迷信是多么糟践人了。"①另外，在前一个时期在印度教内部所掀起的改革运动——虔诚派运动到这时也暂时处于停顿状态了。

湿婆派和毗湿奴派在哲学上都宣称他们是正统的吠檀多主义者，但他们对吠檀多都有着各自不同的、唯心主义的解释。当时印度传统的哲学派别(正理论、数论、胜论等)都已和吠檀多融合起来了。这些派别不惮繁琐地为印度教作出哲学的论证。与吠檀多对立的顺世论在这一个时期内虽然受到统治阶级的残酷迫害，处于隐伏的状态，但他们仍然在下层人民中不懈地进行着活动，通过公开或隐蔽的方式和各种宗教唯心主义进行着斗争。

伊斯兰教在 13 世纪以后逐渐和印度教一起成为统治的思想体系之一，在

① 马克思：《不列颠在印度的统治》，载《马克思恩格斯全集》第 9 卷，第 149 页，北京，人民出版社。哈努曼是印度传说中的神猴，后来被奉为毗湿奴的化身。撒巴拉是神牛，在印度教中被奉为财富和土地之神。——原译注

次大陆获得了长足的发展。直至18世纪，随着莫卧儿王朝的衰替，同时由于教会内部的腐朽，也日益处于萧条的状态之中。当时伊斯兰教徒约占总人口的六分之一，最有势力的教派是苏菲派。苏菲派宣传来世幻梦和禁欲主义思想，实行无数的禁忌和清规戒律，从而也陷入了消极颓废的境地。

在印度教和伊斯兰教日益腐朽、衰替的过程中，英国殖民当局继武力征服之后开始了精神征服的工作。远在17世纪上半叶，帝国主义就派遣了一些传教士去次大陆各地传布基督教。例如耶稣会的一个名叫汤姆士·司蒂芬(Thomas Stephen)的传教士曾在南印度杜撰了《基督教往事书》(Christian Purana)。另一个绰号叫作“罗马婆罗门”的传教士诺必利(Robert de Nobily)又杜撰了《基督教吠陀》，即“第五吠陀”，以此蒙骗印度教徒改信基督教，但他们的活动并不顺利。迨帝国主义的统治日益巩固以后，殖民当局便运用国家机器的力量组织大规模的改信工作了。1813年英国国会批准了印度基督教工作法案，随后便派遣了大批传教士去印度传教，他们首先在知识分子、士兵中进行工作，以后又在一般居民中传教，都取得了一定的进展。后来又由传教活动扩展到“慈善”事业和文化活动，他们在印度创办了报纸、学校和医院，翻译了大量的基督教的和其他方面的书籍。据1826年统计，基督教会在印度各地创办的地方学校有126所。另外，殖民当局也鼓励为侵略服务的东方学研究。印度总督华伦·哈斯丁在加尔各答首创了英印皇家亚细亚协会，并网罗了一批学者从事印度法典的编译工作。殖民当局的这一系列精神文化侵略，严重地威胁了印度的传统宗教和文化，因而激起了印度教和伊斯兰教中一部分人的愤慨，他们便开始了印度教和伊斯兰教的改革活动。

在资本主义生产关系迅速发展和帝国主义精神侵略直接威胁的情况下，19世纪初，在印度，首先是在经济比较发达的沿海地区(孟加拉等地)出现了很多鼓吹宗教和社会改革的团体，这些团体领导了近代的资产阶级启蒙运动。参加这些团体的成员大部分是从封建阶级中分化出来的，或者是属于新兴的资产阶级及其知识分子，他们对中世纪的经院哲学、社会习俗以及殖民主义所造成的后果等等都进行了批判，并且提出了自己的哲学和社会改革的主张。他们的哲学和社会观点一般都追随着先前的、民族的形式，并且吸收了西方资产阶级的思想。在启蒙运动和社会改革运动中最有影响的是在19世纪上半叶出现的由罗姆·摩罕·罗易所建立的梵社；亨利·狄洛吉奥所组织的“青年孟加拉派”；19世纪下半叶出现的由达耶难陀·婆罗室伐底所领导的圣社；辨喜所主办的罗姆克里希那教会；由密·戈·阿赫美德所领导的阿赫美蒂雅运动以及赛义德·阿赫美德所发动的阿里迦运动等等。这些团体的理论和活动对于以后资产阶级的民族、民主运动有着相当重要的影响。

## 罗姆·摩罕·罗易的思想和活动

1772年罗易出生于孟加拉一个显贵的婆罗门家庭，他的父母亲都是虔诚的印度教徒。罗易十二岁时被送至当时的文化中心巴特那受传统的阿拉伯文和波斯文教育，他在那里接触了伊斯兰教义、希腊古典哲学等等。在伊斯兰教的熏陶下，他开始怀疑和反对印度教的理论和实践①。十五岁至二十岁之间，他游历了次大陆各地，并到过我国的西藏。这期间，他随各地的民间学者学习了印度教的教义和哲学。1804至1815年，罗易出任英属东印度公司收税人职务。在和殖民当局的周旋中，他又研究了基督教教义和西方各种资产阶级的哲学。1814年，即他四十二岁的时候，他开始定居于加尔各答，专门从事宗教和社会改革工作以及文化教育活动。他在孟加拉创办了印度最早的民族报刊——《明月报》《镜报》和教授现代科学知识的学校——印度学院，建立了以改革宗教为目的的梵社(Brahmo-Samāj)。1833年，他代表印度德里大君出使英国时死于布里斯托尔。

罗易用五种文字(孟加拉文、印地文、英文、梵文和波斯文)进行写作，他的主要著作和论文有《一神论的赏赐》(1803)、《捍卫印度有神论》(1815—1819)、《论寡妇殉夫的对话录》、《耶稣的教训——和平与幸福的导引》(1820—1823)、《反对出版法的请求书》、《一个传教士和三个中国改信者的对话录》等等。

罗易的启蒙思想主要表现在宗教和哲学方面。他在近代印度首先揭起了宗教改革的旗帜。他大声疾呼道："印度人奉持的现行宗教制度是不能很好地去适应促进他们的政治利益的。种姓的差异在他们中间形成了不胜枚举的宗派和分支，已经完全抹杀了他们的爱国情感。繁文缛节和清规戒律已经根本不能使他们从事任何艰巨的事业……至少为了政治利益和社会福利打算，在他们的宗教中也必须进行某种变革。"②

罗易在号召宗教改革时，对中世纪印度教的祭司制度、种姓分立、偶像崇拜等等黑暗现象无不进行批判。他认为"印度的偶像崇拜……毁坏了社会的组

---

① 参见罗易：《自传》，第47页以下，1884年伦敦版。

② 罗易：《英文著作集》，第95—96页，拜尼尼出版社，阿拉哈巴德1906年版。

织和对同胞的悲悯"①。他在批判印度教的同时，对基督教的精神侵略、外国传教士的横行霸道等等也进行了谴责。例如他写道："在孟加拉，英国人是唯一的统治者，在那里只要是英国人的名字就足以骇人，侵犯她(印度——引译者)的胆小和卑恭的居民以及他们的宗教，在上帝的眼里或者在公众面前是不能被看作一种正义行为的。"②罗易的宗教批判虽则是懦弱的，但诚如马克思所指出："对宗教的批判是其他一切批判的前提"，"对宗教的批判就是对苦难世界——宗教是它的灵光圈——的批判的胚贻"③。罗易对宗教的批判有着一定的社会经济内容，因为印度的封建制度是靠印度教的种姓制度来维护的。罗易对印度教的揭露和批判实质上是对封建制度的揭露和批判。他对基督教的谴责也在一定程度上发泄了他对英国殖民当局进行精神奴役的不满。

罗易在1828年建立了宗教改革团体——梵社。他为梵社制定了一系列的信仰和行动的准则④。他要求建立摆脱各种清规戒律的"真正宗教"，宣称神是

---

① 罗易：《英文著作集》，第5页。

② 同上书，第146页。

③ 马克思：《黑格尔法哲学批判导言》，载《马克思恩格斯全集》第1卷，第453页，北京，人民出版社。

④ 下面是1830年1月23日罗易为使用梵社建筑物所作规定的摘要。这个规定列举了梵社的信仰和行动准则："本社为一切人士聚会的场所，凡行为端正、作风正派、笃信宗教者均可使用不受歧视。

"本社所赞美和崇拜的是一个永恒的、不可理解的、和始终不变的实体，这个实体是万物的创造者和保护者，但无任何名称，既可用以表示任何物体，也可用以指任何个人或社会。

"本社建筑物内不得陈列任何泥塑、木雕或石刻的偶像以及任何图画或物体形象；不得举行任何形式的祭奠活动；不得为宗教目的或为食用而杀生。

"不得在本社建筑物内用餐(除非确有必要，或出于偶然，或为保存生命)、举行宴会或狂欢。

"任何有生命或无生命的物体，如在过去或现在或将来成为任何个人或集体所承认的崇拜对象，则在本社建筑物内举行布道、祷告、赞咏或其他宗教仪式时，不得对此物体进行诽谤或表示轻蔑。

"在举行崇拜仪式时，说教、布道、言谈、祷告、赞咏等活动只许促进对宇宙创造者和保持者的默想，促进乐施、道德、虔诚、仁慈和贞操，以及加强一切宗教信仰者之间的联系。"(罗易：《英文著作集》第40—41页。)

“永恒的、不可理解的和始终不变的实体，这个实体是万物的创造者和保护者，但没有任何名字或者称号。它可用来表示或适用于任何个别实体或多数实体或者是适用于任何人或者人类社会。”①“神是属于所有生物的，没有种姓、名位或财产、变迁、失望、痛苦和死亡的区别。”②罗易这种神的理论明显地是《奥义书》一元论、伊斯兰教一神论等等的综合。他的目的是要把神从印度教中当作人格性实体的理想实体改变为一种理性的对象，一种理性的实体，从而把神(人格性实体)的否定和神(理性实体)的肯定结合起来。罗易这种神的理论虽则仍是唯心主义的，但在当时的历史条件下，它是与印度的偶像崇拜进行斗争的一种巧妙的方式。罗易要求从宗教中排斥对人格化的神(偶像崇拜)和动物的膜拜，消除教会的清规戒律和对异教的敌视，并且要求把宗教和社会生活联系起来，实行社会的平等，这在一定程度上反映了正在形成中的资产阶级要求统一的愿望，为资本主义的发展扫清思想上的障碍。

罗易在批判印度教神学的同时，对为印度教服务的吠檀多、弥曼差、正理论等也进行了批判。例如他说：“对于吠檀多所提供的题目作这样的玄想是没有好处的：灵魂是怎样吸入神的呀？灵魂和神圣的本质有什么关系呀？再者，吠檀多学说教导青年相信一切可能存在的东西都不是真实的存在，父亲兄弟都不是实在的，因此不应真实地爱他们。我们愈快地逃避他们和这个世界，那就是愈学好了这些东西的青年，也就愈不能适合于做社会较好的成员。

“再者，学习弥曼差的学生知道念吠檀多的某些文句就能使一个宰羊者无罪，这是怎么一回事呢？又如知道吠陀等文句的实质和所发生的影响，这对于学生也没有重要的利益。”③

罗易的哲学思想是为他的宗教神学作论证的。他认为宇宙万有的“终极原因”是我们不能领悟和描述的“最高实在”(Supreme Reality)或梵。这个“最高实在”也就是非人格化的神。他写道：“最高实在”是“世界的创造者和管理者，它的生成是不能被理解的。它充满着人和物的无尽的多样性，正像比一个钟表的机器更为奇异的天体黄道带(十二宫——引译者)所表现出的那样，在这个黄道带中，日、月、星辰急速地运行着，并且它充溢着有生命的或无生命的、动的

---

① 罗易：《英文著作集》第 40 页。参校法奎哈尔(Fargunar)著《近代印度宗教运动》，第 35 页，麦克米伦公司 1919 年版。

② 同上书，第 485 页。

③ 罗易：《英文著作集》，第 473—474 页。

和静的各种事物，这些事物无不在完成它的任务。”①又写道：“我们不断地从火中、水中和太阳中获得益处；同样，从大地的各类产物中如米谷、药物、水果和蔬菜中获得益处，一切都是依赖于它（“最高实在”——引译者）的。思考和推断表现这些观念的词（terms），它们本身的意义就会牢固地出现在我们的心中。”②罗易这种论证企图说明：世界上每一样创造都证明了它自己的创造主的存在，自然界和人的无尽多样性，它们像钟表一样的和谐性和合理性乃是表明了“最高实在”的创造意志和无穷的力量，这是一种“自然—神学的”或者确切地说明目的论的证明。罗易这个论证明显地是受到了与他同时代的法国自然神论者伏尔泰的影响。伏尔泰在他的著作《不学无术的哲学家》中也曾用“钟的机械”的协调性的例子来证明上帝的存在和它的创造意志③。

罗易认为除了承认“终极原因”（“第一原因”）的梵或神的存在外，同时还必须承认作为精神和物质原因的现象世界的存在。在他看来，没有神，世界是不能存在而且没有价值的，但是没有世界，神同样也是不可能存在和没有价值的。关于这一点，他曾作过这样的哲学论证：“实体依存于它所拥有的性质（Guan，Quality），同样，性质是依存于实体的，一个实体离开了性质是不可想象的”④。罗易的所谓实体（神）依存于性质（现象世界、物质等）并不意味着像某些泛神论所主张的那样：实体是内属或等同于性质的。罗易认为实体只是作为一个外在的“第一原因”或“目的因”而存在，它并不干预现象世界的过程。现象世界的存在和发展还有着它自己的规律。世界或自然界的发展是受“自然规律”（Law of Nature）控制的。他写道：“某些感性现象的原因对于很多人来说是无知的……把这种原因解释成某种与自然界的规律不相适应的力量都是无能为力的。”⑤

罗易除了承认物质世界或自然界有其固有的规律，他还进一步探讨了物质世界的根源问题。他借助于当时西方的物理学说和印度传统的原子论，宣称自然界统一于物质性，物质是由最小的单位原子所构成的，原子是永恒的、不灭

---

① 罗易：《英文著作集》，第135页。

② 同上书，第137页。

③ 参见瓦·瓦·索柯洛夫：《伏尔泰——哲学和社会政治观点》，上海人民出版社，1962年版，第24页。

④ 罗易：《英文著作集》，第114页。

⑤ 同上书，第950页。

的、无所不在的。他写道："一切对象或者是属于物质的，或者是属于精神的，……每一个物质对象都可以从处于高一级的精神(指"最高实在"，我在上面已分析，这个最高实在只是一种外在原因，并不干预物质世界的变化，——引译者)的监督下的一般物质中找到它自己的根源，从而又重新回到它自己的源泉中去。世界物质的原因无疑是最小的分子，这些分子显然是不灭的，它们被称为阿拏(极微 anu)或原子，绝不能认为非物质的神可以作为这些分子的物质原因，正如不能认为它们是从无中产生出来的一样。因此，这些分子应该是永恒存在的，并且它们按照神的意志在不同地点、不同时间、处于不同形式之中。"①罗易这种理论是他哲学体系中的唯物主义因素，但和他的整个体系是相矛盾的。罗易既给神保留一定的位置，但又不干涉自然界的事物，其目的明显的是要更方便地和中世纪神学作斗争。罗易和法国伏尔泰一样，假定了一个神的存在，但这个神并不干预物质世界的过程，物质世界的发展有着自身的规律和原因。他肯定世界是物质的，而且物质是由原子构成的，这是和当时吠檀多一元论所主张的世界是幻现的学说是完全对立的，这反映了正在成长中的资产阶级要求重视生活、改造世界的愿望，在当时思想斗争中有着一定的积极意义。

罗易在印度被称为"近代之父"，"民族主义的先驱者"。他的社会政治观点鲜明地反映了印度资产阶级社会改良主义的特征。

罗易虽然对印度的封建等级制度进行了批评，认为"种姓分立抹杀了印度人民的爱国情感"，这种等级制度必须加以改革，但他无意泯灭阶级，他向往的是要建立一个在贵族和平民之间的"第三等级的社会"。当时，由他主持，反映了他的观点的《孟加拉公报》曾写道："现在出现了一个新的社会阶级，这个社会阶级最初不为人所知，它是属于贵族和平民之间并日益变成为一个最伟大的阶级，新时代的曙光。"②罗易和他的门徒们的这个观察是和印度的历史进程相符合的。我们知道，19 世纪上半叶印度若干沿海地区由于货币经济的发展，土地的自由经营，生产关系已有了一定的变化，出现了一个被称为薄陀罗卢迦(Bhadraloka)的新的社会集团，组成这个社会集团的有新兴的商人、高利贷者、土地经营者、东印度公司的职员等等，他们在当时的政治和经济生活中日

① 罗易：《英文著作集》，第 155—156 页。

② 《1829 年孟加拉公报》，载麦章达(G. K. Majumdar)编：《印度人论不列颠统治的言论和文件》，第 36 页，加尔各答 1937 年版。

益起着重要的作用，罗易所指的“第三等级”就是这些社会力量。

罗易在反对封建主义的活动中，为了吸引广大的农民到资产阶级方面来，他对封建主义和帝国主义压迫下的农民表示了一定程度的关怀。罗易对殖民当局所引入的土地、税收、行政管理等制度和酷吏的暴行等等都发出了抗议，并且要求耕者有固定的土地和地租，减少苛捐杂税，但是他又希望佃农和地主合作，对当时农民和手工业者的相继起义也表示了无限的恐惧和忧虑。

罗易对当时的封建野蛮习俗，特别是对寡妇殉夫(撒提)、童婚、多妻等等歧视妇女的现象进行了坚决的斗争。印度社会中歧视妇女是印度教中的一个有历史性的、顽固的传统，它和宗法的继承制度、财产制度都有着密切的关系，在当时已严重影响了社会的生产、妇女的体质以及种族的繁衍。据 1815—1829 年官方不完全的统计，印度几个重要地区有八千名妇女在丈夫死后被活活烧死。至于童婚和多妻则是更为普遍的现象。罗易为了与上述现象作斗争曾钻研了大量的古代文献，以“托古改制”的方式与印度教的顽固势力进行了公开的、严肃的辩论。罗易和梵社成员的奔走号召终于迫使殖民当局在 1829 年下令取缔了撒提制度，但是不把封建宗法制度推翻，这些歧视妇女的现象是无法铲除的。

在印度资产阶级民族解放运动没有全面形成以前，从印度的社会政治思想领域中已可以看出两种不同的倾向：一种是资产阶级自由主义倾向，赞成这种倾向的人站在合法斗争的立场上，主张在英国统治存在的基础之上进行改革；另一种是资产阶级民主主义的倾向，赞成这种倾向的人竭力宣传与帝国主义作坚决斗争的思想，这两种人后来演化成为资产阶级的右翼和左翼。罗易对帝国主义的态度基本上是属于前一种倾向的，他虽然对殖民当局的各种重要政策和措施都进行了批评，并要求扩大印度人的公民权利，但他并没有想要去触动帝国主义统治的基础。他对帝国主义抱有幻想，认为印度“半个世纪在一个热爱自由、崇尚知识的外国开明国家统治下已经获得了利益”，英国的统治“虽然是外国人的枷锁，但或许更迅速而确定地导致本地居民生活的改善”。[①] 他对印度的将来作过这样的预言：

“设想一百年以后我国人民的品德由于和欧洲人经常的交接，又由于一般政治知识以及近代科学技术的获得而提高了，难道他们能没有一种精神和倾向去有效地抵抗那些使他们在社会尺度上降级的不公正的和压迫的措施吗？……

① 罗易：《自传》，第 47 页。

如果印度具有那个国家(指英国——引译者)四分之一的知识和能力，那么由于她的辽远的地位、她的富源、她的大量人口，印度或者会成为一个有用的和有利的自愿顺从的省区——大英帝国联邦的盟友，或者则成为一个麻烦讨厌的顽强敌人。我和那些似乎对英国统治有所偏袒的人一样，盼望从英国的关系中得到将来的利益。而我必然也感到极端遗憾的乃是常常看到政府通过许多法案和规章时没有照顾到或了解到印度百姓的感情，没有考虑这个民族……的利益。”①

罗易这个预言在一百年后应验了。印度在1947年独立后仍是英联邦一个成员国，不论在政治上和经济上都和她过去的宗主国有着休戚相关的关系。罗易的政治观点对于以后印度民族主义运动中所出现的“温和派”有着重要的影响。

罗易十分关心世界事务。他在他所办的报纸上经常发表有关国际问题的评论，这对消除次大陆长期与世界隔绝的状态，唤起印度人民的觉醒有着一定的意义。他对19世纪上半叶法国、德国、南美、西班牙、希腊、意大利所发生的一系列的资产阶级民主、民族革命运动都表示了同情和支持。例如当他听到1823年南美人民反对西班牙殖民统治获得胜利的时候，他曾公开地举行宴会庆祝。又如他获悉那不勒斯人民宪章运动受到挫折的时候曾写道：“从后来不幸的消息中，我不得不作出这样的结论：在我活着的时候将不能看到欧洲的国家和亚洲的国家，特别是欧洲殖民地的国家普遍地恢复他们的自由……我考虑到那不勒斯人民的事业就是我自己的事业，他们的敌人也就是我的敌人，自由的敌人专制主义的朋友从来不会也永远不会取得最后胜利的。”②

罗易是最早把欧洲资本主义的科学文化介绍到印度的一个人。他对西方文化的重视是和他要求复兴民族文化密切相关的。罗易在一封公开信中曾谈到了他对东西方文化的态度：“如果‘理智的光芒’——关于这一点基督徒说我们应感谢英国人——意味着引进有用的机械技术，我是立即表示同意并表示感激的。但在科学、文学或宗教方面，我不知道我们要感激什么，因为参考历史就可证明：这个世界之有知识的曙光是要感谢我们的祖先，因为知识的曙光是从东方升起的；感谢智慧的女神，我们还有我们自己的哲学和丰富的文字使我们

① 罗易：《英文著作集》，第XXⅢ页。

② 罗易：转引自沙尔玛：《印度教的复兴》，第87页。

有别于其他的民族，因为他们不借用外国文字就不能表达科学的或抽象的概念。”①罗易对东西方文化遗产中的某些有益因素的肯定无疑是正确的，这也是当时印度社会进步，提高人民物质文化水平，恢复民族自信，摆脱外国统治所迫切需要的。但是，他不能严格区别东方封建文化中的精华和糟粕，科学民主和宗教迷信，因而有时也片面渲染东方文化主义。我们知道，“东方文化主义是以保存东方落后的农业生产和封建文化为满足而排斥近代科学文明的一种反动思想”②。罗易这种对待文化的态度在我国近代改良主义的思想家中也是屡见不鲜的。例如王韬(1828—1897)说：“器则取诸西国，道则备当自躬”③，“中国为西土文教之先声”，“不独为文字之始祖，即礼乐制度天算器艺无不由中国流传及外”，“欧人之律历格致，大半得自印度，而印度则正授自中原”④。罗易对东西方文化所持的态度对于印度近代文化运动中的两个派别——“印度本位主义派”和“西欧主义派”都有不同程度的影响。

罗易是近代教育的热心宣传者和组织者。在英帝国主义的统治巩固以后，殖民当局和封建势力为了政治的需要大力提倡文化复古运动，罗易曾与之进行斗争。他在1823年抗议政府成立梵文学院的公开信中写道：“如果英国的用意是要使人们得不到真实知识而保持愚昧无知，它就不会允许用培根的哲学来代替最能使人保持愚昧的经院哲学体系，而梵文教育制度则最能使这个国家保持在黑暗之中。如果这是英国立法机构的政策的话……所以，应促进一种更加高尚的、开明的教育制度，包括数学、自然哲学、化学、解剖学和其他有用科学的讲授。”⑤罗易的教育主张在当时曾获得一部分舆论的同情，并成为日后印度进行教育改革的依据。印度最早讲授自然科学的印度学院(Hindu College)就是在罗易的倡议下建立起来的。

为了把启蒙运动发动起来，罗易通过他所建立起来的梵社团结了一批具有先进思想的文化人士，其中有德瓦尔那特·泰戈尔(Dwarknāth Tagore，1794—1846，诗人泰戈尔的祖父)，罗姆·钱陀罗·维迪耶巴季(Ramchandra Vidyabagish)等人。梵社曾遭到当时封建势力的代表、正统印度教组织——法

① 罗易：《英文著作集》，第906页。

② 毛泽东：《湖南农民运动考察报告》，载《毛泽东选集》第1卷，第44页。

③ 王韬：《弢园文录外编》，卷11。

④ 同上书，卷1。

⑤ 罗易：《英文著作集》，第474页。

会(Dharma Sabhā)的猛烈攻击。罗易和梵社的思想活动对于解放印度人民的思想，提高国家的文化科技水平，揭露宗教的腐朽黑暗，清除种姓的压迫和封建的习俗，加强民族之间的团结等都起了重要的进步作用，但是他的改良主义理论和活动对以后印度民族民主运动的发展也带来了一些消极的影响。

# 印度的吠陀经

## ——读恩格斯关于宗教定义的一些体会

吠陀是印度次大陆最古老的宗教历史文献汇编，是婆罗门教和印度教的根本经典，印度“正统派”哲学的主要思想渊源。在长达四千年的历史过程中，它对印度人民的精神生活和社会习俗有着极为重要的影响。印度宗教哲学派别的斗争常常是围绕着对吠陀含义的不同注解而进行的。在印度近代资产阶级启蒙运动和民族主义运动中曾提出过“回到吠陀去”的口号。最近，印度学术界又在国际范围内掀起了一个宣传吠陀的高潮，渲染吠陀是一切现代科学发明的“种子”和泉源。恩格斯在论述宗教的起源和发展并给宗教下定义时也一再援引过吠陀经。本文拟从社会历史的角度对吠陀的起源和发展，特别是它的宗教哲学思想作一概略的论述，并找出它在我国的影响。另外，对马克思主义经典作家论述有关吠陀的问题试作一些注释。

### 一、《梨俱吠陀》时代

印度是古代世界文明发源地之一。印度最早的文明是流行在公元前 2500 至前 1500 年之间的印度河流域文明。据莫亨约·达罗和哈喇帕古城遗址发掘证明：当时定居在印度河河谷的居民已经使用青铜制的劳动工具和生活用具。他们中间大部分人从事农业和畜牧业，有一部分人从事手工业和商业。海外交通可能已经开始。另外，已有自己的象形文字，并且能制作各种造型艺术作品（绘画、小雕像及石刻等）。他们的宗教信仰大概流行着对地母神、动植物和生殖器的崇拜，这些崇拜与后世印度的民间信仰有一定的联系。

关于这个时期的社会性质，据发掘所见，住所大小不等，生产设备和占有贸易资料不同，据此或者可以推测当时社会上已有生产资料不等和阶级对立的存在，这个时期已经进入了早期奴隶制社会。印度河流域文明大概在公元前二千纪中叶就已衰落，但这个文明无疑地奠定了印度次大陆西北部各族的文化和社会关系进一步发展的基础。

关于印度河流域文明衰亡的原因现在还不很清楚。据某些历史家推测，这可能与印欧语系的雅利安人入侵或者受到地理环境、生态平衡的变化有关。雅利安人中一些部落原住在中亚细亚高加索一带，大概在公元前二千年代中叶由兴都库什山和帕米尔高原涌入印度河流域，雅利安人在推进中曾和印度的土著民族进行过长期的、残酷的斗争，最后终于征服了他们。雅利安人在未入印度以前原是游牧部落，在他们的氏族公社中父权关系占统治地位，无论在经济和文化方面都较印度原住民为低。雅利安人在印度河流域定居以后逐渐开始过渡到农业生活，并且有了巨大的发展。随着农业的发展，手工业和畜牧业便从农业中分化出来，社会上开始有了职业的分工，《梨俱吠陀》提到过木工、陶工、金工等等，那时手工业工人在社会上很受重视，例如吠陀诸神中占有突出地位的工艺创造神陀湿多(Tvastr)就是神化了的手工艺人。在《梨俱吠陀》的第十卷，也就是最后辑成的一卷中，最初提到了婆罗门、刹帝利、吠舍、首陀罗四个种姓①以及他们的不同地位，这说明社会上已有不平等和等级差别现象的存在，印度的原始公社开始瓦解了。

在《梨俱吠陀》时代，印度的部落制度还处于统治地位，部落的首领最初是由群众会议选举的，以后变成了世袭。在部落或部落联盟中，祭司(婆罗门)和军事贵族(刹帝利)居于统治地位，吠舍(农、工)和首陀罗居于被统治地位，首陀罗中一大部分是属于被雅利安人所征服的土著居民，雅利安人把他们当作奴隶，奴隶作为一个阶级正在形成之中。

在原始公社瓦解过程中，奴隶主和奴隶，雅利安人和非雅利安人，平民和祭司、军事贵族，贫者和富者，“全权者”和“无权者”进行着残酷的斗争，从而结束了《梨俱吠陀》的时代。

## 二、吠陀的名称和内容

吠陀主要是关于神的颂歌和祷文的文集。

---

① 梵语“瓦尔那”(Varna)有质、色的意思。我国古籍中译为“种姓”。

吠陀(Veda)原意为"知识"，特别是指宗教的知识，后来转化为对婆罗门教、印度教经典的总称。吠陀在我国古代史籍中音译、意译不一①。《成唯识论述记》说：

"明论者，先云韦陀论，今云吠陀论。吠陀者，明也。明诸实事故。"

吠陀从广义上看是用吠陀梵文写作的一些古代西北印度文献的总汇。这些文献大概是在公元前第二千纪至第一千纪逐渐形成的，它包含着：吠陀本集(吠陀赞歌，Samhita)、梵书(婆罗门书、净行书，Brāhmana)、森林书(Āranyaka)、奥义书(近坐书、秘书，Upanisad)。

对吠陀的狭义了解是单纯指吠陀本集。吠陀本集共有四部：(1)《梨俱吠陀》(《赞诵明论》，Rg-Veda)；(2)《夜柔吠陀》(《祭祀明论》，Yajur-veda)；(3)《娑摩吠陀》(《歌咏明论》，Sāma-veda)；(4)《阿闼婆吠陀》(《禳灾明论》，Atharva-veda)。这些本集的名称在我国古代各个时期均有音译、意译，② 它们的内容在我国翻译的佛经中也有分散的记述③，最早见于公元三世纪三国时所译的《摩登伽经》④，在隋唐的佛教文献中，还能见到对于吠陀辅助学的一些

① 音译有毗陀、韦陀、围陀、薜陀、吠驮、吠陀等；意译有明论、知论等。

② 吠陀的译名在我国古代各个时期都不一样。例如：三国《摩登伽经》译为赞诵、祭祀、歌咏、禳灾；刘宋《杂心论》译为忆力、阿他、耶训、三摩；梁陈《金七十论》译四吠陀为(1)娑摩、(2)夜集、(3)力、(4)(原缺)；隋《百论疏》译为荷力、冶受、三摩、阿闼；唐《西域记》译为寿、祠、平、术，《金光明经疏》译为颜力(寿明)、耶树、娑摩、阿闼(术明)。

③ 见《摩登伽经》卷上，《菩萨本愿经》卷上，《舍头谏太子二十八宿经》，《生经》卷一，《大智度论》卷二十五、二十六，《千佛因缘经》，《禅秘要法经》卷上，《杂心论》卷七，《金七十论》卷上，《百论疏》卷四、五，《般若灯论释》卷十，《南海寄归内法传》卷四、三十四，《大唐西域记》卷二，《金光明最胜王经》，慧琳《一切经音义》卷二十六、二十七，《大乘楞伽经》卷七，《大乘密严经》卷上，《增阿含经》卷九、十一、十二，《十住毗婆娑论》卷十，《成实论》卷八、十六，《法苑义林章记》卷二，《中阿含·梵天请佛经》，《长阿含·三明经》，《杂阿含经》卷四，《大般泥洹经》卷三十五，《广百论释论》卷六。

④ "昔者有人名为梵天，修习禅道，有大知见，造一《围陀》，流布教化，其后有仙，名曰白净，出头于世，造四围陀：一者赞诵，二者祭祀，三者歌咏，四者禳灾。"

内容的记载。① 这四部书又可分为两组。前三部是一组，《阿闼婆吠陀》是另一组。《梨俱吠陀》是吠陀中最古老的本集，它约在公元前第二千纪末形成，但其中一部分或许在公元前第二千纪中叶已经出现，至于编集这部赞歌则在很后的时候了，全书共10卷，它收集了对于自然诸神的赞歌和祭祀祷文共1028首；《娑摩吠陀》是把《梨俱吠陀》的极大部分赞歌配上曲调的歌曲集或旋律集，它是在祭祀场合用来歌唱的，共1549首；《夜柔吠陀》是说明在祭祀时如何应用这些诗歌和如何进行祭祀的集子，它的大多数赞歌也出现在《梨俱吠陀》本集中。《娑摩吠陀》、《夜柔吠陀》出现的时间较《梨俱吠陀》为晚，大约在公元前一千年以后；《阿闼婆吠陀》是巫术、咒语的汇集，共20卷，收集赞歌730首，它记录了如何驱逐病魔、恶神，避免自然灾难、兽害，反击宿敌暗害以及祈求战斗胜利、部族繁荣、事业发展、家庭幸福、长寿健康等等的巫术和咒法②。《阿闼婆吠陀》与民间信仰有着密切的关系，它虽然主要记录的是巫术、神话，但也夹杂着一些科学特别是天文学、医学思想的萌芽。我们从这部书中可以看到印度科学思想最早的形态。《阿闼婆吠陀》形成的时间，据一些学者的研究大概在公元前一千纪前后。

## 三、吠陀的宗教思想

吠陀记录了印度原始公社瓦解和奴隶制社会形成时期的宗教信仰。关于吠陀宗教的起源和发展，恩格斯曾作过下面的概括："一切宗教都不过是支配着人们日常生活的外部力量在人们头脑中的幻想的反映，……在历史的初期，首先是自然力量获得了这样的反映，而在进一步的发展中，在不同的民族那里又经历了极为不同和极为复杂的人格化。根据比较神话学，这一最初的过程，至

---

① 吠陀辅助学，也译作"吠陀分"或"明论支节录"(Vedānga)，它是从宗教仪式、发音、诗韵语法、字源、天文学等方面解释吠陀的书籍。玄奘在《大唐西域记》中写道："婆罗门学四吠陀论，一曰寿，谓养生缮性；二曰祠，谓享祭祈祷，三曰平，谓礼仪占卜，兵法军阵；四曰术，谓异能伎数，禁咒医学"，这对于四吠陀的分法和了解已与前一个时期有所不同。

② 汉译《长阿含经》卷十四对《阿闼婆吠陀》有一段概括："如余沙门、婆罗门食他信施。行遮道法(邪道卑鄙的方法——引者)。邪命自活，召唤鬼神，或复驱遣，种种压不厌无数方道，恐热于人，能聚能散，能苦能乐。又能为人安胎出衣，亦能咒人使作驴马，亦能使人聋盲瘖痖，现诸技术，叉手向日月，作诸苦行，以求利养……或诵知生死书，或诵梦书，或相手面，或诵天文书，或诵一切音书。"

少就印欧民族来看，可以一直追溯到它的起源——印度的吠陀经，以后更在印度人、波斯人、希腊人……中间得到详尽的证明。但是除自然力量外，不久社会力量也起了作用，……最初仅仅反映自然界的神秘力量的幻象，现在又获得了社会的属性，成为历史力量的代表者。在更进一步的发展阶段中，许多神的全部自然属性和社会属性都转移到一个万能的神身上，而这个神本身又只是抽象的人的反映。"①

恩格斯的这些教导，不仅指出了我们研究吠陀的重要意义，而且也提供了马克思主义的方法论。雅利安人在次大陆西北地区定居以后，他们崇拜的神大都是周围自然现象的化身，在天有日月星辰，在空有风雨雷电，在地有山河草木以及动物等等。公元前5世纪吠陀著名的注释家耶斯迦(Yaska)在其所著的《尼禄多》(Nirukta)中把神分为天、空、地三界。在天界的有天神或司法神伐楼那(Varuna)②，天神特尤斯(Dyaus)③，方位不同的太阳神苏里亚(Surya)④、莎维德丽(Sāvitri)、斯密多罗(Mitra)、晓神乌莎斯(Usas)；在空界的有雷神因陀罗(帝释天，Indra)，暴风神楼陀罗(Rudra)、摩录多(Marut)，风神伐由(Vāyu)，雨神帕图尼耶(Parjanya)，水神阿帕斯(Āpas)等。在《梨俱吠陀》中有四分之一的篇幅是歌颂雷神因陀罗的，梨俱诗人把他描绘为一个伟大的勇士，他全身和发须都呈茶褐色，躯干巨大，力大无比，发怒时毛发直立，手中执金刚杵，在巡行时常由两匹马驾驶他的军车，暴风神摩录多和风神伐由是他扈从。另外，他嗜酒成命，饮酒宛如巨鲸吸引百川(参见《梨俱吠陀》Ⅰ.32；Ⅳ.18.1；Ⅳ.46；Ⅹ.23.1)⑤。从这些描绘中不难看出，因陀罗是雷霆的一种人格化的表现，并是好战的雅利安武士的形象。印度雅利安人特别崇仰因陀罗，主要由于印度气候干热，雷雨对于农业生产有着最重要的和直接的影响。在当时生产和自然科学水平十分落后的情况下，人与自然的斗争中，人们

---

① 恩格斯：《反杜林论》，见《马克思恩格斯选集》第3卷，第354—355页，北京，人民出版社，1972。

② 在汉译佛经中也译水天、龙王。如唐法藏《华严经探玄记》二说："婆楼那龙王，此云水，为一切鱼形龙王。"

③ 此神相当于波斯拜火教的太阳神黑瓦列(Hvare)及希腊的海里奥斯神(Helios)。

④ 此神相当于希腊的太阳神宙斯(Jeus)以及罗马的尤彼得神(Gupiter)。

⑤ 本章所引吠陀的章节主要依据麦克斯·缪勒编《东方圣书》第XXXII，XLVI卷。参校梵本。

常常意识到自然力量的不可抗拒，由于对自然的惶恐，因而便产生了对自然现象的崇拜；在地界的有火神阿耆尼(Agni)、酒神苏摩(Some)①、地母神波利蒂毗(Prthivī)、河神或智慧神娑罗室伐底(Sarasvatī)②。对地界诸神特别歌颂的是火神，他们把阿耆尼看作是“力量的儿子”和“水的孙子”。在《梨俱吠陀》一首赞歌中写道：“阿耆尼的父母(是两块木条——引译者注)在一起摩擦，变成黑色，生出婴儿阿耆尼。这个婴儿的火舌朝着东方，越烧越旺，驱除黑暗，应该小心地加以保护，使它给主人增加财富”(Ⅰ.140.3)。这首赞歌和我国古代“钻木取火”的传说有着相似的地方。我们知道火的发现对于人的生存和发展有着极为重要的意义。恩格斯曾指出：“在人类历史的初期，发现了从机械运动到热的转化，即摩擦生火；……就世界性的解放作用而言，摩擦生火还是超过了蒸汽机，因为摩擦生火第一次使人支配了一种自然力，从而最终把人同动物分开。”③梨俱诗人对于火的歌颂反映出了雅利安人对于征服自然的一种重大胜利。此外，还有马神大弟克罗(Dadhikrā)、牛神毗湿奴(遍入天，Visnu)、管理死鬼之王阎罗(Yamaraksas)、魔神罗刹(Roksas)、恶神(非天，Asūra)、语言神伐户(Vāc)、无限神阿弟蒂(Aditi)等等。从以上三界诸神中可以看出，吠陀的神祇主要是人格化了的自然现象。当时雅利安人生活所处的自然环境和自然产物几乎都在宗教中得到了歪曲的反映。吠陀中对于各种神祇崇拜的意义在历史发展的各个阶段中也是有所变化和不同的。例如楼陀罗本来是猎人的庇护者，后来变成了牧畜的庇护神。又如因陀罗在最初被认为是保护农业的雷雨神，后来被认为是一个氏族的特殊保护神——武士贵族军神。随着这个氏族的强大，在吠陀中又描写因陀罗和另一个氏族保护神婆楼那进行了争夺统治地位的竞争，因陀罗在斗争中获得了胜利，两个氏族联合成为部落，因陀罗从而被称为“因陀罗—伐楼那”，嗣后，伐楼那逐渐销声匿迹，因陀罗取得完全统治的地位，又被尊为“世界大王”(Symrāj)(Ⅰ.130.8；Ⅳ42；V29.10；Ⅶ.82.1—2，Ⅹ有关章节)。因陀罗由雷雨神变成氏族神，再变成部落神或部落联盟神反映了原始居民由氏族而部落，再由部落联合向最初奴隶制国家过渡的历史

① 别名甘露(amrta)，汉译佛经中常常用此名。它是在印度次大陆生长的一种蔓草，用它的茎，加入牛乳、麦粉等调制成酒。

② 东旁遮普地区的一条河名。

③ 恩格斯：《反杜林论》，见《马克思恩格斯选集》第3卷，第154页，人民出版社1972年版。

内容。神的变化、发展是与社会的变化、发展大致相适应的。这正如恩格斯所指出："古代一切宗教都是自发的部落宗教和后来的民族宗教，它们从各民族的社会和政治条件中产生，并和它们一起生长。宗教的这些基础一旦遭到破坏，沿袭的社会形式、继承的政治结构和民族独立一旦遭到毁灭，那末与之相适应的宗教自然也就崩溃。本民族神可以容许异民族神和自己并立，……但不能容许他们居于自己之上。……民族神一旦不能保卫本民族的独立和自主，就会自取灭亡。"①另外，从吠陀诸神的变化中也可以看出：吠陀多神崇拜原是古代人民对于自己本身和周围的外部自然界的一种错误的、愚昧的、极原始的观念。这种观念是要在人类有了灵魂这样的一种认识以后，才开始想象自然界也有灵魂，才赋予自然界以人格作为膜拜的对象。自然作为他们崇拜的对象，不是自然本身，而是被当作一种有人格的、活生生的、有感觉的实体，亦即一种主观的，人的实体，人们对这种实体的崇拜，而且用人的动机等等去规定它，主要是由于自然界的捉摸无定，千变万化，人在自然界的面前无能为力，这是一种自发性的宗教，但在其发展过程中逐渐获得了社会属性，从而改变了它的性质，成为人为的宗教。这种本质的变化，恩格斯也曾指出："事情很清楚，自发的宗教如……雅利安人共有的原始宗教，在它产生的时候，并没有欺骗的成分，但在以后的发展中，很快地免不了有僧侣的欺诈。至于人为的宗教，虽然充满着虔诚的狂热，但在其创立的时候，便少不了欺骗和伪造历史。"②

在较后时期辑成的《梨俱吠陀》中③我们可以看出多神教已有向一神教发展的明显趋向，出现了很多统一的、抽象的神，例如诸神天(Visedeva)、造一切神(Visvakarman)、生主神(Prājapati)、祈祷主神(Brahmanasputi)、原人(Prusa)等等。吠陀诗人写道：

"这个天上的、有美丽翅膀的大鹏金翅鸟(即太阳神——引译者注)，人们称它为因陀罗、婆楼那、阿耆尼。对于本来是一个(神)，高贵的婆罗门给予了

① 恩格斯：《布鲁诺·鲍威尔和原始基督教》，见《马克思恩格斯全集》第19卷，第333页。

② 恩格斯：《布鲁诺·鲍威尔和原始基督教》，见《马克思恩格斯全集》第19卷，第327页。

③ 吠陀一神论的思想在《梨俱吠陀》第十卷以及后来解释吠陀的著作中反映较集中。据很多学者推断第十卷是后期的作品，大约是印度原始公社瓦解、阶级社会开始形成时期的产物。在这卷中已看到婆罗门教关于种姓分立的说教。

许多名号，他们称它为阿耆尼、阎摩、摩多利首（Mātarisvan，即风神伐由——引译者注）。”（I. 164. 46）

多神教向一神教过渡有着深刻的社会经济原因。《梨俱吠陀》中一神论思想的出现大概在印度原始公社开始瓦解、阶级社会逐步形成的时候。由于在公社内部出现了私有财产制度，出现了有产者和无产者，奴隶与奴隶主，因而在吠陀万神殿中也出现了主神和次神，本部族的神和外部族的、异己的神等等。随着部落的联合，并且形成统一的专制国家时，对唯一之神的信仰，即一神教也就产生了。吠陀中的统一神无疑地就是印度地上统一君主的反映。一神教是伴随着原始公社剩余劳动的发现，而且剩余劳动和生产资料被某个人或某个集团所独占而产生和发展的。马克思曾指出：“公社的一部分剩余劳动属于这个最终作为一个人而存在的最高集体，而这种剩余劳动在贡赋等等的形式中表现出来，也在集体的劳动形式中表现出来，这种集体的劳动形式是用以表彰统一体的——一部分是现实的专制君主，一部分是想象的部落本体，也就是神。”①因此，一神论的产生也有着深刻的经济原因。关于这个历史唯物主义基本原理本来是没有什么可以争论的，但是苏联的一些学者也有持不同意见的。1961 年前后在国际范围内掀起了一场关于印度哲学史方法论问题的争论。苏联阿尼凯也夫公开宣称，印度的古老的宗教神话思想不能单纯是“自然和社会现实的客观关系的反映”②。他的这个观点还得到英国、德国一些印度学者的共鸣。我们知道作为社会意识形态的宗教虽然是通过很多的中间环节曲折地反映经济基础，但这种反映或联系始终还是存在着的。原始宗教神话无疑地就是在人们幻想中的、经过不自觉的艺术方式加工的自然界和社会形态。如果按照阿尼凯也夫等所说的那样，宗教失去了现实基础，那么也就成了印度宗教唯心主义者所渲染“天启”的东西了。

由多神论向一神论过渡也有着深刻的认识论的原因。我们知道原初人们对客观世界的认识大都是直观的、具体的，因而对神的认识也是具体的。他们假想的神大都是和他们的生产和生活密切有关的具体事物或现象。但是随着智力的提高，思维由具体向抽象的发展，当人们中间出现某种一般概念的时候，在

① 马克思：《资本主义生产以前各形态》（1857 年 8 月—1858 年 3 月），第 6 页，北京，人民出版社 1956 年版。

② 阿尼凯也夫：《再论印度古代唯物主义》，载《今日马克思主义》，1962 年 12 月号，第 378 页。

他们的头脑里也从多少有限的和相互制约的许多神中“抽象”或“蒸馏”出了一个超世界的“统一神”的形象，从而产生了一神论，当然，这种思维的抽象是被歪曲了的。①

## 四、吠陀中的哲学思想萌芽

印度系统的哲学思想最早见于较吠陀本集稍后的《奥义书》中，但是我们在《梨俱吠陀》及“梵书”中已经看到哲学思想的萌芽。对于这些萌芽的了解是非常重要的。因为印度哲学系统的建立是以这些思想材料为前提的，也是它们的出发点。

印度古代的哲学思想大都是和宗教、巫术思想交织在一起的。但是唯心主义哲学和宗教有着重要的区别。马克思说：“哲学先是在意识形态的宗教形态上生出，从而，一方面要把宗教自体破坏，另一方面又实际还在这种理想的、在思想上已经瓦解的宗教内彷徨。”②

在《梨俱吠陀》中，我们可以看到哲学观点的萌芽。当时有很多人对吠陀“天启”和诸神表示了怀疑：“关于这个可怕的神(因陀罗)，人们问道：‘他在哪里?’他们肯定地说：‘他是不存在的。’”(Ⅱ.2.5)“因陀罗是不存在的，谁确实看见过他呢？赞美他有什么用呢?”(Ⅷ.100.3)“谁看见过最初出生的有形体的东西？它原是被无形体所孕育。请问大地上的生命、血和灵魂是从哪里来的?谁曾前去问过知道这些事情的仙人?”(Ⅰ.164.4)。这些怀疑当然不是哲学思想，但是从这些怀疑中已经可以看出人们正在力图摆脱宗教和神话的影响，从而为哲学的产生积累了思想材料，做好了准备。吠陀诗人在他们的诗歌中提出了关于宇宙形成以及人的构成、灵魂、生死等等不同看法。这些看法虽然很朦胧，但是或多或少地可以寻出在以后“奥义书”中所发展的唯心论和唯物论的形迹。

关于宇宙的形成问题，在吠陀中有着种种不同的说法。现在举出几首有代表性的赞歌来加以说明。著名的《无有歌》写道：

---

① 参见恩格斯：《路德维希·费尔巴哈和德国古典哲学的总结》，见《马克思恩格斯选集》第四卷，第220页，北京，人民出版社1972年版。

② 马克思：《剩余价值学说史》中文版第一卷，第463页。

(1)那时①“无”不存在，“有”也不存在。没有太空，也没有太空以外的天。

被隐藏的是什么？在什么地方？在谁庇护之下？那时有深不可测的水吗？

(2)那时死亡不存在，永生也不存在，没有日夜的任何迹象。

太一②由于自身的力量呼吸而无气息，此外没有其他的东西存在。

(3)那里就是黑暗，最初全为黑暗所掩，一切都是混沌，一切都是水，那太一为虚空所掩，由于自身的热③力而产生出来。

(4)此后最初的欲望在太一中显现出来，它是产生精神最早的种子。

圣人们深思熟虑地探索，找出“有”生于“无”的关系。

(5)它们的光线在横面伸展，但什么东西在上或在下呢？那时有生育者和滋养者：下面是自存的能力，上面是冲动的力量。

(6)谁真知道？谁能说出？它是从哪儿生的？造化是从哪里来的？神是在世界创造之后才产生的，那末，谁能知道它是在哪里出现的？

(7)这造化由来的根源，不知道它是否创造了一切，抑或它并没有创造一切。

只有在最高天上监视着世界的他(神)才知道，或许他也不知道。(Ⅹ.129)。

这首诗在学者们中曾引起了很大的争论。有人认为作者在歌中所提出的“非有非无”是一种客观唯心主义的宇宙意识；也有人认为是一种主观唯心主义的东西。在这些争论中值得注意的是德意志民主共和国鲁本的意见。他解释道：

“太初既无存在者，亦无非存在者(这里面是谁都不能，也不应当设想为某物的)，黑暗为黑暗所包围，太一呼吸而无气息(这是一种矛盾的说法，它否定了当时生理学家们在较早或较晚时期所提出的气息——风的原始存在)，太一通过苦行的炽热而诞生(不可捉摸的太一有如一个卵通过 tapas，即炽热孵化而生)，这种炽热是巫师们在他们那种萨满式的出神恍惚状态中体验到的，但这

① 指太初世界创造的时候。

② 原意为“唯一物”(tadekam)

③ 热(tapas)，也有“苦行”的意思。

里说的并不是一个苦行者，一个创世者。”①

鲁本的意见可以代表一家之言。我认为这首诗虽然蒙有一层神秘主义的色彩，有些词句是晦涩难懂的，但是这首诗中所表现出的怀疑精神和唯物主义的倾向是值得推崇的。作者在这首诗中首先认为宇宙不是“有”也不是“无”，换言之，宇宙是不能用现实的范畴(即当时流行的神创造世界的理论)而要用更高级的哲学抽象概念，即中性的太一来加以解释，这是对宗教的破坏。其次，作者认为宇宙是由“自身的力量”——太一所决定的，并且从这导致了“神是在世界创造之后才出现的”的结论。这种用宇宙的自身原因来解释宇宙，并且把神看作自然界的东西，显然是一种无神论的倾向。再次，作者认为“太一由自身热的威力而产生出来”，它的“上面是冲动的力量”，“下面是自存的能力”。这种“能力”“热”“冲动”决不能设想为无形的精神或灵魂的东西，在当时吠陀诗人还不知道现代科学所指明“热和能力是物质转化形式”的情形下，他们把热和能力当作宇宙的原因是有意义的。这首诗无疑地反映了那些公社下层人民对于婆罗门教意识形态的不满。

《水胎歌》写道：

在天、地、神和阿修罗之前，水最初怀着什么样的胚胎，在那胎中可以看到宇宙中的一切诸神。

水最初确实怀着胚胎，其中集聚着宇宙间的一切神天。这胎安放在无生(太一，指宇宙最高存在——引译者注)的肚脐上，其中存在着一切东西。(Ⅹ.82.5—6)

这首歌的内容在《百道梵书》(Ⅺ.16.1)中得到了进一步的发挥，后来在《奥义书》中被系统地提出，从这首歌中可以看出，某些吠陀诗人已朦胧地把水看作是最初的存在，宇宙的根本原因。这种说法虽然仍未摆脱原始巫术和神话的内容，但对唯物主义自然观的形成有着一定的意义。

《原人歌》写道：

原人(Purusa)是千头、千眼、千足，他在各方面拥抱着大地，站立的

① 鲁本(Walter Ruben)：《印度哲学史》，德文本第67页，柏林，1954。

地方宽于十指。①

原人是现在、过去、未来的一切。他是不朽的主宰，由于(祭祀的)食物，他永垂不朽。……原人的四分之一构成万有，四分之三是不朽的天界。

当诸神以原人作为牺牲举行祭祀时，春天是他的牛油，夏天是他的燃料，秋天是他的供物。

从原人生出遍照者(Virāj，即原初物质——引译者注)，从遍照者也生出原人。

当他诞生的时候，他的前面、后面都超过大地。

从那完满牺牲的祭祀中产生了颂歌(《梨俱吠陀》)和歌曲(《娑摩吠陀》)，从他生出了韵律和祭祀的仪式(《夜柔吠陀》)。

从他生出马和二排牙齿的动物。牛是从他生出的，山羊和野羊也是从他生出的。

婆罗门是他的嘴，罗阇尼耶(武士)是他的二臂，吠舍是他的二腿，首陀罗是他的脚。

月亮是从他的心中生出来的。从他的眼睛生出太阳，从他的口中生出因陀罗和阿耆尼，从他的气息生出伐由。

从他的肚脐生出了空界，从他的头生出了天界，从他的脚生出了地界，从他的耳朵生出了方位。他们就这样创造了世界。(Ⅹ.90)

从这首诗中已经可以看出，吠陀思想家们已假定在一切事物之上有一种最高的实在——原人的存在。原人是四种姓、诸神天、动植物的主宰，也是时间、空间、方位等等的创造者，这是一种"拟人观"的表现，它已包含着小宇宙(Microcosmos)等于大宇宙(Macrocomos)，即个人之本性与宇宙本性同一之思想，这些思想后来被奥义书的唯心主义者们发展成为"梵我同一"的唯心主义学说。

在《梨俱吠陀》的不少赞歌中可以看出当时的诗人们已经在众多的现象中力求找出它们的统一根源。他们把这种根源概括为"理法"(ṛta)、"实在"(sat)、"梵"(brahman)或者"造物主"(dhātr)、"能生者"(janita)等等。这些抽象的哲学概念对于印度哲学的建立和发展有着重要的意义。例如：

① 这是印度诗歌中的提偶法，意思是说原人遍布大地以外整个太空。

“从炽热中生出了理法和实在：
从此产生了黑夜，也升起了海中的波涛，
从那海中的波涛后来产生了年月，
昼夜的司管者、一切眨眼生物的主宰。
伟大的造物主于是依次创造了太阳和月亮。
他依此创造了天界、地界、空界和光明。”(Ⅹ.190,1—3)
“永恒理法的基础是根深蒂固的；
它有无限光辉美丽的形貌。
依靠神圣的理法，他们带给我们永久的食物；
依靠神圣的理法，母牛在我们的祭祀中出现。”(Ⅳ.23,9)

梨多(理法，ṛta)一字在吠陀中有着法则、秩序、正义、真理等不同的涵义，一般解释为“宇宙理法”。在吠陀诗人看来，世界上的任何现象都是受制于一种永恒的、无所不在的抽象原理，即“宇宙理法”。人们只有依靠它、服从它，才能获得自然界的恩施、生命的力量以及生活的满足。吠陀的“理法”无疑乃是自然界和思维内涵的一种粗略的概括。梨多的范畴在后来《奥义书》中又得到了进一步的发挥。

此外，在吠陀中我们也可以看到对于人的思维和气息的不同赞颂。例如有些诗歌特别赞扬人的思维(这种思维当然是指的祭司和巫师的直观能力)，把思维看作“吠陀的轴心，人和宇宙的主宰，梦中离开肉体的精神”等等；另一些诗歌则赞美气息和风，认为气息和风是“宇宙的鼓舞者”，它在“睡眠者的身上从不睡眠”等等。从这些不同的赞颂中我们可以看出吠陀诗人已经提出了有关哲学的最根本问题——对人来说，物质生命力比较重要的究竟是气息(在印度古代哲学中，唯物主义者常常把人的气息和生理机能或生命力看作同等的东西)还是思维的问题，但是思维和气息的斗争，亦即唯心主义和唯物主义的斗争要到“奥义书”的时代才得到了充分的发展。

## 五、吠陀的社会伦理思想

在吠陀中，我们也可以看到在印度原始公社瓦解时期统治阶级与下层群众对待生活和社会准则的不同观点和态度。统治阶级为了从思想上欺骗和麻痹群众，扬言他们的意志是由神所启示的，吠陀指示了每一个种姓在社会生活中的权益和义务，而且这种秩序是必须永世遵循的。例如前述的《原人歌》把婆罗门说成是原人的嘴，武士是臂，吠舍是腿，首陀罗是脚，这完全是要用“神意”来为社会不平等辩护。婆罗门教祭司欺骗人民要“净化一切，性情愉快地向天神天女的道路前进，决不能违犯因陀罗的法则”（Ⅶ．47．3），但是这些欺骗和恫吓并没有使下层人民驯服，人民反婆罗门的思想情绪甚至在婆罗门自己制定的圣典中也得到了反映。有一首赞歌说：所有的吠陀都是奸诈狡猾的婆罗门所杜撰，用来欺骗傻瓜笨蛋的。另一首赞歌对婆罗门的死背教条进行了讽刺：

> 婆罗门在苏摩祭的深夜，
> 围坐在满满的苏摩油洒瓮边谈论；
> 青蛙啊！你们也围绕这池塘，
> 歌颂一年中这一天，欢迎雨季来临。
> （Ⅶ．103．7，金克木译）

婆罗门的这种懑顸自大，正如马克思所说，“婆罗门教徒只是以承认自己绝对有权诵读吠陀经来证明吠陀经是神圣不可侵犯的。”①

很多学者所写的印度哲学著作认为，吠陀规定了印度人民永世不变的生活准则和行动的规范。渲染印度人民酷爱精神的探索，摒弃生活的欢乐和社会的职责，对人生和社会采取消极厌世的态度。例如德国的唯心主义哲学家叔本华写道：“……正像我们在吠陀、往事书……中发现他们的伦理学说……甘心情愿和愉快的忍受凌辱，戒除肉食，为了寻求贞洁而摈弃一切感官的享乐。捐弃一切财产，抛离家乡和所有亲属，隐遁丛林，在宁静的沉思中了此一生。为了杜绝欲望而甘作苦行和进行可怕而缓慢的自我折磨，直到饿死，或者成为鳄鱼之食，或者从神圣的喜马拉雅山的悬崖纵身跳下，或者活埋自己，或者最后投身于舞伎唱歌、呼号和跳舞中长驱的巨车轮下……这些教导溯源于四千年之前，而且直到现在还在奉行……。一个要求最大牺牲而且在拥有如此众多的千百万人口的民族中仍在奉行的宗教不能是一种臆想的迷信，这在人性中必然有

① 马克思：《第179号“科伦日报”社论》，见《马克思恩格斯全集》中文版第一卷，第115页。

它的根源。”①这种说法当然是十分片面的。几千年来，印度伦理思想中对于人生出世或入世的两种态度一直在进行着斗争。在吠陀中我们也可以看到印度人民对于生活的积极方面。吠陀诗人热情地描绘了印度大自然的美妙。他们假想出来的自然诸神一般都是来到人间与人民共尽欢乐的，神与人之间并没有严格的界限。他们歌颂了生产、收获、物质福利、长寿、爱情和家庭幸福等等，洋溢着生活的乐趣和生机。例如一位诗人自我表达了他的愿望：

> 使我永生于那有热烈愿望，满足欲求的境界。
> 在光辉像月亮般的世界里找到食物与充分的快乐……
> “使我永生于那个境界，那里欢乐与幸福相结合，
> 一切渴求都满足。流呀！因杜(美汁琼浆——引译者注)，
> 为了因陀罗流呀！
> (Ⅸ.113.10—11)

吠陀对于印度以后宗教哲学思想和社会思想的发展有着重要的影响。它是婆罗门教和印度教奉行的经典，印度“正统派”哲学(正理派、胜论派、数论派、瑜伽派、弥曼差派、吠檀多派)的思想渊源。印度宗教、哲学派别的斗争常常是围绕着对吠陀含义的不同注解而进行的，在近代印度民族主义运动中有人还有着重要的影响。因此，我们必须重视对这一经典的研究工作，并用历史唯物主义的方法给予正确的说明。

① 叔本华：《世界正如意志和表象》，第Ⅰ部，第Ⅳ卷，第68节。引译自《叔本华英文选集》第229页，纽约，1928。

# 印度的胜论哲学及其在中国的影响

胜论是印度古典哲学派别之一。在印度古代直到近代的哲学思想发展史中有过重要的影响。胜论哲学提出的范畴学说和原子理论是印度哲学唯物主义的宝贵传统，是印度人民的精神财富。胜论思想作为佛教哲学的对立面很早就随着佛教传入中国。胜论的重要经典之一《胜宗十句义论》的原本在印度已失传，但在我国还保存着它的译本。本文对照中印的史料，试图用历史唯物主义的原理对胜论的重要学说及其发展的历史作一概略的论述，另外，找出它在我国古代思想斗争中的影响。

## 一、胜论的名称、经典和思想家

梵语 Vaiśeṣika 在我国音译为吠世师迦、鞞崽迦、毗世师、卫生息等，意译为胜宗、胜论等。Vaiśeṣika 是从 Viśeṣa(特殊、差异、区别、殊胜)一语引申出来的，因此有人认为，胜论是重点研究世界各种现象差异方面的哲学；也有人认为，胜论是以它的逻辑学说中的特殊范畴(异句义)所命名的；另外还有人认为，胜论是由于战胜其他哲学的派别而得名的。上述意见中的第三种是汉译佛经因袭的解释。例如《唯识述记》说：“吠世史迦，此翻为胜，造六句论，诸论罕匹，故云胜也。或胜人所造，故名胜论。”

胜论传说中的开山祖是迦那陀(Kanāda)，迦那陀又名蹇拏仆(Kanabhuj，有“食米仙人”之意)，或名优楼迦(Ulūka 有“鸺鹠”或“獯猴”之意)。迦那陀另外还被人解释为“原子论者”，因为 Kaṇāda 一字中“Kaṇa”有“原子”的意思。迦那陀的生平在汉译佛经中有着各种不同的传说，但其中极大部分是不足为信的①。根据印度《风神往事书》(Vāyu Purāna，约4世纪以后编出)记载，他生于普罗哈沙(Prahāsa)，是苏摩沙尔摩(Somaśarma)的弟子。② 但此说亦不足采信，目前一般推定为公元前2世纪后半叶人。

胜论最早的经典相传是迦那陀所著的《胜论经》。据很多学者的考证，《胜论经》现在的形式大概是在公元50—150年左右编纂起来的。它共十卷，三百七十颂。第一卷陈述研究六个范畴(六句义)的意义；第二、三卷阐述实体范畴(实句义)的内容；第四卷论述性质范畴、原子论和四大的性质；第五卷论述运动范畴(业句义)；第六卷阐述宗教观、伦理观以及性质范畴(德句义)中的"不可见力规律"("法"与"非法")；第七卷论述性质范畴以及内属范畴(和合句义)的内容；第八、九卷论述认识和推理；第十卷论述苦与乐等等。

《胜论经》的释本为公元400—450年钵罗奢思多波陀(Praśastapāda)所写的《范畴与法的论纲》[旧译《摄句义法论》或《题法要集》(Padarthadharmasam̄graha)]，此书虽称祖述《胜论经》，但完全自由发挥了胜论的哲学理论，其中对于世界的生灭、运动的程序、性质范畴的分类等等解释都是和《胜论经》有出入的。《范畴与法的论纲》最重要的注疏是公元991年室利哈罗(Śrihara)所写的《正理的芭蕉树》(Nyāyakandalī)以及10世纪末邬陀衍那(Udayana)所写的《光之颈饰》(Kiranāvalī)，在这两个疏中室利哈罗和邬陀衍那已把有神论引入了胜论的哲学。《胜论经》另外重要的注疏是15世纪初商羯罗·弥尸罗(Śaṇkaramiśra)所写的《邬巴斯伽罗》(Upaskāra)以及19世纪初出现，由贾耶那罗衍那(Jayanārāyāna)所写的复注。

此外，尚有大量关于胜论与正理论混合以后所写的著作。其中比较重要的有不早于公元1150年湿婆迭蒂(Śivāditya)所写的《七句义论》(Saptapadārthī)，此书梵文本在我国西藏亦发现；不迟于16世纪南印度人阿难跋陀(Aṅnambhatta)所著的《思择要义》(Tarkasaṁgraha)以及17世纪吠斯那特

① 迦那陀的生平在《成唯识论述记》卷五，《百论疏》卷三，《因明入正理论疏》，《大庄严经》卷一中都有记载。例如《百论疏》卷三说："优楼迦此云鸺鹠仙，亦云鸺角仙，亦云臭胡仙。此人释迦未兴八百年前已出世。而白日造论，夜半游行。欲供养之当于夜半营办饮食，仍与眷属来受供养。所说之经名卫世师，有十万偈。明于六谛，因中无果、神，觉、异义，以斯为宗。"

② 参见达斯古普塔《印度哲学史》第1卷，第305—306页，1952年剑桥版。

(Viśvanathapañcānava)所写的《叙述裁定》(Bhāsāpariccheda)以及为《叙述裁定》自作的注释《极成说真珠之颈饰》(Siddhāntanuikatāvali)等

胜论另一个重要的经典是我国所保存，唐玄奘在公元648年(贞观二十二年)所译出的《胜宗十句义论》(Daśapadārthaśāstra)，此书作者据玄奘说是印度胜者慧月(Maticadra，末蒂旃陀罗)。又据《俱舍惠辉》记："慧月于云山北作十句义"，但慧月究竟生于什么年代，是何许人现在还不很明了。慧月书中的论点有很多是与钵罗奢思多波陀相似。因此，此书的年代可放在钵罗奢思多波陀以后玄奘之前，即公元400—600年。《十句义论》共八十六节，前一部分论述十个范畴理论的大纲，后一部分具体分析各个范畴所包摄的内容。

关于胜论派主要的思想家和生卒年代可列表如下：

(1)在《弥兰陀王问经》中所提到的胜论 …………………… 约公元前后

(2)在史诗《摩诃婆罗多》中提到的胜论 ……………… 不早于公元前2世纪

(3)迦那陀的《胜论经》……………………………… 不早于公元前2世纪

(4)钵罗奢思多波陀(Praśastapāda) ……………………… 公元400—450

(5)慧月(Maticadra) …………………………………… 公元400—600

以下开始与正理论混合

(6)筏蹉衍那(Vatsyayāna) ……………………………… 公元400—600

(7)邬阇塔伽罗(Uddyotakara) …………………………… 公元600—700

(8)邬陀衍那(Udayāna) ……………………………………… 公元984

(9)室利哈罗(Śrīhara) ……………………………………… 公元991

(10)湿婆迭蒂(Śivāditya) ……………………………… 公元1150前

(11)伐达摩钵弟耶耶(Vardhamanopadhyaya) ………………… 公元1300

(12)商羯罗·弥尸罗(Śaṅkaramiśra) …………………… 公元1400—1500

(13)阿难跋陀(Annambhatta) …………………………… 公元1500—1600

(14)吠斯那特(Viśvanatha Pañcānava) ……………………… 公元1800

(15)贾耶那罗衍那(Jayanārāyana) ………………………… 公元1800

## 二、胜论的变迁

关于胜论的起源以及发展在东西方学者中有过不同的争论。德国鲁本认为胜论经历了一千七百年漫长的历史，但变化是不大的、平行的。① 英国基斯

① 鲁本：《印度哲学史》192—193页。柏林德文版，1954。

(A. B. Keith)认为，胜论——正理论的发展是漫长而又曲折的，它大致可分为下列几个阶段：(1)胜论和正理论独立发展的时期；(2)互为影响的时期；(3)前期混合的时期；(4)奴地阿派(Nudda，亦称孟加拉学派)兴起的时期；(5)最后混合的时期。① 这些分法大都是从胜论思想特征上去看的，有着一定的理由。我认为按照胜论思想斗争过程以及它所起的社会作用可以作这样的处理：(1)早期胜论；(2)古典胜论，亦即以《胜论经》和钵罗奢思多波陀的疏为中心内容的胜论，这种胜论的流行时期大约自公元前后至公元8、9世纪，亦即从印度奴隶制开始衰落以至封建制度得到完全巩固时期；(3)后期胜论——胜论、正理论完全结合的胜论，亦即彻底唯心主义化和神学化的胜论。这个时期大约在公元9、10世纪以后，亦即印度封建生产关系开始衰替以后的一段时期。胜论在16世纪莫卧儿王朝建立以后已日益失去了它的影响。

**(甲)原始胜论**

关于胜论的起源在学者中有过不同的看法。印度达斯古普塔认为，胜论起源于弥曼蹉，是弥曼蹉的一个分支。② 鲁本亦认为，基于二元论的胜论范畴是从文法和祭祀中演化出来的。③ 印度罗易(M. N. Roy)认为，佛教渊源于胜论和数论，特别是这二派始祖迦毘罗和迦那陀，④ 但这种说法并无根据。与罗易完全相对立的是德国约可必(Jacob)，日本宇井伯寿和我国汤用彤教授的意见，他们一致认为胜论起源于与佛陀同时代的反婆罗门的沙门思潮，特别是顺世论和耆那教的哲学学说。汤用彤说："耆那教人指此宗为其支流……计耆那教与胜论之同处有四：一、耆那教计极微(补特迦罗)是常，胜论亦同；二、耆那谓有五实，谓天命、法、非法、虚空、补特迦罗。胜论有九实，地、水、风、火即补特迦罗也，我即命也，空即虚空也；三、耆那常立二句义，一实二变。成立三句义，一实、二德、三变，与胜论之六句义虽不同，然说者谓胜宗迦那陀原立三句义(实德业)，此三虽内容与彼不同，然或可证胜宗句义本从二句义或三句义演进渐加详密也；四、二宗均立因中无果，且于极微外立自我"。⑤ 胜论的起源虽然还需要从民俗学或文献学的研究来加以证实，但就胜论的思想特征(对于世界自发的、素朴的唯物主义看法)以及社会作用看，胜论渊源于当时

① 参见基斯：《印度逻辑和原子论》第一部分，牛津大学版，1921年。

② 《印度哲学史》第1卷，第285页。

③ 《印度哲学史》第191页。

④ 《唯物主义：科学思想史纲要》第83页。

⑤ 《印度哲学史略》第121页。

反对婆罗门的沙门思潮是有根据的。

**(乙)古典胜论**

胜论作为一种系统的哲学理论是在《胜论经》以及随后的注疏中看到的。古典胜论的基本主张是：(1)原子论——物理世界上的一切都是由不同质的原子所构成的，原子的运动是由一种类似自然力的“不可见力规律”所控制；(2)范畴说——认识的一切客体都包容于六种包罗万有的基本范畴中，这六个范畴是实体、性质、运动、普遍(同句义)、特殊(异句义)、内属(和合句义)。另据我国的文献，除上述六个范畴外，还立可能(有能)、非可能(无能)、亦同亦异(俱分)、非存在(无)四个范畴；(3)因中无果说；(4)解脱说。胜论这种多元的实在论的见解在一定程度上是和当时占统治地位的婆罗门教哲学思想以及佛教的大乘唯心主义理论对立的。这我将要在后一节中详细加以阐述。

**(丙)后期胜论**

在公元10世纪，印度封建生产关系开始走下坡路，阻碍国家发展，封建内讧日益剧烈，文化生活日益衰颓的时期，胜论也和另一个哲学派别正理论全然混合起来了。胜论和正理论的思想家们力图把神学的色彩掺入早期胜论那种把世界解释为由原子所聚合的唯物主义自然观中去。他们宣称，“不可见力规律”是自在神所创造和指导的，神是世界最后的原因。例如湿婆迭蒂宣称物理世界的一切都是按照“唯一永恒的大我”(Paramātman)，亦即自在神的意志运用实体、性质等等范畴的材料所创造的。另外，在胜论的范畴学说中，与实在相对立的非实在的范畴(无句义)也显得突出了。胜论从此便陷入了唯心主义和神秘主义的泥坑，像后期数论一样成为印度教神学的婢女，在思想史上失去了它的光辉。

## 三、古典胜论的世界观

现在具体分析一下以《胜论经》《范畴与法的论纲》和《胜宗十句义论》为中心内容的胜论学说。胜论哲学中最值得注意的是：原子论、范畴说和因中无果说。

**甲、原子论**

胜论认为，物理世界是独立于我们认识以外的一种客观的实在，它是由不同性质的原子(paramaṇu，极微)所组成的。所谓原子就是实体被分割为最小最后时的一种单位。(《胜论经》v.1,2①)例如我们把布拆散之后，可以得到线，

① 本文所引《胜论经》均据南达拉·辛哈(Nandala Sinha)的梵英评注本，阿拉巴德，1923年。并参照日译，凡直接引文均校核其他梵本，以后简称“经”并注明章节。

再把线分割之后可以得到最小单位的棉花粒子，这个棉花粒子就是原子。原子的形状像球体(Parimaṇḍala，经 v.1，20)，它本身是永恒的、不变的，而由它们所形成的客体，亦即物理世界的一切现象则是可变的、暂时的。客体是由于原子的一定聚合而发生，也由于它们的分散而消解。

原子结合的基本和最初形式是两个原子成双成对的结合。这在胜论中称之为“二重原子”(dvyaṇuka，旧译子微，子微结合以前的两个原子称“父母微”)，三个“二重原子”结合成“三重原子”(tryaṇuka，“孙微”)，“三重原子”据《胜论经》解释是我们知觉上可以感觉到的、在太阳光线中可以察见的具有微尘大小的客体(光尘，trasarenu)。四个“三重原子”结合成为“四重原子”，以此类推至“十五重原子”，以及更多重的原子，从而形成物理世界上的各种形形色色的现象。①

原子的基本形式是地、水、火(光)、风。它们都有着各自不同的性质。地色青，味苦，嗅无好恶，触无冷热；水色透明，触冷，湿润；火色鲜明照亮，触热；风触之不冷不热。(经，Ⅱ.1，1—4 及注)②

关于原子如何结合形成物理世界各种现象的规律性问题，迦那陀和早期胜论的思想家们提出了一种叫“不可见力规律”(adṛṣṭa，旧译法与非法)的理论，按照这种学说，原子的一切组合和运动都是受一种“不可见力规律”所支配。这个“不可见力规律”是事物和世界之所以成立的动力因。关于“不可见力规律”，在《胜论经》中没有明确的规定，有时把它解释为一种伦理范畴(如善与恶)，有时则把它解释为潜存于自然界内部的一种不可捉摸的势用或自然力。例如该经把它解释为风吹，火烧，水之所以在树中流转，磁石所以向北以及地震之所以引起的原因。(经Ⅴ.2，2—7，13，17 及释文)这种用自然界本身的原因来说明自然界是一种自发的唯物主义说明，但由于这种说明太含混，对于原子之间相互作用的规律性没有作出正确的解释，因而为后来的神学家们所利用，他们把

① 在我国所保存的胜论文献中有着稍为不同的记载。例如《二十唯识论述记》卷三说：“其地水火风是极微性。若劫坏时此等不灭。散在处处。体无生灭。说为常住。有众多法体非是一。后成劫时两两极微合生一子微。子微之量等于父母。体唯是一。从他生故。性是无常。如是散极微皆两两合生一子微。子微并本合有三微。如是复与三微合生一子微。第七其子等于六本微量。如是七微复与余合生一子微。第十五子微其量等于本生父母十四微量。如是辗转成三千界。其三千界既从父母二法所生。其量合等于父母量。”

② 参见《百论疏》卷三，“色是火德。香是地德。味是水德。触是风德。声是空德也。”

神解释为“不可见力规律”的主宰。

从以上阐述中可以看出。胜论的原子理论有着如下的特点：(1)承认原子是一切存在最高的物质原因；(2)原子是永恒的、不可毁灭的；(3)每个原子都拥有它自身的特性；(4)各个原子之间的关系是一种机械的、并列的关系；(5)原子的运动是由于“不可见力规律”的原因。

胜论的原子论作为一种独特的理论形式一般认为是在公元前2世纪左右的时候形成的，这个时期相当于希腊亚历山大大帝侵入印度稍后一段的时期，印度胜论的原子学说是否受过希腊原子论的影响，现在还没有足够的证据可资说明。但是从这两种平行的理论的对比中完全可以看出素朴的唯物主义世界观是东西方各国人民所普遍具有的。现将胜论的原子论和希腊德谟克利特的原子论试作比较如下：(1)德谟克利特断言，原子是无限的、永恒的，它们虽然具有形式、重量并且占有一定的空间，但本身不具有任何特殊的属性或性质。而迦那陀认为，原子具有四种形式，另外，每种原子都具有自身的特殊性质；(2)德谟克利特认为，原子是同一种类，它们在量上有差别但在质上是没有差别的，而按照迦那陀的意见，原子无论在量上或质上都是有差别的；(3)德谟克利特认为，原子是向着极其不同的方向经常处于运动的过程中，而迦那陀认为，原子是按照“不可见力规律”在移动着，原子的运动是一种机械式的位移①；(4)德谟克利特主要是运用数学的方法，而迦那陀则用文法学和逻辑学的方法来论证原子学说的。印度胜论虽然不像德谟克利特那样到处贯穿着自发的辩证法，但在科学史上同样闪烁着光芒。

**乙、范畴论**

胜论对于世界上各种现象进行了考察和概括，他们认为世界归根到底可以分为若干范畴或句义。所谓“句”(pāda)是“言语”或“概念”的意思，“义”(artha)是“客观实在”或“事物”的意思。“句义”就是“概念相对应的实在物”的意思。《胜论经》及钵罗奢思多波陀的注疏承认有六个范畴，即实体、性质、运

① 古代留传下来的关于德谟克利特的原子学说简述如下：“原子是各种各样没有质的微小物体。而虚空是某种场所，所有这些物体在这个场所中永远上下运动着，它们或者以某种方式交织在一起。或者相互碰撞而分离、走散，然后又重新结合起来，结果，它们就产生了其他一切复杂的〔物体〕和我们的身体。产生了这些物体的状态和我们身体的感觉”。转引自苏联科学院编《哲学史》第1卷，第97页，中文本，三联书店，1959。

动、普遍、特殊、内属。汉译《胜宗十句义论》传印度慧月的主张在上述六个范畴之外又增加了可能、非可能、亦同亦异、非存在四个范畴。非存在的范畴在印度后期胜论的文献中也被提到①。现将十个范畴及其所属列表如下：

**十范畴（十句义）**

- 实体(实)
  - 地、水、火(光)、风、空(以太)、时、空间(方)、灵魂(我——阿特曼)、心(意)
- 性质(德)
  - 色、香、味、触(可触性)、数、量、别异性(别体)、结合性(合)、分离性(离)、远(彼体)、近(此体)、知觉作用(觉)、乐、苦、欲求(欲)、嫌恶(瞋)、意志的努力(勤勇)、重(重体)、流动性(液体)、黏着性(润)、倾向性(行)、不可见力规律(法，善)(非法，恶)、声
- 运动(业)
  - 上升(取)、下降(舍)、收缩(屈)、伸张(伸)、进行(行)
- 普遍(同)
- 特殊(异)
- 内属(和合)
- 可能(有能)
- 非可能(无能)
- 亦同亦异(俱分)
- 非存在(无)

① 非存在的范畴(旧译无说句义)在印度最早见于公元984年邬陀衍那所写的《光之颈饰》一书。而在公元1150年湿婆迭蒂所写的《七句义论》中得到了发挥。

实体

胜论认为，世界上一切现象的本质自身就是实体。实体是性质、运动等等的基础。性质、运动等依存于实体但又是和实体有着区别。《胜论经》说："实体的表征乃是在于具有性质和运动，并是结合的原因(性质、运动依存于实体，亦即结合于实体，故实体是结合或和合的原因——引译者注)。"(经Ⅰ.1，15)

实体类别为九，即地、水、风、火、空、时、空间、灵魂、心。

A. 地、水、风、火是物质的四个基本原素，它是由上节所述的原子所构成的。

B. 空是作为一切事物所赖以成立、存在和运动的场所。《百论疏》九说："外(道)曰定有虚空法(本体之意——引者)，常亦遍(满)，亦无分，一切处，一切时信有故。"据《胜论经》和《十句义论》释，空以声音为表征和属性，"唯有声是为空"。这空有人解释是能传声的以太，但以太被现代物理学所否定了。

C. 时是时间，即"对于事物这时和那时，迟和速所发生的概念和认识的原因"。(《十句义论》，参见经Ⅱ.2，6)

D. 方是空间，即"对于东南西北四维上下等等所发生的概念或认识的原因"。(《十句义论》，参见经Ⅱ.2，10)

E. 灵魂(我)是个体灵魂，是存在于人们身体内的东西。胜论认为，灵魂是自我意识的主体，不同的身体有着不同的灵魂，它的存在是以呼吸、瞬目、生命、心、运动、器官的变化、苦、乐、欲求、嫌恶、意志的努力等等所可证明的。《百论疏》卷三说："优楼迦(胜论的别名——引者)言实有神(即神我，亦即灵魂——引者)，常以出息，视眴、寿命等相，故知有神；复次以欲、恚、苦、乐、智慧等所依据，故知有神，是实有，云何言无?"胜论对于灵魂解释得很笼统，因此学者中常引起争论，有人认为，它是一种意识或者心理的存在；也有人认为是一种生理机能，它也是由原子所组成的。但据中国的资料，胜论常常把灵魂看作一种独立于客体的、永恒的存在，也是一种认识的来源，它是一种意识或心理的东西。

F. 心(意)是灵魂与外界器官的联络者，胜论对于心的存在的证明有二：

(1)我们感知外界的对象时需要外界的器官(例如味需要舌)，因之，在感知内部的对象(如意识、感情等等)时也需要一种内部的器官，这个器官就是心；

(2)外界的器官都有其特定的对象，例如鼻之司嗅、耳之司听，但是外界的对象常常会在同时出现的，在这种同时出现的场合就需要一种调整各种器官的机关，这个机关就是心。例如我们看到一个朋友时，既用我们的眼睛看到他的脸，又用耳朵听到他的声音，在这种场合就必须假定要有一种调整眼睛和耳朵的机关，这个机关就是心。胜论这个心或者可以比作我们现在所了解的中枢神经系统。胜论认为，心也是像原子那样物质性的东西，每一个有机体仅有一个，它以极快的速度(vega)回转着，好似充遍着有机体全身。(经Ⅶ.1，23；Ⅲ.2，3 等)

从以上的分类中可以看出：地、水、风、火是一切事物的物质的基本存在，空、时大致是物质存在的基本形式，灵魂大致是精神或者心理的存在。这种说明是多元的实在论的见地。

性质

胜论认为，性质范畴的表征“是依存于实体，不具有性质，不是离合的原因”。(经Ⅰ.1，16)“不具有性质”的意思是说性质范畴不能再为其他性质所依存。“不是离合的原因”的意思是说性质范畴和作为“离合原因”的运动范畴是不同的。胜论的性质范畴大体说明了实体的属性、容量、状态、地位等等。性质范畴在《胜论经》中被分列为十七种，在钵罗奢思多波陀的《范畴与法的论纲》中又增加了七种，《十句义论》亦同。现举要分述如下：

(1)色是眼所感觉的对象，可分为白、黑、红、黄、青六种。

(2)味是舌所感觉的对象，可分甜、酸、咸、辛、涩、苦六种。

(3)香是鼻所感觉的对象，有好、坏两种。

(4)触是皮肤所感觉的对象，有冷、热、不冷不热三种。

(5)数是我们对于事物所生数的概念的原因。例如 10、100、1000 等。

(6)量是我们对于事物所抱容量概念的原因。

(7)别异性(别体)是我们对于事物所生别异概念的原因。胜论认为，世界上的各种事物都是有差异的，例如众多的线可以成衣，衣和线是别异的。

(8)结合性和分离性(合、离)是指两个事物分离或结合在我们认识中所生概念的原因。胜论认为结合性和分离性有三种：(A)运动和静止的结合(随一业生)，例如以手打鼓；(B)运动和运动的结合(俱业生)，例如牛和牛斗，两手相合；(C)静止和静止的结合(合生)，例如由风的媒介，使竹木相合，但这种结合需要外界的辅助原因。

(9)远(彼体)是指空间上的远处和时间上的过去。

(10)近(此体)是指空间上的近处和时间上的现在。

(11)统觉(觉)是一切知觉、推理作用的原因，它包括着知觉、推理、记忆等等。

(12)乐、苦、欲求、嫌恶、意志的努力(勤勇)是心理作用的原因。

(13)重(重体)是重力，事物下垂的原因。

(14)流动性(液体)。

(15)黏着性(润)。

(16)倾向性(行)是一切事物和心理作用起动的原因。它包括着：(1)使一物得以运动的速率或能力(作因)；(2)使我们对于事物和客体引起认识或回忆的心理印象(念因)。

(17)不可见力规律(法与非法)，详见上节分析。

(18)声是空特有的性质，是耳所感觉的对象。

运动

运动范畴和性质范畴一样是依存于实体，但它又和性质范畴是不同的。性质是实体静止的特性，运动则是活动的特性。一切运动都存在于有形的或具体的实体(mūrtadravya)中，例如存在于地、水、风、火等等中，但不存在于时间、空间等等抽象的或无形式的实体中。胜论把运动分为取、舍、屈、伸、行五种。取是向上的运动，舍是向下的运动，《成唯识论述记》卷一说："若于上下不虚空等处，极微等先合后离之因，名为取业，舍业翻此"，取、舍相当于我们现在所了解的垂直运动，屈是他端向固定的一端接近的运动，伸与屈相反，是他端远离的运动。《成唯识论述记》卷一说："远处先离近处今合之因名屈，伸业翻此"，屈、伸相当于水平运动；行有两种解释：一是平直运动，另是上面所说取、舍、屈、伸的结合或总合，亦即某一事物的上下左右的全体运动。

普遍性与特殊性

胜论认为，另一对基本范畴是普遍性与特殊性。普遍性与特殊性是相对的，普遍性是使宇宙万物或每一类事物具有共同点或普遍本质的原因；特殊性是使宇宙万物或每一类事物具有差异点或特殊本质的原因(者)。胜论不像唯心主义者那样把普遍性和特殊性仅仅看作是一种脱离具体事物的纯然主观的概念形式，而看作是一种既依存于具体事物但又和事物有着区别的一种独立的存在。普遍性可分为三种：(1)最上位的是存在性(有性 bhāva 或 sattā)。存在性是各种存在(实体、性质、运动)的同类化的原因，亦即是一种类概念(经Ⅰ.2，4)。胜论认为，这种存在性既依存于实体、性质和运动，但又和它们是有区别的(Ⅰ.2.8—10)；(2)最低位的是依存于每一类具体事物中的种概念，例如存在于所有瓶中的瓶性(ghatatva)，存在于各种运动中的上伸性或下垂性；(3)中间位的是实体性(dravyata)、性质性(德性)和运动性(业性)，这种实体性、性质性、运动性既属类概念又属种概念。胜论认为，特殊性范畴也可分为不同位，其最下或极端的是边异性(antyaviśeṣa)，胜论这种主张是一种实在论的见地。

内属

内属范畴是使上述实体、运动、性质相属、结合或不相离的原因。它大致可分为：(1)全体在它的部分之中或者部分在它的全体之中。例如作为全体的布和作为部分的纱之间的关系；(2)性质或运动内属于实体之中。例如红与花或者运动与运动着球的关系；(3)普遍在特殊之中或者特殊在普遍之中。

可能与非可能

这一对范畴在印度保存的文献中均未见单独的提出。只有在我国《十句义论》中被表述。《十句义论》说：

"有能句义云何？谓(与——引者加，以后同)实德业和合，(凡)共(一)或非(共)一(所)造各自果(时之)决定所须(者)，如是名为有能句义。"

"无能句义云何？谓(与)实德业和合，(凡)共(一)或非(共)一不造余果(时之)决定所须(者)，如是名为无能句义"。

这个解释很费解。日本宇井伯寿认为，此节与《胜论经》有关。《胜论经》曾论述实体与运动、性质有着如下的几种内属关系：(1)一种实体可生出一种实体，或者生出多种实体、多种性质、多种运动；(2)多种实体也可生出同类的另一种实体；(3)一种性质可以生出多种实体、多种性质以及多种运动；(4)多种实体亦可生出多种实体、多种性质和多种运动；(5)一种运动可生出多种性质；(6)多种运动可生出多种性质，但是运动绝不能生出任何实体或任何运动。[①] 在上述内属中，凡能使实体、运动性质生出自己的共同结果或单独结果的决定者或原因就是可能范畴。例如豆生豆或者豆浆和碱水结合生出豆腐就是因为在豆或豆浆和碱水中有了作为决定者或原因的可能范畴；在上述内属中，凡使实体、运动、性质仅能生出自己的结果而不能生出其他结果(余果)的决定者或原因就是非可能范畴。例如豆不能生出石头就是在豆中有了决定者或原因的非可能范畴。胜论在表述这对范畴中虽然积极地探讨了事物在发展变化中的内部条件和外部条件，潜在可能性和现实性之间的关系，但由于他们不懂得可

① 宇井伯寿：《胜论哲学》第178页，英文本，伦敦，1917。

能性向现实性的转化乃是新东西的产生及其与旧东西斗争的过程，也就是旧东西中的新质经过量的积累以至质变的飞跃过程。可能性转化为现实性只是在一定的条件下进行的，假如具备着必需的条件，可能性才会表现出来，并转化为现实。假如不具备必需的条件就不可能转化为现实。因而他们错误地假定了在事物之中有着一种似乎独立的、决定原因的可能范畴和非可能范畴。可是，必须注意的是，胜论在假定这对范畴时并没有认为它们是可以离开作为基本范畴的实体(地、水、风、火等)而独立的。

亦同亦异(俱分句义)

“俱分”从字义上看有着“亦同亦异”的意思。亦同亦异的范畴大致表明了在一种事物或存在中既有着相同亦有着相异的方面。例如人与人相比是相同的但与动物相比则是相异的，这两个方面都摄合在人中，这个范畴大致结合了我们现在所了解的形式逻辑中的同一律和矛盾律。《十句义论》说：

> 俱分句义云何？谓实性、德性、业性及(与)彼一义和合，(如)地性、色性、取性等。如是名为俱分句义。
>
> 实性者，谓(与)一切实和合，(关)于一切实(之)实(的)诠(及)缘(之)因，(而)于德业不转，(为)眼(及)触所取，是名实性。
>
> 德性者，谓(与)一切德和合，(关)于一切德(之)德(的)诠(及)缘(之)因①，(而)于实业不转，(为)一切根所取，是名德性。
>
> 业性者，谓(与)一切业和合，(关)于一切业(之)业(的)诠(及)缘(之)因，(而)于实德不转，(为)眼(及)触所取，是名业性。
>
> 地性等亦如是。

这段文字非常费解。我国汤用彤教授曾解释如下：

“按俱分者，在本论(指《十句义论》——引者)之末又译为同异，其位置在同句义(普遍范畴——引者)及异句义(特殊范畴)之间。盖此论中同谓有性(bhāva，即前节我所译为存在性——引者)，有性一切实德业所同有，无有与之异者，是乃同而不异，故又名大同(见《唯识述记》)。此论中之异谓指此牛此

① 诠有“观念”的意思，缘是“认识”的意思，所谓“实的诠及缘之因”就是“对于实体所发生的观念及认识之原因”，“德的诠及缘之因”，“业的诠及缘之因”也可按此义解释。

瓶，又此一极微甲，则凡大千世界一切事物如羊、豖、瓦、罐等，如极微乙、丙等，均是彼非此，均与之异，此则异而不同，故曰异。而俱分句义者，如实性，对于地、水等则为同，对于德业等则为异。如地性，对于瓶等则为同，对于水、火等则为异。又如牛性，对于黄牛、青牛等则为同，对于羊、豖等则为异。而黄牛性等亦复如是。凡此均亦俱亦分，亦同亦异(此依相违释)。自其同言之，则为小同；自其异言之，则为同异(此依相依主释)。”(《往日杂稿》第101页)

非存在

非存在的范畴是在后期胜论的文献中被提到的。他们认为世界上既然有实体、性质等等存在的范畴，那么，也必然有着与存在相对立的非存在的范畴。非存在的范畴有五种：(1)未生以前的非存在(未生无，prāgabhāva)，即实体、性质、运动还未结合起来的一种非存在。例如说：“一个房屋将用砖瓦制成”，但在这个说法中砖瓦还未变成房屋。这种非存在没有开端，只有结果；(2)已经消灭了的非存在(已灭无，Pradhvaṃsabhāva)，即实体、性质、运动等等在一度结合之后又消灭了的一种非存在。例如一个罐打散之后，在散片中就没有罐，这种非存在只有开端，没有结果；(3)绝对的非存在(毕竟无，atyantābhāva)，即两种事物在任何时候，即过去、现在和将来都不会发生结合的一种非存在。例如在兔中不存在角等。这种非存在既无开端亦无终结；(4)相互排斥的非存在(更互无，anyonyābhāva)，即一种事物和另一种事物相互排斥的非存在。例如牛不是马，马不是牛；(5)不能交会的非存在(不会无asaṃsargābhāva)，即一个事物不能和另一个事物会合的非存在。例如风中无土、水中无火的性质等。

印度胜论的范畴说，是在希腊亚里士多德“十个范畴说”稍后一个时期出现①，但这两个体系有着很多相同之点，现在比较如下：

| 亚里士多德的范畴说 | 《十句义论》的范畴说 |
|---|---|
| (1)实体(所有属性的基础，如人、马)…… | 实体 |
| (2)数量(一尺长或一尺半长)…… | 性质范畴中的数、量等 |

① 有这样一种说法：在马其顿·亚历山大向印度进军的时候，婆罗门把印度的逻辑理论告诉了在亚历山大军队中的希腊哲学家卡里斯芬，后来卡里斯芬把这种理论转告给了亚里士多德。因此亚里士多德在他的逻辑学说中吸收了印度的逻辑理论。

(3)性质(白、黑)…………………………………………………… 性质

(4)关系(大小)…………………………… 特殊、普遍、内属、亦同亦异

(5)地点(在市场上)………………… 性质范畴中的远近实体范畴中的空间

(6)时间(昨天、去年)……………… 性质范畴中的远近实体范畴中的时间

(7)姿态(坐卧)……………………………………… 运动范畴中的伸、缩

(8)领有(erhin,“有力”之意,如穿鞋、全身武装)………………… 可能

(9)活动(刺)…………………………………………………………… 运动

(10)遭受(“受动”之意,被割)……………………………………… 运动

(11) ……………………………………… 非存在

从上述对比中可以看出两个体系有着很多相同和相异之点。他们的相同点是:(1)亚里士多德和胜论都认为实体是所有范畴中的基本范畴;(2)都承认物质的原因和非物质原因的双重存在,胜论承认非物质的原因是灵魂,亚里士多德则是形式因和目的因;(3)在处理存在和变化的问题上都有唯物主义向唯心主义妥协的表现。亚里士多德承认“一切形式的形式”是“运动的推动者”(“隐德来希”),而胜论则承认“不可见力规律”是动力因,虽则早期的胜论对于“不可见力规律”的解释是有唯物主义倾向的①;(4)二者都重视了归纳法;二者不同之点是:亚里士多德的范畴分类,大多是从物理学出发的,各个范畴之间有着自发的辩证的联系,而胜论则常常是从文法学或语言学出发的,范畴之间的关系是形而上学的。

**丙、因中无果论**

胜论从实体的别异性中推演出了因中无果论(Asatkāryavāda),他们把因和果的关系分为七种:

A)因和果的概念是不同的。例如纱和衣片在概念上不是同一种东西;

B)因和果的名称是不同的。例如纱和衣片在名称上是不同的;

C)因和果在结果上是不同的。例如纱可织布亦可作别用;

D)因和果在时间上是不同的。因在序列上先于果,因和果不能同时出现;

E)因和果的形状是不同的;

F)因和果在数量上是不同的,如纱是多,衣是一;

G)如果因果同一,那么材料和材料的造作者将是一样的,材料造作者的

---

① (1)(2)(3)点参见鲁本《印度哲学史》第191页。

活动就失去了作用。但是由土(材料)制成瓶，确实还需要陶工(造作者)。①

胜论这个理论是和它们的本体论密切联系着的。他们虽然承认因果概念是客观事物相互作用在我们认识中的反映，但是由于他们把事物的差异亦即矛盾的方面看成不变的，否认了事物在发展过程中的转化和统一的方面，从而使因和果在形式、数量、概念等等方面对立了起来，否定了因和果的联系；另外，他们还把现象之间简单并存或者时间上的先后和现象之间的因果必然性也混淆了起来，亦即把“在此之后”和“由此之故”(Post hoc，Ergopropt hoc)两种情形混淆了起来，因而从时间上或序列上的不同推论出了因果性的不同。我们知道任何一个现象的原因都当然应该在先于它发生的现象中去寻得，但现象在时间上的任何序列性不是都表示它们之间的必然联系，在“在此之后”和“由此之故”是两个有区别的概念。胜论这种学说认识论的错误根源就在这里。

**丁、简单的结论**

从上述胜论的范畴等学说中可以看出：

(1)胜论的世界观在严格的意义上看不是唯物主义而是多元实在论的见地，这因为胜论除了主张地、水、风、火等等物质的存在外，还主张独立的灵魂的存在，但是胜论的自然哲学无疑地是唯物主义。这种唯物主义是和当时占统治地位的宗教唯心主义相对立的。

(2)胜论的范畴理论大体说明了一切存在的基本形式和它们的最普遍的关系。他们对于范畴的探讨是以活生生的现实和自然界为基础的，不仅涉及了思维的形式，也涉及了思维的内容问题。例如他们认为实体的范畴是基本的范畴，而其他的范畴则是从属于实体的。这种说明帮助人们对于世界各种存在的全面了解有着重要的意义。但是也必须指出：胜论的范畴学说是形而上学、机械论的，他们没有科学地说明各个范畴之间以及每个范畴之间的内在的、辩证的联系，因而把世界归结为一个命定的、机械的过程。另外，他们在处理个别与一般、可能性和现实性、存在和生成、有机界以及自然界和社会生活之间的关系等也都是形而上学的，从而显得混乱不堪。胜论这个范畴理论的特点正如列宁在研究亚里士多德的范畴学说时所指出：“处处都把客观的逻辑和主观的逻辑混合起来，而且混合的处处都显出客观的逻辑来，对于认识的客观性没有

① 这是吠檀多理论家罗摩奴阇在《梵经注》Ⅱ.1，15中对于胜论因中无果说的叙述。见麦克思·缪勒编《东方圣书》第XLVⅢ卷，第430—431页，英国牛津，1904。

怀疑。对于理性的力量，对于认识的力量、能力和客观真理抱着天真的信仰。并且在一般与个别的辩证法，即概念与感觉得到的个别对象、事物、现象的实在性的辩证法上陷入稚气的混乱状态，陷入毫无办法的困窘的混乱状态。”①

(3)胜论的自然哲学总的看来是一种分析的哲学。它对存在某个形态方面作了深刻的、细致的分析，这些分析对于科学分类和某个科学领域的发掘是有意义的。胜论哲学虽然开始摆脱印度古代唯物主义从整体、总的方面把握世界的局限，但是这种哲学缺乏综合，因而仍然是僵硬的、机械的、形而上学的。

(4)胜论虽如上面所述抱有科学的见解，但它归根结底还是一种宗教解脱的哲学。他们认为借助于对十个范畴的研究可以达到“真知”和解脱。从这个根本的态度上看，他们的思想还是在统治阶级的思想轨道上运转。但是，我们也能看到他们的哲学和当时占绝对统治地位的吠檀多哲学思想的差别。如果把他们的哲学思想和社会思想联系起来(我在下节中还要具体分析)，可以看出它是反映出了与当时产业发展有关的新兴的封建主、富有商人和城市居民的动向和利益。

## 四、认识论

胜论的认识论是和它的世界观密切相联系的。他们认为，人的认识是和外界事物相联系着的。认识就是“外界客体与我们认识判断中的某种特性(Pākāra)的符合”。

胜论把认识分为确切的认识(prama)和非确切认识(apramā)两种。确切的认识据钵罗奢思多波陀注分为知觉、推理、记忆和圣者的直觉(ārsa)。

(一)知觉是认识的基础，它是由灵魂、心、感觉器官、对象等等要素和条件接触之后所引起的。知觉可分为两种：

A)直接的知觉(无分别现量，nirvikalpa-pratyakṣa)，即还没有加入概念作用的直接知觉。例如说：“白的物件”，在这个表述中“白的物件”还是一种漠然的感觉印象，性质(白的)和实体(物)在知觉中还未区别开来。(参见经Ⅷ.1，9)

B)间接的知觉(有分别现量，Savikalpa-pratyaksa)，即已加入概念作用的知觉。例如说：“这个物件是白的”。在这个表述中已加入认识者的分析，即添入了概念的作用，实体和性质在知觉中已有区别。

(二)推理(anumāna，比量)是由“表征”(liṅga，旧译相)而得的认识，“表

① 列宁《哲学笔记》第334页。

征”这个字在胜论中是“因”(hetu)、“证明”(apādesa)、“表具”(karaṇa)等的同义词。(经Ⅸ.2，4)推理有五种：

A)从结果推知原因(有余比量)；

B)从原因推知结果(有前比量)；

C)在有内属关系的两个中，从已知的一个推知未知的一个(见同比量)，例如见烟推知有火；

D、E)在有矛盾关系中的两个，从已知的一个推知未知的一个，或者从未知的一个推知已知的一个(不见同比量)。例如看见风雹推知农作物受损，或从农作物受损推知风雹。

非确切的认识是对某一事物对象所有性质的认识与真实性质的不一致。它“是由于认识器官的不健全以及印象的不完善所引起的”。(经Ⅸ.2，10)非确切认识的性质和形式据《胜论经》有四种：疑惑、犹豫不定、错误和梦境。

A)疑惑“是在一个对象中和同一对象中的矛盾性质的认识”。因此，疑惑有着三种表证：(1)必须具有不同性质的认识；(2)一种性质的认识必须和另一种性质相矛盾；(3)这些不同性质的认识必须在一个和同一个对象中被了解。例如我们看到远方一个直立的东西(同一对象)，这个东西或许是人，或许是树，也或许是碉堡(性质的矛盾)。这种不确定的认识就是疑惑。

B)犹豫不定是疑惑的一种被限止形式的表现。例如我们看到远方的一个东西，这个东西已确知是树，但这株树是杨树还是桃树仍无法确定，这就是犹豫不定。

C)错误是和外界事物真实性质矛盾的认识。例如说：“有角故有马”。胜论认为，错误或许是由于感觉器官的不健全，或许是由于客观对象的不清晰(过大、过小、过近、过远)，也或许是由于虚假的印象所造成的。

D)梦境是由于先前的印象以及心和灵魂特别接触所引起的一种认识。(参见经Ⅸ.2，7及钵罗奢思多波陀注)在梦境的认识中感觉器官是不活动的，心也是静寂的。梦境可分为三：“(1)或许是由于在安眠以前醒的状态中所接受的鲜明性的印象；(2)或许是由于气质、风、狂怒、恬静等等不正常所引起的；(3)或许是……由于唤起欢乐和恐怖的幻觉的‘不可见力规律’所引起的。”①

从上面的阐述中可以看出胜论的认识论是立足于实在论的立场上的。他们在一定程度上承认客观事物是我们认识的泉源，并是检验真理的标准，并且把

① 基斯：《印度逻辑和原子论》，第66页。

认识对象、感觉器官和心联系起来，这是正确的方面，但是他们的认识论还未达到反映论的水平，在他们的认识过程中还承认神秘主义、唯心主义的灵魂在场和作用，这不能不是一种局限。

## 五、社会伦理思想

胜论社会思想的中心问题和印度其他正统派哲学一样是个人如何获得解脱的问题。他们认为个人的解脱与其说是与个人的欲望、意志和行为有关，毋宁说是与宇宙的规律——“不可见力规律”相联系着，宇宙的规律像铁的锁枷一样操纵着自然和人的一切，只有打破这个规律，才能使灵魂获得解脱成功。为此，他们规定了一系列获得解脱的方法，解脱方法最首要的是通过对十个范畴的了解达到“真知”或“如实知”(经Ⅰ.1，4)其次，是执行吠陀所规定的种种宗教义务(苦行、布施、奉献等等)。

胜论对于吠陀的权威，亦即正统婆罗门的思想抱着矛盾的态度。他们一方面宣称他们是忠于“传承”和“法典”的，但另一方面又竭力对它们加以限制和修正。例如他们一方面接受吠陀有关修行者“四住期”的规定，但另一方面又宣称，如果修行者忠于“仁爱”的誓言，即使不放弃世俗的生活也能获得解脱。又如他们一方面承认吠陀的神圣，但另一方面又对弥曼差派的“声常住论”(祭司的语言是永恒的)以及吠陀的天启进行了反驳，声称吠陀是人造的，由吠陀得来的知识比之从十句义得来的还要低劣。胜论这种既要摆脱宗教的束缚但又在宗教中彷徨的态度是和新兴的封建主、商业富有者的政治态度相一致的。

胜论在一般意义上接受了婆罗门教有关各种种姓义务的规定。但又作了很多的补充和修正。印度古代法律，例如《摩奴法典》对于盗窃上等种姓的财物规定必须处以死刑或重刑，但胜论的思想家们认为，下等种姓如为饥饿所迫，在一定时间以内或濒于死亡而盗窃上等种姓的财物时应不构成犯罪(经Ⅵ.1，1及复注)等。

胜论上述哲学和社会思想的矛盾是当时社会矛盾的反映。以《胜论经》和钵罗奢思多波陀等注为内容的古典胜论最为流行的时期大概在公元1至6世纪，这个时期相当于印度奴隶社会开始衰落和封建社会形成的时代。当时社会的矛盾是：一方面在印度社会中出现了一个新的阶层，这个阶层是在封建制度的基础上，而不是在奴隶制的基础上建立自己的经济；另一方面是在自由社员和剥削他们的奴隶制国家之间发生了尖锐的冲突。由于印度封建社会结构仍然是建筑在古代遗留下来的农村公社基础上的，封建阶级和奴隶主既有矛盾的方面，也有着共同的方面，因而反映在思想领域中新兴的封建阶级一方面对婆罗门的思想统治表示不满，但又不愿和旧的传统相割裂，古典胜论就是反映了这个新兴阶层的动向和利益。

## 六、汉译佛经中关于胜论记载的情形、存在问题及影响

胜论在汉译佛经及我国僧侣所写的著作中有着大量的记载①。这些记载对于了解胜论发展的历史，胜论与佛教的关系有着一定的参考价值。目前这些记载已引起了日本和西欧学者的注意，其中一部分已翻译成为西方文字(《十句义论》《唯识述记》及《百论疏》等中有关部分)，对于这些资料的整理，是一个极为繁复的科学研究问题，它不单涉及资料的内容，也涉及方法论。

(1)关于慧月《十句义论》中所提到的三个范畴：可能、非可能、亦同亦异，虽然在印度所保存的胜论和弥曼蹉派早期文献中可以找出蛛丝马迹，但在《胜论经》，与慧月同时候或较早一个时候的《范畴与法的论纲》以及9世纪以后室利哈罗、邬陀衍那、湿婆迭底以及其他人的著作中都未单独提出。《十句义论》的梵本一直未发现，作者慧月的生平在印度的文献中也没有人提及，因此十句义论是不是印度胜论独立的一派？翻译者玄奘有无穿凿附会？(玄奘的其他著

---

① 我国有关胜论的重要记载，可分类如下：

一、胜论学说的总述

《成实论》卷三“一切有无品”(后秦鸠摩罗什译)；《百论疏》卷三(隋吉藏疏)；《成唯识论述记》卷一(唐窥基撰)；《因明入正理论疏》卷中、下(唐窥基撰)；《俱舍论光记》卷十九、二十二(唐普光记述)。

二、佛教与胜论关于哲学基本问题的争论

《成实论》卷三四“大实有品”(鸠摩罗什译)；《成实论》卷五“触相品”(同前)；《成实论》卷五“闻声品”(同前)；《百论疏》卷九“破异品”(隋吉藏疏)；《广百论释论》卷六(唐玄奘译)；《广百论释论》卷七“破根境品”第五(唐玄奘译)；《广百论释论》卷七“破边执品”第六(唐玄奘译)；《俱舍论光记》卷四十四(唐普光记述)。

三、其他(历史传说及胜论学说的某些个别方面)

《大庄严论经》卷第一(后秦鸠摩罗什译)；《大般涅槃经》卷第三十五(北凉昙无谶译)；《百论疏》卷三(隋吉藏疏)；《阿毗达磨顺正理论》卷第八“辩本事品”第一之八(唐玄奘译)；《阿毗达磨顺正理论》卷第三十五“辩业品”第四之三(唐玄奘译)；《阿毗达磨藏显宗论》卷第七“辩差别品”第三之三(唐玄奘译)；《俱舍论光记》卷四十五(唐普光述)(武维琴整理)。

作也存在着争论）都是悬而未决的问题。

（2）在我国保存的胜论文献和记载中，关于胜论的范畴学说计有三种：十范畴说、六范畴说和七范畴说。而且对于六范畴说也有不同的解释：《成实论》卷三，《百论疏》卷三释六范畴是实体、性质、运动、特殊、普遍、内属。例如吉藏说："今言六谛者，一陀罗骠（dravya），称为主谛，亦云所依谛，谓地、水、风、火、空、时、方、神、意。……二者求那（guṇa）此云依谛，有二十一法，谓一、异、合、离、数、量、好、丑，八也。次有苦、乐、憎、爱、愚、智、勤、惰，亦八也；次有五尘，即色、声、香、味、触也。……三者羯摩谛（karma），此云作谛，谓举下屈伸所有造作也。四者三摩若谛（sāmānya）。此云总相谛，谓总万法为一大有等。五毗尸谛（viśesa），此云别相谛，谓瓶衣不同也，六三摩婆衣谛（sāmāvaya），此云无障碍谛，如一柱色香偏有而不相障。"《成唯识论述记》卷五，《广百论》卷六、八，《俱舍论》（《光记》十九），《显宗论》卷七，《顺正理论》卷十二等则释六句义是实体、性质、运动、存在性（有）、亦同亦异（同异）、内属。关于我国所传各说汤用彤教授曾作过下列比较①。

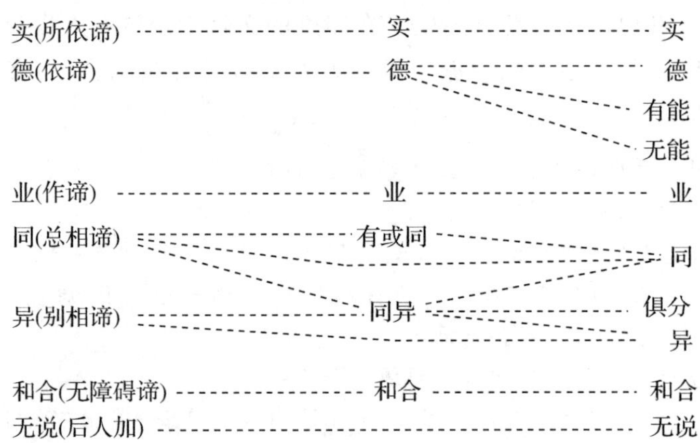


这些记述为什么和印度文献记载有出入，这我将在另一篇文章中加以说明。

（3）胜论哲学在我国思想界的斗争中也有过某些影响，历史上比较重要的例子是隋吉藏在建立我国三论宗的体系时，为了"破邪显正"，反对唯物主义，通过《百论》和《中论》的注疏，对于胜论的各别学说（极微、因中无果、六范畴

① 《往日杂稿》第 86 页。

等等)逐一进行了批驳，他视胜论的原子和合学说是八种邪因邪果的第一种。(《中论疏》)又如唐代的唯物论哲学家吕才(600—655)在阐述他的唯物论、无神论的思想时也曾把胜论的原子与《易传》的气都看作物质的范畴，并以此为世界的根源。又用“多生一”(即一物由许多原子所构成)比拟《易传》的“一生多”(“元资一气，终成万物”)。吕才的论敌明濬在指责他的原子—气的学说时曾写道：

“又案：胜论立常极微。数乃无穷，体唯极小，后渐和合，生诸子微。数则倍减于常微。体又倍增于父母。迄乎终已，体遍大千，究其所穷。数唯是一。吕公所引《易系辞》云，‘太极生二仪，二仪生四象，四象生八卦，八卦生万物’。云此与彼，言异义同。今案太极无形肇生有象，元资一气，终成万物。岂得以多生一而例一生多？引类欲显博闻，义乖复何所托。”①

他如章太炎在辛亥革命时也曾援引过胜论的自然学说批判基督教唯心主义理论。他说：

“鞞世师之说建立实性，名为地、水、风、火……皆有极微，我(灵魂——引者)、意(心——引者)虽虚，亦在极微之列。此所谓唯物论也。”

“耶和瓦之创造万物也。为于耶和瓦外无质料乎？为于耶和瓦外有质料乎？……若云耶和瓦外本有质料如鞞世师所谓陀罗骠者。(实体——引者)则此质料因与耶和瓦对立。质料犹同，而耶和瓦为其良冶。必如希腊旧说双立质料二宰而后可。适自害其绝对矣。是故绝对无二之说。又彼教所以自破者也。”②

---

① 参见侯外庐等著：《中国思想通史》第四卷上，第119页，人民出版社1959年版。

② 《太炎文录初编》别录卷三。

# 印度数论哲学述评
## ——汉译《金七十论》与梵文《数论颂》对比研究

### 一、古典数论形成时期的社会历史背景与派别斗争情况

印度婆罗门系统各种哲学形成独立学派的时代大概在孔雀王朝衰落以至笈多王朝兴起的时代（公元前 3 至 2 世纪—公元 4 世纪），亦即奴隶占有制开始衰落和封建关系开始形成的时期。在这个时期内，印度社会经济有了进一步的发展，随着经济的繁荣，文化生活也空前高涨起来。印度的自然科学特别是数学、天文学和医学在古代是比较发达的。在梵书时代我们就可看到专门探讨数学和几何学问题的著作——《祭坛经》(《准绳经》，Sulva-sūtra)。印度人很早就已创造了数字和十进位的计算方法。这种数字和方法后来由阿拉伯人传至欧洲，被称为阿拉伯数字。还知道了开平方和立方的方法，能够十分精确地计算出圆周率的数值。印度的天文学由于农业灌溉需要的推动在古代也是很发达的。印度人很早就已精确地观察了日月的盈虚、太阳的行程、季节，尤其是分为二十七或二十八个星座的黄道。在公元 4、5 世纪印度的天文学家圣使（Āryabhata，499—?)已经有力地证明了地球运行的原理并科学地解释了日蚀、月蚀的原因。医学①的发展虽然受到各种宗教偏见的阻碍，但古代的医生们已经能够诊断和治疗各种各样的疾病②，运用数百种不同

① 医学古代称为阿由吠陀（寿论，Āyurveda）

② 印度最古的医典是 1890 年在我国新疆库车（龟兹）佛教堵波中发现的，其中记录诊治古代各种疾病的处方。

的药物(植物、动物、矿物等)并且能做出比较复杂的外科手术等。另外，印度的语言学和逻辑学在古代也有高度的发展，印度的文法学家巴尼尼(Pānini)很早就分析了文字的形体，知道字源与语尾的不同，并确定语尾的功能，这些比较科学的分析对于西方近代语言学的发展有过一定的影响。

在公元前后，印度同东西方的贸易和文化的交流也在较大的规模上进行。印度在建立自己的文化系统中摄取了东西方文化中某些有用的东西。例如贵霜王朝采用了罗马货币的基本单位，也采用了我国的君主称号(天子，Devaputra)与此同时，印度的宗教文化思想也开始传入我国和亚洲其他国家。东西方文化的接触对于双方都起着有益的促进作用。

在上述种种条件下，印度的宗教生活也有了重要的变化。佛教和耆那教从总的方面看有某些衰落的迹象，而婆罗门教却有兴盛之势，婆罗门教的兴盛是和当时社会和民族的斗争有着密切的关系。在贵霜王朝时，伽腻色迦曾大力提倡佛教，其重要目的之一是要想利用佛教来缓和印度民族对外来民族压迫的反抗，以此削弱婆罗门贵族的势力，并把他的政治影响深入到基层中去(当时婆罗门教在农村中有巩固的基础)，而南印诸国(案达罗王朝等)拥护婆罗门教则是想借此和外来侵入者对抗并进一步巩固种姓制度。笈多王朝兴起以后，笈多诸王虽则崇奉婆罗门教，但为了缓和帝国内部民族和宗教等等的矛盾，亦放任其他宗教的发展(这个时候其他宗教内部也已有了重要的变化了)。关于这个时期的宗教哲学派别，印度传统划分为正统派(Āctika)和非正统派(异端派，nāctika)二类。正统派一般宣称接受吠陀为唯一的权威，而非正统派则加以否认。正统派包括正理论、胜论、数论、瑜伽、弥曼差、吠檀多等六大派，另外，还有文法学派、医学派等等较小的派别。非正统派包括着佛教、鲁那教、顺世论等。佛教又分为毗婆娑部、经量部、中观派、瑜伽行者派等等，这种分法虽然有着一定的历史根据，但毕竟掩饰了哲学发展的真实原因。如果按照这些学派对于哲学问题的回答以及它们的社会作用大致可以划分为唯心主义和唯物主义两类：属于唯心主义的有佛教的中观派和瑜伽行者派、瑜伽派、吠檀多派；属于唯物主义的有顺世论；属于实在论或有唯物主义因素的有正理论、胜论、数论、弥曼差，佛教中的毗婆娑部等，当然这些学派的社会伦理思想都是历史唯心主义的。

## 二、数论的二元论哲学

### (一)名义、史料和主要思想家

数论哲学是印度古老哲学体系之一。数论在汉译佛经中也称为僧佉

(Sāṃkhya)、迦毗罗论、雨众外道等①。关于数论的名义在学者中曾经有过不同的解释，有人认为“僧佉”原意为“计算”，后来引申为“思索研究”，从而成为数论哲学的特有名称。例如《唯识述记》说：

梵云僧佉，此翻为数，即智慧数。数度诸法，根本立名。从数起论，名为数论。论能生数，亦曰数论。

另一些人认为“僧佉”原意“审择”，因与瑜伽并列，故为“禅定”的别名；也有人认为数论内容列举二十四、二十五和二十六个范畴(谛)，因而是“让人熟记的方法和要点”。《百论疏》说：

僧佉此云制数论。明一切法不出二十五谛，故一切法摄入二十五谛，名为制数论。

数论的主要经典是《数论颂》(Sāṃkhya-kārikā)、《瑜伽经》、《数论经》(Sāṃkyasūtra)以及它们为数众多的注疏和复注。《数论颂》相传为3、4世纪自在黑(Īsvarakṛṣṇa)所作。《数论颂》的释本目前被保留下来的有五：(1)是我国所保存的、陈真谛(约548—596)所译的《金七十论》②。(2)是近年刊行的《道理之光》(yuktidīpikā)，这注对数论的历史和古典数论作了重要的阐明，据有人考证大概是在公元6世纪中叶写出的③；(3)是大概在7、8世纪顷乔萘波陀所写的释本，即《乔萘波陀注》(Gaudapādabhāṣya)。乔萘波陀的生平现在还不很清楚，有人推定乔萘波陀是吠檀多派《蛙氏奥义颂》的同一作者，但此说仍不足采信。这注有着明显的吠檀多的倾向；(4)是《摩吒罗评注》(matharavṛtti)，这个注的年代也不很清楚，但有史料可以说明，它在10世纪以后还很流行；(5)是公元9世纪上半叶婆察斯巴蒂·弥尸罗所写的《明谛论》[《数论诸谛之月光》，(Sāṃkyatattvakaumudī)]。婆察斯巴蒂是正理论著名的理论家，他对《数论颂》的无神论思想进行了批驳，力图把古典数论篡改为一种有神论的哲学。上述几个释本有些内容和章节都是不同的，这种不同的原因虽经很多学者苦心的考证

---

① 在个别场合也称为僧伽论、伊师迦。

② 关于《金七十论》的名义在《唯识述记》中曾有说明：“谓有外道，入金耳国，以铁鍱腹，顶戴火盆，击王论鼓，求僧论议，因诤世界初有后无，谤僧不如外道，遂造七十行颂，中数论宗，王意明彼，以金赐之，外道欲彰纪令眷，遂以所造，名《金七十论》。”此说不足为信，《金七十论》大概以颂数七十立名的。

③ 此注梵本最近印度马德拉斯大学已整理发表，载该大学《东方研究记录》第Ⅻ、ⅩⅣ、ⅩⅤ卷，中国国家图书馆藏有部分。

和解释，但目前还没有一致的看法①。有些学者认为《数论颂》第1—52和53—68颂的内容有着明显的差别，第53—68颂可能是后人假托的②。

数论另一个重要著作是《数论经》，《数论经》相传为迦毗罗所作，但此说并不可信。据很多学者考证，在此经以前所有数论哲学著作都未提到过它的名字，因而可能是由吠檀多派在公元14世纪写出的(也有人认为是公元9世纪写作的)。但在汉译佛经《大智度论》卷78、《百论》中确已提到过《僧佉经》，这种《僧佉经》是否就是印度的《数论经》，还需要进一步研究，才能作出结论。《数论经》共6卷526颂，前三卷叙述数论一般原理，第4卷论修行，第5卷述对其他学派的驳难，第6卷反复陈述数论的要点。《数论经》重要的注释本是公元15世纪阿尼鲁达(Aniruddha)所写的《数论经评注》(Sāṃkyasūtravṛtti)以及公元1550年吠若那比柯宿(识比丘，Vijñānabhikṣu)所写的《数论经注》(Sāṃkhyapravacana bhāṣyam)和17世纪摩呵提婆·吠檀丁(mahādeva Vedāntin)所写的《数论复注精要》(Sāṃkhyavṛttisāra)。阿尼鲁达及吠若那比柯宿都是吠檀多的理论家，他们力图“使原始数论和吠檀多的哲学调和起来，扬弃它的无神论因素”③。

数论学说在汉、藏译佛经以及我国僧侣所写的著作中有着重要的记录④。

---

① 参见穆克吉(J. N. mukerji)著：《数论》第6页，加尔各答，1930。

② 日本本多惠将《金七十论》，《乔荼波陀注》，《摩吒罗评注》和《明谛论》作了比较。其比较结果发表在《数论颂的原型与古注的性格》一文中，此文编入《宫本正尊教授还历纪念论文集》，三省堂，昭和29年。

③ 梵文校订者及德译伽尔伯(R. Garba)语。

④ 可见汉译《大毗婆娑论》卷13、181，《佛所行赞》卷3，《佛本行集经》卷22，《大庄严经》卷1、4，《大智度论》卷70，《百论》，《提婆菩萨破楞伽经中外道小乘四宗论》，《瑜伽师地论》卷6，《佛性论》卷1，《入大乘论》卷上，《成唯识论》卷1，《大般涅槃经》卷16、35、39，《方便心论》，《成实论》卷3、16，《显扬圣教论》卷9，《随相论》卷1，《大乘广百论释论》卷3、9，《摄大乘论释》卷2(梁译)，《十八空论》，《婆薮槃豆法师传》，《大乘音义》卷6，《摩诃止观》卷10之一，《大乘法苑义林章记》卷1、9、12，《法华文句》卷8，《三论玄义》，《中观论疏》卷1末，《百论疏》卷3、5、6，《成唯识论述记》卷1、4，《因明入正理论疏》卷中，《俱舍论光记》卷3、11、13，《释迦谱》卷1，《大慈恩寺三藏法师传》卷4，《一切经音义》卷10(玄应)，《一切经音义》卷47(慧琳)，《翻译名义集》卷5等。另外藏译月称《入中观论》卷6有重要的记载。

这些记录有的很系统，有的很片断，其内容大部涉及早期数论以及佛教徒对于数论的批判方面。其中值得重视的是陈真谛所译《金七十论》，此书已由高楠顺次郎转译为法文，并由夏斯特里(N. A. Sastri)倒译为梵文。关于《金七十论》的作者、时代和原本在外国学者中曾引起长期的、广泛的争论①，一般认为此书是目前保存的《数论颂》释本中最古老的一种②，从内容上看，它确实是受吠檀多的影响较浅，如果把它和印度以后的释本相比，大致可以看出数论内部发展的曲折过程。关于《金七十论》的内容，现据支那内学院校订本列表说明如下：

| | |
|---|---|
| 1—2 颂及长行 | 总说，研究数论的目的 |
| 3—22 | 世界观，认识论 |
| 3 | 二十五范畴(谛)概说 |
| 4—6 | 认识的方法或工具 |
| 7—8 | 八不可见，对于佛教、胜论的反驳 |
| 8 中—10 | 因中有果说 |
| 11—14 | 三德(三种性质)说 |
| 15—16 | 原初物质(自性)存在的证明 |

① 比尔(Beal)认为《金七十论》和印度乔荼波陀的释本是同一个。麦克斯·谬勒及伽莎伐罗(Kasavara)认为《金七十论》和乔荼波陀的释本内容很接近。高楠认为《金七十论》的某些表述、引文和释例虽然是和乔荼波罗的释本相同的，但不能证明《金七十论》译自乔荼波罗，二者可能出于一源，即已遗佚的般尸诃所写的《六十科论》。

比耳伐卡(Belvaka)认为《金七十论》出自《摩吒罗评注》，但此说铁拉克(B. G. Tilak)、基斯(A. B. Keith)及苏里耶那罗衍那(S. Suryanarayāna)及梵文倒译者夏斯特里(N. Aiyaswamisastū)均不表同意。夏斯特里经过苦心的翻译、考证后曾作过这样的结论：《金七十论》和《摩吒罗评注》不出于一源。《金七十论》可能译自目前已遗失的、在公元 350 年流行于印度的《摩吒罗注》(mātharaprānta 或 māthra Bhāṣhya)，这个注在公元 450 年耆那教的经典中曾提及，而且其内容和以后出现的《摩吒罗评注》有很多混同的地方。《金七十论》的内容和花剌子模的作家贝鲁尼(Alberuni)在《印度书》(Indica)中所阐述的数论内容很相似，可证《金七十论》的原本在 11 世纪以前印度还可能存在。(参见夏斯特里：《梵译金七十论》第 xxxiii 页)。

② 我国传统说法，认为《金七十论》是频阇诃婆沙所造，大约在世亲之前，约公元 3 世纪。参见本节自在黑条注。

| | |
|---|---|
| 17—19 | 神我及其作用 |
| 20—21 | 神我与原初物质的关系 |
| 22 | 原初物质与神我结合后演变出的现象世界 |
| 23—38 | 生物的构成及其活动 |
| 23 | 统觉(觉) |
| 24—25 | 自我意识(我慢)及其分类 |
| 26 | 五感觉器官(五知根)及五行动器官(五作根) |
| 27 | 心(心根) |
| 28 | 五感觉器官及五行动器官的职能 |
| 29 | 风 |
| 30—37 | 内部作用器官(内作具)及外部作用器官(外作具)的职能 |
| 38 | 五细微原素(五唯)与五粗大原素(五大) |
| 39—68 | 轮回与解脱 |
| 39 | 细身与轮转 |
| 40—43 | 细身的三种存在(三有)与轮转 |
| 44—45 | 解脱与离欲 |
| 46—50 | 心理状态(统觉)的五十分 |
| 51 | 修行的道路、方法和成就 |
| 52—55 | 轮回前后的各种状态 |
| 56—68 | 原初物质的解脱，解脱中的神我情状，解脱后的状态 |
| 69—72 | 数论师的传承关系 |

我国记录的印度早期数论学说大体上是和印度一致的，但也有某些不同之处。例如《金七十论》和梵本《摩吒罗评注》相比，二者内容相同的是六十五颂，相异的是十七颂。《金七十论》对于原初物质的演变顺序、解脱的概念、神我存在的理由、神我和原初物质的关系等等的某些解释就和《摩吒罗评注》不同，另如《大智度论》《百论》《随相论》等对于三德、原初物质的演化程序等的解释也是和婆察斯巴蒂·弥尸罗的《明谛论》以及《数论经》等不同的。

数论派的最重要理论家可列表如下：

1. 迦毗罗(Kapila)——公元前 350—250?①
2. 阿修利(Āsuri)——?
3. 般尸诃(Pañeaśikha)—公元前 150—50?②
4. 自在黑(Iśvarakṛṣṇa)—300—400③
5. 摩吒罗(māṭhara)——公元 450
6. 乔荼波陀(Gaudapāda)——公元 600—700

---

① 迦毗罗是一个神话中的人物。在《薄伽梵歌》《往事书》中被称为"神圣的仙人",毗湿奴的化身,阿耆尼的化身,等等。据约翰大维(John Davies)的研究,迦毗罗可能在佛陀以前出生于北印度的迦毗罗城,因为佛陀的出生地就是以迦毗罗的名字命名的(参见《数论颂译评》,加尔各答,1957)。摩尔认为可能生于公元前7世纪。中村元则认为公元前 350—250 年人。

② 迦尔伯认为般尸诃是公元1世纪人。

③ 关于自在黑的生卒年代在学者中曾有各种不同的说法。达斯古普塔认为是2世纪,摩尔认为是3世纪,中村元认为是4世纪,迦尔伯认为是5世纪,均系猜测,不足征信。日本高楠顺次郎、木村泰贤等根据下述材料:(1)《婆薮槃豆法师传》(《世亲传》)记佛灭九百年后,有龙王毗利娑伽那(Vṛṣagana)之徒名频阇诃婆娑(Vindhyavāsin)者曾作僧佉论书与世亲之师佛陀密多罗(Buddhamitra)辩论,佛陀密多罗失败,后世亲作《七十真实论》予以驳斥。(2)《唯识述记》卷第一末记伽毗罗之徒分裂十八部,其中一派的部主名筏里沙(Vārsa,意译雨),筏里沙之徒称为筏里沙伽那(雨众 Vārṣaganya),雨众之徒曾作《金七十论》;(3)在7世纪所作的《瑜伽经注》(yogabhāṣyam)中曾二次提到数论学者雨众的意见;(4)按《金七十论》传统的意见,自在黑之师名跋婆利等等,因而认为《世亲传》之所谓龙王毗利娑伽那(Vṛṣugana)与雨众外道之梵名(Vārṣaanya)以及《瑜伽经注》所提到的数论学者Varsagaṇya 的音相通,又《金七十论》所传自在黑之师跋婆利大概是跋利娑的写误,跋婆利与《唯识述记》所提到的部主筏里沙同音,可证跋婆利这人就是筏里沙,频阇诃婆莎所造的僧佉论著和雨众之徒所造的《金七十论》就是自在黑的《数论颂》,频阇诃婆莎就是自在黑。(参见高楠《真谛所述世亲生平》,载皇家亚细亚协会报告,1905;木村《印度六派哲学》第 120—121 页)。上述意见曾遭到达斯古普塔及高木讷元等的反对,他们认为根据《摩吒罗注》及新发现的《道理之光》(yuktidipikā)及《思择秘明》(Tarkarāha Syadipika)等书,自在黑与频阇诃婆莎是两个不同的人,跋婆利的梵文似为 B̄addhali,跋婆利和筏里莎也是两个不同的人(参见达斯古普塔《印度哲学史》第1卷 218 页脚注及高木讷元《数论的大师》,载日本《印度学佛教学研究》第 10 卷,第 70 页,1962)。

7. 婆察斯巴蒂·弥尸罗(Vācaspatimiśra)——公元 841

8. 求娜罗那(Guṇaratna)——公元 1500

9. 失名的《数论经》作者——公元 1400—1500

10. 阿尼鲁达(Aniruddha)——公元 1400—1500

11. 吠若那比柯宿(Vijñānabhiksu)——公元 1550

12. 摩诃提婆(makādeva)公元 1700—1800

关于自在黑以前的数论祖师，据《金七十论》记："是智者从迦毗罗来至阿修利，阿修利传与般尸诃，般尸诃传与褐伽(gārga)，褐迦传与优楼佉(Ulūka)，优楼佉传与跋婆利(Baddhali)，跋婆利传与自在黑，如是次第。"近据印度《道理之光》的发现，在上述般尸诃与自在黑师承之间还有诃梨多(Hārita)、迦罗多(Kairāta)、波梨迦(paurika)、勒沙呗湿伐罗(Ṛṣabheśvara)、钵袈弟迦罗那(Pañcādhikaraṇa)等人。但这些人中很多都是传说中的人物，不足稽信。在新发现的古师中值得注意的是波梨迦其人，波梨迦对于世界成立的原因持有与《数论颂》不同的看法，他认为原初物质(自性)不是一个而是多个。

**(二)数论发展的历史阶段**

数论发展的历史按照数论学说本身的性质以及它的社会作用大致可以分为三个阶段：(1)原始数论；(2)古典数论，亦即以自在黑《数论颂》为内容的数论；(3)后期数论，亦即以《数论经》为内容的数论。

1. 原始数论

关于数论起源的问题，在学者们中曾引起长期的、广泛的争论，印度恰托帕德耶耶认为数论起源于印度的原始公社制时代，它是流行于母权部落社会中间的一种信仰，数论与密教有着不可分割的联系，也是顺世论的一个分支。原始数论反映了母权社会的现实，原始人类观察到宇宙的起源是和男女的生殖行为相类似的，因而假设了以女性为标志的原初物质(自性)和男性的神我(纯粹精神)两个实体。由于在母权部落社会中占主动地位的是女性，男性只居于辅助的地位，因而在数论的学说中也反映出了主动的自性和被动的神我①。苏联阿尼凯也夫持不同的意见，他写道："我们很难同意恰托帕德耶耶的下述见解，他(恰托帕德耶耶)认为：像数论这样发达的和比较纯粹的哲学体系的基本范畴'自性'(Prakrit)和'神我'(Puruṣa)，只不过是古代社会农业经济中妇女的积极

① 恰托帕德耶耶：《顺世论——印度古代唯物主义研究》第 60—65，360，408 页，印度人民出版社。

作用和男人的消极作用的简单类比。当然，人们不能否认这些概念在历史上可能是起源于作者所指出的社会关系的。但是，哲学的分析首先要求：考虑整个哲学体系中的这些范畴的真正作用；考虑这些范畴所完成的概念的作用；考虑借助于这些范畴解决了的、认为现实中的客观矛盾；考虑被理论思维通过自身规律的棱镜曲折地反映出来，并且被理论思维以概念、范畴和理论思维特有的结构同化了的现实关系。”①他又写道：“本书(指恰托帕德耶耶著《顺世论——印度古代唯物主义研究》——引注)中的有力方面及其作者在科学上的功绩，在于书中在分析印度哲学的早期形式时始终不渝地贯彻了唯物主义决定论的原则，揭示了印度哲学早期形式对社会生活条件的依赖。经常强调指出：只有通过社会关系和社会实践，客观世界才在人的意识中得到反映，但是，恰托帕德耶耶忽略了，哲学史研究中马克思主义方法论远远不归结为这个原则，这个原则在分析精神现象时必然为其他的方法论上的重要要求所补充，这些要求是：必须考察社会意识，首先要考察远离经济基础的哲学和宗教这样一些社会意识的形式。作为相对独立现象的哲学和宗教不经常直接地从社会关系的性质中抽引出来。”②我认为阿尼凯也夫上述说法不论在理论上和史料上都是站不住脚的。我们知道：哲学是上层建筑之一，它是受一定的阶级关系亦即经济关系所决定的。这是我们分析任何哲学现象首先必须遵循的原则。当然，在分析时也不否认哲学思想有其相对的独立性，哲学观念、范畴在其发展中所起的作用。但是这些观念、范畴和自己物质存在条件的关系纵然被一些中间环节有时弄得看来很模糊而归根结底还是被物质存在所决定的。如果把这种相对独立性的现象无限地加以夸大，直至认为有其自身固有发展的规律，那就违背了唯物主义决定论的原则。另外，恰托帕德耶耶所提出的印度密教的基本特征在汉译佛经后魏译《提婆菩萨释楞伽经中外道小乘涅槃论》中也有记述：“外道尼犍子论师作如是说，初生一男共一女，彼和合生一切有命、无命等物，后时离散，还没彼处，名为涅槃”，这记述中所说的尼犍子(nigaṇṭha)是耆那教创建或改组者大雄在公元前5、6世纪改组的耆那教以前存在于印度的一种原始宗教学说的名称，这种宗教很早就在印度流行。因此，恰托帕德耶耶所说的内容也不是没

① 阿尼凯也夫：《再论古代印度唯物主义》，载《今日马克思主义》1962年12月号，第378页。

② 阿尼凯也夫：《研究印度哲学的几个方法论问题》，载苏联《哲学问题》1963年，第一期。

有根据的。当然，这个问题还有待于从民俗学和文献方面进一步深入研究，才可得出结论。

德国鲁本认为数论起源于"吠陀"，最早表述于《摩诃婆罗多》和《利论》中，它的表面上的二元论是企图调和唯心主义与唯物主义并与唯物主义哲学进行斗争。僧佉的学说是，正统的婆罗门设法给自己的仪式制度所建立的一套教条体系，借以保证这种制度尽可能地纯粹划一，以便用来维持权力。不同的婆罗门派别彼此之间的竞争，以及对那些同时在扩大势力的佛教徒和耆那教徒的斗争，还有对不可轻视的大多数俗人和唯物主义者的斗争。①

目前学者一般认为数论开始于公元前 8 世纪，它作为一种系统的哲学大约要在公元前 5 至 4 世纪。

僧佉最早的经文在《金七十论》中所提到的《六十科论》(Ṣastitantra)已散佚。目前我们可以看到的数论最初和最系统的阐述是由公元初印度著名的医学家遮罗迦(古译遮勒，Caraka)②在其医学著作《遮罗迦本集》(Caraksaṃhitā)中所论述的数论，这种数论据印度达斯古普塔的研究是和数论已佚的古老著作《阿泰里雅本集》(Ātreyusaṁhitā)的内容相一致的③。遮罗迦所论述的教义可归结如下：

(1)世界的本原是六种原素(dhātus)，即地、水、风、光(火)、空和思(意识，Cetanā)，思也叫作神我(Puruṣa)。如果用另一个观点，世界也可归结为二十四个范畴(谛)，即十个感官(十根，即五感觉器官和五动作器官)、心、五感觉对象(境)以及原初物质(自性④)的八个派生物(原初物质、统觉⑤、自我

---

① 鲁本：《印度哲学史》第 131 页，参见他所著《印度最古的婆罗门哲学派别与史诗的僧佉论》第 223 页，德文本，柏林。

② 据我国《付法藏因缘传》、《杂宝藏经》卷八，遮勒迦是迦赋色伽王的御医，如此说可信，其活动年代应在 2 世纪上叶，但遮罗迦的记述可能并不就是他自己的思想。

③ 达斯古普塔：《印度哲学史》第 1 卷，第 213 页。

④ 原初物质(Prakṛti)，旧译"本""胜因""自性""世性""冥谛""众恃""梵"等。

⑤ 统觉(mahat 或 buddhi)，旧译大、觉、决智、遍满智、慧等。在外国学者也有译为"根源的思维机能""理性"。《金七十论》22、23 长行说："大者或名觉。或名为想。或名遍满。或名为智。或名为慧"，"何名为决智。是物名碍。是物名人。如此知觉，是名决智"。这个范畴的意义很不确定，在一般情况下相当于人的理性机能，但有时在解释物理现象时也有"世界"的意思。

意识①、五粗大原素）。心通过感官而开展活动，并依借感官而获得认识，心也是一种原素的复合物，它的存在是由于感官的存在而被证明的。十个感官是由地、水、风、火、空五个原素结合所构成的，听的器官是由占优势的空以及其他四个原素所构成，触的器官是由占优势的风和其他四个原素所构成，视觉的器官是由占优势的光（火）等所构成，味觉的器官是由占优势的水等所组成，嗅觉的器官是由占优势的地等所构成；

(2)原初物质可分为非变异的(avyakta，或译"未开展""未显现"等等)和变异的(Vyakta)两个部分，非变异的部分就是神我或思。从非变异的原初物质——神我产生出统觉，再由统觉生出自我意识，又从自我意识生出十个器官和五粗大原素，以此形成世界，当世界劫灭时，这些演化出的东西又复归于非变异的原初物质；

(3)神我（非变异的原初物质）是无始无终的，自己的存在是自身的原因（没有超越于它的神等等），神我自身是没有意识的，一切知觉和意识都是神我和感觉器官、心等等接合的结果，感情、动作等也都因这种结合而产生；

(4)原初物质是由三种互相制衡的组成成分（三德②），即萨埵、罗阇、多磨所组成，三德之间相互作用乃是原初物质发展的原因，罗阇、多磨占有上风并发生影响时，一切事物就开始生灭；

(5)遮罗迦没有说到五种细微要素（五唯，即色、声、香、味、触）。

从上面的论述中，我们可以看出遮罗迦所提到的数论明显地是一种唯物主义和无神论的学说。这是由于：①遮罗迦论述世界是由六种原素所组成，六种原素中的神我或思(Cetanā)是潜藏于原初物质，乃是原初物质的一个非变异的部分。这个神我和其余五个物质原素处于同等的地位，它本身是一种物质原素的形式；遮罗迦所述的神我与后期数论所主张的，离物质而独立的神我完全本质上是不同的东西。②遮罗迦承认人的感觉器官和动作器官、心、统觉、自我意识都是由五原素，亦即由物质所演化出来的，这是一种唯物主义的说明；

① "自我意识"(ahaṃkāra)，旧译"我慢""我执"。我慢是自我意识的意思，就是把自己和外界、别人区别开来，自己觉得一切的感受或经验是自己的作用。《金七十论》24长行释："我慢有何相。谓我声。我触。我色。我味。我香。我福德可爱。如是我所执名为我慢"。

② 德是"属性""构成要素"之意。关于三德的性质以及三德之间的如何相互作用，在后节中将详细阐明。

③作为原初物质非变易部分的神我，自己存在是自己的原因，这从而拒斥了婆罗门教有神论的主张；④遮罗迦虽然没有科学地解释物质和意识的关系、意识的产生过程，但已猜测到意识是由物质所变化来的，人的理性、心理活动等等都是物质的产物。

遮罗迦论述的这种唯物主义数论和史诗《摩诃婆罗多》中所提到的数论祖师之一般尸诃(Paneašikha)的论述也是一致的。般尸诃否定神我离开躯体而独立存在，并承认神我是物质的产物。他说：在世界中，除了原素的组合以外，别无他物。可见，死后是不可能有任何意识或灵魂。“在月蚀中的太阳影子离开了月亮是不能看到的，因此，灵魂离开了躯体也是看不到的。”(《摩诃婆罗多》Ⅻ.203—204)①。

以上大致是数论发展的第一个阶段的情形。

2. 古典数论

印度奴隶制度衰落和封建制形成的时期(约公元前3至2世纪—公元3至4世纪)，印度思想领域中的斗争不仅表现在占统治地位的吠檀多唯心主义与顺世论、耆那教等等的斗争，也表现在吠檀多与原始数论的斗争，这种斗争我们在公元240—450年所形成的《梵经》(Brahma sūtra)中可以看出，该经共有555经②，其中反驳佛教的有17经，耆那的有4经，其他的有22经，而反驳数论原初物质本原的学说(Pradhāna)则有60经。这可以看出数论在当时哲学斗争中的重要性。

数论的反对者反对原始数论唯物主义的学说大致采用了两种方式：一种是从外面直接对数论唯物主义的原则——原初物质的学说等等进行攻击，另一则是从内部引入了唯心主义的内容，借以改变原始数论的性质。

数论在和其他派别斗争中，开始了分化。印度很多文献，如史诗《摩诃婆罗多》、中期的奥义书和佛教的《大智度论》《百论》等都记载了这一个时期数论的情形。《摩诃婆罗多》提到了数论的三种形式：二十四、二十五、二十六个范畴的数论。从内容上看，数论已经开始了重要的变化。它一方面仍然维持着原

---

① 达斯古普塔：《印度哲学史》，第1卷，第217—218页，参见尼·彼·阿尼凯也夫：《古印度哲学中的唯物主义流派》第22页，中文本，上海人民出版社，1958。

② 经是一种文体的总称。与佛教经藏的“经”字同而意异。正统的经是指那些用简古文体所作的易于记忆、背诵的手册。

初物质演变世界等唯物主义的观点；另一方面也承认神我是离开原初物质并与原初物质完全不同的精神实体(在《遮罗迦本集》中，神我是和原初物质一个东西)，原始数论开始演变为表面的二元论①。例如《伽塔伽奥义》Ⅰ.3，10—11；写道：

高于感官的是感觉对象(境)。
高于感觉对象的是心。
可是更高于心的是统觉(觉，大)。
高于统觉的是我(阿特曼，Atman)。
高于我的是非变异(原初物质——引译者注)。
高于非变异的无论怎样是神我。
在神我之上的东西是没有的。
这是最终的目的，也是最高的趋向。

同书Ⅱ.3，7—8写道：

高于感官的是心。
高于心的是萨埵。
高于萨埵的是大我。
高于我的是非变异(原初物质——引译者注)。
高于非变异的无论怎样是神我。
神我充遍各处而且没有任何表征。
凡知神我的就获得解脱，并趋永生②。

又如《摩诃婆罗多》Ⅻ.246，3—5及Ⅻ.222，15—16写道：

“毗湿奴神说：

地、水、风、火、空、心、统觉、自我意识乃是原初物质分列的八个

---

① 参见《伽塔伽奥义》Ⅰ.3，10—11；Ⅱ.3，7—8；《白驴奥义》Ⅰ.8；Ⅱ.10；Ⅲ.12；Ⅳ.5；Ⅳ.10；Ⅴ.2；Ⅴ.7；Ⅵ.8；Ⅵ.10；16；《疑问奥义》Ⅵ.8。

② 哈佛大学东方丛书第39卷。引文根据梵本校订。

方面，但是在这之外，有着更高的精神要素(jīvabhūta)，整个世界依赖这个要素而存在”。

“凡是存在的东西都是由原初物质生灭的，可是没有神我，什么目的都不能达到。因此，神我是作者。”①

再如婆薮开土对于提婆《百论》释：

“伽毗罗言，从冥初生觉，从觉生我心，从我心生五微尘，从五微尘生五大，从五大生十一根，神为主常，觉相处中，常住不坏不败，摄受诸法，能知此二十五谛，即得解脱，不知此者，不离生死。”

数论作为系统的、表面的二元论体系是在自在黑的《数论颂》以及随后出现的各种注疏中被表述出来的。在各种注疏中有一个明显的特点：愈是晚期出现的注疏，数论的唯物主义原则被篡改的愈为厉害，原始数论的宗教化和唯心主义化也就愈严重。如果我们比较一下最早出现的《数论颂》的释本，即汉译《金七十论》和印度乔荼波陀、婆察斯巴蒂·弥尸罗的释本完全可以得到证明。以《数论颂》为中心的数论学说在很多学者中被称为“古典的数论”，这个名称虽然不很确切，但就数论的社会作用和影响看是有道理的，古典数论的体系可用图例说明如下：

① 哈佛大学东方丛书第39卷。引文根据梵本校订。

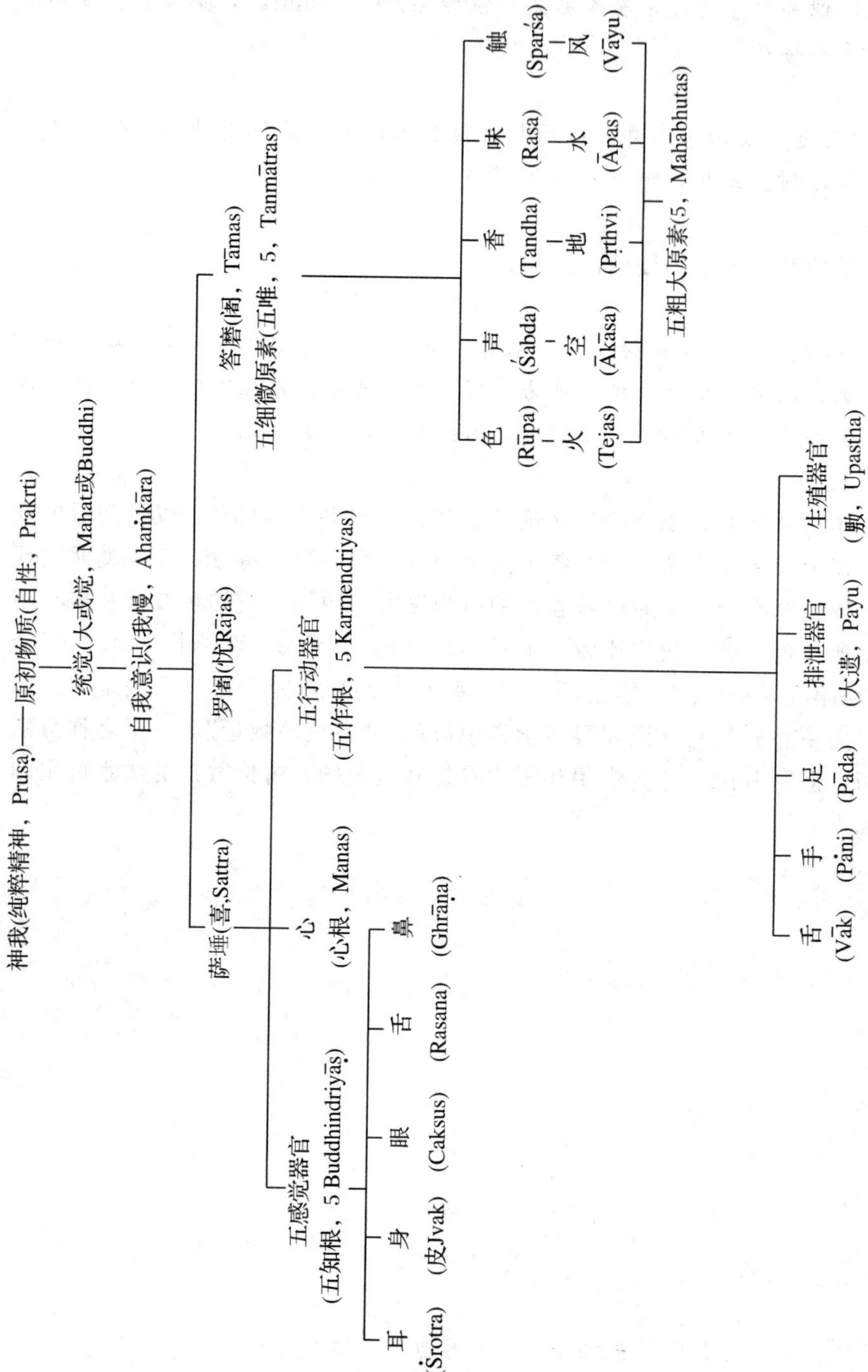
神我(纯粹精神，Prusạ)——原初物质(自性，Prakrti)
统觉(大或觉，Mahat或Buddhi)
自我意识(我慢，Ahaṁkāra)
萨埵(喜,Sattra)
罗阇(忧Rajas)
答磨(闇，Tāmas)
五细微原素(五唯，5，Tanmātras)
色 (Rūpa)
声 (Śabda)
香 (Tandha)
味 (Rasa)
触 (Sparśa)
火 (Tejas)
空 (Ākāsa)
地 (Pṛthvi)
水 (Āpas)
风 (Vāyu)
五粗大原素(5，Mahābhutas)
心 (心根，Manas)
五感觉器官 (五知根，5 Buddhindriyāṣ)
耳 (Śrotra)
身 (皮Jvak)
眼 (Caksus)
舌 (Rasana)
鼻 (Ghrāṇa)
五行动器官 (五作根，5 Karmendriyas)
舌 (Vāk)
手 (Pāni)
足 (Pāda)
排泄器官 (大遗，Pāyu)
生殖器官 (敷，Upastha)

3. 后期数论

印度进入封建社会以后，印度教逐渐取得了统治的地位，各派哲学都受到吠檀多唯心主义的影响。正统派哲学一般都是宗教的“神学的婢女”，数论也毫不例外地向宗教化发展，这种宗教化特别是在 9、10 世纪以后表现得尤为严重，吠檀多唯心主义者们假托了《数论经》，并且对这个经作了最彻底的唯心主义和神学的注译。在《数论经》中最有影响的是 15 世纪阿尼鲁达的《数论经评注》，16 世纪吠若那比柯宿的《数论经注》。伽尔伯在翻译他们二人的著作时曾指出：“在吠若那比柯宿对《数论经》的评论中更多地表现了吠檀多的影响……他为了沟通数论体系和他自己神学之间的裂口，决心采用最强的手段肃清真正数论的基本原则之一——否认神的存在。”①中世纪印度唯心主义对于数论的攻击和前一个时期一样集中在原初物质的原理方面。他们声言世界是由自在天或神创造出来的，神也就是梵天，它既是动力因也是质料因。神为了游戏创造了世界和它的一切，从梵天生统觉，从统觉生自我意识，从自我意识生五粗大原素，同时从自我意识生出五种细微要素以及十种器官；另外，他们还把原初物质的三种构成成分(三德)解释为“天道”“人道”和“兽道”或者为伦理的范畴。例如吠檀多著名理论家摩陀婆解释道：“我们可以得出类似的结论，我们叫作外面世界中，‘所含的快乐’就是善德，‘所含的痛苦’就是动德，‘所含的愚疵’就是闇德。”②从这些解释中完全可以看出数论已成为彻底的宗教学说，数论从这个时期起也就走入了毁灭的道路，并且渗入了婆罗门教——印度教和其他学说中去了，这一个时期的数论有人称之为“印度教的数论”，在思想史中没有重要的意义。

在近代资产阶级启蒙运动中，数论的二元论学说也有为个别资产阶级思想家所摄取。例如 18 世纪印度宗教和社会改革运动中的思想家、雅里安会的领袖达扬南达·萨拉斯瓦蒂(Dayanānda Saraswati)就借数论的思想材料建立他的哲学体系的。又如 19 世纪印度拉摩克里希那教会的领袖、印度资产阶级民族主义理论的创始人辨喜(Swami Vivekananda)也是摄合数论的认识论和西方资产阶级的心理学说而建立他的认识论的。

---

① 伽尔伯：《数论经注》序，1895，英国剑桥。

② 摩陀婆：《哲学体系纲要》数论章，考慧尔英译。

## 三、古典数论的学说

### (一)世界观

1. 因中有果论

数论的世界观是以因中有果论(satkāryavāda)为出发点的。所谓因中有果就是说在世界上一切事物的原因中已经具有结果，结果是潜存于原因的。梵本《数论颂》Ⅸ说：

“果是存在于(它的)因的：因为‘不存在的’东西是不能被创造出来的；因为因与果有着确定的关系；因为(生出)一切是不可能的；因为一个原因只能生出这个原因的结果(而不能生出其他原因的结果——译引者注)①；因为果是和因本质相同的。”②

《金七十论》九③也说：

“无不可作故。必须取因故。一切不生故。能作所作故。随因有果故，故说因有果。”

这个论证的意思是：(1)世界上的各种事物都是互相依存的，一个事物的存在必须以另一个事物为原因，无中是不能生出有来的，例如在沙中不能造出油，除非在沙中已有油(“如从沙出油，若物有可作”，参见《金七十论》九长行)；(2)在因与果中有着确定的关系，一定的果必然有一定的因，没有果的因是没有的。例如牛酪可从牛奶中而不能从水中取得(“我今取乳，若乳中无酥酪，何故不取水，求物取因故”)；(3)反之，如果因和果没有关系，因中没有果，那么一切能生一切，但一切生出一切是不可能的。例如草、沙石生出金银是不可能的。(“若因中无果者，则一切能生一切物，草、沙石等能生金银等物，此事无故”)；(4)特定的果必然是由特定的因所产生的。例如陶工能用土做出瓶瓮而不能用其他的东西如草木等做出瓶瓮(“譬如陶师具足作具，从土聚做瓶瓮等，不从草木等以做瓶瓮”)；(5)某一事物必然是由其同类性质的事物

---

① 别本作“因为只有能造的东西才能创造出(所造的)东西来”。

② 本章所引梵本《数论颂》的章节，主要依据苏里雅那罗衍那·夏斯特里(S. S. Suryanarayana Sastri)梵英对校本，马德拉斯大学出版，1930，印度。此节参见拉达克里希南编：《印度哲学史料》所辑英译《明谛论》第428页，普林西顿出版社，美国，1957。《明谛论》中解释果是“依赖于物质原因的”。

③ 本章所引《金七十论》主要根据支那内学院据高丽本的校订本，1925。

所生出的，因和果在性质上是相同的。例如麦芽和麦种是同类的东西，麦芽是由麦种所产生的（“谓随因种类，果种亦如是，譬如麦芽者必随于麦种”）。

数论这个因果论一方面是和正理论、胜论所主张的因中无果论(asatkāryavāda)或因果差别论(kāraṇabheda)不同的；另一方面也是和佛教的中观派、吠檀多的唯心主义因果论对立的。在佛教发展到经量部以至大乘以后，他们对因果的关系一直抱着否定的态度。中观派认为，一切法（存在）都是因缘和合，由于和合就不能产生自体（自性），没有自体也就谈不上结果①。有人承认因中有果或因果差别乃是无明的结果。他们从这个论点出发对数论的因中有果论进行了批驳。例如中观派的奠基人龙树在《中论》中写道：“因和果决不是同一性的”，“如果因和果是同一，那么能生和所生将是同一”，作者和作业（作者的活动），薪和火也将是同一个东西②。龙树这个反驳充分暴露了他的形而上学。我们知道，能、所之间，即主客之间的联系确是表示了客观事物内在的因果联系，但因、果在各种条件下是互相转化和发展的，因此能、所也是发展和转化的。它们在一种场合既是一或因，在另一种场合又是异或果。中观派反对因果的目的是要反对客观世界事物之间普遍的、必然联系，从而在客观世界之外找出臆想的或外在的原因，作为他们宗教解脱的依据。吠檀多在因果的问题上不反对因果的联系，但他们纯然给予了唯心主义的解释。他们认为客观世界各种现象从因转化为果，或从果转化为因都是一种虚幻的转变，它们都是不真实的。例如，我们看到鸡子变成鸡，这不能认为鸡子和鸡都是真实的，这因为鸡子和鸡都是最高实体梵通过一种魔力——摩耶（幻）所创造出来的，梵才是真实的。但是在数论看来，从因转化为果确实是真实的，因与果是自然界和客观事物有规律的联系，它是不以人们的主观意志为转移的，数论这种对于因果的解释大致是接近唯物主义的。我们知道，原因与结果是有联系的，但它们必须统一于自然界和客观事物的发展过程中，这正如列宁所指出：“原因和结果只是各种事件的世界性的相互依存的、（普遍）联系和相互联结的环节，只是物质发展这一链条上的一环”③。

---

① 汉译《中论·观因果品》第20“众缘和合法，不能生自体，自体无故，云何能生果”。

② 参见汉译《中论·观因果品》“因果是一者，是事作不然”“若因果是一，生及所生一”等。

③ 列宁：《哲学笔记》，第142页，人民出版社，1956。

2. 原初物质

数论主张因中有某论在逻辑上必然导致对于世界终极原因的探讨，数论把物质世界最高的实体称之为原初物质(prakṛti，padhāna)，原初物质本意为“根本原质”(mūla-prakṛti)。它在数论的术语中常常意谓着“物质未开展前的状态”(非变异，avyākta)。原初物质在汉译经藏中被译为“本”“胜因”“世性”“冥谛”等。如《金七十论》二十二长行说：

“自性者或名胜因，或名为梵，或名众持。”

《华严玄谈》说：

“自性是第一谛，古称冥谛亦名胜性。”

数论用归纳法从自然界的复杂现象中推演出了哲学的最高范畴，他们论证的理由据《数论颂》XV说：

“由于具体事物都有限度的性质；由于相同性；由于演变(世界)是由于因的原动力；由于因和果的分离；由于(果的)世界的吞没，(从而推知有未显示者——因)。”①

《金七十论》十五作：

“别类有量故。同性、能生故。因果差别故。遍相无别故。”

上述五个论证的意思是：(1)世界上形形色色的事物自矿物到人的理智都是有限制的(parimāṇa)并且是互相依存的，一物为他物所限，依靠于他物，而他物又为第三物所限。如此类推，以至无穷，最后必然有一个不为所限的原因。因此，它们归根结底必然有一个无限制的，即独立的最后原因。例如瓶、瓦等等最后的原因是土。(2)世界上各类或每一类事物都有其共同性。例如把檀木劈为若干小片，“檀性”都是一样的，因此我们可以知道各类事物和每一类事物都有其最终的原因。(“同性故者，譬如破檀木，其片虽复多，檀性终是一……以此一性，故知其皆有本。”参见《金七十论》十五长行)。(3)世界上各种事物的运动是由其他事物所推动的，一个事物推动另一个事物，如果追问下去，最后必然会有一个运动者的存在。(4)原因和结果是有差别的。一个果是由它的因所充实或蕴涵的，但是一个因常常不是由它的果所充实或蕴涵的。因此至少会等于果，或者大于果。从因大于果即因果差别的关系推演下去，必然会推出最后的、无限的原因。这种分析的方法正如恩格斯在《辩证法与自然科

① 梵本《数论颂》XV，第42页，参见拉达克里希南编：《印度哲学史料》第430页。

学》一文中所指出“原因与结果——这两个主要的对立，当被分开来考察时，就互相转化了。于是必须求援于基本的原因”。(5)一个果是由它的因所产生的，当这个果消灭时必然会复归于因。因此世界上各种事物一旦劫灭时必然会回归于这个事物的最初的本原。

《数论颂》Ⅺ及《金七十论》长行列举了原初物质的六种特性：(1)原初物质是由三种物质的组成成分或属性(德)所构成的(详见下节三德)；(2)原初物质和它所演化出来的现象界是不可分的(“不相离”)；(3)原初物质是我们认识的对象(“尘”)，即客观的实在；(4)原初物质对于所有的认识者说来都是相同的(“平等”)，不以认识者的主观意志为转移；(5)原初物质是没有思维能力的(“无知”)；(6)原初物质是创造者(“能生”)，它生出万物，而非他物所生①。从以上说明中可以看出，古典数论承认原初物质是一种不以人们意志为转移的客观实在；它存在于具体的一切事物中，并是一切事物的抽象；它能生他物而不为他物所生，自己的存在是自己的原因。这大体上是一种唯物主义的说明。数论这个“物质的抽象”开始摆脱了顺世论的直观性质，它比较深刻和全面地反映了客观世界。

数论这个原初物质是印度历来唯心主义者攻击的目标。吠檀多自中期奥义书起到当代的拉达克里希南为止几乎都对它作了不同的解释。例如与古典数论大致同时代编制的《梵经》中就有专门章节(第1编第1章第5节等驳难原初物质)。他们宣称，没有“知的能力”的原初物质决不能构成世界的原因(Ⅰ.1.8；Ⅱ.2.9)②；原初物质不是“天地等的场所”(Ⅰ.3.3)；原初物质作为世界的根源在圣典中是找不到根据，在推理中也是不能成立的(Ⅰ.1.5；Ⅱ.2.1)；圣典指的非变异并非就是原初物质(Ⅰ.4.3—4)。这些经文后来又被众多的注释家们加以发挥。例如吠檀多最著名的理论家商羯罗说：“征服了这个最危险的敌手(指原初物质——引译者)，实际上也征服了其他小的敌手”。他反驳道：“正像非精神的牛奶从它的本性中流出，只是为了幼小动物的哺养以及非精神的水从它的本性中流出只是为了给予人类好处。因此，非精神的原初物质虽然可以假定是在自己的本性中活动，但同样只是为了人的更高的目的(即精神——引

① 梵本《数论颂》第34页，参见拉达克里希南编：《印度哲学史料》《明谛论》，第428页。

② 《梵经》，见中村元整理的梵、日对译本《梵经的哲学》第118页以下，岩波书店，1957。

译者注)。”①现代的拉达克里希南也追随这条路线，认为“数论的原初物质不是一种物质实体”，“原初物质不能比作纯粹和单一的物质”②。此外，佛教的各个派别也几乎毫无例外地对它进行攻击。他们谩骂数论是“邪见”，原初物质是“恶因”，并且列举了种种罪状③。数论原初物质学说的出现确是对各种唯心主义的一种致命威胁，因为这个学说动摇了他们的理论基础。

3. 三德说

数论进一步考察了原初物质的本质。他们认为原初物质是由三种组成成分，即三德所构成的。德(guṇa)在数论的术语中是相对于实体所说，它有着“性质”或“属性”的意思。三德是萨埵(喜，sattva)、罗阇(忧，rajas)、答磨(闇，tamas)。

关于三德的性质在吠若那比柯宿以前的数论各种注释中一直没有确定性的说明。《金七十论》十二、十三中是这样说的：“喜、忧、闇为体(ātmaka，自体——引者)。照(prakāsá，照明)、造(pravṛtti，活动——引者)、缚(niyama，静止——引者)为事。更互伏依生。双起三德法(法有作用之意，‘双起’是前文中的‘伏依’，亦即‘此起彼伏’之意——引者)。”

“喜者轻、光相(表征——引者)。忧者恃、动相。闇者重、复相。相违合如灯。”

这一段话据《数论颂》Ⅻ、ⅩⅢ是：

“德具有快乐、痛苦、迷惑的性质，它们服务于照明、活动和约束的目的，它们是相互从属的、相互依存的、相互产生的、相互配合的、相互存在的。”

“萨埵的性质被认为是轻快的、照明的；罗阇的性质是兴奋的、动荡的；答磨的性质是沉重的、闭塞的，它们的作用是为了一个目的，像灯的(作用)一样。”④

由于《数论颂》对这三德的性质解释很不确切，因而引起了学者长期的、繁复的争论。数论的三德说和原初物质一样也是所有唯心主义者歪曲和攻击的目标。唯心主义者们为了肃清数论的唯物主义因素，常常把三德解释为宗教、伦

---

① 商羯罗：《梵经注》，见《东方圣书》第ⅩⅩⅩⅣ卷，第369页。

② 拉达克里希南：《印度哲学》第2卷第261—262页，伦敦，1951。

③ 参见马鸣：《佛所行赞》；清辨：《般若灯论释》大正藏第30卷第53页中。

④ 《数论颂》与《金七十论》稍有出入。真谛译为汉文时，明显地可以看出因受文体的影响，有的地方把原意压缩了，有的说得很不清楚。

理的范畴。例如摩陀婆解释为“快乐”、“痛苦”和“愚疵”。又如婆察斯巴蒂·弥尸罗把喜德引申为“廉直、柔软、正直、清洁、谦让、智慧、忍耐、怜悯”等；把忧德引申为“憎恶、危害、怨恨、非难、顽迷、不安、不正直、欺瞒、束缚、杀戮”等；把闇德引申为“无智、暗愚、恐怖、悲惨、怠惰、不忠实、弛缓、睡眠”等，佛教唯心主义者也说：“三德应名勇、尘、闇也。若傍义翻，旧名染、粗、黑，今云黄、赤、黑。旧名喜、忧、闇，今名贪、瞋、痴。旧名乐、苦、痴，今言乐、苦、舍”①。这种解释当然是为了符合他们主观的需要。

在当前学者中对于三德也有作唯心或者唯物解释的。主张唯物的人②认为，三德相当于现代物理学的概念“力能”(rajas＝energy)、“质量”或“惯性”(tāmas＝inertia)、“意识的质料或始基”(sattva＝stuff of consciousness)，或者相当于“力”“物质”“精神”等；主张唯心的人认为，三德是“光明”“运动”“黑暗”，也即是“理、心、欲”③。我认为数论对于三德的解释是一种唯物主义的说明。《数论颂》所说的照(照明)、造(活动)、缚(静止)等等在一定意义上正确说明了物质的属性(当然是自发的和非科学的)，而喜、忧、闇则是三德所分别引起的反映在人们心理中的感受。数论在这里虽然肯定意识是物质的一种属性，但他们不知道意识只是高度组织起来的物质——大脑特有的属性，因而机械地把某一特定意识归结为某一特定物质所产生。我们知道，在世界哲学史上很多唯物主义哲学家虽则承认精神是由物质产生的，但由于他们不能正确解释物质产生意识的辩证过程(意识是主观的形式，物质是客观的内容)，因而常常发生这样或那样的混乱。例如德国唯物主义哲学家雅科布·伯麦也曾认为物质因其特性的运动是一种“物质的痛苦”(qual)，马克思在《神圣家族》中曾加以指出④，这对于我们解释数论的三德有着重要的意义。

数论进一步解释了三德之间的内部关系。他们认为三德构成平衡的状态(svarūpaparināma)就是原初物质(非变异)。当平衡的状态被打破，即不平衡状态时就演化成为世界的各种现象(二十四谛)，所谓不平衡的状态，即指各德之间呈现出“从属、依存、产生和协作的关系”。换言之，处于矛盾、对立和统

---

① 《唯识述论》卷三。

② 属于这个派别的有德国印度哲学史家 Jacobi、Windischgohaentgen，美国 Riep Dale，日本木村泰贤，印度 Brazendanath Seal，苏联谢尔巴茨基等。

③ 德国鲁本等。

④ 马克思《神圣家族》，见《马克思恩格斯全集》第 2 卷，第 163 页。

一的状态中。《金七十论》十二长行解释这种不平衡的状态有五：(1)或者其中一个制伏其他两个而取得统治地位(“更互伏”)，如强大的日光照伏月光或星光；(2)或者三者互相支持和依存(“更互依”)；(3)或者一个由其他两个所产生(“更互生”)，例如火、油和灯蕊三者合成灯火；(4)或者三者互相转化(“更互起”①)；(5)或者三者互相配合(“更互双”)。数论关于原初物质的学说大体上正确说明了物质及其运动的发展，另外，也大体上承认了事物在其发展过程中的两个对立面的存在，但是他们在处理对立和统一的关系中是形而上学的。在他们看来，事物内部虽然有斗争，但平衡是绝对的、贯彻始终的，而不平衡则是相对的、暂时的，事物的运动和发展不是一种质的飞跃，而是周期的循环。运动的原因，不是在于自身而在自身之外。为此，他们在承认原初物质实体的同时，还承认有另一个精神实体的神我。

4. 神我

数论认为，神我是和原初物质以及由原初物质演化出来的二十四个范畴完全不同的东西，神我在本质上是一种意识的东西(“知为体故”)。它是不变化的，既没有始终，也没有时空和因果。神我不是创造者，也不是被创造者(“不能生，不从他生”)。原初物质是由三德所构成而神我则不是。原初物质是认识的客体而神我是主体。《数论颂》XVIII论证神我的理由如下：

“因为一切复合物体是为了他人的目的；因为必定缺少三德和其他的性质；因为必定有控制；因为必定有一个能经验者；因为有力求‘解脱’或最上福乐的行动”(《金七十论》十七说：“聚集为他故。异三德依故。食者②独离(存)故。五因立我有。”)

这段文字的意思是：(1)世界上的各种事物像桌子、椅子、床席等等聚集起来不是为了自身而是为别人用的，这个受用者必然不同于桌子和床席。床席、桌子等等是手段，受用者是目的，因之，在世界上的各种事物之外必然有一种主宰事物的实在，这种实在就是神我；(2)依前条所释各种事物是和受用者不同的，各种事物是由三德组成的，因此，受用者也是不同于三德的，这个没有三德的受用者必定是神我；(3)世界上各种事物为了达到某种目的，必然要由超于事物的某种存在或理性原则所指导和控制。例如车辆是要由驾驶者所

---

① 这种互相转化的关系，只在《金七十论》十三长行(注)中谈到，在《数论颂》XII中没有提到。

② 食者是相对于食物而言，这里是有主体的意思。

驾驶和控制；(4)有经验的物体，必然会有经验这些物体的"经验者"的存在，这个"经验者"就是神我；(5)这个世界是一切痛苦的原因，它本身是不能使寻求解脱的人达到目的的，因此必须要有神我的存在。这个论证值得注意，在《金七十论》中还未提到，显然是后人附加进去的。

数论的神我和吠檀多的梵我也有形式的不同。他们认为，神我不是一个而是多个，世界上有着无数的神我存在。其论证理由可归纳如下：

(1)在不同的人中有着不同的认识器官和行动器官，生和死，一个人的死亡不能意味着所有人的死亡。同样，一个人的聋哑也不能意味着所有人的聋哑，因此不能说神我是一个；(2)如果在所有的生物中有着一个神我，那么其中一个的活动必然引起另一个活动，但在事实上并不是这样的，因此，神我是多个；(3)人一方面不同于神，但另一方面又不同于鸟兽等等，如果神我是一个，则这些差别就不会存在，因此我们可以推知神我是多个。(《金七十论》十八作"生、死、根别故。作事不共故。三德别异故。各我义存立。"(参见长行及《数论颂》XVIII等)。

从上述的论证中可以看出，数论竭尽心思要从外面寻找和觅得从自然界所不能说明的推动力来做原因，借以建立它的唯心论和目的论的体系，按照这种学说，"猫被创造出来是为了吃老鼠，老鼠被创造出来是为了给猫吃的"(恩格斯)，数论从此完全陷入了唯心主义和僧侣主义的泥坑。

5. 二十四谛

数论认为原初物质和神我的结合(samyoga)是世界上各种事物存在和发展的原因。在原初物质和神我结合的过程中，原初物质的平衡状态被打破了，三德之间的各种结合和分离，演化出了世界上的各种现象，其演化程序如下图：

神我—— 原初物质
　　　　│
　　　统觉
　　　　│
　　自我意识
　　　　│
┌ 五细微原素（色、声、香、味、触）
│ 五粗大原素（地、水、风、火、空）
│ 十器官 { 五感觉器官（耳、身、眼、舌、鼻）
│ 　　　　 五行动器官（舌、手、足、排泄器官、生殖器官）
└ 心[①]

① 这里简列了二十四个范畴，其内部关系详见上章古典数论图表。

数论认为原初物质(非变异)和它所演化出来的一切现象(变异)有着六个相同的性质，也有着九个相异的性质。上节所说原初物质六个性质，变异的现象也是具有的，但变异的现象还有着如下的九个不同：(1)变异是有因的(“有因”)；(2)非永恒(“无常”)；(3)杂多(“多”)；(4)有限(“不偏”)；(5)活动(“有事”)；(6)沉没再现(“没”)；(7)有形体(“有分”)；(8)依存他物(“依”)；(9)从属他物(“属他”)①。数论的二十四谛中有着很多的自我矛盾。他们把原初物质的发展阶段大致区别为心理的和生理或物理的二个阶段，第一个阶段即心理阶段，其中包括着统觉、自我意识以及五细微原素，这大体上相当于人的理性的心理职能；第二个阶段，即物理或生理的阶段，其中包括着五感觉器官、五行动器官、心、五粗大原素等等，这大体说明了客观世界的基本存在形式。数论在这里**颠倒而又矛盾**地解释了物质与意识、主体和客体之间的关系，在他们看来，十个器官、心、五粗大原素是由心理的东西(统觉、自我意识)所派生出来的。但是这个演化过程中的矛盾还不能否认数论原初物质的唯物主义性质，因为数论**最终地承认原初物质是世界的最高实体和基础**。一切意识(统觉、自我意识、细微元素)和生理机能(包括器官及五粗大原素等等)最终都是从原初物质中引申出来的，是原初物质自身的产物。数论这种说明是和当时婆罗门教——印度教形形色色的唯心主义观点相对立的。另外，他们把意识和心理职能看作是原初物质发展而来的，这在一定程度上避免了顺世论把意识归结为物质的机械论的缺点(耆那教为此攻击顺世论)，这在印度唯物主义的发展史中是有着一定意义的。

我认为，如果把上述数论二十四谛的内容稍为变换一下，并且重新予以排列是有“合理的内核”的，重新排列以后的程序如下：

五粗大原素⟶五$\begin{matrix}\text{感觉}\\\text{行动}\end{matrix}$器官⟶心(相当于我们现在了解的中枢神经的大脑)⟶五细微要素(感觉或知觉，相当于我们现在了解的感性阶段)⟶自我意识⟶统觉(自我意识、统觉相当于我们现在了解的理性阶段)。这种解释当然是和数论的原意不符的。

古典数论认为，世界的演变是由于原初物质和神我结合的结果，神我和原初物质的关系是“束缚和被束缚”“指导和被指导”的关系。这种关系他们曾比喻作只能看见道路而不能行走的跛者(神我)和能够行走而看不见道路的盲者(原

① 《数论颂》与《金七十论》相同。

初物质)联合起来达到目的地而后又各自分离那样。在原初物质的演变过程中，神我虽然在场，但只是一个“观者”(draṣṭṛ)、“不活动者”(“非作者”akartṛ)和“接受者”，它本身保持独立(kaivalyyam)和不倚(中直，mādhyasthyaṃ)，并不参与过程中去。这正如《成唯识论述记》说：

“外人问僧佉曰：此我知者作者受者耶？答是受者，非作者，三德作故。间既非作者，用我何为？曰：为领义故，义之言境，证于境也，我是知者，馀不能知。自性因神我之故而有转变。”

数论虽然主张有两个独立的实体：原初物质和神我。但是这种论证和西欧笛卡尔的二元论是有区别的，在笛卡尔看来，世界是由灵魂、物质和凌架于灵魂和物质之上的上帝三个实体所组成的，数论也承认神我、物质和思维(即统觉、自我意识等等)三者的存在，但数论看来，思维和物质等都是原初物质的产物；笛卡尔承认上帝是灵魂和物质的动力因，而数论则认为原初物质内部的运动是被动的神我和原初物质的结合，特别是三德内部活动的结果，因之把数论列入二元论的体系中去还是一个值得研究的问题。

关于前述的数论演变说，在目前学者中也有过不同的看法，其中比较有代表性的意见是苏联格·弗·亚历山大洛夫的意见。现摘引如下：

“按照数论派的哲学，虽然事物是变化的，但是这还不意味着承认世界的合乎规律的发展。数论派主要地教导说事物的结合、分散和转变。‘世界上的一切多样性，整个无机物、植物和动物界，所有这一切在其基本上和按其本质看来都是物质的’——弗·伊·谢尔巴茨基(Ф. И. Щербатской)关于数论的哲学写道：……这个体系不可能完全称为唯物主义的，因为它们那里，意识过程不是完全无余地归结为物质的，特殊的、脱离物质的意识本原的实体(神我——引译者)是被允许，这种实体好像存在于物质进化的过程中，但是它又不参加于该过程……所有三个本源(指三德——引译者)：质量、能量和意识的质料是彼此不可分割地联系着的……过程是随便撒在原初物质中的那三种本原的个别微粒在自然亲和力的影响下聚合成一个整体开始的；那时就在物质的不同部分里得到不同的压力，代替统一的、无差别的(即非变异——引译者)物质的是那些逐渐形成的、彼此可以区别的事物(变异——引译者)。不论是神，也不论是站在世界上的某种超自然的力量，数论派的代表们都没有承认，而他们却把自然界看成为物质本身——与某种精神力量(即神我——引译者)但绝不是神的力量汇合在一起的能量长期进化的结果……但是数论派这些理论的原则没有得到彻底的发展，这个学派的哲学家在还不善于用自然的方法来解释新事物和现象的产生时(对这点很少有科学的材料)除了好像物质所固有的合理性的原则外，发展了关于个别意识(神我——引译者)的积极作用。

“数论派的代表们毕竟不能属于唯心主义者们的阵营，他们很快地成为二元论者。按照自己的精神和基本原则看，这是无神论的世界观。关于物质和神我永恒存在的观念是同婆罗门关于神的创造的作用和无限存在的思想是相矛盾的……”①

**(二)认识论**

古典数论的认识论是和它的本体论密切相联系的。他们认为要正确认识世界必须要有正确认识世界的方法。《数论颂》Ⅳ说：

“正确认识的公认方法有三种：知觉、推理、确实的证明。一切正确的认识方法包括在这三者之中，由于正确认识的方法，一个可以正确认识的东西便被正确地认识了”。

古典数论宣称认识的来源有三：(1)知觉；(2)推理；(3)圣典或权威的意见：

1. 知觉(现量)——数论给知觉所下的定义是：“对于外界对象的心理了解”②，“对于和感官相接触的外界物体的确定”③，它又可分为直接的或不确定的知觉(“无分别现量”)和间接的或确定的知觉(“有分别现量”)两种。前者是外界对象和外部作用器官(“外作具”，即五感觉器官和五行动器官)接触所引起的认识；后者是在前者的认识基础上再通过内部作用器官(“内作具”或“门”，即心、自我意识和统觉)的加工——分别、确定和给予名称以后所得的认识。这种认识在我们看来实际上已加上概念作用，属于理性认识的范围了。

古典数论认为知觉有八种局限性：(1)最远不能见；(2)最近不能见；(3)器官坏了不能见(“根坏”)；(4)心不定不能知(“心不定”)；(5)细微不能见(“细微”)；(6)覆障不能见(“覆障”)；(7)隐伏不能见(“伏逼”)，如太阳出来，星月就不再现，因而不能见星月；(8)相同的东西聚在一起不能见(“相似聚”)，

---

① 格·弗·亚历山大洛夫：《古代东方社会思想史》，第426页。俄文本，1958年，莫斯科。

② 识比丘：《数论经注》第5页，劳尔(Lawl)英译，印度。参见拉达克里希南编《印度哲学史料》第428页的译文及S. 查特吉著《印度哲学史导论》第275页的译文，第六版，印度。梵文原意过于简略，易生误解。

③ 《数论颂》Ⅴ；参阅《金七十论》五。

如单粒的豆混在大量的同类的豆中不能见①，因而需要推理来补充。

2. 推理（比量）——推理是在知觉的基础上（“以证为先”），从已知的推知未知的。数论认为，推理的进行要确实感知中词（“相”，即理由）并通过中词使小词和大词（“有相”，即命题）相联系起来。推理有三种：(1)见前推理（“有前比量”，pūrvavat）即见前比后，从原因推定结果，例如看见黑云可以推知下雨；(2)见后推理（“有余比量”，Ṡeṣavat），即从结果推知原因，例如看见江中充满浊水推知上源有雨；(3)同类推理（“平等比量”，śamānyatadṛṣṭa），即由此及彼，从特殊类推特殊。例如看见这里桃树在结果，推知其他地方桃树也在结果。

3. 圣典或权威意见（“圣言量”āptavacana），即圣典或圣人的意见。但是古典数论不像“正统派”的其他哲学派别那样特别强调“吠陀”是唯一的权威。

数论认为认识的进行必须具有下列条件：(1)外界对象的存在，以此区别错误的认识，如幻觉等等；(2)与外界对象相适应的特定的感觉器官（五感觉器官及五行动器官）；(3)当对象和器官相接发生知觉（认识）后，对知觉进行“观察”和“分别”②的心；(4)确定我们对外界所抱各种态度的自我意识（我慢），自我意识是一种执着外界对象所起的“我和我的”感受；(5)对上述心等所起的认识最后起决定作用（“决知”）和给予名称的统觉（“大”）；(6)作为认识主体（“知者”）神我的在场，但神我在上述变异的过程中只是一个“见证者”“观者”和“不活动者”（“非作者”）。

数论的认识过程试用图表说明如下：

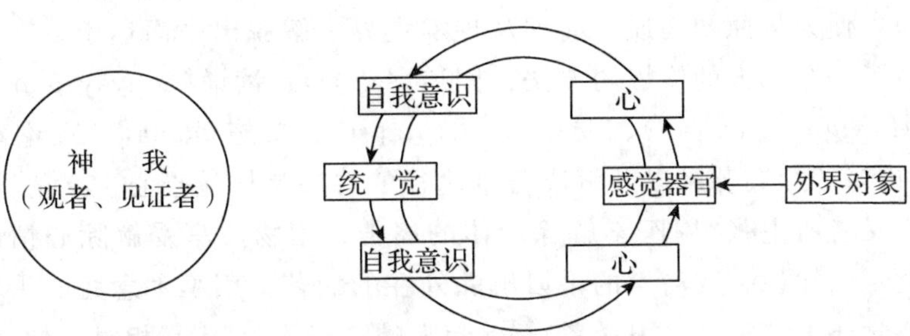


从上面阐述中可以看出，数论的认识论从总的方面看虽然是一种唯心主义和神秘主义的东西，但其中也包含着很多合理的成分，他们一方面把人的意识

① 《数论颂》Ⅶ，参见《金七十论》七及长行。

② “分别”的意思是“把认识分为这一类或那一类”。

和肉体器官联系了起来，肯定认识是外界对象作用于我们感官的结果，外部世界是我们认识的源泉。而且还进一步认为，认识的内容是通过心、统觉等等一系列的活动逐渐发展和深化的。感性认识只是反映了事物的外部联系和个别方面，它有着很多局限(当然，他们举出的八个理由有些是不科学的)，需要理性认识之一推理来补充，这些是和唯物主义反映论大致相符合的；但另一方面，由于他们不懂得揭露事物内部矛盾和规律性的理性认识是在感性认识的基础上产生的，感性认识和理性认识在实践的基础上是统一的，因而他们在认识过程中又引入了全然脱离感性认识的所谓认识主体的神我，侈说神我和非变异的结合才能产生真正的认识，非变异本身不过是“似知的无知”。数论的认识论和它的本体论一样也是一种目的论的证明，它从外界引入思维负担者的神我是想要为宗教解脱找出根据。

**(三)社会学说**

数论的全部哲学是围绕着一个社会基本问题——如何解脱社会和人出生的苦难而展开。《金七十论》开宗明义就说：“三苦所逼故，欲知灭此因。”他们认为苦是人生本质的东西，人生的苦不外是：(1)外部的苦(依外苦，ādhibhaūtika)；(2)内部的苦(依内苦，adhdyātmika)；(3)自然的苦(依天苦，ādhidavika)三种。内部的苦又可分为生理的苦(如风、热、痰)和心理的苦(欲望、怒、贪、爱、惧、嫉、忧、无知)两种，外部的苦是由人、兽、鸟、虫、毒蛇、山崩所引起的，自然的苦则是由寒暑、风雨、雷电所造成的。同时认为解决这些苦难的途径是在于了解二十五谛真义，证悟原初物质和神我本来不是一个东西，使人从原初物质，亦即从现实世界中解脱出来而达于自在的境地。为此规定了一套骗人的修炼的方法：闻道(śabda)、读诵(adhyāyanam)、离三苦(duḥkhāvighātāstrayaḥ)、友得(suhṛtprāpti)、布施(dāna，《数论颂》作清净)。数论对于社会苦难以及解决苦难途径的看法是极端唯心主义的，它和当时唯物主义者所主张“用医学解除肉体的痛苦，用物质享受解除心情的烦恼，用道德的专门知识、政治学的手段解除外在的痛苦，用巫术念咒的手段(当时巫术和科学还未分家——引译者)解除超人的痛苦等等”①是相对立的。我们知道把人分为敌对阶级的社会中，最大的苦难是来自社会的压迫，因之，只有消除阶级的压迫以及改变整个物质的环境，才可以摆脱人的沉重的苦难。而不是去了解二十五谛，了解自我意识。这正如马克思所指出：“意识的一切形式和

① 《数论颂》I的注。参见拉达克里希南编：《印度哲学史料》第426页的译文。

产物不是可以用精神的批评来消灭的，也不是可以通过把它们消融在‘自我意识’中或化为‘幽灵’‘怪影’‘怪想’等等来消灭的，而只有实际地推翻这一切唯心主义谬论所由产生的现实的社会关系，才能把它们消灭……”①

古典数论在反对唯物主义的社会主张的同时，对旧有的统治阶级奴隶主的思想体系——婆罗门教的宗教伦理学说也进行了批评。他们宣称吠陀天启有着三种错误——不纯（“浊”）、破失（“失”）和不平等（“优劣”）。例如婆罗门举行苏摩祭和马祭时要杀伤大量的动物，这是一种不纯洁的行为。又如吠陀宣称人们通过光祭可以达到天界，但天界中也有人间那样的“贫富”“上品和下品”“丑好”“愚智”等等的不平等，这是一种谎话②。数论对于天界不平等的抗议，实际上也就是反映了对于人间不平等——奴隶制的表现——的抗议。另外，他们也反对婆罗门教的梵天创世说，认为梵天没有三德，不能是世界创造的最终原因。古典数论虽然反对了婆罗门教的某些方面，但他们的理论仍然是在婆罗门教的轨道上运行，它的社会伦理说教充分反映了当时新兴的封建主的矛盾，既不满奴隶主的政治、精神统治，但又敌视和害怕人民。

**（四）古典数论的社会作用**

从上面对世界观、认识论和社会伦理学说的分析中可以看出：古典数论是一种极端复杂而又矛盾的哲学体系。在这个体系中既有着唯物主义、无神论的因素，但也有着唯心主义和宗教的说教；既有着某些自发的辩证法观点，也有着大量的形而上学的看法；既相信人有认识外在世界的能力，但又贬低人的理性的价值；既对旧有的统治阶级的宗教伦理思想不满，但对真正的人民思想也怀着恐惧和敌视。数论这些矛盾正是当时社会矛盾的反映。古典数论出现的时期大概在印度奴隶制开始崩溃和封建制度形成的时期，在这个时期中印度社会出现了新兴的封建阶级（地主、封建的罗阇、大商人等等），这个阶级在他们的发展过程中，由于受到了旧的生产关系的束缚，因而他们对奴隶主的政治、精神统治表示不满，在当时生产力和自然科学发展的条件下，提出了自己的世界观。但是由于印度的封建经济也是建立在农村公社自给自足的经济基础之上的，很多封建主直接是由奴隶主或公社上层分子中所分化出来的，他们的利益和奴隶主仍然有着千丝万缕的联系，因而在宗教和哲学思想方面也常常和吠陀——奥义书唯心主义的路线相妥协。

---

① 马克思、恩格斯：《德意志意识形态》，第3卷，第45页，人民出版社。

② 《数论颂》Ⅱ，参见《金七十论》二及长行。

## 四、简短的结论

(1)数论经历了漫长而又曲折的三个历史阶段：第一个阶段是具有唯物论和无神论倾向的学说，第二个阶段是二元论的学说，最终的阶段是纯然唯心主义一元论的宗教学说。数论发展的历史除了它和外面派别的斗争外，也是内部唯心主义与唯物主义斗争的历史，即从唯物主义趋向唯心主义和宗教化的历史，数论在封建社会兴起以后逐渐成为统治阶级的思想体系；

(2)第二个阶段的数论，即我称之为古典的数论是表面的二元论学说，古典数论就整个看是一种唯心主义的学说，但其中对于世界的猜测、因果关系、认识的起源等等的分析有着合理的成分，这些合理的方面在印度哲学思想的发展历史中有着重要的历史意义。

(3)我国保存的《金七十论》是目前留存的古典数论较早的和可信的经典，它较之印度保存的、后期的《数论颂》各种释本受到吠檀多主义的影响较浅，因之在研究数论的发展历史中有着重要的意义。

# 东方哲学的起源、演变及其与中国的关系

东方是一个地理、文化乃至政治的概念。从地理上看它包括整个亚洲和非洲中部、东北部地区。就东方哲学而言应包括中国、日本、朝鲜、越南、东南亚其他各国、印度、巴基斯坦、斯里兰卡、伊朗、阿拉伯、巴勒斯坦等民族和地区的哲学。中国、印度和阿拉伯哲学是世界哲学史上三个自成系统的思想体系。东方不少地区是世界文明的发源地，孕育了世界上最早的哲学思想，东方哲学不仅在东方内部而且也在东西方之间进行长期的交流，对世界哲学的产生和发展起过重要的推动作用。印度、波斯、阿拉伯哲学等传入我国后，与我国传统思想相结合，生出了绚丽多姿的哲学花朵。

东方哲学思想自公元前4000—3000年在古代埃及出现以后，迄今已有5000余年的历史。它经历了发生、成长、荣枯、新生等过程，大致可以分为古代哲学、中世纪哲学、近代哲学和现代哲学四个时期。

## (一)古代哲学

世界文明是从东方开始的。在公元前4000年代至公元前2000年代初，中国的黄河，南亚的印度河、恒河，美索不达米亚的底格里斯河和幼发拉底河、埃及的尼罗河流域开始跨入阶级社会，随后在小亚细亚、巴勒斯坦和伊朗高原相继产生了一批奴隶制国家，这些地区和国家孕育了世界最早的文明，同时也产生了最早的哲学思想。在埃及，从流传下来的宗教经文——《金字塔文》《死人之书》和《生命之书》中可以看出，原始居民已在探讨世界本原的问题。有的

祭司神学家宣称，宇宙是一些自然力(神)产生了另一些自然力的一系列产物，太阳神瑞是这个宇宙的主宰；有的怀疑论者则认为自然界的水、火、空气是世界的根源。此外，从大量的箴言中可以看出，他们树立了很多道德、伦理准则，如不害人、正道、宽恕、乐观等，有的箴言还否定死后的生活、来世的灵魂等等。在古代的两河流域也是哲学思想的故乡，在著名的《创造之歌》中，巴比伦的最初哲学家用神话的方式探讨了宇宙形成的原因、人与自然的关系等等。他们描绘说，泰初从水渊中出现了男女之神并出现了“众神之主”马尔都克，他创造日月星辰以及血肉的人类，从而完成了宇宙的创造过程。印度哲学思想的萌芽在公元前 2000 年左右就已发生。最早见于印度宗教、神话、历史汇集的《吠陀》以及随后出现的哲学诗篇《奥义书》中，《吠陀》最初宣传对自然力量崇拜的多神论，尔后，哲学思想便从吠陀宗教思想中分离出来。吠陀诗人提出了关于宇宙形成、人和自然的关系、人的本质、灵魂和肉体的关系、死后有无存在等等种种问题，并给予回答。有些赞歌宣称：思维(巫师的直观能力)、识、虚、无、我(灵魂)、梵等等是世界的根本原因；有的则认为世界是由水、火、风、地、金卵等所派生或结合而成的。《奥义书》提出了一种叫“梵我一如”的原理。它们宣称：作为外在的、宇宙终极原因的梵和作为内在的、人的本质的我(灵魂)在本性上是同一的，但是由于人的无知(无明)，受到业报规律的束缚，把梵和我看作两种不同的东西，如人能摈弃社会生活，抑制情欲，那么，他就可以直观灵魂的睿智本质，亲证梵我的同一，从而获得最后的解脱。

在古代的西亚也闪烁着智慧的光芒。波斯流传下来的宗教历史文献为《阿维斯陀》(《波斯古经》)，相传为琐罗亚斯德教的创始人琐罗亚斯德(年代在公元前 1000 年至公元前 600 年之间)的说教。《阿维斯陀》宣称：在原初的时候，存在着对立的善恶两元，善元之神阿胡拉·玛兹达是光明、生命、创造、善行，也是天则、秩序和真理的化身。恶元之神安格拉·曼纽是人格化了的黑暗、死亡、破坏和恶行等一切罪恶的渊薮。善元和恶元进行了长期、反复的较量和斗争。前者最后终于战胜后者。于是玛兹达被尊为“宇宙的主宰者”“光明王国和黑暗王国的统治者”，成了唯一的、最高的存在。在琐罗亚斯德教的形成过程中，有些异端的神学家为了解决善、恶两元的矛盾，在理论和逻辑上常常假定了在两者之上有一个最高的实体——“佐而文”(旧译“察宛”，意为“无限时间”)，因之，琐罗亚斯德教被称为哲学上的二元论和神学上的一元论。

公元前 6 至 5 世纪是世界宗教、哲学运动蓬勃兴起时期，在波斯，琐罗亚斯德建立了琐罗亚斯德教，在中国，出现了春秋百家争鸣的局面，在希腊，诡辩派正在开展大规模的活动。与此同时，在印度也出现了与婆罗门教相对立的沙门思潮，即自由思想家的统称。沙门思潮有“六师”，其中主要的有顺世论、佛教、耆那教和生活派(“邪命外道”)。顺世论是印度甚至东方最大的唯物主义派别，这派认为世界的基础是物质，物质由“四大”(地、水、风、火)所构成，一切有生命的物类均由“四大”和合而生，人死后还归“四大”，因之，它否定灵魂的存在，认为灵魂和肉体不可分，感觉经验是认识的唯一源泉。另外，在社会观方面，主张种姓平等，反对祭祀和业报等。佛教是沙门思潮最大的派别。原始佛教在说教中提出了一套哲学主张——四谛十二因缘说。他们认为世界上各种现象的存在都依赖于一定的条件(因缘)。离开了条件，就无所谓存在。“十二因缘”就是从无明到生死彼此成为条件或因果联系的十二个环节。耆那教宣称世界由多种原素所构成，这些原素大致可以分为灵魂与非灵魂两种，非灵魂的原素又可分为物质和不定形物质两种，前者由原子复合而构成，后者则由运动的条件(法)、静止的条件(非法)和时间、空间四者所组成，这种学说是一种多元论的实在论。在社会伦理思想方面主张苦行(包括非暴力)、业报轮回和解脱。生活派认为，宇宙和世界上一切有生命的物类是由灵魂、地、水、风、虚空、得失、苦乐、生死等十二原素构成，各种原素的结合“定合有其自性”，在“命定”的锁链中，人的意志是无能为力的。

在公元前后几个世纪印度婆罗门教系统内出现很多哲学派别，印度常常把承认《吠陀》权威的婆罗门教六派哲学称为正统派，而把上面所述不承认吠陀权威的顺世论、佛教、耆那教、生活派等称为非正统派。在这个时期内正统派的一些创始人或理论奠基人创作了各派的经书《梵经》《前弥曼差经》《数论颂》《瑜伽经》《胜论经》《正理经》而形成了吠檀多派、弥曼差派、数论、瑜伽派、胜论派和正理论派。

## (二)中世纪哲学

中世纪是一个含混不清的概念，东方各国都有自己的解释。但很显然，在东方各国社会发展过程中，有一个连接古代和近代的历史时期，这个时期有它自己的特点，特别是在哲学思想资料的继承方面有它的连续性。不少学者认为印度的中世纪开始于公元 3 至 4 世纪即统一的印度笈多王朝时期，迄 18 世纪资本主义萌芽发生。在印度中世纪初期，印度正统派哲学六个派别日益系统化，非正统派的几个派别也在进行活动。正统派中起源最早的是数论。数论作为二元论是在自在黑的《数论颂》等中表现出来的。

瑜伽的实践是在毗耶沙（约公元500年）等对《瑜伽经》作注以后才完整起来。该经认为，达到真理的方法有八种，这些修持方法类似我国的气功。

弥曼差是婆罗门教中研究祭祀仪式等问题的一个学派。在4至5世纪山隐尊作注以后才完备起来。

胜论是在钵罗奢思波陀（400—450）对《胜论经》作注以后才形成系统的哲学体系。

正理论着重探讨了认识的方法、逻辑推理等问题，把认识的对象、辩论的方法等概括为十六个范畴，把推论的形式分为五支。

吠檀多不二论的主要代表是乔荼波陀（640—690）和商羯罗（700—750）。他们认为真实不二的梵是世界万物的始基，梵是统一的、纯粹的，不具有任何属性、运动和因果。但是某些没有宗教修持的人由于无明（无知），从下智去看它，给它附上种种的属性如全智、全能等等，神也是其中的一种，这样梵就有了上梵和下梵之分。世界是梵的一种幻现或假象，正像绳被幻现为蛇一样。在11世纪以后，印度出现了以改革印度教为宗旨的虔诚派运动。在吠檀多中也出现了罗摩努（？—1137）的制限不二论，摩陀婆（1199—1278）的二元论，尼跋伽（14世纪）的二元不二论和筏罗婆（1473—1531）的纯粹或清净不二论。以上这些派别围绕着梵、灵魂和世界的关系进行了喋喋不休的争论。

在中世纪佛教由小乘转入大乘，分为中观派和瑜伽行派两个主要教派。中观派的理论奠基人是龙树（150—250）。龙树把他的最高真理称之为空。他认为世界上一切事物以及人们的认识，甚至包括佛陀本人都是一种相对的、依存的关系（因缘），一种假借的概念或名相（假名），它们本身并没有实体性或自性，只有排除了执着这种“名相”的偏见，才能达到真理或空。瑜伽行派的理论奠基人是无著（395—470）和世亲（400—480）。他们认为，应把空和有（对现象世界的认识）结合起来。世界上的一切现象都是由人们的精神总体或作用——“识”所变现出来的，所谓“万法唯识”“三界唯心”。

在7世纪伊斯兰教建立以前，阿拉伯哲学在继承古代埃及哲学思想的基础上还接受了古代希腊哲学的影响。公元前3世纪亚历山大城一度是亚里士多德主义的中心，在那里曾建立过世界上最早的图书馆，出现过像欧几里得和托勒密这样的伟大科学家。这些对后世有着重要影响。7世纪穆罕默德在阿拉伯半岛建立伊斯兰教。他宣布《古兰经》是伊斯兰教义、哲学、法学和伦理学赖以建立和发展的基础。伊斯兰教宣传一神论，认为真主是唯一的、绝对的和永恒的存在，具有一切完美的德性：7世纪末倭马亚王朝在大马士革定都后，在伊斯兰教内部出现了苏菲派，该派除以《古兰经》和“圣训”为基本教义外，还受到希腊、波斯、印度等等的思想影响。苏菲派以神秘主义著称，宣传泛神论和神智论的思想，要求通过内心修炼，达到与真主的合一。8 世纪初在伊斯兰教中出现了最早的神学—哲学派别——穆尔太齐派，该派提倡运用理智。自由讨论伊斯兰教信条，反对宿命论的“前定论”，主张人有意志自由。10 世纪从穆尔太齐派中分化出来的艾什尔里(873—935)及其追随者们建立了新凯拉姆(经院哲学)，这派调和理性与信仰，以理性论证正统派的信条，强调真主的全能和世界的变幻莫测。以后的安萨里(1058—1111)还引进了苏菲派的神秘思想，从而完成了伊斯兰教经院哲学的最终形式。

9—12 世纪，在阿巴斯王朝的一些帝王的奖掖下，阿拉伯的学者对希腊科学、哲学著作进行了有组织的、大规模的翻译和注释，另外，还翻译了波斯和印度的一些古典著作，在传播希腊哲学特别是亚里士多德学说、新柏拉图主义和东方传统思想过程中，在阿拉伯穆斯林的统治地区——东部的巴格达和西部的科尔多瓦出现了一批哲学家。他们的代表是铿迭、法拉比、伊本·西那、伊本·图斐利、伊本·路西德和伊本·赫勒敦等等。这批哲学家一般接受了受新柏拉图派影响的亚里士多德学说，并力图和伊斯兰教信仰相调和。他们都承认真主作为最初实体和始因而存在，认为世界万物是由真主通过理性、灵魂等一系列精神的实体流溢而出，但又承认世界是客观存在的，其间有着因果关系。真主对世间的关系是通过媒介物间接地起作用，这种“流溢说”或“双重真理论”等等是当时和伊斯兰教正统派经院哲学进行斗争的最好的思想武器。

13 世纪中叶蒙古入侵伊斯兰世界后，随着阿巴斯王朝的覆灭和伊斯兰教徒在西方的失势，由多民族组成的、统一的阿拉伯哲学从此不复存在。中世纪阿拉伯的科学、哲学和伊斯兰教文化在各方面都达到了最高的水平，远远超过了同时代的欧洲。由于阿拉伯世界保存了大量的希腊的哲学和科学著作，使古代欧洲哲学遗产未遭湮灭，从而推动了欧洲的文艺复兴和西欧哲学的继承发展。公元前 4 世纪末，希腊亚历山大大帝征服地中海东部各国，随着希腊文化传入地中海东、西地区。犹太教受柏拉图主义与斯多噶派影响很深。其中具有代表性的是拉比斐洛·犹大的哲学。他以柏拉图的理念说、斯多噶派的逻各斯学说解释犹太教的律法书，使犹太教具有了比较完整的哲学体系。斐洛认为，世界是由神的动力因与未具形体的原始质料因两者所构成的。神通过逻各斯(道)使神与物质相通，在逻各斯的中介下，神在经历的各种不同阶段与感官世界相连接，从而创造了世界。逻各斯既是神或“观念”的统一，又是宇宙一切力量的根源和犹太教神坛中有最重要地位的天使。

斐洛也以这种观点解释了人生的历史，他认为人应从感官世界中求得解脱。

自公元前 2 世纪至公元 5 世纪，在犹太教内地位仅次于《圣经》的经书《塔木德》逐步形成。《塔木德》在处理神与世界的关系上，它既信仰神的彼岸世界，也肯定神所创造的此岸世界的一切，甚至主张：今世一个时辰的悔罪善行胜过来世永恒的生命。

在生命观方面，《塔木德》主张灵魂肉体二元论。认为人的灵魂像天使，理性与道德(善)都来自灵魂。人的肉体与情欲相连，如同禽兽，但善与肉欲并非绝对对立，善恶争斗是在灵魂中进行的，因此《塔木德》认为，伦理道德的终极目标不是脱离世界，而是在世界之中，使肉体服从灵魂导引，遵行犹太教律法侍奉神。另外，《塔木德》强调人的自由意志。

9—12 世纪当阿拉伯学者把希腊哲学、科学著作译成阿拉伯文，在犹太教内部也受到了影响。犹太教哲学家萨迪阿(892—942)首先把《圣经》译成阿拉伯文。他力图用新柏拉图主义的观点调和理性与启示，论证世界是神所创造的。所罗门·伊本·加布里奥(1020—1070)是犹太哲学在西班牙的最大代表。他以新柏拉图派的观点解释犹太教的神学，认为神的意志来自神的本质，又与神的本质有区别，神的本质是无限的，而神的意志的具体表现则是有限的，因此，神的意志成为神的本质与神所造质料、形式的中介。12 世纪中叶亚里士多德哲学已在犹太哲学中占主导地位，在这个方面最有代表性的哲学家是摩西·本迈蒙尼德(1135—1204)。他力图用亚里士多德的学说论证犹太教的教义，强调人们必须要用和理性一致的东西独创性地去解释犹太教教法。他宣称：宇宙永恒这个命题虽然不能得到有力的证明，但以逻辑和经验推理，世界从虚无中被创造出来和灵魂永生也是有可能的。这些说法实际上是违反亚里士多德主义的。本迈蒙尼德的唯理主义学说曾受到犹太教正统派的剧烈反对，对中世纪晚期西欧的经院哲学有一定影响。

日本哲学思想最早见于公元 8 世纪编成的《古事记》和《日本书纪》，它们是受中国哲学思想特别是儒学思想影响而成的最古老的典籍。这两部典籍记录了日本古代的神话、英雄传说、歌谣和帝王的家谱，但从这些内容中可以看到日本哲学思想的萌芽。《古事记》论证皇统即神统，宣称神道教的神灵创造了天地、日月，并对宇宙的形成、人的起源作了种种哲学思辨。《日本书纪》也记录了世界创成、国土繁殖的神话。

继5世纪前后儒家的思想传入日本后，6世纪中叶佛教也经过朝鲜传入日本。佛教在奈良时期(710—784)扎下根来并日益得到发展，出现了“南都六家”(三论、法相、俱舍、成实、华严及律宗)和“奈良七寺”，这时佛教教义已传入日本，但在日本还没有什么创新。直到平安时期(994—1184)，最澄和空海留学回国分别创立了具有特色的天台宗和真言宗，才确立了日本的大乘佛教思想。他们在哲学上都宣传“世界无别法，唯是一心作”和“一念三千”的唯心主义思想。在平安时代后期，在日本佛教中出现了两种倾向：一种是要使本国固有的神祇崇拜与外来的佛陀、菩萨崇拜融合起来，即所谓“神佛习合”思想，另一种是对流传于贵族中间、教理深奥的天台、真言宗不满，在民间产生了净土思想，这为后来净土宗、日莲宗等建派创造了条件。禅宗传入日本，最早可追溯到奈良时期，但真正建立日本临济禅的是由中国回去的荣西(1141—1215)，临济禅因袭中国的禅学思想。另一个传中国曹洞禅的道元(1200—1253)又把禅宗的主观唯心主义推到极端，宣传“心者一切法，法者一切心”的思想。

宋朝儒学从13世纪传入日本后一直依附于佛教。到江户初期，在德川幕府的支持下，才开始从佛教分离出来。当时日本的儒学体系主要分为朱子学派、阳明学派和古学派。朱子学被奉为官学，长期处于主流地位，此外，在江户时代还出现了复兴神道的一些派别和某些不属于任何传统或反传统的启蒙思想家。朱子学在日本不同地区有着不同的流派，对于朱子学的解释也有不尽相同的说法。朱子学的创始人是京师学派的藤原惺窝(1561—1619)及其学生林罗山(1583—1657)。他们以朱熹的性理说反对佛教的出世主义和基督教的创世说，使儒学摆脱神学的束缚而得到独立发展。这个学派中的人对于哲学基本问题和社会伦理道德思想有着不尽相同的主张。例如贝原益轩(1630—1714)和安东省庵(1622—1701)把自己的世界观归结为“理气合一”论，而山崎阇斋(1618—1682)、佐藤直方(1650—1719)等则归结为“理一元”论，这是唯心主义和唯物主义的分水岭。山崎阇斋甚至还把儒学和神道结合起来，使朱子学神道化。会泽正志斋(1782—1863)、藤田东湖(1806—1855)等还提倡封建名分论和尊皇攘夷思想，这都是要为德川幕府的统治作理论论证。

古学派排斥汉唐以后的儒学，认为只有古代的儒学才有意义，这派名为复古，实际上是要摆脱朱子学的控制，其代表人物是由鹿素行(1622—1685)、伊藤仁斋(1627—1705)和荻生徂徕(1666—1728)等，这两人在哲学上一般都主张气一元论，并以此反对朱子的性理论。

阳明学提倡王阳明的“心学”或良知说，其代表有中江藤树(1608—1648)、大盐平八郎(1794—1837)等，这派中的人虽然在哲学上是主观唯心主义者，但其中某些人还具有辩证法的思想。他们重德教，重实践，是以改造世界为己任的事功派，在幕末和明治维新中起过一定的作用。

日本的神道教是固有的民族宗教，是在日本民族固有信仰的基础上发展起来的，已有两千年的历史，其间受到了儒、佛等外来思想的影响，大体上经历了原始神道、神社神道、学派神道、国家神道、神社神道和教派神道并行等不同的历史阶段。在德川幕府时期，出现了复古神道，这种神道排斥儒、佛等等思想影响，提倡“日本精神”哲学，鼓吹敬神爱国、崇祖尊皇、神皇一体、祭政一致、八纮一宇等思想，这些思想在德川幕府末期的尊皇攘夷中起过重要的作用但后来又成为军国主义的精神武器。

在江户末期，日本封建社会开始瓦解，作为封建意识形态的儒学日益停滞、没落。在西方自然科学(兰学)的影响下，在日本出现了不少与传统格格不入或反传统的思想家。他们中有代表农民思想的安藤昌益(1703—1862)，反映新兴市民利益的三浦梅园(1723—1789)、山片幡桃(1746—1821)，有力图探索一种新的思维方法、哲学的皆川湛园(1734—1807)和为心理学开拓道路的镰田柳泓(1754—1821)等。他们一般对中世纪的封建制度及其意识形态进行了批判，在不同程度上接受了西方自然科学和古代唯物论的影响，反映了在封建统治下的农民和新兴的市民的要求和利益。

我国周边的另一国家朝鲜也有着悠久而又丰富的哲学历史。公元 1 世纪前后，朝鲜半岛先后建立高句丽、百济和新罗封建国家。中国的儒学开始传入。尔后，我国佛教的各个宗派和学派也相继传播，在朝鲜形成了“五教九山”。6—7 世纪新罗佛教进入鼎盛时期，出现了不少著名佛教哲学家如圆光、慈藏、慧超、圆测、元晓、义湘等等。新罗的佛教无疑地受到中国的影响，但也有着独自的发展道路和特质。例如圆光把“三归五戒”解释为“事君以忠”“事亲以孝”“交友有信”“临战无退”和“杀生有择”，这明显是和印、中传统解释不同的。被称为“八宗之祖”的元晓(617—686)提倡“归一心源说”，力图调和“百家之异争”。他从“和诤论”的立场出发，不仅对朝鲜而且对中国的各种佛教派别进行了批判。9 世纪初禅宗在朝鲜崛起，以后禅宗和教宗(禅以外的其他混合教派)分庭抗礼，持续了多个世纪。禅宗的代表是曹溪宗创始人智讷(1158—1210)，他调和禅教二门教义，创立了“真心说”。

6—7 世纪新罗出现影响很大的社会思潮——花郎道思想，它把儒家的忠孝、道教的无为和佛教的积善思想融合成为一种道德伦理思想体系，这种思潮在新罗统一三国中起过作用。

公元 7 世纪朝鲜建立了统一国家，鼓励贵族子弟学习儒家经典，儒学得以发展，逐渐成为统治思想体系之一。14 世纪李朝建立之后，独尊儒术，在以后的五百年间，朱子学一直处于绝对统治地位。在 14 世纪，它的代表人物是李穑、郑梦周和郑道传；15 世纪是权近、金时习；16 世纪是徐敬德、李滉和李珥。以上这些哲学家围绕理、气问题进行了长期的、喋喋不休的争辩，从而形成了唯心主义与唯物主义的阵营。例如徐敬德提出了“气不灭论”，他以“元气”的聚散、离合解释物质运动的变化并以“机自尔”(自己内部的推动)解释为事物发展变化的原因。李滉主张“理一元论”。他提出“四端理之发”“七情气之发”的观点，开启了朝鲜数百年“四端七情理气之争”，而李珥则以“理气二元论”反驳“四端七情论”。他认为理气“浑然无间，无先后，无离合”。可见朝鲜中世纪对哲学问题的争论是十分激烈、复杂的。

公元 17 世纪初至公元 19 世纪上半叶两百年间，在朝鲜兴起了实学思潮。这种思潮讲求实效、实理，反对朱子学的空谈性理，主张经世致用，改革时弊。这个派别的思想家们在哲学上大都坚持“气一元论”，并借当时自然科学、技术的成就，对很多自然和社会现象作了比较正确的解释。

在东南亚的邻国中，越南是和我国文化交流最早的一个，远在公元前后儒释道思想就伴随中国文化相继传入越南。10 世纪越南建立独立的封建国家后，佛教一直占有主导的地位。越南早期建立的几个禅宗派别(毗尼多流至禅派、无言通禅派和草堂禅派)都是由中国传入的。到 13 世纪初，越南开始建立了自己的宗派——竹林禅派，这派的代表是慧忠上士和陈仁宗(1258—1308)，他们宣传“心即佛，佛即心”的禅宗哲学思想。慧忠曾说：“迷去色空色，悟来色无空，色空迷悟者，一理古今同。”这个派别自 13 世纪至 16 世纪一直是越南的重要派别。16 世纪黎朝时，曹洞宗传入越南北方，禅师麟角据以创立了莲宗，他将竹林禅派的教义与净土宗融合为一体，主张禅教双运，以教为眼，禅是佛心等。这个派别在 17—18 世纪影响很大。越南佛教除禅宗外，还有小乘佛教的宗派和密宗。他们往往把佛教和儒道的思想结合起来，并注意吸收民间的信仰。越南封建国家建立初期，一方面推重释教，另一方面也尊崇儒学，但到 14 世纪末至 15 世纪初陈朝末年和黎朝初年，越南封建中央集权制度进入高度发展时期，儒学便取代了佛教处于统治地位。陈朝最著名的儒学者有朱文安(1292—1370)，越南史家称他为“儒宗”，把他的学术思想概括为“穷理、正心、除邪、拒嬖”。在后黎朝(1428—1784)程朱理学成为统治的思想，黎圣宗颁布的《二十四训条》和黎玄宗颁行的《申明教民四十七条》都是儒教治国的纲领和规范。黎朝著名的理学家有阮秉谦(1491—1585)和黎贵惇(1726—1784)。阮秉谦的哲学思想糅合宋儒、老庄及佛学，追随我国北宋邵雍的象数之学。黎贵惇主张“气一元论”，认为“宇宙源于‘混元气’，理在气之中，理因气而有”。越南最后一个封建王朝——阮朝建立后，独尊儒学，儒家文化达到空前的繁荣，人才辈出，其中有代表性的是郑怀德、吴仁静、潘清简等。他们不仅宣传宋明理学，也注重乾嘉朴学，其中有些人还致力于实学的研习。

在陈黎王朝时，道教也得到了广泛的传播和发展，但在后黎朝建立后，其社会地位日落千丈，阮朝采取抑道政策，道教便日益衰落。越南道教以符箓派为主，道教的卜筮、醮仪、方术、阴阳、风水、堪舆等常常与固有的信仰相结合，深为越南人信奉。道教的虚无主义思想特别是无为、超脱、安逸等等在智识阶层中有着不可忽视的影响。

### (三)近现代哲学

印度封建生产关系在18世纪中叶迅速瓦解，在莫卧儿帝国衰落过程中，英帝国主义征服了这个国家，随着资本主义生产关系的畸形发展，揭开了印度近代史的序幕。在19世纪初，印度沿海地区出现了一些宣传宗教和社会改革的运动，这些团体领导了印度的启蒙运动和社会改革运动。其中最有影响的是罗姆·摩罕·罗易(1772—1833)所建立的梵社、达耶难陀婆罗室伐底(1824—1883)创立的圣社、辨喜(1863—1902)主办的罗摩克里希纳教会、赛义德·阿赫默德汗(1817—1893)所领导的阿里伽运动等等。他们在西方哲学文化的影响下，对中世纪的经院哲学进行了批判并提出了自己的主张。他们的哲学理论一般追随先前的、传统的形式(在印度教中主要是吠檀多，在伊斯兰教中主要是苏非派)。启蒙运动的先驱者是罗易。他主张崇拜唯一、永恒、不可名状的理性实体——梵。另外，他还认为自然界的真实实在有它自己的规律，自然界统一于物质，物质是由原子所组成，自然界和人类社会的无穷多样性证明了梵的创造意志和无穷力量。近代最大的哲学家是辨喜，他对吠檀多一元论进行了改革，认为世界最高的本质是梵，现象世界是达到梵的一个阶梯。现象世界包括精神和物质两个方面。物质世界是基础，它是和运动分不开的。另外，他认为认识真理可以通过经验和直觉两条道路。

1947年印度取得独立后进入了现代时期。现代哲学大致可分为三种不同性质的思潮：封建地主阶级的哲学、资产阶级的哲学和马克思主义哲学。在资产阶级哲学中最有影响的是M.K. 甘地、R. 泰戈尔、奥罗宾多·高斯、K. 薄泰恰里耶、S. 拉达克里希南以及M.A. 伊克巴尔等。奥罗宾多是获得世界声誉的哲学家。他综合印度吠檀多派和西方的一些哲学和科学思想，建立了一个庞大的"整体吠檀多"思想体系。宣称宇宙是由现象世界和超越世界所组成的。现象世界包括物质、生命、心等等。超越世界包括作为宇宙最高存在的"超心"等等，超越世界是由现象世界进化而成的。在伊斯兰哲学思想体系中最有影响的是伊克巴尔的自我哲学。他认为，个体生命的最高形式是"自我"，"自我"是一切存在的基础和本质、生命的泉源和社会历史发展的动力，世界的一切事物都在运动，运动是由内部两种对立力量相互斗争和平衡的结果。此外，他在"自我"学说的基础上还提出了"完人"的学说，认为"完人"是人类最高类型的人是历史命运的决定者。马克思主义哲学于19世纪末开始传入印度，得到了广泛的传播。印度的马克思主义哲学家一方面根据马克思主义原理分析现代社会发展和科学进展的状况，总结工人运动和共产主义运动的经验；另一方面对印度几千年丰富的哲学遗产进行大量的发掘、整理和科学的解释工作。在这方面值得推崇的是高善宓(1907—1966)和D. 恰托帕德耶耶的研究著作。

1868年的日本明治维新推翻了德川幕府的封建统治，进入了近代时期，日本近代哲学是随着资本主义的发展而产生的。在19世纪中叶出现了一批著名的启蒙思想家。这批思想家以"明六社"为中心展开活动。他们把19世纪欧洲的重要流派介绍到日本，并用这些新思想来启发日本人民的觉醒，对传统的哲学进行了批判、改造工作。在这些思想家、哲学家中有西周(1829—1897)、福泽谕吉(1834—1901)、加藤弘之(1836—1916)、中江兆民(1847—1901)、西田几多郎(1870—1945)等等。西周是日本近代"哲学之父"。他把西方的Philosopby一字译成哲学，系统地介绍了孔德的实证主义等等，但在他的思想中明显地可以看出还保留着传统的儒学立场。福泽谕吉传播英国的经验主义和功利思想。他宣传实学，倡导民权，鼓励人民学习科学，促进文明开化，在推动日本的现代化中起了重要作用。中江兆民输入法国机械唯物论，认为世界是"唯一的物"，物质是由原素构成的。他主张无佛、无神、无灵魂，是一个比较彻底的唯物主义者。井上哲次郎(1855—1944)在他的"现象即实在论"里力图把德国思辨哲学与佛教哲学相融合，在他的"国民道德论"里要求把西方伦理思想与神道、儒学等等传统思想缀合在一起。另外，还有鼓吹"日本精神"或"皇道哲学"的世界史哲学等等。在战前日本最有影响的哲学家是西田几多郎，他建立了独创的西田哲学，西田提出以"绝对无之辩证法"为中心的"场所逻辑"和

“绝对矛盾自己同一的逻辑”，这实质上是东方佛教思想和西方逻辑、哲学思想的混合物。另外，战前还出现了幸德秋水、河上肇、户板润、永田广志等不少马克思主义哲学家。他们中间的一些人组织了“唯物论研究会”，介绍现代科学和唯物论的思想，对传统的封建思想和军国主义的思想进行了批判，为日本共产党的建立和发展打下了思想基础。

第二次世界大战结束后，日本的马克思主义哲学进入了复兴时期，他们一方面努力介绍国外马克思主义哲学的研究成果和科学的成就；另一方面继续批判传统的封建军国主义思想和资产阶级的哲学流派如西田哲学、存在主义、结构主义等等。与此同时，西方各种各样的哲学思潮和流派特别是存在主义、实用主义和逻辑实证主义等较战前更多地、更系统地被介绍入日本，在资产阶级哲学界尤其在一些大学讲坛发生着重要的影响。此外，不少哲学史家也注意对日本乃至东方传统哲学思想的研究，以追寻日本传统文化思想的现代意义。

从19世纪初朝鲜李朝的封建生产关系开始衰替，在日本、欧美列强的相继入侵下，朝鲜沦为半殖民地和全殖民地。在这个历史转变时期，作为当时统治意识形态的朱子学宣告破产，出现了以改革为己任的开化派，开化派以金玉均(1851—1894)为代表。他在哲学上继承了朝鲜先前的实学思想，在社会政治方面提出了一套资产阶级民主主义的纲领，要求建立君主立宪制政体、发展科技、普及教育等等。在19世纪中叶，在社会上影响较大的是“东学”思想，“东学”思想是崔济愚(1824—1864)针对当时在朝鲜开始传布的天主教而建立的宗教哲学思想。崔济愚宣传“天道说”，认为“人乃天”，“天心即人心”，假如人人“守心正气”则亿兆人的心可与天心一致，社会就会变成天国。他的哲学观是以唯气论为基础的泛神论，如说：“至气则天地之根，万物之母，亦是生命，万物由此而生，亦还原于它。”“东学”思想在甲午农民战争中曾起过动员和组织的作用。另外，在朝鲜资本主义急剧发展过程中也出现过文化启蒙的爱国主义思想和对儒教进行改革的“儒教求新论”等等。

19世纪末越南彻底沦为法国的殖民地。由封建社会转化为殖民地、半封建社会。在这巨大的历史演变过程中，儒学受到西方资产阶级思潮和中国旧民主主义革命思潮的冲击而日益衰替。在越南思想界出现了两个对立的派别：维新派和保守派，这两个派别在对待传统哲学和社会伦理方面均持不同的态度。保守派坚持排外、保守与自大的封建观念，维护封建伦理道德的儒学；维新派接受西方和中国新思潮的影响，对儒学和佛教进行了有分别的批判，主张变法改革，开发民智，富国强兵。他们发动了向日本学习的“东游运动”和“维新运动”。随着运动的深入，在维新派中也表现出两种不同的倾向：以潘佩珠(1868—1940)为首的一批人，继承勤王抗法的传统，主张用暴力推翻法国殖民统治，他们由君主立宪的拥护者转变为共和主义者。潘佩珠深受儒家和老庄思想的影响，他在哲学上主张“气一元论”，认为天地由阴阳两气凝聚而成，“气乃宇宙之源，宇宙而生万物”。在社会伦理思想方面强调儒家思想中的一些积极方面。而以潘周桢(1872—1926)为首的另一部人则主张依法改良，实行和平变革。他门宣传儒家“民为邦本”的思想和西方资产阶级自由平等博爱的学说，力图把儒学和西方的社会伦理思想糅合在一起。潘周桢曾说：“孔孟的道德观与西方的道德观在真理和道义方面有一致之处，因而吸收西方文明不仅无害而且可以更好地阐明孔孟之道。”

1798 年法国拿破仑远征埃及，揭开了阿拉伯近代史的序幕。18 世纪中叶，在阿拉伯半岛腹地首先出现了伊斯兰教的复兴和改革运动。其创始人是穆罕默德·伊本·阿卜杜勒·瓦哈卜(1703—1792)。他遵循罕白里教义，主张奉行一神论，反对违背《古兰经》和“圣训”的一切行动。瓦哈卜在哲学上坚决反对“存在统一论”(存在是统一的，宇宙万物的存在就是造物主)，在他看来，“宇宙万物是物质，最终要毁灭的，而造物主则是永恒，超脱一切存在之上的”。与此同时，他反对人的一切行为都是真主安排的“前定论”，强调个人要对自己的行为负责。他根据这些教义组织了一场规模浩大的“清净教”运动，其影响遍及整个阿拉伯半岛、南亚及东南亚很多地区。19 世纪末 20 世纪初在阿拉伯半岛、波斯、阿富汗、中亚等地区出现了对伊斯兰教进行改革的泛伊斯兰教运动，领导这场运动的主要代表是哲姆罗丁·阿富汗尼(1839—1897)和他的学生、埃及的穆罕默德·阿布杜(1848—1905)。他们主张东方穆斯林各国在统一的哈里发旗帜下，即在奥斯曼苏丹的指导下，团结一致，共同反对西方殖民主义并进行社会政治改革和宗教改革，开展现代复兴运动。阿富汗尼认为，伊斯兰教的改革必须依据《古兰经》和“圣训”而不是它们的注释。他坚决反对唯物主义和无神论，在他所著的《反驳自然主义者》一书中对现代唯物主义和达尔文主义进行了系统的反驳，号召人们回复到一神论的信仰基础之上。阿布杜在他所著的《一神论》中，要求恢复伊斯兰教创建初期的精神和原则，复兴和发展伊斯兰教文化，学习阿拉伯语言，在坚持伊斯兰教基本教义的同时，要接受西方现代化和科学成就。

第二次世界大战后，东方的伊斯兰教一直在急剧发展，出现了许多改革的思潮和运动，其影响较大的有：(一)复古主义运动。复古主义运动在瓦哈卜以后一直未断，无论在逊尼派和什叶派中都有，不同国家、派别提倡这个运动的目的、政治倾向和表现形式虽不一，但都强调伊斯兰的原教旨主义，重视伊斯兰的传统在国家、社会生活中的作用，主张政教合一，反对世俗主义。(二)泛伊斯兰主义运动。前一世纪阿富汗尼、阿布杜的泛伊斯兰主义理想虽然未实现，但对后世有影响。现代的泛伊斯兰运动(伊斯兰教大会、世界伊斯兰教大会和伊斯兰教世界联盟)不主张有统一的中心，但他们都宣传全世界穆斯林具有共同的信仰、世界观和文化传统，各国之间要加强团结，共同反对帝国主义、霸权主义和犹太复国主义。(三)现代改良主义运动。它主张在坚持伊斯兰教的信仰和传统价值的前提下，大力吸收西方的科学文化，使之适应现代生活。(四)伊斯兰教社会主义运动。它把伊斯兰教理想、原则等同于社会主义，尊重伊斯兰教的宗教信仰和文化价值，提倡社会经济平等、阶级合作，维护私有制度。

# 中国传统文化与东亚文化模式

最近一个时期，中国学术界掀起了一场讨论中国传统文化的热潮，在国外引起了反响。这个问题之所以提出，无疑与中国当前正在进行的社会主义现代化建设以及亚洲经济蓬勃发展的形势有关。人们在创建“两个文明”的同时，不能不对中国的传统文化进行反思，从过去的文化宝库中吸取营养，寻求智慧，确定前进的方向，并在过去的基础上，塑造社会主义文化乃至共产主义文化的模式。另外，人们也在反思，亚洲“四小龙”的出现，在经济上出现奇迹，究竟与中国传统文化有着什么关系？

关于文化的内涵，在中国学者中有着不同的说法。本文作者不拟在这里做专门的探讨。从广义上说，文化是指人类社会历史实践过程中所创造的物质财富和精神财富的总和，从狭义上说，是指社会的意识形态及与此相适应的制度和组织。

## 中国文化的发展过程和基本类型

中国文化博大精深，灿烂缤纷。在五千年的历史中，它经历了产生、发展、兴盛、衰微和再生的过程。在每一次变革过程中，它自我淘汰了不少旧的沉渣，同时也加入了不少新的成分。实践证明，中国文化不是凝固不变的，而是不断发展的，并且每一次扬弃后，正像凤凰涅槃一样又获得了新生，有了新的内容。这是中国文化的高度凝聚力和再生力的表现。就文化的思想基础哲学而言，战国是儒、墨、道、名、法、阴阳、纵横等百家争鸣的时代；秦代崇尚法家，同时也盛行阴阳神仙之术；汉初则以黄老为显学，两汉时儒学开始盛行起来，并逐渐定于一尊，但阴阳、五行、谶纬之学还在流行；六朝隋唐时儒、释、道并举，有时释、道居先；宋以后理学对社会上层的意识形态曾长期起着支配作用，但理学以儒为表，以释道为里，沉三者于一炉，无论程朱抑或陆王的宋明理学都不能与原初儒学或孔孟之道等同起来。儒学一直是两千年来中国文化或哲学的重要组成部分，进入近代特别是五四运动以后，在西方思想影响下又取得了新的形式和内容，被人们称之为新儒学。西方和我国一部分学者认为，在中国的传统文化中儒学一直占有统治地位，或者儒道的结合构成了传统文化的基本内核，这种看法有一定的理由，但也不免失之偏颇。

中国是一个多民族和多宗教的国家，56 个少数民族都有着产生、发展和与其他民族融合的悠久历史，并有着各具特色的民族文化，特别是几个较大的少数民族如藏、蒙古、维吾尔等对丰富祖国文化宝库做出了不可磨灭的贡献。汉族虽然在我国历史上起着主导作用，殊不知汉族也是长时间内由许多民族混血而成的。汉族与少数民族的关系除了血缘联系以外，无论在政治、经济或社会生活方面都有着千丝万缕的联系。中国自秦统一全国开始，便形成了专制主义中央集权的统一国家，即使在三国、南北朝和辽金等几个政权对峙时期，中国也始终作为一个整体而存在，民族迁徙和经济文化交流加速了民族交往和融合，其结果总是使分裂的政权走向新的统一，各个民族的文化得到认同，在更高的基础上获得统一。因此，我们在分析中国文化的形成过程中，既要看到它统一的一面，也要看到各民族对祖国文化所做出的贡献。我们可以说，祖国的灿烂文化是由各民族共同创造的。

中国文化在世界文化圈中自成一个系统，这是我国各族人民的伟大创造，也是与在不同时期学习和吸收其他国家、民族的优秀文化分不开的。在古代，我们曾向印度、波斯学习过宗教、科学、文艺，在中世纪，向阿拉伯等国学习天文、医学及伊斯兰教，在近代，向日本、西方各国学习过科技和各种文化、思想。印度是我国学习和交流最多的国家。著名文学家鲁迅对这种学习和交流做出这样的评价："印度则交通自古，贻我大祥，思想、信仰、道德、艺文无不蒙贶，虽兄弟眷属，何以加之。"因此在分析我国传统文化时不能不看到外来文化的影响，特别是古代印度文化和近代西方文化传入中国对中国传统文化的冲撞。

关于中国文化的基本类型，学者们经过多年的探讨，大致取得了一致的意见。很多学者认为中国文化属于大陆型和农业型，并且有着强烈的宗法性。中国的地理环境对中国文化的形成和发展有着重要的影响。先民们自古就生活在这块大陆上，东濒古人无法逾越的太平洋，西北是漫漫的戈壁沙漠，西南耸立着世界上最险峻的青藏高原。在早期交通不发达的时期，这种环境使早期的华夏文化常常陷于封闭自守的状态。中国文化的发祥地是黄河和长江流域，这两条河流经过的地方都是肥沃的农业耕作区。中国历来的统治者都强调“以农立国”，在农业社会中建立了中央集权的专制主义国家，并且形成了以血缘关系为纽带崇尚自己的祖先和传统为特征之宗法社会。这些宗法社会的痕迹，我们可以在中国的政治、法律、宗教、哲学、教育、文艺等文化形态中找到。有些学者根据地理环境和民族的分布及历史传统，把中国的文化构成分成八大块，即中原京派文化、江浙海派文化、闽粤岭南文化、江汉楚文化、四川巴蜀文化、陕西华夏古文化、东北关东文化、边疆各少数民族地区文化。最近还有人主张应加上河洛文化，这种看法着重地区的差异，恐难窥出其全貌。

## 中国传统文化的核心精神

从整体上看，中国传统文化的核心精神是什么？这是中国传统文化的中心问题。许多学者提出了不同的观点。深入探讨这个问题有很重要的意义。我认为中国文化的基本特质可作如下的概括：

(1)统一性寓于分散性。如前所述，我国虽然有几十个少数民族，有八大块文化区域，多元的哲学和宗教及丰富多彩的文艺等等，但这些文化形态都汇合于若干共同点，形成了文化的统一性。这种统一性或共同点也是中国文化连绵不断、顽强拼搏、自立于世界的原因。有人认为儒家大一统的意识形态和共同的礼乐制度是这种统一性的表现，我觉得有一定的道理。儒家确实在中国文化史上特别是两汉以后占有过重要的地位，起过重要的促进作用。但我还认为，在不同的历史阶段大一统的观念也是有所不同的。所谓大一统的观念实际上就是统治者的观念和意志，这要看统治者的需要而定。例如在春秋战国时期，百家争鸣，墨子主张“尚同”(同天下之义，即以国君是非为是非)，韩非提出“以法为教”，这种法家的主张后来成为秦始皇罢黜百家、统一中国的大一统意识形态和具体实施的政策，汉代统治者定儒教于一尊，废除了秦王朝的严刑峻法政策，强调“德主为辅”，从此，儒教在中国历史进程中起着大一统的作用。隋唐时期不同的统治者虽常常对儒、释、道三家中某一家有所偏爱，但在国家宗教政策实施方面却采取“三教并行”的方针，以此来笼络人心，儒家在统治上层中间或者在指导朝廷行政管理方面影响更为突出。明清以后，理学兴起，占有主导地位，但统治者一般还让佛、道活动，这种情况直到民初才有根本的变化。以上说的是大陆华夏民族的大致情况，边疆少数民族地区另有它自己的大一统的意识形态。例如蒙藏地区自佛教传入后，佛教与西藏民间信仰结合产生的喇嘛教是一直占有绝对统治地位的意识形态，在维吾尔族地区伊斯兰教占有统治地位，当然这些大一统的意识形态最后还得服从中央帝王或统治者的意志。意识形态的大一统局面在历代统治者的提倡下在中国延续了二千至两千五百年之久，它一方面维护了国家政权的统一和中国文化的统一，另一方面也加强了中国政治和文化上的专制主义。

(2)共同的礼乐制度。国家礼乐制度的建立、推行是和孔孟及其后继的儒学思想家们的提倡分不开的，所谓“礼”是一套以血缘家长制为基础的统治法规、社会规范和礼节仪式。统治者利用“礼”一方面保持传统文化的统一性；另一方面也促进了各民族文化的融合与统一，因此统治阶级推行“礼”也是推行民族政策和文化政策。它是华夏民族统一其他民族文化的政治和组织基础。中国历史上的王朝虽然不断更替，但其礼乐制度则是一贯传承的。

(3)以德育代替宗教的传统。占中国人口大多数的汉族，素有以天命崇拜和祖宗崇拜为主的传统，因而佛、道的信仰从未占过统治地位。夏商周三代，华夏民族主要从事农业生产，因此，中国的宗教观念一开始就把风调雨顺和下民的勤苦耕耘置于同等重要的地位，把天或神的意志和人的意志放在同一地位。周代以后，儒家主张以德政治天下，敬天而不信天。“敬鬼神而远之”的“神道设教”思想，在中国一直作为正统的统治思想。中国历代统治者均视政权神授，受命于天，自居天子之位，王权高于神权，既利用宗教的“教化”作用，又与宗教保持一定的距离。华夏民族由于农业耕作和水利事业促进了血缘关系的联系和发展，在周代形成了一套以血缘制度为基础的宗法社会制度和“孝为德本”的道德规范。体现宗法制度的祖先崇拜，数千年来渗透到汉族每个家庭之中，成为牢固的民间习俗。另外，周代以后，儒家重视人的现实关系和利益的伦理观念，使汉族形成了务实的特点，为了求得庇佑，不论是儒、释、道，还是鬼神上帝都可信仰。由于宗法社会制度和儒家重视道德伦理的思想同崇拜超人力的宗教观念存在一定程度的对立，因此，正统的儒家文化必然对宗教的社会作用起着抑制作用。

(4)人文主义。如前所述，中国不少思想家都强调人的问题高于一切，神既是存在也是围绕人世间而活动的，并认为，人们之间有一个共同点即人性，而人性又即是道德性。例如孔子把人性解释为“仁”，孟子解释为“四端”(仁义礼智)，荀子解释为“义”。他们强调人的终极目的或人的价值在于道德人格的自我实现，并从道德人格实现扩及家庭、社会和国家，即所谓“修身、齐家、治国、平天下”。中国的人文主义和希腊、西欧及印度的人文主义有所不同，希腊、西欧着重探索人和自然的关系，印度强调人和神的关系，而中国则强调人与人之间的关系，把注意力集中在人的安身立命以及人和群体之间的关系方面。西欧人文主义者认为，人是有理智和情感的独立体，而中国人则把人看成是群体中的一分子，不是独立的个体，并认为人是具有群体生存的需要、有伦理道德自觉的互助个体。这种人文精神的突出表现，说明中国文化不仅不把人从人际关系中孤立出来，而且也不把人同自然对立起来，这种主客互融的“天人合一”的思想构成了中国文化的显著特色。

(5)刚健自强的基本精神。中国哲学和中国文化在儒、法、墨、纵横诸家哲学思想的熏陶下形成刚健有为、自强不息的精神，这就是孟子所说的“浩然之气”。《易传》所概括的“天行健，君子自强不息”，“刚健文明，应乎天时而行”，把人的精神与天的境界合一起来认识，这种精神千百年来一直激励着中国人民前进，为追求美好的未来而奋斗。目前这种刚健有为的精神也鼓舞着日本、亚洲“四小龙”及其他国家和地区的人民，甚至渗透到工商企业的管理之中。

冷战结束以后，世界人民欢呼亚洲太平洋世纪的到来。中国正在进行大规模的社会主义现代化建设，加速“两个文明”的建设。关于中国文化今后的发展，我们很难预料到发展进程中的每一个细节和具体表现形式，但是通过对传统文化的反思，可以使我们深入了解我们民族的心理、性格、素质和思维方式，大致把握了它的发展方向。

## 中国传统文化与东北亚文化模式

东北亚中日韩三国经济取得了举世瞩目的成就，人们不禁要问：什么是它们的文化模式和动因？中日韩三国文化背景在经济发展中究竟起到了什么作用？中国传统文化对三国的经济发展有什么影响？我认为，经济现代化与文化现代化是相互推动和相互影响的。经济是文化的基础，但文化对经济的反作用也是巨大的，如果没有文化的推动和维护，现代经济制度的确立及经济的高速发展都是不可思议的。

中日韩同处在亚洲的东北隅，是一衣带水的近邻，两千年来一直有着不可分割的联系。中日韩在古代由于共同使用汉字，儒家思想文化在这里有着广泛的传播，因此常常被称为“汉字文化圈”或“儒学文化圈”。亚洲最重要的文化传统是起源于印度的佛教和产生于中国的儒教文化。儒家文化在东北亚有着更为重要的影响，儒教文化对这个地区的社会结构与功能、价值系统、伦理道德规范和行为模式都产生过极为重要的作用。进入近代以后，佛教文化与儒家文化虽然不能说完全融合，但已形成混合文化基础。在韩国、日本、越南和中国，印度文化传统和中国文化传统难解难分，一起作为东方文化而存在。

日本是一个发达的资本主义国家，在政治、经济上我们常常把它划入西方的范畴，但是在文化上明显地属于东方之列。关于日本文化的基本特征和模式，在日本、中国和西方学者中有着种种不同的说法，有的是从日本的民族心理或者社会结构上去分析的，有的则从历史特点、地理环境或者宗教哲学上去阐明的。我觉得这些分析都有一定的道理，但有的分析也有以一概全的缺点。我认为，日本文化最基本的特点是多元性的杂交文化，这可从空间或时间，或者从历史和地理两个坐标上加以分析。早在公元前3世纪至2世纪，日本从绳文化向弥生文化转变时，就吸收了中国的青铜文化及水稻种植、养蚕等技术，同时也吸收了韩国的先进工艺。公元3世纪朝鲜的儒学者王仁把《论语》带到日本，是儒学传入日本的开始。公元7世纪日本朝廷派遣一批又一批的使者、僧人和学者到中国，从政治制度到生活习惯全面地向中国学习。著名的大化革新和奈良文化的繁荣便是日本民族吸收儒家文化和佛教文化的结果。在圣德太子颁布的《十七条宪法》中贯穿着儒家的天命观和德治主义的思想。日本的统治阶级用仁、义、礼、智、信等封建道德来规范日本的官僚制度和人民群众的行为。从14世纪到16世纪，宋明理学和阳明学先后传到日本，从17世纪到19世纪的二百年间，儒学取得了主导地位，有的思想家还把儒学与日本固有的民族宗教神道和佛教结合起来，成立了很多新的派别。在江户时代，葡萄牙人的远征日本和其后天主教的传播使日本文化又增加了"西学"的成分。明治维新以后，日本文化史上出现了第二次以学习欧洲文化为中心、大量吸收外来文化的高潮。明治思想家福泽谕吉甚至提出"脱亚入欧"的口号，公开号召"仿效西方，在亚洲东边建立一个纯西方的新国家"。在当局的支持下，日本的政治制度、官僚体系和科学技术几乎都模仿西方，从而加重了日本杂交文化的成分。第二次世界大战结束后，日本倒入美国的怀抱，又接受了美国的最新科学技术和民主主义经济的管理等。

从横的方面看，当代日本文化是东西方各种不同文化进行杂交后产生的结果，在日本文化中我们既可以追溯东方文化的痕迹，例如中国儒教的道德规范在日本人的人际关系中迄今还有着深刻的影响，也能找到西方政治制度、法律体系、科技文明和经营管理方式等的广泛影响。

从以上两个方面可以看出：日本文化对外来文化的吸收是全方位的、多层次的，但是这种摄取又不是搞“拿来主义”，而是经过认真的鉴别与选择，排斥一切不符合他们需要或者腐朽落后的东西，再融入他们的传统文化中去。例如日本人从不提倡西方的纵欲主义或极端的个人主义。我们还可以看出，日本文化在吸收外来文化的过程中，它的自我主体一直处于主导地位，这个主体渗透着民族的性格、心理、思维方法、审美情趣乃至风俗习惯。日本文化既具有强烈的继承性和连续性，同时又有适应性。总之，由于日本文化融合了其他民族的先进成果，因而它才能成为日本迅速医治战争创伤的灵药，从而使日本在很短时期内就把经济恢复起来并迅速实现了腾飞。

韩国虽然处在东方历史文化的背景下，但实现现代化的过程，走的不是日本或西欧的道路。韩国本是一个发展中国家，它没有日本或西欧可资利用的自然资源、长期积累的资本和优越的科技，也不具备现代工业的基础和西方式的民主管理制度，它所走的是一条完全自力更生的道路，因此在其发展过程中，精神文化的因素起着更为重要的作用。

韩国文化是汉字文化圈中最接近中国的一部分。公元1世纪前后，儒学开始传入百济，4世纪后半期佛教传入，并一度成为新罗的国教。道教思想在4世纪已传入朝鲜半岛，但有组织的道教正式被引入新罗是在7世纪以后。14世纪李氏朝鲜王朝建立后，独尊儒术，在以后的五百年间朱子学(性理学)一直处于统治地位，并在内部出现了不同的派别。儒学传入韩国后对韩国的政治、思想、伦理、教育和社会习俗等无疑起过重要的推动作用，韩国古代的礼乐、教育、科举和行政管理制度也都是依照中国建立起来的。但是我们细心考察一下可以看出，韩国的大一统观念或民族思想常常是儒、释、道三者与韩国固有的民族思想、信仰特别是与萨满教相结合的产物。例如在6—7世纪流行的“风流道”就是中国思想与韩国民间信仰相结合的产物，这种思想构成了韩国的传统文化，并在当前的经济活动中仍然起着重要的作用。

在当前韩国经济腾飞和社会发展中，韩国的文化模式正在发生相应的变化，在已有的传统文化中又融入了从美国、西欧和日本移入的现代科技文明、教育制度和各种文化艺术形式。在传统文化中儒教仍然处于主导地位，它的意识形态不仅指导着政府的行为，确立社会组织的原则，而且是伦理道德原则和行为规范。儒教在统治阶级和知识分子中有着持久的力量，而另外三个宗教——萨满教、佛教与道教则在人民大众中特别是农民中有着深刻的影响。

儒教文化在韩国起着直接和间接的影响，主要表现在以下几个方面：

(1)权威主义。这是典型的所谓“君君臣臣，父父子子”之儒学主要行为规范之一。前者要求维护国家的主权，要求臣民服从国家，后者维护长者的权威，要求长幼有序，男女有别。这些思想运用在经济方面就是“政府主导型经济”，政府在制定经济战略、保护国内外市场、合理分配资源方面，特别是在统摄全民族追赶和实现现代化的目标方面，起着十分重要的动员和组织作用。

(2)家族主义。在儒学的理论中，家庭是社会活动的中心，有“国之本在家”之说。忠孝两全是人生要实现的最高目标，因此在经济活动中人们十分重视家庭工农业、家族经营和家庭的作用，并以这种极强的家庭观念，养成勤劳的习惯和节俭的美德，增强抚育幼辈、赡养长者义务的自觉性。

(3)尚贤和重视教育。儒家的“学而时习之”“富之，教之”和“有教无类”的教育思想在韩国深入人心，人们把学习看成自己的义务和美德。从第一个五年计划起，韩国就重视教育的投资，培养了大批经济建设所需的科技和教学人才。在 20 世纪 80 年代韩国企业由劳动密集型向技术密集型转换中又对教育进行了调整、改革，从而保证了转换中急需的高科技人才。近年来颁布的教育实施纲领，又特别强调“在信息社会中的国际化教育”。

## 中国传统文化对东南亚各国文化模式的影响

东南亚是一个幅员广大，国家众多，宗教林立，政治制度、社会发展水平不同的地区，这个地区在历史上曾受到中国传统文化和印度文化的影响，因此有些国家属于“汉字文化圈”，有些则属于“梵语文化圈”。此外，不少国家长期受到西方文化的熏陶和奴役，因此形成了儒学、佛教、伊斯兰教、印度教的文化传统，这些文化传统迄今还有着重要的影响。

以儒家文化为核心的中华传统文化在东南亚地区有着悠久的历史和深远的影响。中国文化的传播、扎根和华人长期的迁徙、经商等活动是密不可分的。据不完全统计，海外三千万华侨、华族中有 90％的人分布在东南亚各国。自东南亚各国相继摆脱殖民主义统治以来，随着政治、经济等环境的变化，东南亚的华侨、华族也发生了历史性的变化，大约在 2000 多万华侨中有 90％以上的人放弃了中国国籍，选择了当地国籍。作为居住国的公民，其心态也由“落叶归根”转变为“落叶生根”，华人的文化架构和社会也相应地发生了深刻变化，华侨文化也被华人文化所取代。华人文化在东南亚地区有着不同的表现，大致可以划分为下面几种类型。

新加坡是一个簇新的国家，华人约占总人口的76%。这个国家奉行多种族与多元文化的政策。新加坡国会通过的《共同价值观白皮书》中曾提出“国家至上，社会为先，家庭为根，社会为本；关怀扶持，同舟共济；求同存异，协商共识；种族和谐，宗教宽容”五组核心价值观念，作为发展新加坡人民共同价值体系的基础。新加坡由于它的特殊地理位置(处于东西方经济和文化交汇的要冲)，实行“兼容并包，东西结合”的文化模式。在这个模式中，以东方价值观作为精神主体，而以西方科技文化作为发展经济和提高人民物质生活的手段。在文化结合中既体现了儒家伦理道德的中庸之道、印度教的非暴力的宽容原则、马来西亚的伊斯兰教的世俗精神，又发扬了西方文化的科学求实精神和法制的传统。新加坡人把这些东西文化中的精华熔铸于一炉，创造了现代的先进文化和文明。值得注意的是：新加坡在创新中，一方面发扬了东方文化的优良传统和智慧，另一方面又反对西方资本主义文化中腐朽颓废的东西。以儒家价值观为核心的中华传统文化对新加坡的精神文明和物质文明起着十分重要的作用。这表现在建立国家的崇高权威、推行德治仁政、实施全民福利计划和富民政策、重视精英治国和人才效应等方面。另外，培养“家庭核心”的价值观，提倡尊老爱幼等，都是它的成功之处。

马来西亚推行与新加坡类似的多元文化的模式，一方面承认马来西亚是一个“多元民族、多元语文、多元宗教和多元文化的国家”；另一方面又力图确保并增强马来人和马来文化在社会的统治地位。目前马来西亚华人约占总人口的33%，是该国的第二大族，因此，中华传统文化及其价值观在华人社会中有着强大的生命力和凝聚力。华人崇奉的儒家思想、佛教和道教，使他们顽强地保持着传统的生活方式和习俗。

越南位于东亚文明之南、南亚文明之东，又置身于东南亚本土文明之中。越南的文化与文明在古代受到中国文化的长期影响，也打下印度文化的烙印，更孕育在东南亚文化的土壤之中，在近代还受到西方科学文化的熏陶。因此越南的文化是多种族的、多宗教的和多元的，但从这些多元的、分散的文化中也可以看出它的统一性，越南学者常常称之为独立的雒王文化。近年来，越南国内外的学者围绕越南文化模式问题展开了讨论，不少越南学者认为，要重新建立具有越南民族特点的东南亚文化模式(SEA Cultural Model)。例如潘友达(Phan Huu Dat)教授认为，东南亚文化模式应由三个方面构成：物质生产的农业文明、由家庭—村落—国家组成的社会结构和由宗教活动、风俗习惯、民间节日和农业祭典等构成的祭祀活动。当然，东南亚文化模式也十分重视中国传统文化和西方实用的科学技术文化。远在公元前后中国的儒、释、道思想就相继传入越南，佛教在漫长的世纪中一直占有统治的地位。10 世纪越南建立独立的封建国家后，一方面推崇释教，另一方面也看重儒学，14 世纪末至 15 世纪初，即陈朝末年和黎朝初年，越南封建中央集权制度进入高度发展时期，儒学便取代了佛教处于统治地位。越南最后一个封建王朝阮朝独尊儒学，儒家文化达到空前的繁荣。在陈黎王朝时，道教得到了广泛的传播和发展，但在后黎朝建立后，阮朝采取抑道政策，道教便日益衰落。越南的道教常常与民间信仰相结合，深为人民所信奉。19 世纪末越南沦为法国的殖民地后，儒学受到西方资产阶级思潮的冲击而日益衰落。在越南的资产阶级改革运动和民族主义运动中，有些革命者竭力反对儒学，有些则力图把儒学和西方社会伦理思想糅合在一起。近几十年来，越南在社会主义革命和社会主义改造中，有时对儒学的残余现象进行激烈的批判，但近十年来，特别是 1986 年越共“六大”以来，越南学术界对儒学有了新的评价。很多人认为，对儒学的价值观应持客观的、科学的态度，应结合当前社会现实加以继承和发扬，儒学中的积极方面，如重视学习、勤俭持家、尊老爱幼、鼓励集体精神等应该提倡。

如上所述，尽管中国传统文化在东南亚各国经历了不尽相同的发展过程，呈现出多样的内容和形态，但在目前华人社会中，仍然有着重要的影响和表现出不同的特点。这些特点是：(1)儒家伦理思想和价值正以新的形式转换；(2)中国传统文化在民间习俗、生活方式、宗教信仰等方面仍然根深蒂固，是华人社会的凝聚力；(3)儒、释、道三教纷纷结合，出现了不少新的宗教和信仰形式；(4)中国传统文化正在受到西方文化的挑战，有的已败下阵来，有的则正以新的姿态和强大的生命力投入战斗。

# 中国与东方周边国家哲学的双向交流及其影响

中国文化博大精深，灿烂缤纷，在世界文化圈中自成一个系统，对我国周围的国家乃至全世界都发生过影响，这是我国各族人民的伟大创造，也是在不同时期与其他国家进行交流，学习和吸收其他国家、民族的优秀文化所造成的。我国与周边国家的交流一般是双向进行的，不少周边国家在学习我国的思想文化后，适应自己的历史条件，做出了伟大的创造和发展，反过来又影响了我国，现将中国与周边国家哲学、文化的交流作一概略的阐述。

## (一)中国与印度、斯里兰卡的哲学交流

中印两国是近邻，两国哲学思想的交流有着悠久的历史。印度的宗教哲学思想对我国有过重要的影响。中国对印度佛教、古典哲学著作的翻译和研究有着 1800 余年历史，积累了大量的、丰富的资料，并且写出了为数众多的注释和研究著作。据统计，现有汉译佛经，属于印度次大陆的共计 1482 部 5000 余卷。自后汉末年至北宋末年，即从公元 2—12 世纪的一千年间直接参加翻译的人员中著名的有 150 余人，其中有史可证，属于印度次大陆来华的僧侣、学者计 71 人。我国翻译的佛教经、律、论极大部分是从印度梵文、巴利文原典中翻译出来的。目前中国还保存着不少印度的梵文写本。另外，中国还有从梵文直接翻译或由汉藏文转译出的“藏文大藏经”“蒙文大藏经”“满文大藏经”“西夏文大藏经”等。随着佛典的翻译，印度佛教的哲学思想在中国得到广泛的传播，佛教以外的其他哲学派别也有重要的影响。例如印度最古老的唯物主义顺世论的

经典在印度已被婆罗门教僧侣销毁殆尽，但这个派别的思想材料在中国翻译和撰述的62部汉译佛经以及其他史籍中都有记述。中国翻译的《金七十论》(《数论颂》)据不少学者的考证，是属于印度数论最古老的经典之一，现已倒译成梵文。胜论派的重要经典《胜宗十句议论》的梵本在印度亦已失传。

中印思想什么时候开始交流是一个值得研究的问题，但一般认为，公元1世纪中叶佛教从西域传入中国汉地以前，在中国新疆和川滇边境就有了接触。佛教传入中国后，在中国形成了很多宗派与学派，例如龙树的《中论》《十二门论》和提婆的《百论》在我国流传后，形成了三论宗，这个学派从南北朝到唐时一直很盛行，并由我国传播到了朝鲜和日本，三论宗所宣传的“诸法性空”的“中道实相论”是我国后来很多宗派的立宗依据。至于对中国佛教宗派形成的影响则更为广泛。当然中国宗派、学派的产生和发展主要是适应了我国社会斗争和思想斗争的需要，但他们的很多思想材料、论证方法无疑地是继承和借鉴于印度的。

印度佛教思想对中国后期魏晋玄学和宋明理学思想的影响是很明显的。中国道教思想和印度密教(包括印度教的密教和印度佛教中的密宗或金刚乘)思想亦有交流的历史。道教虽则是中国固有的宗教，但在其发展过程中也吸收过一些佛教思想的内容和戒律。道教和印度密教在修行的理论和实践方面有着很多共同之处，例如密教认为，世界是由男女和合而产生的，道教亦有“阴阳抱合”之说；两者都重视身体的修炼，密教的修行法中有“双身”(交合)，道教中则有男女合气之房中术；两者教从事外丹和内丹的修炼，道教认为是“长命术”，密教则认为是促成肉体的不朽之术。印度湿婆派中还有专门从事这方面修炼的水银派等等。印度教经典《度母秘义经》《摩诃支那功修法》《风神咒坦多罗》等都说密教修行方法之一的“支那功”是来自中国。《度母经》中还记述印度密教著名的大师殊胜为了学习“支那功”曾来中国学习的事迹。又据泰米尔文经典，南印度密教的十八位“成就者”(“修行完成的人”)中就有两位来自中国，他们的泰米尔名字叫博迦尔和普里巴尼，这两位大师写过许多关于梵咒、医术和炼丹术的著作。在印度密教史和化学史上教有重要的地位。

中印佛教唯心主义思想的交流是尽人皆知的事实，可是唯物主义思想的交往则很少人注意。中国佛教唯心主义者一直把印度古代唯物主义——顺世论看作是“恶论”“巧妙辩才”。吉藏(549—623)在陈隋之际建立三论宗的过程中曾把儒道的“形神相接”(身体和精神的统一)和“道法自然”和“无因”等唯物主义思想和顺世论相提并论，竭力加以攻击；华严宗的中兴代表澄观(760—820)在批判道教“道法自然”和“无因”时也对顺世论进行了驳斥。中国佛教唯心主义者不仅和顺世论有过思想的交锋，而且还和顺世论者直接有过接触。《续高僧传》载，玄奘在印度时曾与顺世论者进行过公开辩论，顺世论者主张：“四大为人物因”，玄奘则“申大乘义破之”。其他如唐初著名的无神论者吕才(600—655)在阐述他的无神论思想时，摄取过印度胜论原子论的思想。他认为，原子是物质的基础，世界上的事物都是由原子结合而产生(“多生一”)，吕才还以这个思想为武器和佛教唯心主义者进行过一场震动朝廷的斗争，中国近代的章太炎也曾援引胜论的自然观和原子论，对基督教的创世说进行无情的批判。印度的瑜伽哲学及其实践大概在公元5世纪传入(最早见于后魏延兴二年即472年译出的《方便心论》)。佛教的瑜伽传入我国后对我国汉地禅宗、天台宗、法相宗、净土宗等和藏地密宗都有着重要的影响，并与我国的道教、儒家、医学、武术和民间气功等相交流。瑜伽术有史可证的有南北朝时撰述的《易筋经》，唐时《备急千金要方》记录的“天竺按摩法”和宋时《云笈七签》所述“婆罗门导引法”。

近百年来，由于帝国主义的侵略，中印思想的交流人为地割断了一个时期，但在五四运动以后，泰戈尔和甘地的哲学和社会思想在中国知识界中有过相当的影响。M. N. 罗易对中国革命所持的机会主义理论和他的“激进人道主义”在中国少数人中也有共鸣。

中国与斯里兰卡佛教的交流大概开始于5世纪，或者更早一些时候。公元460年我国著名僧人法显从印度去斯里兰卡游学，他在撰写的《佛国记》中比较全面地向我国介绍了南传上座部的佛教情状和佛学思想。公元506年扶南僧人僧伽婆罗(459—523)在我国梁都译出小乘佛教典籍《解脱道论》，这书是阐述南传佛教戒定慧三学的，其中阐述上座部心理学说——“九心轮”为唐代僧人窥基撰述《唯识枢要》所援引，在中国发生过影响。8世纪初，唐代“开元三大士”之一的金刚智来华时曾在狮子国(斯里兰卡)滞留，狮子国人不空拜他为师并随之入唐求经，以后不空又率弟子多人去师子国学习密宗理论和实践，并在我国广为传播。

## (二)中国与韩国、朝鲜、日本、越南的哲学交流

韩国、朝鲜、日本、越南都是与我国一衣带水的近邻，远在两千年前或更早一些的时候就与我国发生政治、经济、思想和文化的关系。随着儒释道三教传入这些国家，与当地的民间信仰相结合以后，孕育了很多新思潮，并形成了很多新宗派。

公元前1世纪前后，朝鲜半岛出现了百济、新罗、高句丽三国，百济于4世纪70年代、新罗于7世纪中叶分别设立国学，传授儒家经典。新罗统一三国后，历代帝王都醉心于中国文化，宣传儒学，儒学逐渐成为社会政治思想理论的基础并渗透于人民日常生活之中。高丽王朝开国之初，广为传授儒学，开科取士，于是儒家逐渐在民间普及。佛教传入朝鲜半岛大概在公元4世纪到5世纪前半叶。中国佛教最早传入高句丽在小兽林王二年，即公元372年，当时前秦苻坚曾派使者及僧顺道送去佛经和佛像，小兽林王也遣使者答谢。宋末齐初，高句丽僧道郎由辽东至江南，在摄山嗣法于黄龙(含吉林)法度。天监十一年(512)梁武帝遣僧正智寂、僧怀等10人从僧郎学“三论”、《华严》。武帝还根据僧郎的义解作章疏，佛教传入朝鲜半岛的百济和新罗稍晚于高句丽，新罗的佛教一般认为是在纳祇王时(417—418)由高句丽传入的，在南北朝时，新罗有不少僧人来我国求学巡礼。据不完整的统计，自6世纪中叶和7世纪末的150年间，到中国求法的新罗僧共21人，其中在中国巡礼后去印度的有9人；到中国著名的高僧有玄光、无相、圆光、慈藏等，7世纪中叶新罗统一百济和高句丽后，新罗诸王一方面大力扶植儒教的势力，另一方面又支持佛教、道教的发展，新罗佛教在这个时期进入鼎盛时期，甚至成为国教，因此，新罗与中国佛教关系更为密切，先后派出了大批僧侣来中国求法和巡礼，据不完全统计整个新罗时期来华僧达117人，他们在华广参名山诸耆，参加道场活动，向中国僧人学习佛教经籍，有的还著书立说，回国时携去大量的佛教经籍和文物，在国内开山授徒，建立了具有新罗民族特点的佛教宗派或学派。中国佛教的学派和宗派大多数都传入了韩国，形成了“五教九山”之说，“五教”是五种佛教宗派，即涅槃宗、律宗、华严宗、法相宗、法性宗，“九山”是指佛教禅宗九个派别。在新罗时期，中韩佛教交流是十分频繁的，有时甚至争论还进行到白热化的程度。例如韩国当时被称为“八宗之祖”的元晓，不仅对韩国而且对中国的各种佛教派别进行了批判。他讥笑中国天台宗大师智的“五时八教”是“以螺酌海，用管窥天”，而元晓的佛学思想也受到中国华严宗正统派的批判，静法苑公把他的疏解视作“毒树生庭，不可不伐”。元晓所著的《华严经疏》与《大乘起信论疏》(《海东疏》)在传入中国后，对中国华严宗实际创始人法藏有着强烈的影响。法藏在其所著的《起信论义记》中一再援引元晓的疏解作为自己立论的依据。另外，元晓所著的《二障义》与法藏在《结严五教章》中所述的“断惑义”、元晓倡导的“空有会通”与法藏宣传的“空有交彻”的思想都是前后一贯，如出一辙。圆测是中国唯识学“西明派”的理论奠基人，他会通新、旧唯识的思想虽然在中国汉地影响不大，但在韩国落根后迅速传播至日本并远及我国藏地，对昙旷和宗喀巴都有影响。中国与新罗虽远隔万里，但思想交流则是十分紧密的。顺憬来唐，直接从玄奘学习因明，传得玄奘“真唯识量”，复立“决定相违不定量”。窥基闻而感叹说：“新罗顺憬法师者声震唐蕃，学包大小……海外时称独步，于此量作决定相违。”9 世纪初由中国传去的禅宗在韩国崛起，以后禅宗和教宗（禅以外的其他混合教派）分庭抗礼，持续了多个世纪。继新罗王朝的高丽王朝，也大兴佛法。两国僧侣继续互访、交流，其中最突出的表现是义天到中国游学后，回国创立了天台宗。另外，他从辽、宋、日本等地收集了 4000 余卷佛经，编出《新编诸宗教藏总录》，并按这个总录刊行了高丽大藏经续藏，目前，《高丽大藏经》已被联合国宣布为世界级的文化遗产。另外，值得一提的是，在辽宋时由于战乱，中国失掉了很多佛教典籍，吴越王钱俶，向高丽派使者要用 50 种宝物换得佛典。因此高丽派谛观携带许多典籍来到中国，这对天台宗的复苏，中国佛教的再度复兴，是重要的贡献。

儒释传入朝鲜半岛较早，道教次之，高句丽宝藏王在位时（643 年左右），宰相盖苏文曾报告说：“三教譬如鼎足，阙一不可，今儒释并兴，而道教未盛，非所谓备天下之道术者也，伏请遣使于唐以训国人。”大王深然之。（《三国史记・新罗本纪》）后来唐朝道士叔达等 8 人应邀去高句丽传授道教知识，使道教在朝鲜半岛得以广泛传播。

14 世纪李朝建立后，独尊儒术，在以后的五百年间，朱子学或性理学一直在朝鲜半岛处于绝对统治地位。朝鲜半岛的朱子学追踪中国的宋明理学，中韩的理学家时有交往，留下了很多足迹和轶事，李朝的朱子学开展了数百年“四端七情”之争，但其实质也是三教的混融。公元 17 世纪初至公元 19 世纪下半叶二百年间，在朝鲜半岛兴起了实学思潮，这种思潮与我国相呼应，其核心的思想是“经世致用，改革时弊”实学在韩国有种种解释，有些人认为实学之“实”应推崇孟子所提倡的尊重“仁义理智之实”的儒家思想，但也有不少人认为实学的思想，明显地受明末清初中国颜元、顾炎武、黄宗羲等的“经世致用”影响，特别韩国实学派中的“北学”还引进了经由中国传入的西方科学技术。

李朝末年，韩国在西学的冲击下，出现了东学运动，东学是针对天主教的西学而言的，它是一种具有民族特色的宗教社会思潮。东学天道教的首创者崔济愚在他的所著《东经大全》中说：“我道兼儒、佛、道三教，圆融为一，主五伦五常，居仁行义，正心诚意，修己及人。”但他也批评三教的不足：“儒教拘限于名分，未能进入玄妙的境化，佛教进入寂灭后断了伦常，道教悠于自然，缺乏治平(治国平天下——引注)之术。”自东学创始以后的130年间，它推动了朝鲜半岛近现代多次的爱国的民族民主运动，迄今还有着影响。

日本自5世纪初传入儒学后，6世纪中叶佛教也经过韩国传入日本。道教何时传入，众说纷纭，但有一点是可以肯定的，在中国六朝时期，东渡日本的汉人已经把道教的思想和行事传入日本。在大化革新时期，圣德太子颁布的《十七条宪法》及“冠位十二阶”里明确有着儒、释、道融合的倾向。“十七条宪法”的主要根据是儒家的思想，如“和为贵”“以礼为本”“信是义本”等等，也杂有佛教“笃信三宝”等等。

6世纪中叶，佛教经过朝鲜传入日本，佛教在奈良时期(710—784)扎下根来并日益发展，出现了“南都六家”(三论、法相、俱舍、成实、华严及律宗)和“奈良七寺”。直到平安时期(994—1184)，最澄和空海留学回国分别创立了具有日本民族特性的天台宗和真言宗，才确立了日本的佛教。建立日本临济禅的是由中国回去的荣西(1147—1215)，建立曹洞禅的是道元(1200—1253)。

儒、释、道三教对日本民族固有的宗教—神道教的影响是巨大的。在古代，外来的释、道、儒传入日本后，便与神道结合起来。到13世纪，神、佛融合的教义形成了体系，迄南北朝时代(1335年至1392年日本分成了南北两个政权)，出现了以神道为核心，援入儒、佛、阴阳道的理论为信仰基础的伊势神道。在中世纪末产生了吉田神道，这个神道宣称：道教所谓老子大元说的大元尊神——国常立尊是宇宙的本原。神乃万物之灵，形成人心而普遍存在，心有喜、怒、哀、乐、爱、恶、欲七情，并从佛教《法华经》那里吸收了“正法”的说法。总之，儒、释、道三教的思想显然被吉田神道吸收进去了，但只是作为润饰，增添光彩而已！到了近世，神、儒融合的民间神道和教派神道相继产生，这些神道随着朱子学成为德川官方的统治思想体系，融入了儒家的学说，例如，垂加神道是以理学为主，倡导“天人合一”和大义名分的封建伦理道德，另外还糅合了道教的阴阳五行学说。

宋明理学从13世纪传入日本后一直依附于佛教，到江户时期，在德川幕府的支持下，开始从佛教中分离出来，但分离出来的儒学仍然杂有释、道的成分。日本近世儒学体系主要有朱子学派、阳明学派和古学派。这个三学派都以儒教伦理道德学说为核心，提倡封建名分和尊王攘夷的思想，但不同于我国的是，有些人常常把理学与神道思想结合起来，因此使理学不但佛、道化，而且神道化。朱子学是德川时代的官学，一直处于主导地位。这个学派的代表是藤原惺窝(1561—1619)及其学生林罗山(1583—1657)。他们提倡儒教封建名分论和尊皇攘夷思想是要为德川幕府的统治作理论论证。古学派排斥汉唐以后的儒学，认为只有古代的儒学才有意义。其代表人物是山鹿素行(1622—1685)、伊藤仁斋(1627—1705)和荻生徂徕(1666—1728)等。荻生徂徕所著《论语征》《大学解》《中庸解》分别于1809年和1837年传入中国，在清代的经学家中有着重要影响。俞樾在《春在堂随笔》中评说："议论通达，多可采者。"并摘录其中"通达可喜者"十七条入《春在堂随笔》。李慈铭读了徂徕的《护园随笔》后写道："其言颇平实近理"，"皆有特识"，"议论颇为正大"。吴英在《竹石斋经句》中引用了《论语征》8条，驳之者5条。狄子奇在《论语质疑》中引用徂徕同书13处。刘宝楠在《论语正义》中引用2处。这可见徂徕学在中国的影响。

阳明学的代表是中江藤树(1608—1648)、大盐平八郎(1794—1837)等，他们在幕末和明治维新中起过一定的作用。日本阳明学的思想曾影响中国戊戌维新志士。如谭嗣同以身践行吉田松阴的行为。黄遵宪在《人境庐诗草》中，有赞誉吉田松阴的诗："丈夫四方志，胡乃死槛车，倘遂七生愿，祝君生支那。"

日本近代哲学是随着资本主义的发展而产生的。在19世纪中叶出现了一批著名的启蒙思想家。这些思想家、哲学家中有西周(1829—1897)、福泽谕吉(1834—1901)、加藤弘之(1836—1916)、西田几多郎(1870—1945)等等。西周是日本近代"哲学之父"。他根据中国古代的说法，把西方的Philosopy译成"哲学"，目前我国哲学中的术语，如主观、理性、悟性、演绎、归纳等都袭用他的译名。西周系统地介绍了孔德的实证主义等，但在他的思想中明显地可以看出还保留着传统的儒学立场。福泽谕吉宣传实学，倡导民权，鼓励人民学习科学，促进文明开化，在推动日本的现代化中起了重要的作用。福泽的思想对我国近代改良主义者张之洞有着一定影响，张之洞也仿照福泽著作的名称，作中国的《劝学篇》。战前还出现了幸德秋水、河上肇、户板润、永田广志等不少马克思主义哲学家。他们的著作和思想对中国马克思主义者有过重要启蒙作用，幸德秋水的《社会主义神髓》中译本是中国最早介绍马克思主义的著作之一。《共产党宣言》的早期中译本，是根据幸德秋水和利彦的日译本转译的。永田广志的《唯物史观讲话》曾被译成中文，被我国作为革命干部学习马列主义的教材，这个教材目前还陈列于八路军西安办事处的展览馆中，日本马克思主义哲学著作对培养中国马克思主义者起过一定的影响和作用。

越南是和我国文化最早交流的一个。关于儒学的经义何时传入越南，众说纷纭。一般认为，汉字传入越南大概在秦始皇并吞六国统一中国文字的时候，当时中国有个叫赵佗的人统一了交趾、九真等三郡，建立了南越王国。越南史学家评论赵佗说："文教振乎象郡，以诗书而化训国俗，以仁义而固结人心"，稍后，在1世纪时，儒家的经义和汉朝的学校制度传入交州。奠定越南儒学基础的是统治交州四十年的士燮，他在那里传播《左氏春秋》等经学，《大越史记外纪全书》(卷三)称赞他说："我国通诗书，习礼乐，为文献之邦，自土王始，其功岂特施于当时，而有以远及于后代，岂不盛矣哉！"当时中国中原动乱，士人避难交趾者很多，其中最为著名的是牟子，他著有《理惑论》。首先传播儒释道"三教一致"的思想。

越南在中国五代时开始建立拥有主权的独立国家，中经丁朝(968—980)、前黎朝(980—1009)、李朝(1010—1225)、陈朝(1225—1440)，这个时期正值越南封建主义发生和发展的阶段。丁朝、前黎朝和李朝都奉佛教为国教。在这个时期建立起来的几个禅宗派别(毗尼多流至禅派、无言通禅派和草堂禅派)都是由中国传入的。到13世纪初，越南开始建立自己的宗派—竹林禅派，这派的代表是慧忠上士和陈仁宗(1258—1308)，这个派别自13—16世纪一直是越南的重要派别。16世纪黎朝时，曹洞宗由中国传入越南北方，禅师麟角据以创立了莲宗，他将竹林禅派的教义与净土宗融合为一体，主张禅教双运，以教为眼，禅是佛心等。这个派别在17—18世纪影响很大。

我国宋代以后程朱理学在思想领域占有主导地位，这种情况对越南也产生了深远的影响。15世纪黎朝建立后，一反前几个朝代崇佛和三教并行的方针、政策、独尊儒教，提倡尊孔读经，推行程朱理学并对佛教进行排斥或者加以严密监督。阮朝统一越南后，仍蹈黎朝崇儒抑佛的政策，挑拨佛教禅宗内部之间的关系，因之佛道一蹶不振。

在19世纪越南全面沦为法国的殖民地后，儒学受到西方资本主义思潮和中国旧民主主义革命思潮的冲击后日益衰落，在越南出现了和中国一样的维新改革派，这个派别在理论上曾受到中国改良主义者康有为、梁启超的重要影响。

### (三)中国与波斯、阿拉伯的哲学交流

在东方古老文化中，西亚的波斯也闪耀着智慧的光芒。波斯的宗教哲学思想通过琐罗亚斯德教和摩尼教在中国古代得到广泛的传播。琐罗亚斯德教在中国称为祆教。祆教在6世纪前就传入中亚和我国新疆地区，在公元516—519年之间传入汉地。它传入汉地以后就受到北魏、北齐、北周、南梁等统治阶级的支持，在这些小朝廷的管辖地区都设有祭拜"胡天"(外国的天神)的祠庙。另

外，在丝绸之路上的碛西诸州也随地都有祆祠。公元845年唐武宗罢黜佛教和其他外来宗教的同时，祆教也受到排斥，从此，一蹶不振，以后经五代，两宗犹有残存，北宋末南宋初，汴梁和镇江等地仍有祆祠，民间也仍流行奉祀火神的习惯，13世纪(南宋)以后，祆教在中国内地的活动基本上就停止了。

摩尼教约6—7世纪由波斯传入新疆地区，武则天延载元年(694)有波斯摩尼教师来长安，开始在汉族地区传播。广德元年(763)由洛阳传入当时居住在漠北的回鹘(回纥)，被定为国教。唐代宗于大历三年(768)应回鹘之请令在长安建摩尼教大云光明寺，又在长江下流荆、洪、扬、越各州及河南府、太原府等地立寺，唐武宗会昌灭佛时，摩尼教也遭到严重打击，转而成为秘密宗教和农民起义的组织工具，在五代时称为明教，两宋时活动尤盛，元明时仍在民间活动。但已与其他教派相结合，至清初已不复见于史乘。

琐罗亚斯德教和摩尼教在哲学上都主张二元论。祆教认为，在太初之际，存在着两端，即光明与黑暗或善与恶，这两端进行了长期的斗争，善端最后取得了胜利。祆教的二元论后来为摩尼教所继承，成为摩尼教的根本教义——“二宗三际论”。所谓二宗是指世界的两个本原——明与暗，三际是指世界在发展过程中的三个阶段——过去、现在和将来。后际中光明战胜了黑暗，人们也就获得了解脱。

摩尼教的宗教哲学思想传入中国开始于唐延载元年(694)。据《佛祖统记》(卷39)载：“波斯国人佛多诞持二宗经伪教来朝。”当时武则天召见了他，并令其与佛教僧徒辩论，留驻长安课经。731年唐玄宗又命佛多诞于集贤院翻译了《摩尼光佛教法仪略》，广为传播。从敦煌石窟发现的《摩尼教残经》《摩尼教下部赞》等经籍和当时僧人的记录，可证当时还流传着多种摩尼教经典，但这些经典大都是依托于佛教名下的。摩尼教在唐代正式传入回纥后，摩尼教的宗论在漠北传播，当时回纥的牟羽可汗曾赞扬摩尼教师的讲经宣传活动是“妙达明门，精研七部(摩尼教经)，才高海岳，辩若悬河”。在唐代统治者的支持下，摩尼教的思想在士庶阶级中广为传播，备加赞赏，唐代著名诗人白居易在一首诗中写道：“静览苏邻传，摩尼道可惊，二宗陈寂默，五佛采光明。日月为资敬，乾坤认所生。若论斋洁志，释子好齐名。”①五代时期，摩尼教义吸取佛教和道教的内容愈来愈多，并常被利用作为组织农民反抗封建统治的旗帜，他们制作了很多经文，广泛宣传两宗论思想。在北宋时，摩尼教攀附于道教。大中

① 这首诗也有人认为是后人假托的。

祥符年间(1008—1016)，宋真宗命张君房等纂集道藏，张曾将朝廷从福州调来的明使摩尼经纂入《大宋天宫宝藏》，此外，北宋王朝还多次从福、温等州宣取摩尼教经入藏，富豪林世民献明教经。朝廷授其守福建文学之职，风骚一时。与此同时，在民间还出现了大量明教徒所念的经文和崇拜的画像。如《证明经》《太子下生经》《父母经》《图经》《日光偈》《月光偈》等等。南宋时，摩尼教一度被压制，朝庭曾下达禁令，规定凡传习二宗经及非藏经所载惑众者以左道论处。但是摩尼教的思想在士庶、军兵乃至各族之间仍相传习，甚至有的会社还假借宋徽宗政和年间道官程若清等名义为校勘，福州知州黄裳为监雕，刊刻摩尼教经像，广为散发。元明以后，摩尼教一般转入秘密活动，在组织上逐渐与其他教派相结合，其教义也与佛、道及民间信仰相结合，失去了其独特的意义。

从唐朝时期中国和阿拉伯开始了广泛的交往。公元 651 年大食国王曾遣使来华，到长安朝见唐高宗，介绍了哈里发国家和伊斯兰教的情况。以后，阿拉伯国家不断有使者、传教士、商人等来华，两国之间的文化交流有了快速的展开。阿拉伯—伊斯兰哲学随着伊斯兰教的传入在中国也得到了传播。宋元之际，在中国汉族地区特别是沿海的广州、泉州等地，当时在伊斯兰哲学中占统治地位的经院哲学和苏非派哲学无疑地在一部分侨居中国的穆斯林和中国回族穆斯林中有着影响，这可从当时一些清真寺的碑刻中看出。在新疆地区特别是在 10 世纪由回鹘人在喀什等地建立起来的哈拉汗王朝，我们从玉素甫·哈斯·哈吉所撰的《福乐智慧》一书中可以看到伊斯兰教的人生哲学和伦理思想。另外，在哈萨克族中可以见到阿拉伯中世纪大哲学家伊本·西那所编著《医典》的哈萨克文本，这本熔医理和护理于一炉的医学教科书曾采纳了中国 4 世纪王叔和所著《脉经》一书中的医学思想和脉术，可见当时中国和阿拉伯哲学和科学思想已经有了接触并开始了交流。明清之际，随着中国门宦的建立、伊斯兰经堂教学的兴起以及来华宣教师的增多，伊斯兰的经院哲学得到了进一步的传播。当时在经堂教学中讲授的经院哲学有很多是阿拉伯和印度的教本，另外，还有一批外国教师。与此同时，在我国思想界中也出现了一批力图以伊斯兰神学融合儒、释、道的学者。清初，《古兰经》的汉译工作受到重视，刘智有零星译文，摘译了《古兰经》中的某些章节，后来马夏初全译，定名为《宝命真经直解》，但仅有前五卷传世。由于《古兰经》和阿拉伯—伊斯兰哲学影响，在中国哲学史和文化史上逐渐形成了一个崭新的哲学派别——“学通四教派”，他们撰写了大量的学术著作，主要的有王岱舆的《清真大学》《正教真诠》，张中的《归真总义》《四篇要道》，伍遵契的《归真要道》，马注的《清真指南》，刘智的《天方性理》《天方典礼》与马德新的《四典会要》等；这些思想家们从伊斯兰哲学的根本立场出发，糅合中国儒释道的某一派别或融合所有派别，创造了独特的概念范畴和思想体系。例如有的用中国《庄子·齐物论》中的“真宰”来意译“安拉”，用“无极”“太极”来论证安拉的独一体；有的还将伊斯兰教的“天道五功”(念功、礼拜、端戒、天课、朝觐)结合中国儒家的“人伦五典”(君臣、父子、夫妇、昆弟、朋友)，创造出一套独有的概念、范畴，明清之际这些伊斯兰学者的活动，促进了思想界的活跃，丰富了中国哲学的内容。阿拉伯—伊斯兰哲学进入近代后，阿拉伯和印度的伊斯兰教改革和社会改革思想也推动我国穆斯林的觉醒。

## (四)余论

以上是中国与东方其他各国哲学交流的历史回顾，从这些长期、双向并富有成效的交流中，我们可以看出如下几个问题：

一、中国文化博大精深，灿烂缤纷，在东方文化中独树一帜，对世界文化做出了重大的贡献。就文化的思想基础哲学而言，战国是儒、墨、道、名、法、阴阳、纵横等百家争鸣时代，秦代崇尚法家同时也盛行阴阳神仙之术，汉初则兴黄老为显学，西汉时儒学开始盛行起来，逐渐定于一尊，但阴阳、五行、谶纬之学还在流行。六朝隋唐时儒、释、道并举，有时释道居先，有时儒学独尊。宋以后理学长期起着统治意识形态的作用，但儒学以儒为表，以释道为里，熔三者于一炉。明清以后，基督教神学新来传播，伊斯兰哲学与儒释道结合起来，自成体系。进入近代，首先向日本学习启蒙思想，复向西方求教，在中国传统文化受到西方冲击后，出现了具有新内容和形式的新儒学。五四运动后，马克思主义哲学在中国诞生、成长并逐渐取得指导地位。我国哲学之所以具有生命力、多样化，这无疑是我国各族人民的伟大创造，但也与在不同历史时期，善于学习和吸收其他民族优秀文化、哲学分不开的。在古代，我们曾向印度、波斯学习过宗教哲学、科学和艺术，在中世纪向阿拉伯学习过伊斯兰教、天文学等，向邻邦日本、朝鲜、越南学习和交流儒、释、道的思想；在近代，向日本、西方学习各种哲学、社会思想和科学技术等。因之，我们的宗教哲学思想是和世界相联结的，在我国的哲学思想中有着众多的外来成分，我国哲学中的有些思想、概念、范畴甚至理论模式都是在外国哲学影响下形成和发展的。

二、关于东方哲学相互交流或者相互继承的规律性问题，这是一个值得研究的课题。哲学作为一种社会意识形态是在一定的经济基础上产生，受经济基础的制约，并受上层建筑其他部分的影响，但它一旦产生后就有其相对的独立性，有其自身发展的内在规律。因为任何一种哲学学说的产生必须根据民族的历史传统和先前的思想材料，东方各国的哲学也是在自己独特的经济、历史条件下产生的，彼此相互之间思想材料的继承也遵循着这个同一的规律。印度的很多佛教哲学派别在传入中国后由于其适应了中国的经济基础和政治需要，因此，由小到大，得到了空前繁荣，但有一些派别，由于不适应这个规律，也就昙花一现，在历史上瞬即消失。例如法相宗，因其烦琐的经院哲学，不能适应中国人的思维方法，在唐初建立后至五代时即走向衰亡，但在日本、韩国得到了广泛的传播，迄今不绝。佛教密宗由于其男女轮座等行事不符合中国汉族的伦理思想和生活方式，因此在汉族地区始终扎不下根来。中国的儒学、道教在汉字语言圈诸国中得到广泛的传播，除了有着共同的文化、生活方式、民族关系等原因外，还取决于这些国家经济和政治的需要。因之，东方哲学相互之间的继承，绝不是单纯的"思想"或哲学材料的继承，在它背后有深刻的社会关系的影响。

三、东方是世界上各种大宗教——佛教、伊斯兰教、犹太教、基督教、印度教、道教等的发源地和流行地区，宗教哲学在社会和广大人民中有极为重要的影响。因此，有些学者把东方哲学贬低为一连串充满唯心主义和神秘主义的神话，就连黑格尔这样的大哲学家也不例外。他说："我们叫作东方哲学的，更适当地说，是一种一般东方人的宗教思想方式——一种宗教世界观，这种世界观我们是很可以把它认作哲学的。"①这种看法当然不够全面。东方的宗教唯心主义虽然在历史长河中经常处于主导的方面，但是与此相对立的唯物主义也是十分强大的，正是这些思想代表着东方精神的更积极、健康的方面。例如印度的顺世论是印度古代乃至整个东方最彻底的唯物主义哲学，它还与我国有过交流的历史，在我国唐代儒释道的斗争中起过协力军的作用。日本、朝鲜在历史上主张以物质原素或气为世界本质的唯物主义派别和哲学家一直未断，这些哲学派别和哲学或多或少地接受过中国唯物主义哲学家的观点、材料的影响，有的还与我国有过很深的交往。因此，我们不能说，东方哲学家之间的交流只是一种宗教唯心主义的交流，这是不符合历史事实的。

四、历史实践证明：东方各国之间的哲学交流是双向性的、多元的和富有成果的。东方是世界文明的摇篮，哲学的故乡。古代印度、中国、埃及和波斯

---

① 《哲学史讲演录》第1卷第115页，三联书店，1955。

在哲学上曾经做出过突出的贡献，但是东方其他国家、民族也在不同时期和不同场合丰富了世界哲学的宝库。我国不仅向印度、波斯、阿拉伯学到了不少哲学思想，也从周边的日本、朝鲜、越南获得了很多有益的知识，而且这些学习的内容是极为广泛的。例如我们向印度不仅学习了被称为非正统派的佛教哲学，而且也学习了印度教正统派的"六派哲学"，翻译了它们的经典著作《金七十论》和《胜宗十句义论》等。我国儒、释、道的哲学思想曾经对日本、朝鲜、越南发生过重要的影响，但是这些国家在形成具有民族特色的儒释道的思想和派别后，反过来也对我国有过影响，因之哲学思想的交流常常是双向的。

中国和东方各国长期交流中积累了大量东方哲学的资料，写出了为数众多、蔚为大观的研究著作和实地调查报告，这些史料都有重要的价值，对我们了解、研究古代东方哲学有着重要的意义。另外，日本、朝鲜、越南、尼泊尔等国也保存有一些我国散失的史料，近年来我们已整理了其中的一部分，得到国内外学术界的重视。我深切期望，东方有关国家也能重视这一方面的发掘、整理工作，加强协作，发扬东方人民共同的宝贵哲学遗产。

# “三教合一”在我国发展的过程、特点及其对周边国家的影响

儒释道是我国传统思想和文化的主要组成部分，它们之间相互融合与斗争，特别是以儒家学说为基础的“三教合一”，构成了中国近千年来思想文化发展的总画面。因之，研究“三教合一”的种种关系，不仅使我们可以了解中国学术思想发展的总趋势和规律以及“三教合一”在封建皇权控制下所起的社会作用；也可以了解“三教合一”对我国及周围的邻国宗教、哲学思想和文化艺术所起的广泛而又深刻的影响。

## 一、儒释道在我国的发展历程

我国是一个多民族、多宗教和多种文化的国家，宗教、哲学的产生和发展有着长远的历史。在先秦以前，我国已经形成了一个以崇拜天帝、祖先为主要特征的宗法性宗教，这是儒教的前身。在先秦时期，儒学则是一种以政治、伦理为主的学说，它缺乏哲学的内涵，疏于思维和论证的方法，因此在战国分立时代的百家争鸣中没有占据主导地位。汉初统治者推崇黄老之说，汉武帝定儒教于一尊后，出现了两汉经学，经学是对儒学的第一次改造。他们在解释儒学经典中提出了一套以“三纲五常”为基本法度，以道家思想为基础并附以阴阳五行学说等等的思想体系，经学家们在他们的儒学中引进了神学的内涵，儒学开始儒教化，他们对至圣先师进行祭祀，使孔子祭礼成为和天地百神、祖先崇拜并列的三大祭祀系统之一。在东汉时，张陵在四川奉老子为教主，以《道德经》为主要经典，同时吸收某些原始宗教信仰、巫术和神仙方术等创立了道教。在公元

前，外来的印度佛教开始传入汉地，当时人们只把它看成神仙方术的一种，佛教为了求得自己的生存和发展，不能不向当时占有支配地位的儒家靠拢，并在哲学思想上依附于老庄和玄学。三国时期，大批印度和西域僧人来华，从事译经、传教的工作，这为以后佛教在魏晋南北朝的广泛传播起了重要的推动作用。在南北朝时，由于佛教受到帝王的信仰和重视，印度佛教经过改造以后适应中国社会的需要，逐渐在民间扎下根来，并取得重要的发展，至隋唐时代达到鼎盛，形成了许多具有民族特点的中国佛教的宗派和学派，并传播到了我国邻近的国家。佛教在建立中国民族化的宗派和理论体系时摄取了大量的儒、道的思想；另一方面又与儒、道进行了喋喋不休、震动全国上下的争论乃至流血斗争，儒、释、道形成了鼎足之势。佛教在唐末，由于战乱频仍，社会动荡，日益呈现衰颓之势，在宋初一度复苏。北宋初期，朝廷对佛教采取保护政策，普度大批僧人，重编《大藏经》；南宋偏安一隅，江南佛教虽然保持了一定的繁荣，但佛教总的趋势在衰落。在此期间，佛教与儒、道结合，“三教合一”呈现出发展趋势。在北宋期间，道教进入了全盛时期，北宋几位统治者（真宗、徽宗）都自称为教主道君皇帝，采取了一系列崇道措施，因此，道众倍增，宫观规模日益扩大，神仙系列也更为芜杂。由于道教经论日益增加，开始编纂了《道藏》，南渡后出现了不少新的道派，这些教派都主张“三教合一”。至元朝时期，道教正式分为全真、正一两个重大派别，盛极一时。这些派别也从自己教派的立场出发，高举“三教合一”旗帜。元明以后，佛教与道教衰落，理学勃兴。理学以孔子的伦理思想为核心，摄取了释、道的大量哲学思想、思维形式和修持方法，使三者密切起来，难解难分。入清以后，儒、释、道没有重大的变化，影响及今。

## 二、“三教一致”—“三教鼎立”—“三教合一”

“三教合一”除了有着深刻的社会政治、经济原因外，还有着自身理论的种种特点。封建统治阶级深深懂得，儒、释、道三家对维护封建统治这一根本任务是不可偏废的，三者有着各自的特点，起着不同的社会作用，儒可以治国，佛可以治心，道可以治身。这正如清朝雍正皇帝在1731年所发布的上谕中概括：“域中有三教，曰儒、曰释、曰道，儒教本乎圣人，为生民立命，乃治世之大经大法，而释氏之明心见性，道家之炼气凝神，亦于我儒存心养气之旨不悖，且其教旨皆于劝人为善，戒人为恶，亦有补于治化。”（引自《龙虎山志》卷一）在三教关系中，儒家一直处于正统的地位，他们宣传的“三纲五常”是中国封建社会立国之本，道统是维护封建的中央集权制的精神武器，因之显得特别重要。唐太宗曾说梁武帝佞佛，甚至到佛寺舍身为奴，但是梁武帝在做皇帝后就为孔子立庙，置五经博士，在《立学诏》(508)中说："建国君民，立教(儒学)为首，砥身砺行，由乎经术"，这可看出梁武帝也懂得儒学对他治国的重要性。儒、释、道提出"三教合一"虽则都是立足于本教而融摄其他两者，但归根结底实行的还都是以儒为主，佛、道携手为辅的组合形式。

在印度佛教未传入之前，儒学占有显著的地位。佛教传入中国后，为了依附中国传统的思想文化，力图调和儒、道的矛盾，不断地援儒、道入佛，论证三教的一致性。例如，在我国最早编译的《四十二章经》中就已掺入了很多儒、道思想的内容，该经一方面宣传小乘佛教的无我、无常和四谛、八正道，但同时也杂有"行道守真"之类的道家思想，以及"以礼从人"等等的儒家道德行为规范。由于"三教一致""儒释一家"的渲染，在社会风气上也蒙受影响，相传南北朝的傅翕头戴"儒冠"，身穿"僧衣"，脚着"道履"，集儒、释、道于一身，表示"三教一家"。另外，传说中的"虎溪三笑"(名士陶渊明、僧人释慧远、道士陆修静在庐山的会见)也成为后人的美谈。

道教提倡"三教一致"的思想始于晋时葛洪。葛洪使道教思想系统化时，提出以神仙养生为内，儒术应世为外，将道教的神仙方术与儒家的纲常名教相结合，所谓"以六经训俗士，以方术授知音"(《抱朴子·释滞》)。以后宣传"三教合一"思想的有梁朝的道士陶弘景等。在葛、陶之后，道家中人提到的"三教"的愈来愈多，论证也愈来愈深入。

从以上可以看出，儒、释、道三教在魏晋南北朝时期有过互相靠拢、互相吸收、互相融合的情况；但这种"一致""合流"并不能掩饰彼此之间的排斥和斗争。三家之间的争论有时表现得很激烈，震动朝野，甚至发生流血的事件。其荦荦大者有：在南朝宋文帝时的儒家与佛教之间有关因果报应之争；齐梁之间的神灭、神不灭之争；宋末齐初之间的道教与佛教之间的夷夏问题之辩；在北朝时由于佛、道斗争的原因所引起的北魏太武帝和北周武帝的两次废佛法难事件，以及北齐文宣帝时展开的佛、道之间的倾轧，导致灭道的举措。

隋唐时期，我国统一的封建帝国，幅员辽阔，经济繁荣，文化灿烂缤纷，儒、释、道在这个时期都有重要的发展，进入了繁盛时代。纵观这个时期，由于各代帝王信仰的不同，在不同历史时期，对儒、释、道的态度也有所不同，或抑或扬，但总的说来，对宗教是采取扶掖、支持、利用和限制的政策。儒、释、道虽然在意识形态从而在政治上呈现出鼎立的局面，但三教为了从自身发展的需要和迎合大唐帝国的大一统之政治的需要出发，也不时提倡“三教无阙”“三教归一”或“会三归一”等等。其重要表现是：隋开皇年间的三教辩论大会；大业时令沙门、道士致敬王者而引发的斗争；唐武德年间的儒道联合反对佛教的斗争；贞观时的释、道先后之争；高宗时的多次佛、道大辩论；高宗、武后和中宗时的“老子化胡说”之争；唐中后期多次举行的佛、道大辩论；武宗时的灭佛；韩愈等儒者的反佛、道思想等等。

与此同时，三教中提倡“三教合一”的也不乏人。在儒学方面，有隋唐的王通，他曾呼吁“三教合一”；韩愈、李翱虽然在政治上反对佛教，但他们把佛教的心性学说和法统观加以改造，提出了儒学的道统说和复性论，因之有人讥讽他们是阴释阳儒。柳宗元虽然批判佛教的中观是“妄取空语……颠倒是非”，但他仍然认为：“浮图仍有不可斥者，往往与《易》《论语》合……不与孔子异道。”(《送憎浩初序》)

在隋唐时期佛教完成了中国化的过程。在这个时期开展了大规模翻译和注解佛经的工作，不少僧人常常把佛教的思想比附儒、道，为此撰写了不少宣传中国伦理纲常的佛教经典；在僧侣队伍中还出现了很多“孝僧”“儒僧”等等。中国的佛教宗派是在摄取中国传统思想，特别是儒、道思想的基础上创立起来的。天台宗把止观学说与儒家的心性论调和起来，甚至把道教的“借外丹力修内丹”的修炼方法也引进了佛教。华严宗五祖宗密不仅认为禅、教一致，还进而认为儒、释同源。他写道：“孔、老、释迦皆是至圣，随时应物，设教殊途，内外相资，共利群庶，策勤万行……三教皆可遵行。”(《华严原人论》)禅宗是一个典型的儒、释、道三教结合的派别，它在坚持佛教立场、观点和方法的同时，将老庄的自然主义哲学、儒家心性学说都融入自己的禅学中去。从菩提达摩的“与道冥符”到神秀的“观心看净”，都可以看到老子“静观其道”“静心致远”的思想痕迹；从慧能的“能所俱泯”中我们可以联想到庄子的“物我两忘”的境界。

唐朝开国的几个皇帝都笃信道教，在他们的统治下，三教发生过一些龃龉，但到玄宗时已改变了这种情况，三教关系又开始融洽起来，并得到了发展。玄宗对待三教关系的原则是“会三归一”“理皆共贯”(《曲江集》卷十五)。道教中玄派的代表人物如成玄英、李荣、王玄览等都援庄入老，援佛入老，通过对佛、老的巧妙结合，发展了道教的教义，对后世有重要的影响。

宋元以后，儒、佛、道三教之间的融洽关系日益见深，“合一”的思潮为中国学术思想发展的主流。南宋偏安后，南北出现了对峙的局面，因而在道教中也出现了龙虎、天师、茅山、上清等派及其分支，这些派别大都提倡“三教平等”“三教一源”的思想，并在道教的哲理和实践中摄取了很多儒、释的内容，其中最突出的是金丹派南宗的祖师张伯端。他以修炼性命说会通三教，他提倡的修炼方法是：“先以神仙命脉诱其修炼，次以诸佛妙用广其神通，终以真知觉性遣其幻妄，而归于究竟空寂之本原。”他的修持方法明显地是三教的结合。在北方影响最大的是王重阳在金大定年间创立的全真教。王重阳和他的弟子鼓吹“三教归一，义理本无二致”的思想。

但是全真教道士高唱的“三教同源”与南北朝时期鼓吹的已有不同，前者着重于融通三教的核心即义理方面，特别是道、禅的会融；后者则是从劝民从善的社会作用方面着手。

在宋明时期，儒学经过了第二次改造，出现了理学。宋明理学包括程朱理学和陆王心学。理学仍然以孔孟创导的伦理思想为核心，它虽然竭力排斥释、道，特别是释、道的出世主义与虚无主义，但实际上仍然“出入于儒道”。宋明理学的思想体系中明显地可以看出吸收了释教的“空有合一”的本体论，“顿渐合一”的认识论，“明心见性”“返本复初”的修持观等，因之有人说是“阳儒阴释”，或者“三教合一”的新形态。理学的开山祖周敦颐的著作《太极图说》明显地是三教融合为一的代表作。二程主张“性即理”，强调“天理”与“人欲”的对立，并通过内心的修养功夫来“窒欲”，以恢复天理，这明显地受到过佛教心性论和禅宗修持方法的影响。朱熹是理学集大成者，是竭力排斥佛教的一个人物，但是在他的哲学思想中，无论从本体论、认识论到修持方法无不打上佛教的烙印，有人说他是“阳儒阴释”“表儒里释”，他自己也感叹说：佛教的“克己”，“往往我儒所不及”(《朱熹语录》卷二十九)。王阳明是心学的主要代表，通观他的“良知”道德本体论及“致良知”的修养方法，与禅学的佛性论及修持方法有着很多相通之处。总之，理学派的“援儒入佛”“儒道契合”使儒学在很大程度上佛学化、禅学化、道教化，使三教之间的鸿沟，变得越来越小，终至蔚成一源。

## 三、“三教合一”对我国周围国家的传播和影响

韩国、朝鲜、日本、越南都是与我国一衣带水的近邻，远在两千年前或更早的一些时候就与我国发生过政治、经济、思想和文化的关系。随着儒、释、道三教传入这些国家，“三教合一”的思想与当地的民间信仰、文化结合以后，孕育了很多新的思潮。

公元前1世纪前后，朝鲜半岛及其周围出现了百济、高句丽、新罗三国。中国的儒学开始传入，尔后，佛教的各个派别也相继在朝鲜半岛传播。道教思想是在4世纪时开始传入百济，但道教正式被引进高句丽要在7世纪以后。儒、释、道三教传入朝鲜半岛开始就融合起来，不过韩国的融合还要加上韩国的民间信仰——神教或萨满教的思想和实践。儒、释、道最早汇合见于6—7世纪新罗出现的花郎道。花郎道也称风流道，它是以修养为目的的武士团体，花郎制后来成为国家制度以后，还一度成为国家的最高宗门。这个团体鼓吹“相磨以道义”，“相悦以欢乐”，提倡“游娱山川，无远不至”，他们在仙教或“神教”的基础上把儒家的忠孝、道家的无为和佛教的积善思想融合成一个具有民族伦理特点的道德观，以此来培养忠君爱国的思想。这种思想正如韩国古代的著名学者、在中国多年学习、生活的崔致远所概括：“国主玄妙之道曰风流。设教之源，备详《仙史》，实乃包含三教，接化群生，且如入则孝于家，出则忠于国，鲁司寇之旨也。处无为之争，行不言之教，周柱史之宗也。诸恶莫作，众善奉行，竺乾太子之化也。”(《三国史记·新罗本纪》)

儒、释二教传入朝鲜半岛较早，道教次之。据《三国史记》载，高句丽荣留王在位时曾遣人入唐求学佛、老，唐高祖许之。在宝藏王执政时，宰相盖苏文当权，他在643年给宝藏王的报告中说：“三教譬如鼎足，阙一不可。今儒、释并兴，而道教未盛，非所谓备天下之道术者也，伏请谴使于唐以训国人，大王深然之。”后来唐朝道士叔达等八人应请去高句丽，备受款待，这是高句丽朝廷对“三教合一”的重视，也是当时的主流思想。

14世纪李朝建立后，独尊儒术，在以后的五百年间，朱子学或性理学一直在韩国处于绝对统治的地位。韩国的朱子学追踪中国的宋明理学，李朝的朱子学开展了数百年“四端七情”之争，但其实质也是三教的混融，是在韩国特殊社会条件下的独特表现形式。李朝末年，韩国在西学的冲击下，出现了东学运动。东学是针对天主教的西学而言的，它是一种具有民族特色的宗教社会思潮，它的教理和实践是把儒、佛、道(包括道教的阴阳五行)的思想加以折中调合而形成的。东学天道教的首创者崔济愚在他的《东经大全》中曾称：“我——生于东……受于东，道虽天道，学则东学……孔子生于鲁，风于邹，邹鲁之风传遗于斯世，我道受于斯，布于斯，岂可谓以西名者之乎。”(《东经大全·论学文》，见金哲编著《东学精义》附录，东宣社，1955)他向弟子宣教说：“我道兼儒、佛、道三教，圆融为一，主五伦五常，居仁行义，正心诚意，修己及人，取儒教(孔子)；以慈悲平等为宗旨，舍身救世，洁净道场，口诵神咒，手执念珠，取佛教(释迦)；悟玄机，黜名利，无欲清净以持身，炼磨心神，终末升天，取道教(老)”①，但他也批评“三教”的不足说：“儒教拘限于名份，未能进入玄妙的境化，佛教进入寂灭后断了伦常。道教悠于自然，缺乏治平(治国平天下——引者注)之术。”②从这里可以看出，他对三教是取其所长，舍其所短。自东学创始以后的130年间，它推动了韩国近代史上多次爱国的民族、民主运动，如1884年的东学革命运动，1904年的甲辰开化运动，1919年的“三一”独立运动等等，迄今在南北统一运动中还有着明显的影响。自东学运动至《8·15》朝鲜半岛获得独立的80余年中，韩国出现了将近80余个新兴“类似宗教”③。这些宗教教理结构的共同特征是：在继承朝鲜半岛固有民族信仰——“神教”的基础上，力图与儒释道相结合，它们常常摄取儒家的伦理道德观念，佛教的明心见性的思想和道教的养气炼神的修持方法，创造出人民群众喜闻乐见的教派形式。这些教派中比较有影响的有：侍天教、水云教、白白教、(吽)哆教、普天教、金刚道等等。此外，在韩国民间流传的、作为韩国民族宗教的“神教”，也在历史发展过程中吸收过儒、释、道的思想。“神教”在19世纪初出现的派别　　倧教，它的教理是在原有的“神教”基础上糅合佛教的明心见性、道教的养气炼神和儒家的理气学说而建立起来的，迄今还有它的影响。

“三教合一”的思想在古代日本也有长远的影响。日本自5世纪初传入儒学后，6世纪中叶佛教也经过韩国传入日本。道教何时传入，目前学术界还有种种说法，但有一点是可以肯定的，在中国六朝时期，东渡日本的汉人已经陆续把道教的思想和行事传入日本。日本的神道教在当时接触中国道教之后，才渐趋定型。在大化革新时期，圣德太子颁布的《十七条宪法》及“冠位十二阶”里明确地有着儒、释、道融合的倾向。《十七条宪法》的主要根据是儒家的思想，如“以和为贵”“以礼为本”“信是义本”“使民以时”等等；也杂有佛教思想，如“笃信三宝，三宝者佛、法、僧也”。另外，老庄思想的痕迹如“绝饕弃欲”“绝念弃嗔”等也可以从中追索。大化革新以后，“三教合一”思想继续深入传播，例如元正天皇于721年发出的诏书中说：“周礼之风，优先仁爱，李释之教，深禁

① 转引自朱云影著：《中国文化对日韩越的影响》第688页，台湾黎明文化事业公司出版。

② 转引自金得榥著：《韩国宗教史》第337页，柳雪峰译，社会科学文献出版社，1992年版。

③ 同上书，第367页。

杀生。”①

儒、释、道三教对日本民族固有的宗教——神道教的影响是巨大的。在古代，外来的释、道、儒传入日本后，便与神道结合起来。到13世纪，神、佛融合的教义形成了体系，迄南北朝时代②，出现了以神道为核心，援入儒、佛、阴阳道的理论为信仰基础的伊势神道。在中世纪末期产生了吉田神道，这个神道宣称：道教所谓老子大元说的大元尊神——国常立尊是宇宙的本原。神乃万物之灵形成人心而普遍存在，心有喜、怒、哀、乐、爱、恶、欲七情，并从佛教《法华经》那里吸收了“正法”的说法。总之，儒、释、道三教的思想显然被吉田神道吸收进去了，但只是作为润饰，增添光彩而已！到了近世神、儒融合的民间神道和教派神道相继产生，这些神道随着朱子学成为德川官方的统治思想体系，融入了儒家的学说，例如，垂加神道是以理学为主，倡导“天人合一”和大义名分的封建伦理道德，另外还糅合了道教的阴阳五行学说。

宋明理学从13世纪传入日本后一直依附于佛教，到江户时期，在德川幕府的支持下，开始从佛教中分离出来，但分离出来的儒学仍然杂有释、道的成分。日本近世儒学体系主要有朱子学派、阳明学派和古学派。这三个学派都以儒教伦理道德学说为核心，提倡封建名分和尊王攘夷的思想，但不同于我国的是，有些人常常把理学与神道思想结合起来，因此使理学不但佛、道化，而且神道化。

关于儒学的经义何时传入越南，众说纷纭。一般认为，汉字传入越南大概在秦始皇并吞六国统一中国文字的时候，当时中国北方有个叫赵佗的人统一了交趾、九真等三郡，建立了南越国。越南史学家评论赵佗说：“文教振乎象郡，以诗书而化训国俗，以仁义而固结人心”，稍后，在1世纪时，儒家的经义和汉朝的学校制度传入交州。奠定越南儒学基础的是统治交州四十年的士燮，他在那里传播《左氏春秋》等经学，《大越史记外纪全书》(卷三)称赞他说：“我国通诗书，习礼乐，为文献之邦，自士王始，其功岂特施于当时，而有以远及于后代，岂不盛矣哉!”当时中国中原动乱，士人避难交趾者很多，其中首先传播“三教一致”思想的是牟子，他著有《理惑论》，认为道家的真人和儒家的三皇五帝是相匹配的，佛教的教义和儒、道的学说也有共同之处，当有人指出道家之“道”与释迦之教有异时，他回答说：“天道法四时，人道法五常……道之为物，

① 《续日本纪》卷八“养老五年”。

② 指1335年到1392年日本分成了南北两个朝代。

居家可以事亲，宰国可以治民，独立可以治身，履而行之，充乎天地，废而不同，消而不离，子不解之，何异之乎？”（《理惑论》）

越南位于印度和中国之间，佛教传播之初曾经起过桥梁的作用，梁启超、胡适之等都说，佛教传入中国的海路是由印度经斯里兰迦至交趾，再由交趾经广西或云南至长江流域，他们的论断已被江苏孔望山等地的摩崖石刻所证实。据晋《高僧传》载，3世纪著名的高僧康僧会因他的父亲在交趾经商曾客居交州。从他所编译的经典中可以看出他是一个弘扬以佛教为主的“三教合一”论者。康僧会在《六度经集·察微王经》中不但用道家的“元气”来概指佛家的“四大”（即地、水、风、火四原素），而且还用传统的“灵魂不死”来阐发佛教的“轮回转生”的学说。另外，他还竭力宣传孔孟的忠孝仁爱的伦理纲常思想。在8世纪前，越南的佛教受到印度的影响较大，但在此以后便渐渐转向中国，并成为北传大乘佛教的一个重要支脉。

越南在中国五代时开始建立拥有主权的独立国家，中经丁朝（968—980）、前黎朝（980—1009）、李朝（1010—1225）、陈朝（1225—1440），这个时期正值越南封建主义发生和发展的阶段，不少统治者们采取了一系列加强中央集权、富国强兵的措施，因而社会安定，文化繁荣。丁朝、前黎朝和李朝虽然都以佛教为国教，国师皆以造诣颇深的僧侣担任，形成了“帝与僧共天下”的局面；但在宗教方面为了团结更多的各种教徒，这些王朝都采取三教并行的政策，宣传“三教一致”的思想，并从制度上加以保证、贯彻。例如，丁朝于太平二年（971）规定文、武、僧、道的品阶，僧官有国师、僧统、僧录、僧正等职称。陈朝和李朝取仕还实行儒释道三教分别考试的制度，选拔这些宗教中的优秀人才为国家服务。据《越史通鉴纲目》卷六载：“陈太宗天应政平十六年（1247）秋八月试三教，先是令释老之家其子能承业者，皆令入试，至是复试通三教诸科者亦以甲乙分之。”李朝因受我国北朝的影响，特别奖掖道教，使之与儒、佛处于同等的地位，李朝二百年间，三教并重的事实，史书记载不绝。

越南李朝、陈朝宣传“三教合一”思想是和我国并行不悖的。陈、李朝各代帝王们清楚地意识到儒教和佛教对于社会所起的不同的重要作用，这个时期佛教虽然在政治上为朝廷所重视，占有主导的地位；但由于儒教的道德伦理思想特别是三纲五常的思想深入人心，指导着人民的精神生活，另外，儒教在社会组织方面特别是国家行政管理和官吏选拔方面已长期固定下来，不是佛教所可代替的。道教在社会生活中也有着重要的影响，因此他们不得不推行三教并行的政策方针。统治阶级的这种意图可以在陈太宗为《禅宗指南》一书所作的序言中看出："开启愚昧之法，晓谕生死之理之捷径，盖佛之大教，为后世之秤杆。后世之法则，盖先圣之重责……今朕何不以先圣之任为己任(指儒教的先圣——引者注)，佛之教诲为己之教诲。"①在统治者看来，奉行三教的方针是最好的统治人民的方法和捷径。

我国宋代以后程朱理学在思想领域占有主导地位，这种情况对越南也产生了深远的影响。15 世纪黎朝建立后，一反前几个朝代三教并行的方针、政策，独尊儒教，提倡尊孔读经，推行程朱理学并对佛教进行排斥或者加以严密监管。阮朝统一越南后，仍蹈黎朝崇儒抑佛的政策，挑拨佛教禅宗内部之间的关系，因之佛道一蹶不振，在朝廷中间的势力完全丧失，但在民间特别在农民中间还有一定影响。在 18—19 世纪越南最后一个王朝——阮朝覆灭时，一些著名的儒生，抱着兴邦救世的强烈愿望，希望从过去历史中寻找经验教训，认为儒释道三教并存的体系是越南历史中带有普遍规律性的现象，于是又重新提出"三教同源"说。

综上所述可以看出，儒释道三教在越南宗教史，思想史和文化史上都有着重要的影响，他们之间既有斗争也有融合，但融合是发展的总趋势。越南的儒家不像中国那样一直处于统治的地位，但它的影响是深厚的。

---

① 转引自方怀思撰：《越南竹林派禅宗创始人陈仁宗的禅学思想》见《佛学研究》第 3 期，第 186 页。

# 东西文化中的人和自然的关系

自18世纪70年代英国工业革命以来，随着世界很多国家、地区工业化的发展和科学技术的突飞猛进，人类生存的环境受到了威胁，大量资源被损毁，土地和空气受到了污染，生态失去了平衡，直接危及到了人类的生存及社会的持续发展，因此，联合国于1992年召开了全世界的环境会议，我国也于去年6月举行了全国环境工作会议，向我国和全世界人民呼吁保护环境的必要，确立了改善环境的目标。目前，中国和全世界人民正在为争取一个更好的生存环境而进行斗争。

东西方的思想家和科学家们在总结人类在与自然、人类与社会斗争的经验中提出的丰富的环境思想。东西方处理这一问题的出发点和基本态度是有所不同的，西方强调如何去征服自然，而东方则重视人与自然和谐一致。

西方资本主义文化肇端于欧洲17世纪和18世纪的启蒙运动，在启蒙运动中，不少资产阶级的思想家们在批判基督教教条的同时，提出了人类“自由、平等、博爱”的理想，强调人的理性和人文主义精神，重视实证的自然科学，使人们的经验知识不断精密化和系统化，从而谋求世俗福利，自由竞争和市场法则成了资本主义经济发展的铁的法则。在资本主义发展的过程中，征服自然成为当时思想家、科学家的时代议题。现在看来，这些提倡还是有积极意义的。无可否认，人类是自然的一个部分，是在改造自然中前进的；自然给予了人们丰硕的果实，人们依赖自然而得以生存、发展。因此，从一定意义上说，征服自然是人类文明的基础，也是其本质特点。现代人类所面临的生态环境危机也只有在科学技术发展的基础上，通过改造自然的努力才有可能得到解决。但是在资本主义的畸形发展下，人们自觉或不自觉地又歪曲了作为社会发展思想动力的理性，把人们的生产方式和生活方式建立在权衡利益关系、追求金钱物质的基础之上，把“目的—手段”看作理性化的全部内容，因此有人把这种理性看作“工具理性”，而社会则是工具理性的产物。“工具理性”虽然为资本主义提供了动力，但它的片面发展也导致了人与自然、人与人之间的不正常或颠倒的关系。自然成为主宰、掠夺和奴役的对象，人和自然的关系变成了占有者与被占有者的关系，对自然的过度开发和无情掠夺严重破坏了人类生存的环境及其发展，最终导致了自然对人的惩罚。另外，随着科学技术和工业的高度发展，不少人沉湎于金钱物欲里不能自拔，从而使人的本性受到压抑或摧残，自我异化或物化，成为社会的工具和机器，从而滋生出了资本主义种种不可克服的矛盾和社会弊端。总之，西方社会物质的繁荣是以摧毁人的生存环境、人与自然和人与人之间的和谐关系为代价的，因此，人们又想到了东方，回归于东方。

在 18 世纪以前，世界历史的天平一直是向东方倾斜的，是西方认识东方、学习东方的时代。但在 18 世纪下半叶以后，这种平衡就被打破了，直到 20 世纪 80 年代东方再度崛起以后，西方才开始重新认识东方，向东方求教。在东方古老的文化中有着十分丰富的环境思想。这些思想的特点是：人和自然有着统一的基础，人是自然界的一部分或者是自然界某种基本要素和属性的结合体，人与自然在终极或在不同层次上是合一的。为此，人对自然界应取顺从、适度和友善的态度，达到与自然和谐统一的最高目标。当然，在东方大同思想中也有着小异，甚至还有着对立。这些思想表现为儒家的“天人合一”，道家的“道法自然”“人道合一”，庄子的“道通为一”“无以人灭天”，释家的“心(名)物(色)缘起观”，印度婆罗门教的“梵我合一”，数论派的“原始物质(自性)与神我结合说”，顺世论的“四大和合为我及身心说”“三德说”，日本神道的“人与自然亲和说”，伊斯兰教菲派的“神人合一”等等。在这些思想中，值得注意的是中国传统的“天人合一”和印度的“梵我合一”思想，这二种思想分别代表了东方两个古老大国中国、印度思想文化的主流和传统思想的归宿处。“天人合一”思想在中国各个哲学派别以及儒家内部之间有着种种的说法，其中最为典型的是以《中庸》为代表的“赞天地之化育”。《中庸》说：“唯天下之至诚，为能尽其性，能尽其性，则能尽人之性，能尽人之性，则能尽物之性，能尽物之性，则可以赞天地之化育，则可以与天地参兮。”荀子提出与上述观点不同的“明于天人之分”。他说：“列星随旋，日月递炤，四时代御，阴阳大化，风雨博施，万物各得其和以生，各得其养以成”。① 与此同时，还提出了“制天命而用之”的思想，荀子的这种思想公开向宗法社会的天命思想挑战，把天还原为客观存在的自然界，并且表明了人有战胜自然的能力和改造自然的能动性。“天人合一”的思想后来贯彻在科学技术、文艺创作、经济活动和社会生活等各个方面。例如陆机在谈到创作时曾说：“笼天地于形内，挫万物于笔端。”②荀子把这种思想直接引入社会经济领域，作为强国富民的措施。例如他认为应对自然的环境加以改造，以适应农业生产的需要，“修堤梁、通沟浍，行水潦，安水藏，以时决塞；岁虽凶败水旱，使民有所耕艾”；“修火宪，养山林薮泽草木鱼鳖百素，以时禁发，使国足用而财物不屈”③。另外，提倡爱护资源，不使无以为继。他说：草木生长时，“斧刀不入山林，不夭其生，不绝其长”，就能使“山林不童(荒)而百姓有余材”；鱼虾繁殖时，“罔罟毒药不入泽”，“谨其时禁，就能使鱼鳖优多而百姓有余用”。道家也主张“人道合一”的思想，但是他们是从另一条道路来探讨天道与人道的关系，直接由天道引出人道。《老子》说：“故道大，天大，地大，人亦大。域中有四大，而人居其一焉。”“人法地，地法天，天法道，道法自然”。庄子提出，我“无以人灭天”，反对以人力加之自然。这些都也说明了人和自然是互相平衡的、和谐的。总之，儒家的“天人合一”思想既反映了农业经济保护自然资源的要求，也反映了以小生产为基础的农业经济在自然面前的无能为力，他们提出了控制和利用自然的正确目标、方向，却没有找到达到这一目标的途径和手段，因此在中国历代生态环境的破坏中，表现出软弱无力，人与自然的和谐只是一种无法实现的空想。

婆罗门教——印度教提出的“梵我合一”，既是一种宗教的解脱思想，也是印度教徒的一种理想的生活规范。按照这种理论，作为内在的、人的本质的阿特曼(自我)在本性上是和外在的、宇宙终极原因的梵是同一的，也就是说，“小宇宙”和“大宇宙”是统一的。阿特曼通过严格的修持，最终应该从梵那里去证悟。“梵我同一”最高的境界和所要达到的目标是“存在——认识(睿智)——喜乐”(Sat-Chit-Ananda)。也就是说，人和自然的关系是和谐的、喜乐的。“梵我同一”是印度宗教哲学思想的归宿处，也是印度传统文化的特点，迄今在

① 《天论》。

② 《文赋》。

③ 《王制》。

印度社会生活和文艺创作等等中有着重要的影响。印度著名的诗人、思想家罗·泰戈尔就是以这种思想指导他的文艺实践的。他认为自然是人们感觉和行动的“母亲”，他写道：“在我们之外的世界和我们内部的理智——这两者都是同一性力的表现。懂得了这个，我们才可体验我们的精神和自然的统一性，以及精神和神的统一性①，“自然和精神的互相需要正像音符对于和音互相需要一样”②。在泰戈尔看来，人和自然的关系是互相依赖的、互相需要的、互相融合的。这鲜明地反映了东方思想的共同特征。泰戈尔是主张东西方文化融合的人，他一方面对西方资本主义文化的腐朽没落进行了无情的抨击，另一方面又号召印度人民向西方学习科学技术，掌握自然发展的规律，用来为人民谋福利。他对西方改造自然所取得的巨大成果有着深刻的印象并给予了积极的评价。他说：“我们研究自然界的规律，我们就能支配自然力并且成为强者。”③

从上述东西方对待人和自然关系的阐述中可以看出：东西方对待自然环境的态度、认识是有所不同的，东方着重形而上学的探索，强调人与自然关系的统一与和谐；西方则更多地重视实践的经验，强调人类如何控制和征服自然，但两者也不是绝对互不相容。关于这一点，某些东西方古代思想家早已觉察到了。例如希腊唯物主义哲学家赫拉克利特曾说：“自然也追求对立的东西，它是从对立的东西产生和谐。”我国的荀子也在“天人合一”的命题中提出了相反的“天人之分”。因此，我认为东西方的思想既是对立的，又是互补的。特别是在今天，由于交通的发达，信息时代的到来，东、西方在现代化进程中完全可以进行全面的合作与交流，彼此取长补短，达成共识。西方要破除欧洲中心论的褊狭观念和片面化的“工具理性主义”，特别要反对那些为了追求超额利润和物质财富而导致生态环境的破坏以及人的自我异化乃至物化，要在东方人的与自然的融洽关系中汲取智慧和教益，用以烛照、检视、反省乃至批判现代西方社会及其文明的弊病；东方也要反对东方文化中的非理性主义成分，对东方的有关人与自然关系思想要批判地吸收其合理的内核，要学习西方先进的科学技术和高速度发展工业化的经验。只有依靠这些，才能解决当前人类面临的生态环境危机和实现持续发展的战略。

---

① 《法》。

② 《生命的亲证》。

③ 《东西方文化的结合》。

# 世界宗教的亚洲起源、传播和现状

在世界史上，不管是在意识形态，抑或是社会生活各个领域，历史最长，影响最大的莫过于宗教了。自古迄今的各个民族或国家，都存在着这种或那种宗教。人们的思想认识、伦理道德、文化艺术、社会风尚、政治结构等大多与宗教有关，抑或受其影响。

宗教是一种社会历史现象，有它的产生、发展和消亡的过程。在人类历史开端时期，没有也不可能发生宗教。宗教观念是在社会生产力达到一定发展水平，人类思维具有抽象概括能力时才出现的。

## 一

关于宗教的产生，学术界一直存在着不同的看法，有自然神话论、实物崇拜说、万物有灵论、神灵论或鬼魂论、图腾论、原始启示说等等，诸多的说法实质上反映了宗教的起源是和人们的认识水平有着密不可分的联系。据考古发掘所知，人类宗教大约产生于公元前 3 万年到前 1 万年的中石器时代后期，或者更晚一些时候。从早期人类智人尼安德特及其以后的克罗马依人、中国的山顶洞人的考古发掘中得知，当时已有崇拜动物、神灵，设置墓穴、举行一定仪式的种种宗教现象。原始居民在和自然界作严峻的斗争中，每走一步往往都遇到许多突如其来的、不可理解的现象，如雷电、风雨、疾病和死亡等，由于对这些自然现象没有正确的认识，从而引起恐惧、惊惶的心理，他们错误地认为，在现实周围存在着某些超自然的力量，这种力量主宰人们的一切，人们不可加以抗拒，只能用膜拜、祈祷或用巫术、祭咒、舞蹈等仪式去影响它们，以此消灾降福，保证生产和生活的顺利进行，因而产生了原始的宗教观念。原始宗教的特点是：(一)崇拜对人们生活最有密切联系的自然力或自然物。例如对山川河流、日月、水火、动植物等直接加以崇拜或者将它们人格化作为神灵崇拜；(二)对臆想出来的、离开肉体的神灵或灵魂的崇拜。世界各地区处于不同发展阶段的原始居民崇拜的形式大都以鬼魂、祖灵(一般是氏族领袖或有特殊贡献的人)、图腾(相信本氏族与某些动植物或自然物之间有一种血缘关系，因而把某些动植物或自然物看作共同的祖先)、偶像(崇拜某种具有特异功能的事物)等来表现。与此相应还伴生出种种巫术、魔术、宗教禁忌(塔布)和仪式等，并进而发展成为比较有组织的活动，出现了主持宗教仪式或从事巫术等活动的祭司或巫觋，他们被认为是“神的代表”，或“人与神的中介”，对建立、巩固宗教起过重要的作用。原始宗教的特征不仅可以从考古发掘中得知，而且还可以从近代在亚洲、大洋洲等地的一些土著民族流行的原始信仰中得到佐证。

原始宗教实行多神崇拜，众多的神祇各自独立，没有隶属关系，反映了氏族社会的平等制度的特点。氏族部落以血缘关系组成了社会群体，每个群体常常以奉拜一位保护神或某个具有特殊意义的图腾，作为这个群体的象征，以表现本氏族的精神并因此产生凝聚力或号召力的作用。对本族神的崇奉一般只在氏族内部流行，因此其作用有限，并有排他性的特点，或与其他氏族、部落的神祇崇拜发生对抗、冲突的现象。所以在原始社会，各宗教处于一种平行、独立，互相联系不多的情形。随着社会的发展，原始宗教也起了相应的变化，多神论向一神论转化和发展到原始社会晚期一些氏族开始瓦解，新的氏族或氏族联合体——部落逐渐形成，在新的氏族或部落中出现了新的保护神，旧有的保护神也就被降格或销声匿迹。由于不同氏族之间的征服往往是通过军事手段来实现的，因此胜利者的神祇也就常常成为被征服者的神祇，变为主神，而被征服者的神祇则往往沦为次神或销声匿迹，这是宗教最初的传播手段和途径，而且只局限于几个部落或特定的地区之间。主次神的建立，反映了由部落过渡到部落联盟或最初国家社会发展状况，在这种变化中诸神的自然和社会属性都转移到某一主神身上，主神被认为是至高无上的、统一的和无所不能的，这个神无非就是地上统一的专制君主的反映。世界上最早的、全能的、统一的神出现于公元前 6000 年古代东方埃及最初奴隶制国家，以后在印度次大陆也有同样的出现。恩格斯曾以印度雅利安的圣典——“吠陀经”为例，说明原始宗教的产生和发展过程。“吠陀”中最初的神大都是自然现象的化身。如山川草木、动物等等，但在印度最初部落联盟或国家出现时期的《梨俱吠陀》中可以看到多神论已向一神论的发展，如因陀罗最初被认为是保护农业的雷雨神，后变为一个氏族的保护神——武士神，随着这个氏族的强大，《梨俱吠陀》又描写了因陀罗和另一个氏族保护神婆楼那进行争夺统治地位的斗争，因陀罗最终获胜，两个氏族联合成为部落，因陀罗被称为“因陀罗—婆楼那”。嗣后，婆楼那逐渐销声匿迹，因陀罗取得完全的统治地位，因陀罗被称为“世界大王”，因陀罗的变化反映了印度由氏族而部落、由部落而部落联盟过渡的历史内容。因此恩格斯指出：“没有统一的君主就决不会出现统一的神，至于神的统一性不过是统一的东方专制君主的反映。”①

## 二

公元前 6000—4000 年后，人类阶级社会开始确立，奴隶制度建立，原始宗教进入了古代宗教时期。这一时期在世界几个文明发源地，中国的黄河，南亚的印度河、恒河，西亚的底格里斯河与幼发拉底河和埃及尼罗河流域都建立了一些有特色的宗教。中国殷周时期出现了崇拜天帝的天人合一的宗法性宗教，这个宗教的特点表现在对“天”和“天命”的推崇。商人认为“帝立子生商”(《诗经·商颂》)，故“有夏服(受)天命”。“天”既是主宰万物的上苍，也是人类的祖先，这反映了商代在私有制基础上依靠血缘关系建立起来的阶级社会的宗教观。印度河流域最早盛行崇拜地母神等等的原始土著宗教，在雅利安人侵入印度次大陆以后，出现了吠陀教，该教以崇拜多神和繁琐祭祀为特征，反映了由游牧社会向农业社会过渡的特点。西亚两河流域产生了比较完备的国家宗教，即古巴比伦宗教。它有主次神系列，国王被看作神的儿子，祭祀仪式的正确与否，被认为关系到国家的前途和命运的大事，它的管理或执行通常由当地最高统治者亲自负责，巫术在宫廷里十分活跃，占卜是使用最广泛的术数。稍晚，西亚等地又出现了受古埃及宗教和巴比伦宗教影响的迦南宗教、腓尼基宗教、赫梯宗教和小亚细亚宗教。这些宗教在崇拜方式和宗教生活方面有很多共同之处，它们的不同主要表现在地域性和职业性方面。例如，腓尼基人生活在叙利亚、黎巴嫩沿海一带，他们的崇拜活动大都与海的事物有直接联系。赫梯人居住在叙利亚、土耳其一带，他们的宗教崇拜又多与陆地事物有关。此外，在波斯帝国建立以前，还流行着对玛兹达大神崇拜的古波斯宗教。上述宗教大

① 《马克思恩格斯全集》第 27 卷第 56 页。

部分是由原始宗教演化而成，保持着对自然物或自然力的崇拜，有的还把自然物或自然力拟人化并赋以神灵的内容；有些自然神赋有了社会的属性，因而出现了种种掌握社会职能的管理神，如战神、医药神、司法神、农业神等等，各种神祇组织在一个“天阶体系”之中，在诸神中分为主神和次神，并形成了对主神的崇拜。主神往往被认为是一个城邦、民族或国家的守护神，随着这个城邦、民族或国家的变化而相应变化。

大量城邦、国家的分化或联合，又促进了各种不同宗教之间的传播与交流。尤其是沿海地区的城邦林立，海上贸易的发展，使各地的宗教赋予了不少新的内容，融合的趋势增长，有的甚至演变成了新的宗教。例如腓尼基宗教因与地中海沿岸的民族接触，形成了以亚述—巴比伦宗教为基础的民族特色宗教；赫梯宗教是苏美尔、巴比伦、埃及和古叙利亚宗教的混合物；美索不达米亚的宗教是苏美尔宗教、巴比伦宗教和亚述宗教的总括等等。但是由于受到当时交通、科学水平、战争等条件的制约，上述各种宗教之间的交流融合还不很稳定，其范围仅限于某一地区或国家、城邦的地域之间，另外各种宗教自身也没有完全定型化，可是由于它们的存在，为以后晚出的各种定型的宗教和世界宗教的产生发展打下了基础。

## 三

公元前1千纪末至1千纪中叶是世界各种宗教创立与发展时期。由于前一时期各个宗教的影响，在亚洲几个文明地区出现了一批比较定型的宗教。印度次大陆出现了婆罗门教—印度教、耆那教、佛教、邪命外道；中国出现了道教；日本出现了神道教；波斯出现了琐罗亚斯德教、摩尼教；巴勒斯坦和小亚细亚地区出现了犹太教；阿拉伯出现了伊斯兰教；等等。婆罗门教—印度教是吠陀教转化而来的印度传统宗教，以吠陀天启、婆罗门至上、祭祀万能为三大纲领，奉行不平等的种姓制度；耆那教、佛教是反婆罗门教传统的新兴宗教，但又吸收了不少传统宗教的成分，行世后很快大举，成为新的传统宗教；琐罗亚斯德教和摩尼教是波斯的传统宗教，崇拜火和光明与黑暗的善恶两元论，但随着波斯一些帝国的衰亡，两教也先后衰灭；犹太教是以色列人的宗教，主张一神信仰，重视律法，它和希腊、罗马的多种崇拜一起对基督教的产生曾发生过重大影响；道教是中国土生土长的传统宗教，追求长生不老，羽化成仙；神道教是日本传统宗教，要求入世，具有强烈的社会功能；伊斯兰教成立时间较晚，但发展最快，信徒信仰真主，履行“五功”(念、礼、斋、课、朝)。

一切宗教都是旨在调和现世与来世之间的矛盾，解决人们所关心的现世福乐和死后解脱问题。这一时期的宗教鲜明地表现出以下几个基本特点：

（一）宗教的教规、礼仪和组织都较前一时期更为完备。如婆罗门教—印度教形成了一整套繁琐的祭祀仪式，从出生到死亡都要举行各种仪式，把教徒的社会生活分成四个行期或阶段。这些宗教仪轨、礼制经过漫长的发展过程，有的已经成为民族或国家的传统节日、超越了宗教的界限，成为世俗生活的一个重要组成部分。各个宗教组织也自成系统，佛教的僧伽、婆罗门教—印度教的祭司系统、琐罗亚斯德教、摩尼教的教团、伊斯兰教的教派等，而且都有属于本宗教的僧官、祭司、长老、教父、教长、阿訇等不同教阶的神职人员。

（二）大量的宗教经典涌现。一般说来最早的宗教经典都是依靠记忆口颂流传下来的，内容大都是一些创教者生前的言行，以后经历代教徒复诵、整理和增补，遂粲然大备，成为浩繁的卷帙。如佛教史上在印度次大陆曾经有过几次结集，形成了佛教三藏，以后经过亚洲佛教国家僧人的翻译、编纂，又出现了不同语言的佛教三藏；犹太教经过六百年的编纂，完成了《塔纳赫》(即《圣经》中的《旧约》)；婆罗门教—印度教用了千余年的时间制作了“吠陀”文献；伊斯兰教经过几任哈里发的编集、整理，颁行了“奥斯曼定本”的《古兰经》，等等。

（三）思想繁杂，宗派林立。众多的宗教经典的建立，推动了宗教思想的出新，因此呈现了十分活跃的局面。婆罗门教—印度教建立了“梵我一如”的宇宙观和“轮回业报”的解脱思想；佛教出现了以解除痛苦为目的的四谛论和论证成佛的佛性说，以及探讨空义的般若智慧等等；伊斯兰教发生了对《古兰经》理解的不同看法等等。思想的活跃促进了各种新观点的宗教组织和派别成立，佛教分裂成小乘和大乘两大部，大乘又分出唯识、中观等派；印度教出现了毗湿奴、湿婆和性力等派；耆那教有白衣派和裸衣派；伊斯兰教形成了逊尼派和什叶派两个主要派别。有些新的哲学和神学的出现，推动了人类思维的发展，丰富了思想文化的领域，但有的哲学和神学思想为了维护统治阶级利益的需要，则又陷入保守、僵化的泥潭，因而成为教条和繁琐的经院哲学，阻碍了哲学思想的发展。

（四）宗教文化已成为传统文化的一个重要的组成部分。宗教文化是指通过文化现象来表现宗教的这部分内容，具体地说，就是用文学艺术、美术音乐和思想理论等来阐述宗教理论和宣传宗教的文化活动，它不等同于完全意义上的文化范畴，也不同于纯粹的宣扬宗教的活动，是附属于文化当中，通过宗教来表现的文化现象。传统文化是指经过若干年时间，在一些民族或地区中存在的那部分繁衍不断、广为流传、深入人心、积淀在民族内部、成为民族精华、保持民族特色的文化现象。宗教自创立后，首先在一些民族中流传，成为传统的民族信仰，反映了民族精神的重要方面，以后经过不断调整、融合，成为传统文化的组成部分和重要内容。宗教发展到此时，表现了特有的民族精神面貌。例如琐罗亚斯德教成为波斯民族的传统宗教和民族文化的象征，佛教成为亚洲人民的传统宗教和文化的象征，印度教成为印度民族的传统宗教和传统文化的象征，伊斯兰教成为阿拉伯民族的传统宗教和文化的象征，等等。此外，有的国家或民族还吸收外来的宗教文化，把它改造成为本国的传统宗教文化，在这方面中国最为典型。佛教和伊斯兰教文化传入中国后，与中国固有文化相结合，逐渐成为中国传统文化的重要组成成分。宗教文化还表现在文学、艺术、建筑等各个领域，世界各地都出现过篇幅巨大、震撼人心的民族宗教史诗；雄伟壮观的宗教寺、观、堂、窟遍地皆是，吸引了无数的信徒群众，宗教雕刻、塑像、壁画等表现了高超的技艺，饱含了不同的风格，是各国民族文化的瑰宝。

（五）宗教占据了统治思想的地位，起着统治思想体系的作用。在原始宗教时期，宗教并不包含有欺骗成分。进入阶级社会以后，宗教被统治阶级利用，作为统治人民的思想工具。祭司成为神与人的中介，君主成为神在人世间的代表，君权神授，行使天命。很多国家和王朝的统治者以神的代表自居，把宗教立为国教。这时比较重要的国教有：佛教是印度孔雀王朝的国教；印度教是印度笈多王朝和许多其他王朝的国教；琐罗亚斯德教是波斯帝国的国教；犹太教是以色列王国的国教；伊斯兰教是奥斯曼帝国等的国教。中国虽然没有任何一个宗教取得了国教地位，但统治阶级也经常祭祀上天列祖，热衷于雕经刻像，广造寺院，礼渥教士，对宗教大多采取支持、保护或宽容态度。一些国家出现了与世俗政权并列的僧侣管理系统，宗教超越于世俗事物之外，或者建立政教合一的统治，最高的国家统治者也是最高的宗教领袖。宗教思想成为统治思想之后，把其他一切思想意识形态都被囊括在它的神学体系之内，排斥其他各种新思想、新观念，显示了它的巨大保守性，特别是当科学被包容在宗教里时，阻碍了科学的发展。在神权统治下的政教矛盾一直表现很尖锐，经常发生公开的冲突。许多国家和人民的反封建运动常常采取宗教异端的形式，许多战争也在宗教的口号下进行。

（六）宗教的传播、交流及其影响迅速扩大。宗教的传播、交流一般是伴随着商品交换的活动而开展的。人类社会自有了商品交换关系以后，各种不同的民族和部落就开始进行了比较广泛的接触，随着商品经济的发展，人们的活动范围和视野也开始不断扩大，宗教传播和文化交流是其中重要的方面。早期宗教和文化的交流与商品交换、贸易不同，它不是一种有目的、增殖和效益明显的活动，而是一种具有潜移默化、影响深远的文化活动。一些宗教信仰虔诚的商人，因经商到外地旅行或定居，把本民族的信仰带入了其他地区，又把外地的宗教文化介绍回本国，客观地起到了传播宗教文化的作用。因此宗教文化传播交流的路线通常是沿着商道进行的。联结欧亚两洲的古丝绸之路是一条著名的商道，也是一条东西方宗教、文化传播交流的文化通道。在这条通道两边密布了希腊罗马基督教文化，波斯袄教、摩尼教文化，印度佛教、印度教文化，伊斯兰教文化，中亚的原始宗教文化和中国儒道文化等各种不同形态的宗教文化。随着商路的深入开拓，一些有志于献身宗教的传教士纷纷活跃在古老的商道上，他们凭着对宗教信仰的虔诚和献身精神，将本民族的宗教文化传播四方。以中国为例，唐朝曾是当时世界最强盛的王朝之一，大量的外国僧人来华传教，使佛教、袄教、摩尼教、景教(基督教)、犹太教、伊斯兰教等纷纷进入中国，扩大了中国的视野，丰富了中国宗教文化的内涵。佛教也最终在中国立足，成为中国民族化宗教之一。

总之，这一时期的宗教文化交流的深度和广度都是过去不可想象的，达到了世界的规模。经过漫长历史时期的各种宗教文化的冲撞和整合，佛教、基督教、伊斯兰教分别在世界主要地区取得了主导地位，成为最有影响的世界三大宗教。而印度教经商羯罗改革后成为南亚次大陆地区的主要宗教，对东南亚地区发生重要的影响。上面几种主要宗教无疑地具有宗教的“史前内容”，保存着从古代继承下来的思想遗产和信仰形式，并在新的历史条件下加以发展。

## 四

15 世纪以后世界三大宗教——佛教、基督教、伊斯兰教以及印度教仍在发展外，锡克教开始在南亚地区突起。犹太教、道教、耆那教、袄教等仍在流传，原始宗教也残存于社会发展比较迟缓的世界很多地区。

佛教在亚洲地区一直占据着重要的地位。东南亚地区各国极大部分成为南传上座部佛教国家。北传佛教的中国在民族化道路完成以后开始出现衰颓的现象，在众多的汉地教派中只有禅宗和净土宗仍在流行，藏传佛教经宗喀巴改革后，成为藏族宗教文化的主体，它与封建地方政权相结合，建立了“政教合一”的统治，在这一个时期内南传上座部佛教开始大规模在我国云南地区传播，中国成为三种佛教派别共存的国家。日本、朝鲜在唐宋以后接受了中国佛教，在此基础上发展成为民族化的宗教，佛教与神道教在日本国内并行，伊斯兰教经奥斯曼帝国和印度莫卧儿王朝的奖掖后正在向上发展。19世纪末至20世纪初，西方资本主义强国进入帝国主义阶段后，在世界范围内掀起了新的争夺殖民地的斗争，西方教会为了配合这一侵略也在全世界各地加强了传教活动。

帝国主义、殖民主义和基督教向亚非拉的扩张，也受到了当地人民和宗教界爱国教徒的抵制与反抗。这些反抗西方殖民者和殖民宗教及其文化的斗争常常是在爱国、爱教的旗帜下进行的，而且从来就没有停止过。佛教在近代民族主义运动和启蒙运动的影响下，曾掀起一系列的斗争。19世纪，斯里兰卡达磨波罗首先建立大菩提会，致力于佛教的复兴和改革运动，这个团体保护佛教遗迹，编纂巴利文经典，推动了南亚次大陆现代佛教的发展、宣泄了爱国的民族情愫。柬埔寨、老挝和越南在近代相继沦为法国的保护国后，不少爱国的佛教徒，组织和参加了爱国的复兴和改革运动，他们利用佛教作为唤醒民族意识的手段，反对殖民当局，起到了重要的作用。在中国也出现了连续不断的反对西方教会的“教案”，打击了基督教在中国的嚣张气焰。与此同时，在伊斯兰教国家中出现了很多复古改良的思潮、派别和运动。其影响较大的有：1. 复古主义运动——以18世纪沙特阿拉伯掀起的瓦哈布(清净教)运动为嚆矢，主张“恢复伊斯兰早期精神”“回到古兰经中去”“净化宗教”，其影响所及有北非的赛努西运动、印度的圣战士运动和印尼的帕达里派运动等等。2. 泛伊斯兰主义运动——最早是由18世纪的哲马罗丁·阿富汗尼所发起，呼吁全世界拥戴一个哈里发，建立统一大伊斯兰帝国。3. 现代改良主义运动——19世纪末和20世纪初出现的，以宗教改革为基本内容的具有资产阶级民主主义的社会思潮和运动，以印度的阿里迦运动为代表。印度教在近代掀起一系列宗教和社会改革运动，出现了很多改革的团体——梵社、圣社和罗摩克里希纳教会等。国大党的领袖如提拉克、甘地、奥罗宾多等都把印度教直接引入政治中去，竭力将印度的民族主义运动建立在印度教的基础之上，宣传印度教的理想，就是印度民族和社会的理想。印度教得以复兴。犹太教在西欧启蒙思想影响下，出现了“哈斯喀拉”运动，要求犹太人坚持自己的信仰。其中一些人还积极从事犹太复国主义的活动。上述各种宗教的民族、民主主义思潮和组织活动大都具有某些复古主义的色彩，竭力维护宗教的基本教条和传统的宗教文化，并以此与西方殖民宗教文化进行抗衡。但是也有不少派别主张在坚持传统宗教信仰和文化的前提下吸收西方的科学文化，以此丰富、改造自己的宗教文化思想理论。例如印度著名的宗教和社会改革家辨喜曾提出“要用西方的人道主义和平等精神改造印度教”等等。宗教民族、民主主义思潮在反帝反殖的运动中产生了重要的作用和发挥了重大的影响。与过去相比，不管是标榜“出世”的佛教，抑或是与政治、社会生活结合较紧的伊斯兰教和在人民生活中有重要影响的印度教，都与政治和社会运动结合得十分紧密，世俗化更为明显。

## 五

二次世界大战后，世界形势发生了巨大变化，世界宗教也随着新形势的变化而发生变化。一大批殖民地、半殖民地国家和人民经过前赴后继的斗争，取得了国家独立和民族解放的胜利。很多国家在斗争中常常以传统的宗教和民族文化作为他们的旗帜，因此宗教在政治和社会生活中日益起着重要的作用，而宗教本身为了适应社会的需要也不同程度地改变了自己的形式。

殖民地、半殖民地国家的独立和民族解放的胜利，为传统宗教文化的重新弘扬和发展提供了契机和保证。1949 年新中国成立后，佛、道、伊斯兰扫除了教内长期存在的封建特权和压迫剥削制度。南亚、东南亚一些国家的政府对佛教倾注了极大的热情，积极支持佛教的发展。斯里兰卡僧伽积极参加国家的政治和教育文化活动，起着十分重要的组织作用。另外，通过世界佛教联盟对保卫世界和平、改善人类生存环境、保护佛教遗迹等方面做出了重要的贡献。缅甸政府一度把佛教定为国教，佛徒们营造寺塔，举行结集，十分活跃。印度建立共和国后，掀起了“新佛教运动”，印度“宪法之父”安培德伽尔曾一度率领 50 万贱民皈依佛教。印度的佛教徒还建立了自己的政党——共和党和围豹党，争取平等的权利。印度政府创办了不少佛教大学和研究所，大力宣传教文化。1956 年在印度政府主持下全世界佛教徒隆重举行了庆祝佛陀涅槃 2500 周年的活动，掀起现代复兴的高潮。伊斯兰教一直在急剧发展，二次世界大战后有亚非地区数十个国家宣布伊斯兰教为国教。在国际上出现了几个伊斯兰教的国际联合组织或国际大会，伊斯兰教的教义成为很多国家指导意识形态、社会生活和法律的准则。伊斯兰教的信仰近年来在欧美各国也在广泛传播。1947 年印巴分治，独立的印度宪法虽然宣布印度是一个世俗的国家，但印度教仍然是印度人民的传统信仰，印度教文化有了很大的发展，深深扎根于人民中间。

20 世纪 70 年代以前，世界曾经分为资本主义和社会主义的两大阵营，宗教也莫不受其影响。但苏东社会主义国家解体后，局面有了很大的改观。随着世界日益朝着多元化的方向发展，宗教也呈现了多元化的势态。传统的世界三大宗教和若干的地区宗教(印度教、犹太教、道教、耆那教、祆教等)仍在发展外，还出现了各种现代新宗教。二次世界大战后日本出现了由传统佛教派生出来的创价学会、灵友会、立正佼成会等；与神道教有联系并吸收了美国精神分析法的“生长之家”，以个人主义、现实主义为生活训条的“P. L 教团”(“完全自由教团”)。朝鲜半岛在战前就建立对佛教教义重新诠释的圆佛教。这个教战后在国内外都有发展。在韩国基督教中还出现了“世界基督教统一神灵协会”的新组织。印度教中出现了很多传教会或准军事组织。在战后越南的高台教与和好教都有相当的发展。高台教崇拜孔子、佛陀、基督、雨果、贞德，借用天主教的仪式，在越南政治和国会中都有他们的代表。在东南亚的华人中出现三教(儒、释、道)和五教(佛、道、基督、伊斯兰、儒)“同宗”的三一教、真空教、圣教会、德教会、慈忠会等。目前世界上各种新兴的宗教派别已达成千个以上，其中有的正在代替传统的宗教起着重要的作用。

战后是各种宗教思潮涌现的时代。原有的宗教民族主义或复古主义的思潮仍然有着重要影响，在某些国家或地区还处于主流的地位。佛教中的某些民族主义思潮在亚洲一些地区仍然受到国家政府和人民的重视，常常被当作民族独立的旗帜和复兴传统文化的象征。伊斯兰复古主义、原教旨主义和泛伊斯兰主义思潮在上世纪出现后迄今仍然没有衰落，它常常被一些国家当作反对西方帝国主义及其颓废文化，反对以色列犹太复国主义和弘扬传统文化的指导精神，但也日益显出其历史的局限性和时代的进取性。由于近代以后各国的宗教格局和教徒分布呈现了多元的形态，各种不同民族和宗教反映了不同阶级和阶层的利益，时有龃龉，加之帝国主义和国外势力的插手及诸种因素的影响，因之国与国之间、民族之间、政教之间、不同宗教和宗教内部经常出现错综复杂的关系，从而引发了各种矛盾和斗争，有的甚至呈白热化的状态，历经长期的战争。这种情形至今还在南亚的斯里兰卡、东南亚的缅甸、中东的黎巴嫩等国存在。

社会主义思潮是近现代国际上最有影响的思潮之一。1917 年苏联十月革命取得成功，给被压迫的殖民地、半殖民地的国家人民带来了希望，于是社会主义思想广泛地流行于各个国家和各个阶层，并影响了各种宗教，出现了佛教社会主义、伊斯兰教社会主义、基督教社会主义和印度教社会主义等等。二次大战后，很多国家取得了独立，人民赢得了胜利，社会主义便成为广大人民下一步争取的目标，很多宗教也把宗教社会主义提到议事日程上来。不同流派的宗教社会主义的共同特点是，将社会主义的某些原则比附于宗教里的某些教条，宣称宗教和社会主义有着很多共同点，或者宣称社会主义在宗教里早已存在，有的宗教的理想本身就是社会主义等等，从而证明宗教高于社会主义。大部分宗教社会主义都反对阶级斗争和无产阶级专政理论，把马克思主义无神论贬低为偏重“物质的学说”，宗教则是注意“心灵的学说”。宗教社会主义的影响一度很大，特别是在第三世界的一些国家，曾不同程度地被采纳为治国的指导思想或者被认为是一种理想的意识形态。但在实践中都遇到种种困难或遭到失败，因之被摈弃或束之高阁。在社会主义国家，宗教界很多人认为，宗教是社会主义精神文明的补充，宗教的某些道德伦理思想或教规与社会主义有着相应的地方，两者在一定条件下是可以协调起来的，所以宗教和社会主义并不是经常处于敌对的地位。另外，宗教徒是社会主义国家的成员，他们可以为社会主义的建设尽力，做出与非宗教徒一样的贡献。

近几十年国际社会政治、经济和科学技术起了很大的变化，为了适应这些变化，世界各宗教也做了一些调整和改变，出现了一些新的现象。各宗教内部和不同系统的宗教之间互相联系、对话、融合的趋势增加，因之纷纷建立了很多国际性组织。佛教建立了“世界佛教徒联谊会”“世界佛教僧伽大会”和“亚洲佛教和平会”等。伊斯兰教恢复了“世界伊斯兰大会”，成立了“伊斯兰会议组织”等等。印度教建立了“世界印度教大会”“国际雅利安联盟”“罗摩克里希那传教会”等等。此外，各种宗教团体还成立了超宗派的“世界宗教和平会”和“世界宗教大会”等各种组织。形形色色的宗教组织活跃在世界各地，加速了宗教多元发展的势头。

战后的宗教学研究也有了迅猛的发展，研究的内容已由传统的文献学、经典、历史、哲学等扩展到文学、社会学等各种新的领域。研究的手段也由文字训诂、历史考古等发展到使用现代设备，进行综合研究和比较研究等。

以上是我们对世界宗教历史演变的轮廓描述，从中可以看出，在亚洲各国、各民族的历史和现实中，宗教是一种来自于传统又具有文化功能的、普遍存在的社会现象，它渗透于政治、社会生活的各个方面，在今后一个长时间内还会存在下去，影响着广大地区的人口，因之我们在学习和研究中外历史、国际关系、文化艺术、哲学理论、民族关系等问题时不能忽视对宗教的了解。

# 佛教在东亚

亚洲的民族宗教意识或者宗教文明正在作为国家或民族之间关系的准则，日益起着重要的作用，东亚的价值观、伦理思想成了东亚实现经济繁荣、社会进步、公民关系和谐以及法律秩序的基础。东亚最重要的文化传统是起源于印度，繁荣于中国、日本、韩国的佛教和起源于中国，发展于东亚和东南亚诸国的儒教。进入近代以后，东亚佛教文化与儒教文化虽然不能说完全融合了起来，但已形成融合的基础，这些融合在中、日、韩流行的很多佛教宗派和儒家的某些思想体系中可以清晰地见到。例如：天台宗是我国最早诞生的一个佛教宗派，具有我国的民族特征，这个宗派把印度佛教的中观哲学和儒家思想有机地结合起来，把儒道的心性论，特别是以道德为根本的善恶人性论与佛教的轮回业报思想撮合在一起，鼓吹具有泛神论的"无性有情说"，重视中国传统的直觉思维方式与条理清晰、通俗易懂的注释方法等。禅宗在坚持佛教立场、观点和方法的同时，竭力将儒家的心性学说和老庄的自然主义融入禅学体系中去。从菩提达摩的"与道冥符"到神秀的"观心看净"都可以看到儒、道的影响。

众所周知，日本佛教是在古代通过韩国传入的，在漫长的历史发展过程中一直作为国家的意识形态和组织制度。战后日本佛教对在二战中追随军国主义的错误行动作了忏悔，从而回到了正常的道路上。20世纪50年代，随着日本经济的恢复和发展，日本佛教也适应战后资本主义的需要而急剧发展，提出了要成为"为社会活动着的人们的佛教"，也就是"人间的佛教"。为此，他们首先改革了盛行几百年的“本末制度”(本山—末寺的隶属关系)，突破了旧时宗派的束缚，很多宗派纷纷脱离原有的隶属关系宣布独立。如四天王寺、圣护院、浅草寺等宣布脱离天台宗，另创很多新宗；净土宗总本山知恩院宣布脱离本宗，创净土宗本派；真言宗的120所寺院自己独立，创空海宗。这些改变虽然丧失了战前的“公认地位”，但是也改变了传统的寺院经济模式，以适应战后的自由经济和民主政治的需要。与此同时，还打破了过去单一经营法事活动的方式，向多种经营方式转变，不少寺院创办了非宗教性的宾馆、饭店等事业，甚至向企业入股投资或出租土地等，以增加经济收入；其次为了适应战后民主浪潮的发展，成立了教派内部或教派联盟形式的种种改革组织，如“佛教社会主义同盟”“宗教革新全国同盟”“民主大同盟”“全国佛教革新联盟”等等。这些“佛教教团革新的核心是改变以‘家’为本位的旧有体制，使之成为真正基于个人的信仰。具体内容是：废除宗教代表者与行政负责人的一元体制……；加强寺院与信徒的联系，扩大信徒对教团事务的发言权；吸收信徒参加宗务管理机关，实行僧俗一体化的管理机制，注重社会实践，开展多样化的传道活动”①。

日本佛教在战前仅有13宗56派，战后有13宗270个教团，20世纪80年代已发展至157个教派，其中天台系20个，真言系47个，净土系47个，禅宗系22个，日莲宗系38个，奈良佛教系6个②。根据1991年日本文部省文化厅在《宗教年鉴》中发表的统计数字，佛教徒总数为84005633人，佛教团体为85318个，佛教寺院为74736座。这些教派中很多教派积极参加日本国内外的政治和社会文化活动，有的还组织了政党(如“公明党”)和政治团体，参与议会选举和国家行政的事务，与政治结成了不解之缘。近年来，不少信徒积极参与禁止核武器、保卫世界和平、反对安保条约等和平运动和改善生态环境、保护环境等活动。佛教团体还与教派神道、新兴宗教团体、基督教等发动了声势浩大、连续不断的反对靖国神社国有化和复活军国主义的斗争，此外，在开展增进各国佛教徒之间的友谊、中日友好交往活动等方面也做出了值得称赞的贡献。

佛教文化是日本传统文化重要的组成部分，它对日本的社会、文化生活有着极为重要的影响。目前日本佛教各宗派建立的教育设施遍及日本的都、道、

---

① 卞崇道主编：《战后日本哲学思想概论》第284页，中央编译出版社，1996。

② 同上书，第286页。

府、县，也深入到大中小学及幼儿园等各个层次。据不完整统计，有佛教大学31所，大学院17所，短期大学51所，高等学院113所(高中)，这些学校不仅传授佛教的专业理论知识和修行实践，培养佛教的精神和情操，而且也讲授一般的文化知识。不少佛教团体还建立了自己的音乐团体，利用佛教节日、集会开展活动。佛教在日本的建筑、雕塑、造像工艺等等方面也有相当影响。此外，在佛学研究方面一直居于世界领先的地位，每年要出版数以千计的经书、学术专著和刊物，供人们阅读。

佛教在日本战后经济的恢复和发展中不仅做了大量的组织工作，也提供了一种指导意识的形态和服务精神。佛教的奉献精神有着深远的理论和历史渊源。大乘佛教最主要的思想是“普度众生”即“他人不度，我不得度”，这种思想传入日本后一直被继承下来并发扬光大。日莲圣人在创立他的宗派时，就认为《法华经》是一部教导勤劳、服务的经典，要佛教徒认真学习。日本佛教的奠基人之一行基(668—743)在一首诗中说：“我得法华经者捆薪、摘菜、汲水、服务”①，因之勤劳、服务一直是日本佛教的根本精神，也是佛教留给日本人民珍贵的精神遗产，这种精神在日本战后经济建设中无疑起着重要的作用。

韩国佛教已有1500余年的历史，它是韩国传统文化的主要组成部分，在政治社会生活中一直起着重要的作用。韩国佛教是由中国传入的，从历史上看，韩国佛教在其总的发展趋势上受到了中国佛教的影响。隋唐时期佛教在新罗广泛流传，宋明佛教的教禅合一、儒释道三者的合流使高丽、朝鲜佛教出现了各教会通的情况，以后禅宗在中国成为佛教的主流，在韩国也出现同样的情况，当然，佛教传入韩国后，与韩国民族文化相结合，具有鲜明的民族特征。例如韩国把佛教的“世俗五戒”解释为：“一曰事君以忠；二曰事亲以孝；三曰交友有信；四曰临阵无退；五曰杀生有择”，这和印度、中国的解释是截然不同的，因此，护国主义成了韩国佛教的根本精神，忠孝成为道德伦理准则。战后，韩国佛教在清除了日本军国主义的影响后得到了恢复和发展。据最近的统计，韩国的佛教徒约占全国总人口的35%，占宗教徒总数的50%，达1300余万人，宗派有27个②。值得注意的是有些中国古代早已湮没的宗派如三论宗、法相宗等却在韩国还保存着。韩国现有一般佛教团体60个，青年佛教会46

---

① 转引自中村元：《日本佛教的服务精神》，见中国社科院世界宗教所编《中日佛教研究》第4页，中国社会科学出版社，1989。

② 据韩国佛教宗团协议会公布的统计。

个，大学生佛教团体30个，佛教初高中学生会66个，儿童会10个。韩国佛教各宗团开办的大专院校有76所，初高中22所，以及大批小学和幼儿园。另外，还有超宗派的全国性组织“韩国佛教宗团协议会”，这个协议会的主要职责是：弘布佛法，推行教化，进行教义学术研究，发展佛教文化和弘扬民族精神，推进佛教福祉和社会救护，发展国际佛教交流等。由于实行了军僧、警僧制，在韩国的军警中设有一定数量的从军法师和警僧。韩国佛教徒近年来在“三化”(人类福祉化、佛教生活化、佛国净土化)方针的指导下，积极参与了国家经济、社会和文化的建设工作。佛教提供了很多道德伦理规范和戒律。团结与平等、对国家、社区和家庭的忠诚、对其他宗教的宽容、对他人的慈悲、体恤、对劳动的热爱和勤勉等已成为韩国人民的内在价值观和职业道德。例如在韩国第四共和时期，极为强调用忠孝观念来促进国家主导下的资本主义经济和企业、事业的发展，这种活动不是纯然为了实现私人的利益，而是对国家公共利益忠贞的表现，大乘佛教的利他主义在这里得到了活生生的体现。韩国就是依靠了这些精神而使经济腾飞的。

近年来值得注意的是，在蒙古和俄国西伯利亚地区出现了大规模佛教复兴的现象。蒙古的喇嘛教是在13世纪中叶时由西藏传入的。1911年，清朝政府被推翻后，蒙古一度成为封建神权君主国家。到1920年，全国有喇嘛寺庙2560座，喇嘛105500人。1924年神权国家被推翻，建立了人民共和国，实行政教分离。1934年蒙古政府颁布了宗教改革方案，对喇嘛教寺院封建主采取限制的政策，嗣后在全国掀起了没收喇嘛教寺院财产运动，其结果除几个主要寺庙被保留外其余全都被关闭了。1940年蒙古新宪法公开宣布全部喇嘛寺院封建主已被消灭。从此喇嘛教也就名存实亡了。随着冷战的结束和苏联的解体，蒙古也开始了民主化进程，1988年2月，蒙古人民党十九届五中全会作出决议，对过去被无端迫害的喇嘛和教徒进行平反并恢复名誉。1990年3月举行的八中全会上决定蒙古实行多党选举并联合执政。同年10月国家颁布了《关于协调国家与寺庙关系的法令》，该法令宣称：“政权(机关)和寺庙奉行互不干涉内部事务的原则”，“恢复传统文化和习俗”，“在更新和恢复寺庙的道场活动时，要把古代的传统和现在的需要结合起来，用先进的制度发展宗教”①。1992年颁布的第四个宪法重申：国家尊重宗教，宗教崇尚国家；公民有宗教信仰与不信仰的自由。从此“国家与宗教达成了历史性和解”，走上了“共存共

① 〔蒙古〕《真理报》1990年12月24日。

荣”的道路①。在国家法律和政府的保证下，蒙古佛教在政治生活和社会活动中都表现得很活跃，涌现出几个宗教性的政党，如蒙古真正信教者联盟、蒙古宗教民主党、蒙古人民党、蒙古民主党，甚至还酝酿建立蒙古佛教党等等，这些政党拥有大批教徒、神职人员。他们高举佛教的旗帜，要求恢复喇嘛教传统和佛教文化，实现彻底的信仰自由和重建佛教与政府之间的传统关系，要求恢复和新建庙宇，归还佛教原有的文物等。有的政党如蒙古人民党甚至公开要求实行政教合一的国家制度，以佛教的中观哲学作为指导的意识形态，用佛教的宇宙观解释世界等等，此外，他们还积极参与国际佛教徒的活动。例如 1970 年蒙古的佛教组织联合亚洲 15 个国家的佛教组织在乌兰巴托成立了亚洲佛教徒促进和平委员会(后改名为亚洲佛教和平会)，这个组织的宗旨和任务是：联合亚洲佛教徒争取世界的和平与安全，促进以和平、和谐及社会公正为最高理想的佛教学说的传播和实施，彻底禁止核武器和其他杀伤武器，支持各国人民的争取独立和自由，保护人的权利和尊严②，此外，还参加了联合国召开的裁军会议和世界和平大会等众多国际会议。

俄罗斯是一个横跨欧亚大陆的国家。17～18 世纪初，沙皇彼得大帝打通了从中亚到印度的通道，占领了西伯利亚广大地区，随后我国蒙藏地区的喇嘛教也传入了西伯利亚。17 世纪 30 年代，蒙古的佛教首先传入卡尔梅克，尔后又传入图瓦(乌梁海地区)、布里亚特、伊尔库茨克等地，逐渐流传开来并得到迅速的发展。到十月革命胜利前，在布里亚特有寺庙 46 座，喇嘛约 5000 人；图瓦有寺庙 33 座，喇嘛约 4000 人；赤塔有寺庙 8 座，喇嘛约 2000 人。此外，在彼得堡还有一座专供喇嘛教徒朝觐沙皇的富丽堂皇的喇嘛寺③。在沙俄时代，俄国对佛学的研究在欧洲是首屈一指的，出现过很多著名佛学家，俄国科学院曾出版《佛教文库》大型丛书。十月革命后，特别是在 30 年代俄国的喇嘛教受到了沉重的打击，所有寺庙遭关闭，不少僧侣和信徒受迫害，大量佛教文物遭破坏或被转移到了其他地方，藏医研究被勒令停止，佛教文化几乎荡然无存。直到二战后的 1946 年，当局才恢复了于 19 世纪改建的阿嗄扎仓(寺庙)，

---

① 蒙古甘丹寺负责人嘎登院长谈话，转引自宗教研究中心编《世界宗教总览》第 525 页，东方出版社，1993。

② 摘自《佛教辞典》第 31 页，莫斯科，1992。

③ 关于俄国及苏联的喇嘛教情况，参见拙著《沙俄利用宗教侵华史》，辽宁人民出版社，1978。

1950年由布里亚特首府乌兰乌德的佛教徒集资兴建了伊沃尔扎仓，在苏联最后统治时期，只有上述两座扎仓在活动。苏联解体后，俄罗斯的喇嘛教获得了新生，很多地区的喇嘛教寺庙重新被恢复并新盖了一批寺庙。到1992年年底，仅在西伯利亚地区新建并举行开光的寺院就有10座。沙俄和苏联时代喇嘛庙中保存的一些文物和艺术品也陆续归还原主。例如，彼得堡的彼得堡大帝人类学博物馆与民族博物馆向阿嘎扎仓归还了2000件物品，布里亚特艺术基金会也向中央佛教徒宗教管理局转交了数千件文物，但这只是过去的一小部分。随着寺院的恢复与新建，喇嘛教徒的数量也直线上升。据俄罗斯学者巴拉维雅夫最近的调查，在布里亚特130万人口中有75万左右是佛教徒，卡尔梅克的33万人中有20万是佛教徒，图瓦的29万人中有20万是佛教徒，此外，在赤塔、雅库特、阿尔泰等地区也有很多佛教徒。卡尔梅克还郑重宣布自己是佛教自治共和国。1970年苏联有佛教团体19个，分别设在莫斯科、彼得堡、符拉迪沃斯托克(海参崴)、乌兰乌德等主要地区。1995年全俄有458个社会组织，48个宗教组织，其中一部分是佛教组织。1991年5月在彼得堡成立了佛教徒联合组织“国际协调中心”，这个中心主要协调俄罗斯联盟各国佛教组织和佛教徒之间的关系，加强信息交流。佛教徒积极参与国内外的宗教活动和社会文化活动。1991年7月在布利亚特首府召开了庆祝俄罗斯正式承认佛教250周年纪念会，1992年5月在莫斯科举行了庆祝佛诞的大型活动，参与这个活动的有来自亚洲和部分欧洲十多个国家的代表。俄罗斯还和蒙古共同发起了“亚洲佛教徒和平会议”，俄国佛教徒正在为世界和平、禁止核武器、改善生态环境、争取民族平等和人民权利等而努力。此外，他们还创办了佛学院、藏医研究机构，出版了大量佛教书籍和刊物，如《佛教》(莫斯科)、《迦楼罗》(彼得堡)、《曼荼罗》、《香波拉》(卡尔梅克)等等。从以上事实可以看出，俄国的佛教正在迈着大步前进。

二战后，佛教作为一种社会意识形态和社会组织，为了适应政治、经济的急剧变化和现代科学技术突飞猛进的形势，作了自我整合，提出了“世俗化(或人间化)”“现代化”和“科学化(或理性化)”的道路，并从教义、组织、仪式和宗教行事等方面作了一系列的、深入的改革，从而有效地为配合国家的经济建设、文化建设等做出自己独特的贡献。蒙古、俄罗斯西伯利亚地区的喇嘛教在摆脱过去的束缚、在与国家的关系取得“历史性和解”后，正在走上欣欣向荣的坦途。总之，东亚佛教正在进入一个新的复兴时期，这不仅表现在佛教徒数量急剧增加，教派组织日益繁多，而且也表现在佛教正在向民族化、普世化发展。目前佛教徒约占世界总人口的6%，流行在92个国家和地区，是世界三大宗教之一，佛教徒从上世纪走出亚洲后，目前已遍布世界各个地区。佛教的信仰、哲学、伦理和修持方法愈来愈为当地人民所接受。佛教的职能已由原来的宗教或个人精神解脱日益深入到社会、文化、生活等等各个方面，与政治经济结下了不解之缘，佛教的道德伦理正在成为社会公德和职业道德。东亚佛教徒正在为世界和平、经济繁荣、实现民族权利和人民民主、改善生态环境、禁止核武器而努力。另外，佛教文化作为东亚各国传统文化的一个主要组成部分，民族文化的载体正在得到发扬光大。因此我们可以说，20世纪后半叶是东亚佛教另一个复兴时期，在21世纪佛教将发挥更重要的作用。

# 论中国历史上的宗教与国家的关系

## 引　言

占中国人口大多数的汉族，以天命崇拜和祖先崇拜为民族宗教观念的主要传统，因而佛道的信仰从来未占据过统治地位。夏商周三代，华夏民族主要从事农业生产，中国的宗教观念从一开始就把上天的风调雨顺和下民的勤苦耕耘置于同等的重要地位，把天或神的意志和人的意见放在同一地位上。周代以后儒家主张以德治天下，敬天而不信天。“敬鬼神而远之”的“神道设教”的思想，在中国一直作为正统的统治思想。中国历代统治者均视君权神授，受命于天，自居天子之位，王权高于神权。因此既利用宗教教化的作用，又与宗教保持一定的距离，对于各宗教采取兼容并蓄的政策。华夏民族在周代就形成了一套以血缘为基础的宗法性社会制度和祖先崇拜，数千年来渗透到汉族的每个家庭之中，成为牢固的民间习俗。另外儒家重视人的现实关系和利益的伦理观念，使汉族形成了务实的特点，而且直接影响着中国宗教徒的面貌：有时信，有时不信，有事就信，无事就不信。为了求得庇佑，不论是儒释道，还是鬼神上帝，或是菩萨圣母都可以信仰。由于宗法社会制度和儒家重视道德伦理思想同崇拜超人力量的宗教观念存在一定程度的对立，正统儒家文化必然对于宗教的社会作用起抑制作用。

这一切说明宗教在中国有它自己的特殊形态，与国外的宗教流行和发展大不一样。基于这个观点，我们讨论一下中国宗教中的政教关系的情况。

## 皇权与神权

关于宗教与国家的关系，在中国也就是皇权与神权的关系。这种关系与古代的埃及、波斯等东方国家有着很多相同的地方，但和西方相比是不同的。在西欧漫长的封建统治时期(5—17 世纪)，基督教占有绝对统治地位，因此有着普世的绝对神权，在那里教权、君权和主权是可以区分的，教权在教会，教权可以超越君权和主权，甚至具有册封或加冕国王之权。因之在西欧中世纪时期曾多次发生“权杖与皇冠”的斗争事件，这在中国是罕见的。

### (一)儒教与皇权

中国在古代是典型的东方专制主义的国家，自远古的夏商周三代起直至最后的一个封建王朝——清朝都被属于一姓的专制君主所统治，君主通过他的各级官吏控制和管理着臣民，所谓“普天之下，莫非王土。率土之滨，莫非王臣”。在这种情况下，中国古代的社会政治结构是建立在血缘关系基础上的，以君权至上为核心和以宗族宗教伦理为本位的宗法制度，规定了它的政治体制，而这种政治体制反过来又制约着宗族伦理体制的发展，因此，在国家政治生活中政治、伦理和宗教是密不可分的，三者构成了一体化的国家体制。

中国古代出现过种种官方神学，归根结底，它们都是为宗法制度和政治制度服务的。例如，在古代传统宗教中，常常宣传的天帝、五帝(黄帝居中，其余四帝属于四个方位)的崇拜；五德终始(金木水火土五种属性的组合与转换，意味着国运的变化)；三统(夏商周是本于天的三正统)的说教；谶语符命的迷信；灾异谴责的预言等，无不是为了证明君权神授和国运昌盛或转移的神话。另外，作为皇室总代表的天子或皇帝还独揽了祭祀天神、皇族先祖及对国家有贡献的英雄人物的权利。例如，表示“天授祖予”的祭天地、祀上帝百神、封泰山、禅梁父等。在这些统治者看来，宗庙是国家的象征，宗庙被毁，也就意味着一姓王权的覆灭。

君权神授的观念最早见于夏代。夏禹在征伐有扈氏(部落)时称：“天用剿绝其命”，而自己是“共行天下之罚也。”(《墨子》引“禹誓”)。这个观念在商代得到了系统的阐述，赋予了新的内容。作为官方文学《尚书》的《周诰》十二篇中提到“天命”或“上帝之命”就有 73 处。又如《诗经》说：

> “有命自天，命此文王。”
>
> “皇矣上帝，临下有赫。监视四方，求民之莫。”

颇堪注意的是，周代对天提出了“以德配天”的新天命思想，认为王者必须“明德”“崇德”“敬德”“同德”才能维系自己的统治权力，这是儒家思想成为官方神学的开端。从此中国历代帝王都以“德政”(以德治天下)为标榜，作为他们政治的理想。天命思想在我国进入封建社会以后又得到了新的发展。在这方面表现最突出的是西汉初年，儒家今文学家董仲舒(前199—前104)树立了一套以“天人感应”为核心的神学体系，使儒学系统走上了神学的道路。他认为“王者承天意以从事”，天用符瑞或灾害来指导帝王的行动，所谓“天人相与之际，甚可畏也”。他鼓吹“道之大原出于天，天不变，道亦不变”，这是说封建道德是永恒不变的，但是在具体政治措施上还是应该像“琴瑟改弦”一样有所变化。另外，他还鼓吹“三纲五常”的伦理道德观念，从此封建统治的四种权力——政权、神权、族权、夫权长期束缚中国人的行动。由是可以看出，儒学虽然不是宗教，但它的教化作用也起着宗教的社会功能。

**(二)道教与皇权**

道教是我国的土生土长的宗教，最早在民间活动。汉末的太平道曾组织黄巾农民大起义，他们提出了“太平世道”的政治理想。这种政治理想一直鼓舞着中国的农民，但在封建社会中又是无法实现的。魏晋以后，道教在统治阶级的武力威胁和利禄的引诱下，开始与统治阶级妥协，臣服于皇权之下，道教自身的内容也相应地有了变化，不少道士把民间道教引向了神仙道教，或者改造成适合于贵族需要的道教，从而出现了具有全国性规模的天师道等等。晋代著名道士葛洪坚决维护君权及纲常名教。他说：“君，天也父也。”(《良规》)“欲求仙者，要当以忠孝和顺信为本，若德行不修，而但务方术，皆不得长生也。”(《微旨》)南朝的陶弘景积极为萧衍篡夺齐政权制造舆论，以后成了梁朝皇帝的谋士。《南史·陶弘景传》云：“国家每有吉凶征讨大事，无不前以咨询，月中常有数信，时人谓为山中宰相。”北魏寇谦之改革了旧天师道，提倡“以礼度为首”，制定了《太上经戒》，其中十戒里明确规定有“不得叛逆君王，谋害国家”等内容。隋唐时代，儒释道三教鼎立，有时道教居先，不少道士积极参与政治活动。唐太宗在得天下之后所发布的《道士女冠在僧尼之上诏》说：“天下大定，亦赖无为之功，宜有改张，阐兹玄化。”可见唐初道教对国家政策的影响。道教经历了南宋金元的宗派分化以后，到明朝中叶以前，在统治者的扶持下，发展到了极为贵盛的地步。不少道教徒被国家委以重要的官职，深入宫廷，参与朝政，位极人臣，声势显赫，为历代所罕见。

**(三)佛教与皇权**

佛教是外来的宗教，有自己一套理论体系、教规和组织，但在我国历史各个阶段中，佛教教团的势力一直是从属于朝廷的，并接受政府的监督和管理，甚至成为政府的一个组成或派生的部分。佛教最初是通过国家的渠道传入中国的。公元1世纪以后，汉明帝首先派遣蔡(愔)、秦景等出使天竺，问道佛法，从此佛教开始在我国传播。初传时依附于黄老之学和神仙之术，传播的范围只在上层社会。后汉桓帝是第一位信奉佛教的皇帝，他信奉的目的是为了求神庇佑，挽救垂死的王朝。魏晋时期，佛教依附于玄学，开始中国化的过程，得到发展。南北朝时期，佛教在统治阶级的大力推行扶持、利用和限制的政策下，在国家社会政治生活中产生了广泛和重要的影响。南朝宋、齐、梁、陈诸帝和北朝除"二武"(北魏太武帝和北周武帝)以外的统治者们都热衷于佛教的信仰和事业。他们中间有不少人都同声宣传印度传来的"转轮王"和"法王"的理想，自诩是"法主""佛法寄嘱人王"。东晋时曾开展一场"沙门不敬王者"的争论，重臣桓玄想要僧人礼敬王者，但遭到了以慧远为首的僧侣的强烈反对。慧远举出一个重要的理由是：如果沙门成就了功德，达到了成佛的目标，也就是"助王化于治道"，因此可以不必向王者屈膝行礼，这场争论实际上是皇权与教权的斗争，慧远在表面上取得了胜利，但实际上是巩固了皇权。东晋另一个高僧道安也公开宣称："不依国主，则法事难立。"北魏僧统法果说："能鸿(弘——引者)道者人主也，我非是拜天，乃是礼佛也。"他甚至把皇帝称为"当今如来"。宋文帝宣称：佛教是"行善、去恶、息刑的'神道助教。'"认为"若使率土之滨，皆纯此教化，则我坐致太平。"这又可以看出，当时佛教所起的社会作用。在统治阶级的支持、扶植下，很多王朝便大事度僧、造寺、铸像、治经，并互相攀比，靡费了大量的国库资金。宋文帝为了"供养三宝"，竟耗去国家储备的三分之一。南北朝的统治者们一方面大力扶持、奖掖和利用佛教，另一方面也对佛教进行严密的防范和管制，自南北朝开始，政府就设有专门的机构和官职，对佛教事务进行监督和管理，当佛教在政治、经济方面一旦和朝廷的利益发生龃龉或矛盾时，朝廷便毫不吝惜地加以限制、取缔，甚至进行暴力镇压。中国古代历史上有四次被佛教徒称为"法难"的，其中两次就在这段时期。北魏太武帝和北周武帝之所以要采取取缔佛教的行动，其重要的原因之一，就是因为佛教对他们的政权可能产生威胁，皇权受到了挑战。当然其他因素也有一些，但远不如这个原因重要。经济、宗教、文化等各种现象，在专制社会中最终都会在政治上有所反映。

隋唐是佛教鼎盛阶段，佛教的教权与皇权之间的关系并没有改变，仍然是教权在皇权之下。隋文帝在历史上以佞佛而著称。他从小生养在尼庵中，受佛教的熏陶甚深。登基后曾宣称:“佛以正法,付嘱国王,朕是人尊,受佛付嘱。”明显的将“君权神授”的观念强加于天下。又在这个思想的指引下,他在造寺、治经、铸像、度僧方面做了大量的活动。另一位隋炀帝也自称是“菩萨戒弟子、皇帝总持”。他在京城或出外巡行时,总要带上一批僧、尼、道士、道姑,谓之“四道场”,尽情欢乐,“酒酣肴乱,靡所不至,以为是常”(《资治通鉴》卷一八一)。佛门的清净和自律的戒规,在这位弟子的眼里已经荡然无存,无法可依,皇权可以随意打破佛门的传统教权。再看看唐代,22 个皇帝中除武宗李炎外,其他个个都信佛。武则天为了当大周皇帝,参与了制造《大云经》的神话。道宣概括唐朝佛教的情况说:“皇唐御历,道务是崇,义学之明,方为弘远。”(《续僧传》卷一五)而北宋除徽宗崇道外,其余七帝也是信佛者,对佛教采取庇护、利用的政策。宋太宗自称是佛子再世(“朕曩世尝亲佛座”),“素仰释教”,认为“浮屠氏之教,有裨于政治,……朕于此道,微究宗旨”,(《续资治通鉴长编》卷二三)“朕方隆教法,用福邦家”。(《宋会要辑稿·道释一》)至于偏安临安的南宋,更加依赖、庇护佛教,以维护他们的摇摇欲坠的王朝。在这个佛教臻于鼎盛并延伸的时期,佛教与国家的关系大致有如下的特点:

(1)在隋唐两宋时期,统治者奉行的是以儒学为本的方针,他们清楚地懂得宗教神学必须服从政治、经济、军事的目的,儒学的伦理纲常是巩固统治的精神支柱,儒教大一统的礼乐制度是国家的根本制度。唐太宗曾说:“朕今所好者,惟在尧舜之道、周孔之教,以为如鸟有翼,如鱼依水,失之必死,不可暂无也。”(《慎所好》)但是他们也采取兼容并蓄,多教并行的方针,充分发挥各教的有利作用,使之为国家政权服务。纵观这个时期,由于政治、经济、社会以及统治者的主观信仰等等原因,在不同历史时期对佛教的态度有所不同,或抑或扬,但总的说来是采取扶助、支持、利用和限制的政策。当时“三教融合”,“三教无阙”,“会三归一”已是时代的潮流,在统治者看来,佛教的伦理可以弥补儒家伦理的功能,有益于皇家的教化作用。

(2)唐代统治者为了扶持佛教,不惜动用国库的钱帑,不顾民生疾苦,建造了大量的寺院、塔幢、佛像等等,度僧无数。另外,大力支持治经、译经事业,建立国家译场,招引礼遇名僧贤士,进行大规模译经的活动。例如,唐太宗为玄奘在长安建立了规模宏大、制度严密的译场,玄奘得以译出了佛经 75 部、1335 卷,约占唐代译经总量的二分之一。宋太宗为印僧法天、天息灾、施护等人在开封设置了译经院,从太宗太平兴国七年(982)到仁宗景祐二年(1035)的 54 年中,共译出了梵本 1428 夹,564 卷。

(3)国家为了加强对佛教的监督和管理，设置了一整套严密的僧职系列和行政管理制度。北魏管理佛教等事务的机构是设在中央的昭玄寺，长官为僧人。唐代管理僧尼的是尚书省礼部的祠部，长官均由俗人任职，但需经礼部批准任命，这使佛教管理成了世俗行政的一部分。另外，为了控制僧侣人数，唐宋沿袭旧制采用度牒制度，还建立了专门的僧道户籍，甚至容许僧伽在一定范围内有司法审理的权力。再次，国家通过唐初的均田制和以后颁行的寺观常住田的标准，直接控制寺院的经济，借以遏制僧侣地主的兼并和寺院经济的膨胀，但事实证明，这种经济干预只起到了部分作用。

(4)如上所述，唐宋时期对佛教的政策，凡有利于皇权的就扶植、利用，不利的则毫不犹豫地进行干涉、打击，甚至尽行消灭。中国历史上曾经出现过“三武一宗”的禁佛事件或“法难”，唐宋之际出现的唐武宗和周世宗的禁佛事件，都是统治阶级对佛教发展过滥所采取的打击行动。唐武宗会昌二年的“会昌法难”，共拆寺庙4600余所，还俗僧尼26万余人，拆招提、兰若(小寺庙)4万余所，收膏腴良田数千万顷。这次禁佛事件虽然起因于道教，武宗溺爱道教，因此佛道发生了矛盾，道教假统治者之手来打击佛教，但在这一事实后面还可以看到有着深刻的政治背景，正如武宗废佛敕所说：“僧徒日广，佛寺日崇，劳人力于土木之功，夺人利于金宝之饰，……坏法害人，无逾此道。”可见“土木之功”和“金宝之饰”的问题才是禁佛的主要原因之一。后周世宗禁佛发生于显德二年(955)，共废寺3336所，废佛的主要原因还是僧尼管理功能渐弛，寺僧浮滥，直接影响了国家的赋税与兵役。

元明以后，中国佛教已进入了衰颓时期，这时佛教的特点是步趋前人，陈陈推因。统治者们继续鼓吹以儒教性理学为中心等等的德治思想，但对佛教仍采取拉拢、奖掖的政策。元世祖忽必烈称：“朕以本觉无二真心治天下。”(《佛祖统纪》卷四八)《元史》在概括元朝的佛教情况时曾说：“元兴崇尚释氏，……而帝师之盛尤不可与古昔同语。”(《元史·释老传》)元朝以前中国佛教中常有帝王敕封的国师，未见有帝师。元世祖于1260年即位后就封藏族宗教领袖八思巴为帝师，以后相袭成制，历十二世。帝师位处“皇天之下，一人之上”，“所统僧人，并土番军民等事”。《元史·释老传》在陈述元朝设立帝师制度的缘由说：“元起朔方，固已崇尚释教，乃得西域，世祖从地广而险远，民犷而好斗，思有以因其俗而柔其人，乃郡县土番之地，设官分职，而领之于帝师。乃立宣政院……总其于内外者，师臣以下，亦必僧俗并用，而军民通摄……朝廷所以敬礼而尊信之者，无所不用其至。虽帝后妃主，皆因受戒而为之膜拜。”从这里可以看出，元朝设立帝师制度完全出于政治需要，一方面借以拉拢、控制藏蒙民族，另一方面要加强民族之间的友好关系。

这种帝师制度，清朝、民国沿袭之，但赋予了新的形式。14 世纪宗喀巴改革黄教在藏蒙地区占有统治地位后，黄教的达赖喇嘛和班禅额尔德尼两大活佛转世系统，包括达赖喇嘛和班禅的名号都是由皇帝册封的。例如，1653 年清顺治帝颁赐金印、金册敕封五世达赖为“西天大善自在佛所领天下释教普通瓦赤喇怛喇达赖喇嘛”。康熙五十二年(1731)康熙帝册封五世班禅为“班禅额尔德尼”，并赐金册、金印，从此确定了达赖和班禅必须由朝廷册封的制度，同时，历代皇朝中央政府都拥有册封或褫革这种名号的绝对权威。清末发生褫革第十三世达赖名号就是证明。因此，我们可以看出，教权和政权的结合在西藏是最典型的，显赫的神权是为世俗的皇权服务的，而神权的确立，最后还是靠皇权的赐予。

**(四)伊斯兰教与皇权**

伊斯兰教是外来的宗教之一。唐高宗时(651)由阿拉伯传入中国，迄明末清初，作为伊斯兰教徒的主体才融入了中华民族大家庭。伊斯兰教是一个富于进取精神的宗教，在阿拉伯世界一直就实行政教合一的制度，但其传入中国后，发生了重大的变化，伊斯兰教的教权一直从属于王权，并始终受到朝廷的监护和管理。中国历朝统治者对伊斯兰教一般采取怀柔、保护和扶持为主，限制为辅的政策。中唐以后，由于大食国曾协助唐肃宗平定“安史之乱”，大批伊斯兰教徒定居在中国，因此，朝廷对他们采取了极为宽容、友好的态度。宋朝时，由于海上贸易十分兴盛，朝廷的一个重要经济来源取自阿拉伯商人的市舶，因此穆斯林受到了优渥礼待，政府在广州等地设蕃坊，置蕃长，穆斯林则由蕃长自行管理，类似现代的“治外法权”，另外也享有一定的司法权。如《宋史》所云：“夷人有犯，其酋长得自治，而多惨酷…… ”(《宋史·张盅传》)至 15 世纪末到 16 世纪初，伊斯兰教已经传遍中国的新疆地区，成为当地人民的全民信仰的宗教。元朝回族的社会地位仅次于蒙古人，高于汉人和南人，不少穆斯林在朝廷任要职，直接参与政治、军事的活动。元时中央设置了“回回国子监”、“回回司天监”、“广惠司”(负责管理回医)、“回回炮手军匠上万户府”、“回回掌教哈的司”(管理司法事务)等，分别管理穆斯林的教务、教育、历法、医药、司法、军械等事务。

明朝一仍其旧。明太祖在取得穆斯林军人的帮助夺得政权后，一直优渥重用穆斯林官吏。他曾作《圣教百字赞》(也有人认为是伪作)，赞扬伊斯兰教。与此同时，朝廷准许外族人与回族穆斯林通婚，以此增加穆斯林中汉人的成分，这是一种对回族或其他信仰伊斯兰教少数民族实行同化的政策。明末清初，在意识形态领域中还出现了把伊斯兰教经院哲学与儒学相融合的思潮，穆斯林的神学家们把穆圣比作孔圣，将伊斯兰教的“天道五功”(念功、礼拜、戒斋、天课、朝觐)和儒学的人伦五典相比拟，以此推进穆斯林的中国化进程。清朝实行以歧视、压迫为主，怀柔为辅的宗教政策，致使酿成多次回民起义。伊斯兰教传入西北地区后，在中央和地区政府的管辖下，出现了政教合一的门宦制度和教坊制度，使宗教的管理纳入了国家行政管理的范围之内。门宦是宗教领袖的豪门世家，门宦制度是教主兼地主的政教合一的制度。门宦的教主辖有众多的教坊，教坊的教长直接由教主委任，这种制度虽然在教内实行政教一体的统一管理，但门宦的教主仍由政府任命，教权最终还是由世俗政权或皇权所决定的。

**(五)其他宗教与皇权**

在唐宋元明时期，还有景教、摩尼教、琐罗亚斯德教(袄教)、印度教、犹太教、天主教、东正教等相继传入中国。朝廷为了睦邻、通商、军事等需要，同时为了满足来华使节、商人和国内的少数民族宗教信仰的要求，允许这些宗教在中国设寺、传教、翻译经典，对他们采取了宽容、保护、限制和同化的政策。

景教——基督教的一支于贞观九年(635)传入中国内地。这个教派受到自唐太宗至德宗六代皇帝的庇护。高宗封景教僧人阿罗本为镇国大主教，不少教士在朝廷和军队中担任要职。当时传播的情况是“法流十道，寺满百城”。可见，景教在唐代已经覆盖了全国大部分地区，但是这个教派在中国还没有打下深入的基础，于唐武宗毁佛时遭到废止。景教在中国活动时间虽然不长，但同样受到皇帝的监督。景教僧人在携入大批景经来中国时，首先要将它们献给皇帝，在皇帝“问道禁闱”，“详其教旨”，判其能“济物利人，宜行天下”，于是才“深知正真，特令传授”。外来的宗教在传入中国时，首先要受到官方的研究和检查，然后才准许流行，这表明至少在唐代就已有之，说明唐朝已经有了比较严格的对外来宗教进行控制和管理的措施。过去，学术界一直认为唐代是一个开放的时代，对外来的宗教文化采取了全面开放的态度，允许各种宗教的传入，其实它还是有限度的，而且还是有选择性的。在唐朝之前，历史上虽然也有过统治阶级出面干涉外来的宗教，如魏太武帝、周武帝所发动的排佛事件，曾经发生过一定的社会影响，但是这些都是在外来的宗教已经传入以后而发生的，并不是在初传之始就采取的“防范措施”，与唐代执行的对外来的宗教管理政策有着显著的区别。正是景教被官方所认识，才有后来景净译经不得力，被朝廷指出“景净应传弥尸诃教，沙门释子弘阐佛经”的区别。继景教之后于中国元代流传的基督教是也里可温(意谓“信奉福音者”)教，这个教派在中国沿海地区和新疆边陲有相当的影响。元朝廷中也有人信奉。元代在中央政府设立了崇福司(后改为崇福院)加以管理。元朝被推翻后，也里可温在汉地也随之衰亡。

明末，天主教再度传入中国。传教士们为了适应中国社会情况，努力学习中国文化，把基督教神学和中国儒学糅合在一起而加以宣传。他们结交权贵，礼待士大夫，终于取得了皇帝的信任，在北京和其他地区找到了立足之处。利马窦提倡“三父合一”(天主、国君、家父)、“君权至上”的原则。他在《天主实义》开篇中说：“天庸治理，惟竟于一，故贤圣劝臣以忠。忠也者，无二主谓也。五伦甲乎君臣，君臣为三纲之首，夫正义之士，明此行于此。”天主教传教士虽主张“君权至尊”的原则，但在实际生活中只要触犯了皇帝的尊严和权益，也就受到斥责或驱逐。例如汤若望在修订明朝历法时，使用了“依西洋新法”，引起“历狱”。在皇帝看来，这是“暗窃正朔之权以予西洋”，正朔是王朝的标志，如果更换了正朔，也就意味着国家朝代的衰替。

摩尼教(明教)大约在6—7世纪传入中国汉地，不久就遍及黄河、长江流域。763年正式传入漠北回纥，被尊为国教。《国史补》载：回纥国主“常与摩尼议政”，回纥在与唐朝交往中摩尼教徒一直扮演着重要的外交角色。五代北宋时，摩尼教常常被农民利用为组织起义的旗帜，嗣后，该教又与其他民间秘密宗教相混合，变成了皇权的障碍，故受到严厉的打击。

琐罗亚斯德教大概与摩尼教同时传入中国。它传入后受到北魏、北齐、北周、南梁等统治者的重视。不少教徒在这些王朝中担任要职，直接参与政事和宫闱的斗争，从北魏直至唐时，在国家政府机构中一直设有管理袄教的祀官——萨宝府官。该教在唐武宗灭佛时也遭到了毁灭。

## 社会主义与宗教

1949年中华人民共和国成立，中国的社会政治和经济进入了一个新的历史时期，中国的宗教也有了一个新的发展。几十年来宗教发展的历程，可以得出这样一个结论，即宗教是可以适应社会主义国情的。宗教适应社会主义社会的根本条件是，社会主义社会是从过去的半殖民地和半封建社会走过来的，过去几千年来的历史文化积存，宗教也是一个重要的历史组成部分。在世界上，宗教仍然是社会的一个组成部分，中国要与外界交往，也离不开宗教的交流。因此在社会主义的新社会里，宗教仍然会保存下来，作为一种信仰，仍然会拥有一部分信众。从国家看，政府要认真制定、贯彻执行宗教信仰的政策，真正把宗教信仰作为公民的私事，从法律上和政策上保证人民的宗教信仰自由的基本权利和宗教的合法权益；从宗教方面看，要求宗教在政治上与社会主义社会相适应，但这并不要求宗教徒放弃他们的宗教信仰，而是要求他们热爱祖国，拥护中国共产党的领导，拥护社会主义制度，维护国家的统一与民族团结，积极参加社会主义的物质文明与精神文明建设，同时要发扬宗教教义教规、宗教伦理道德、宗教文化艺术、宗教对外交往等方面的积极因素，为社会主义服务。如果从宗教概念不同层次的内涵和外延来看，宗教与社会主义社会相适应还可以在以下三个方面表现出来：

(1)社会主义精神文明或思想道德建设虽以马克思主义为指导，但宗教中的教义、教规和宗教道德中的某些积极因素，尤其是在中国很多宗教中某些普遍意义的理论原则、道德箴言、行为准则和辩证的思想方法是与社会主义的某些理论与实践相契合的。例如，佛教缘起性空、如实观照的认识论，诸行无常、时空无尽的宇宙观，无我利他、度生无倦的人生观，诸恶莫作、众善奉行的道德说，中观、八不的辩证法因素，三学并重、止观双修的修持法等都有一些合理的成分。中国佛教协会赵朴初会长提倡“一种思想、三个传统”。一种思想即“人间佛教”，其内容是五戒、十善和六度、四摄，前者着重在清净自己的身心，后者着重在利乐有情，庄严国土。三个传统是：农禅并重、注重学术研究和开展国际佛教的友好交往，这些都为宗教与社会主义社会相适应指出了方向。又如伊斯兰教的圣训中提到“爱国是伊玛尼的一部分”，强调爱国是伊斯兰教信仰有机组成部分之一，这也是和社会主义道德相契合的。

(2)在中国长期的历史发展过程中，积累了大量的、丰富的优秀文化遗产，宗教文化是其中较为重要和突出的部分。这是中国各族宗教徒辛勤艰苦劳动的精神产品，也是他们智慧的结晶。传统的宗教文化不仅表现在哲学、逻辑、文学艺术、天文历数、医药气功等方面，也呈现在灿烂多姿、蔚为壮观的建筑、文物、器皿、古迹和浩如烟海的经藏之中。例如，中国的敦煌石窟，是世界上现存规模最大、延续时间最长、内容最为丰富、绚丽多彩的文化艺术宝库之一。现有洞窟 700 余个，彩塑 2000 余身，壁画 5 万平方米，仅藏经洞内就装满了 4 万余件宗教文物。其他如龙门、云冈、大足等地的石刻，赵城的金藏等也是中国文化史上灿烂的一页。道教徒为寻求“道法自然”，在探索方术中，客观上对中国的医学、化学和天文学等的发展做出了贡献。《参同契》是公认的炼丹史上最古的著作。《真元妙道要略》则记录了世界上最早的火药实验。总之，这些宗教文化的精华可以为社会主义精神文明提供借鉴或汲取丰富的养料。

(3)由同一信仰构成的社会实体包括着宗教团体、宗教界人士和广大的信教群众。这部分在中国人口中占有相当的比例，并有着极为重要的作用。他们在意识形态上虽然是有神论者，但在政治上是爱国的，拥护政府和社会主义，积极参加社会主义的事业，社会主义事业离不开他们的参与，不管在提高中国的科学技术和文化，还是在支持社会福利事业，以及维护社会安定，加强民族团结，保卫世界和平，改善人类生活环境，促进祖国统一，发展对外友好等方面都有他们的功劳。他们为祖国，为人类作出了巨大的贡献。

总之，当代中国宗教与社会主义社会在主流上是共同发展的趋势，宗教能够与社会主义社会相协调。虽然中国宗教曾经有过一段弯路，但是通过政府和宗教徒之间的相互努力合作，正在重新走上正确的道路，随着社会主义事业的不断深入，中国的宗教也会有一个新的发展。不过，在任何国家，宗教必须遵守国家的宪法和法规，先有国才有教，否则就无从谈起发展。

# 中韩文化的共同特征以及相异性

中韩两国是隔海相望的邻邦，有两千多年友好和文化交流的历史，在这漫长的历史长河中，两国人民互相学习，互相帮助，促进了各自的发展。1992 年中韩在新的基础上建立了外交关系，翻开了历史新的一页。随着经济交往的增多，中韩文化的交流也出现了热潮，在文化交流中人们常常追溯中韩源远流长的历史并作了各自的解说。本文拟对中韩文化的共同特征以及相异性作一概略的论述。

关于文化的内涵及其意义，在目前学者中有着种种不同甚至对立的说法。本文作者认为，从广义上说，文化是指人类社会历史实践过程中所创造的物质财富和精神文化的总和。从狭义上说，是指社会的一切意识形态和与其相适应的政教制度、社会习俗、信仰等等。

中国文化博大精深，灿烂缤纷，在五千年的历史中，经历了多次兴衰的过程；它是不断更新发展的，而且在每一次扬弃后像凤凰一样又获得了新生，有了新的内容。就文化的思想基础哲学而言，战国是儒、墨、道、名、法、阴阳、纵横等百家争鸣的时代；秦代尚法家，同时又盛行神仙之术；汉初则以黄老为显学；两汉时儒学开始盛行起来，并逐渐定于一尊，但阴阳五行谶纬之学还在流行。六朝、隋唐时，儒释道并举，有时释道居先。宋以后理学对社会上层分子的意识形态曾长期起着支配作用，但理学以儒为表，以释道为里，熔三者于一炉，无论程朱抑或陆王的宋明理学都不能与原初儒学或孔孟之道等同起来。进入近代特别是五四运动以后，中国文化受到了西方文化的冲击，更是显得千姿百态，其中儒学在西方思想影响下取得了新的形式和内容，被称之为新儒学。“五四”以后马克思主义在中国开始传播，并逐渐在现代取得了主导地位。从整个历史中看，我们可以简单地说，中国持续的传统文化中儒学一直占有统治的地位，或者儒道的结合构成了传统文化的基本内核。

韩国的文化有着悠久和灿烂的历史。公元前2333年在其建国初期就有檀君神话的传说，这可能是一种图腾和祖先的崇拜。公元1世纪前后，朝鲜半岛及其周围出现了百济、新罗等国，中国的儒学开始传入，但在民间盛行着对天神及各种神仙的崇拜。公元4世纪后半期佛教开始传入，逐渐在民间流行并一度成为新罗的国教。道教思想在4世纪时开始传入百济，但道教正式被引入高句丽和新罗要在7世纪以后。6—7世纪新罗出现花郎道思想，这是把儒释道和韩国的民间信仰融为一体并具有民族特点的道德伦理思想体系。14世纪李氏朝鲜王朝建立后，独尊儒术；在以后的五百年间，朱子学(性理学)一直处于统治的地位并在内部出现了观点不同的学派。公元17世纪在朝鲜半岛掀起了实学思潮，这种思潮与我国相呼应，讲求实学、实效，主张经世致用，改革时弊。在19世纪上半叶，出现了以宗教和社会改革为目标的东学运动。在韩国资本主义急剧发展过程中也出现了爱国主义的启蒙文化思想和对儒学进行改革的“求新”思想。值得注意的是：在儒释崛起的时期，韩国人民并没有放弃固有的萨满教信仰和实践，萨满教是韩国民族文化的一个重要的组成部分。

韩国文化是汉字文化圈中最接近我国的一部分。中国思想文化从内到外大致可分为三个层次：思想文化、制度文化和行为文化(文物、礼仪、习俗等)，这三个层次的很多方面在历史过程中都传入了韩国，因此朝鲜王朝常常被称为“小中华”，把中韩关系称为“唇亡齿寒”的关系。有些中国的礼乐制度传入韩国后，表现得更为形式化和繁琐。因之陈寿在其所著《三国志·东夷传序》中论及东夷的法俗时曾说：“中国失礼，求之四夷，犹信!”

但是由于中韩所处的地理环境、民族构成和社会发展等时空因素的不同，因之在两种基本类型的文化中也有着明显的差异。中国是一个大陆型和农业型的国家，它的地理环境对中国文化的形成和发展有着极为重要的影响；从古代起先民们就生长在东亚这块大陆上，东濒古人无法逾越的太平洋，西北是漫漫的戈壁沙漠，西南耸立着世界上最险峻的青藏高原，在古代交通不发达时期，这种环境使中国早期文化常常陷于封闭自守的状态。中国文化的发源地是黄河和长江，这两条河经过的地方是肥沃的农业耕作区。中国历来的统治者都强调

“以农立国”，在农业社会中建立了中央集权和地方分权相辅相成的专制主义国家并形成了以血缘关系为纽带、崇尚自己的祖先和传统为特征的宗法社会。根据地理环境、民族分布以及历史传统，中国文化的构成明显地可以分成八大块（中原京派文化、江浙海派文化、闽粤岭南文化、江汉楚文化、四川巴蜀文化、陕甘华夏古文化、东北关东文化、边疆各少数民族地区文化）。而韩国则是一个具有海洋性的岛屿国家，它突出于亚洲大陆的东北部，面向太平洋，三面环水，东西南分别被日本海、黄海和朝鲜海峡所环绕，海岸线全长约 2 万公里，沿岸布满了约 3400 个大小岛屿。自古以来，海洋就在韩国人民的生活中起着突出的作用，韩国人民在与大自然搏斗中充分表现出了顽强的进取性和创造性，他们为早期航海术和造船业的发展做出了重要贡献，获得了亚洲人民的赞誉；但韩国人民的这种开拓精神，也被一些殖民主义历史学家所歪曲，他们声称韩国的“半岛性格”和“岛屿文化”的特性是“附随性、周边性和多邻性”。

中国是一个多民族国家，除汉族以外还有 55 个少数民族；但韩国是单一民族的国家，韩国人在公元初就形成了自己同一的民族。在公元 7 世纪时，新罗王国在政治上把它们统一起来，韩国民族在躯体、语言、血缘等方面有着共同的特征，这些特征维护了自己独特的民族文化。

下面我想谈谈几点中韩文化的共同特征以及差异性。

在当前中国文化反思中，学者们对中国传统文化的核心精神或基本特征作了各种不同甚至对立的回答，本文作者根据自己对中国传统文化基本特征的看法试与韩国文化相比较。

1. 分散性属于统一性。如前所述我国有 56 个民族，8 大块文化区域，多元的宗教、哲学和丰富多彩的文艺等，但是这些文化现象都汇合于若干共同点，形成文化的统一性，这些统一性或共同点也就是中国文化连绵不断，顽强拼搏，自立于世界的原因。有人认为儒家大一统的意识形态和共同的礼乐制度是这种统一性的表现，笔者觉得有一定的理由。儒学在中国文化史上特别是在两汉以后确实占有统治地位，起过重要的促进作用，但笔者认为在中国不同的历史阶段中大一统的观念也是有所不同的。在春秋战国之际，各家互相争鸣，韩非提出“以法为教”，这种法家的主张后来成为秦始皇罢黜百家，统一中国的大一统意识形态和具体实践政策。汉代统治者定儒教于一尊，强调“德主刑辅”。从此儒教在中国历史进程中起着大一统的作用。隋唐时期不同的统治者常常对儒释道三教中的某一家有所偏爱，但在国家宗教政策实施方面则是采取“三教并行”的方针，而儒学在统治上层中间或者在朝廷行政管理方面、教育取士、社会伦理方面显得更为突出。明清以后，理学兴起并占有主导地位，但统治阶级一般还让佛道活动，这些情况直至民初以后才有重大的变化。

儒教传入韩国后对韩国的政治、思想、伦理、教育、社会习俗等方面无疑起过重要的推动作用。韩国的礼乐、教育、科举和行政管理制度也是仿照中国建立起来的，但是我们细心考察一下可以看出：韩国的大一统观念或民族思想常常是儒、释、道三者与韩国固有的民族思想、信仰特别是萨满教相结合的产物。例如在6—7世纪流行的“风流道”，这种思想特点正如韩国大学者崔致远所概括：“国有玄妙之道曰风流。设教之源，备详仙史(民间信仰——引者)，实乃包含三教，接化群生，且如入则孝于家，出则忠于国，鲁司寇之旨也。处无为之争，行不言之教，周柱史之宗也。诸恶莫作，众善奉行，竺乾太子之化也”(《三国史记·新罗本纪》)。又如在近代朝鲜史上曾经轰动一时，起过十分重要作用的东学运动和实学思潮，我们从中也可以看到“三教”和韩国民间信仰有效的结合。

在中国宗教哲学思想传入韩国后，韩国固有的巫俗信仰和诸神崇拜自古迄今一直持续存在着。在诸神崇拜中祭天是最高的仪式，它是举国一致参与的大祭典；其他崇仰的对象有山岳、河流、动植物等自然诸神。萨满教不仅认为人类有灵魂，自然界也有灵魂，巫师是人们和神灵之间的“中介者”；他们不仅参加民间的祭祀、医疗活动，而且还参与国家的政治和战争事务。在三国、高丽和朝鲜王朝，国家设有管理巫觋的专门机构(“巫厅”)和活动场所(“星宿厅”“活人院”)等。重要的巫觋(“司政巫”“国巫”)直接由朝廷任命。萨满教举行仪式时常常伴随着音乐和舞蹈，因之它是韩国多姿多彩的民俗文化的一个组成部分。

2. 共同性的礼乐制度。中国国家礼乐制度的建立和推行是和孔孟及其后继的儒家思想家们的提倡分不开的。所谓“礼乐”是一套以血缘家长制为基础的统治法规、社会规范和礼节仪式。统治阶级利用这套制度来加强自己的统治，维护社会的稳定和国家的安宁，并在人民中间树立彼此不可逾越的行为准则和秩序。中国历史上的王朝虽然不断有变替，但其礼乐制度则是一贯传承的。

华夏民族由于农业耕作和水利事业促进了血缘关系的联系和发展，在周代就形成了一套以血缘为基础的宗法社会制度和“孝为德本”的道德规范；体现宗法制度的祖先崇拜，数千年来渗透到汉族和很多少数民族每个家庭之中，成为牢固的民间习俗。另外，中国统治阶级一方面鼓吹德治主义或王道主义，另一方面又采取中央集权或中央和地方政权相结合的专制统治，这种亚细亚式专制主义的统治绵延达数千年。

随着中国儒家思想和中国礼乐制度传入韩国，韩国也逐渐建立了相应的礼乐制度。韩国最早仿照中国建立自己的学制、法制、田制和兵制等是在高句丽小兽林王二年(公元372年)，以后高丽王朝的开创者王建(918—948)又仿唐制建立了各级政府机构和管理制度。他在《训要十条》中说“惟我东方，旧慕唐风，文物礼乐，悉遵其制”。王建的后继者们又仿照中国建立了科举制度，开设了国子监、春秋馆(国史馆)，等等。韩国还在“联盟王国”时代(1至3世纪)就出现了建立在血缘关系基础上的所谓“同居共财”的家庭制度，这种制度在三韩以后得到了巩固和发展，在进入近代以后虽然出现了很多新的形式和财产的分割，但其遗风迄今犹存。中国的家族制度则在汉代以后就已逐渐向小家庭制发展。中韩无论在古代或中世纪封建主义统治时都实行中央集权主义。中国在某一个时期内还曾出现过中央集权与地方分散并存的局面；但韩国由于地域毗连，中央政府易于控制，王朝统治的时间一般较长等原因，地方分权的倾向是较少见到的。在儒教伦理思想的影响下，中国长期的封建社会中盛行“四民”(士农工商)的身份制度，“四民”所处的社会地位一般不易变更；而在韩国的“四民”身份制中，那些属于下层的农商中经常有所分化。

3. 人文主义。中国不少思想家都强调人的问题高于一切，神即使存在也围绕着人世间活动，并认为人们之间有一种共同点即人性，人性也就是道德性。孔子把人性解释为“仁”，孟子为“四端”(仁、义、礼、智)，荀子为“义”，他们强调人的终极目的或人的价值就在于道德人格的自我实现，并从个人道德实现扩及到了家庭、社会和国家，所谓“修身、齐家、治国、平天下”。中国的人文主义和希腊、西欧、印度的人本主义都有所不同，希腊、西欧着重探索人和自然的关系，印度强调人和神的关系，而中国则强调人与人之间的关系，把注意力更为集中在人的安身立命以及人和群体之间的关系方面。西欧人文主义者认为，人是具有理智和情感的独立体，而中国则把人看成是群体中的一分子，不是独立的个体，并且认为人是具有群体生存需要，并有伦理道德自觉的互助个体。这种人文精神的突出表现，就是中国文化不仅不把人从人际关系中孤立出来，而且也不把人同自然对立起来，这种主客互融的“天人合一”的思想构成了中国文化的显著特色。

韩国思想家们也在不同程度上接受或发挥了上述中国人文主义的思想，并把它奉为自己修身和社会生活的准则，贯彻于实际行动之中。在近代西方社会伦理思想传入韩国后，韩国的人文主义精神和价值观受到了挑战；但韩国很多学者仍承认在当前时期儒教的人文主义精神还有着十分重要的意义。例如在

1988 年 9 月于汉城召开的退溪学国际学术会议中，当时任文教部长官的金美植在致辞中说："人类需要一种人的哲学，以便从根本上支撑人类共处的和平与人的生存。"又说："退溪儒教思想中的人道主义精神和关于人的尊严的思想将成为治疗物质至上社会的许多弊病的实践哲学。"①

4. 刚健自强的精神。中国哲学是中国文化的思想基础，在儒、法、墨、纵横家哲学思想的熏陶下形成了中国刚健有为、自强不息的精神，这就是孟子所说的"浩然之气"。《易传》所称的"天行健，君子以自强不息"，"刚健文明，应乎天而时行"，把人的精神与天的境界合一起来认识，这种精神千百年来一直激励着中国人民前进，为追求美好的未来而奋斗。

在韩国传统思想和文化中也孕育出了一种自强不息、勇于进取和护国独立的精神，这种精神既表现在花郎道的风流思想中，也出现在儒家所提倡的忠义思想和佛教所倡导的护国("镇护国家")精神之中。新罗高僧玄光曾把佛教的世俗五戒解释为"事君以忠，事亲以孝，交友以信，临阵无退(勇)和杀生有择(仁)"就是这种精神的集中表现。在玄光的思想哺育下，韩国前赴后继地出现了大批爱国的僧人和义士，他们在反对外来侵略者的斗争中，组织义兵，不畏强暴，浴血抗敌，很多人献出自己的生命，谱写了无数惊天地、泣鬼神的爱国主义赞歌，正是由于这种自强不息的精神，韩国人民在过去 25 年中把长期属于世界上最贫穷的一个农业国家和殖民地改造成为一个高技术和高速工业化的国家。

以上是对中韩文化的基本特征和核心精神作一鸟瞰式的论述，如果我们能够深入研究两国的礼仪、风俗、家庭生活、文艺和经济活动等方面，必将有助于对中韩文化的深入了解，作出更为实事求是的概括。

① 见沈仪琳著《大韩民国——中国的近邻》第 197 页，东方出版社 1994 年版。

# 韩国佛教的发展过程及其与中国的双向交流

## 一

佛教是世界三大传统宗教之一，于公元前6世纪左右由释迦牟尼在古印度创立。公元前3世纪时开始由印度向外传播，约在1世纪左右向北经由陆上或海上丝绸之路传入中国内地，复由中国传入韩国、日本、越南等国。

韩国是中国唇齿相依的邻邦，自古以来就有着政治、经济和文化的联系，两国人民在交往中凝成了深厚的友谊。宗教文化是两国传统文化交流内容之一，特别是佛教作为文化交流的纽带，一直起着重要的作用，至今已有1500余年的历史。

中国佛教最早传入高句丽大概在第十七代君主小兽林王二年(372)，当时前秦苻坚曾派使者及僧顺道送去佛经和佛像，小兽林王也派使者答谢。越二年东晋僧阿道又去高句丽，高句丽王在首都辑安附近的丸都城建省门寺和佛兰寺供顺道和阿道居住。晋孝武太元之末(396)白足和尚昙始赍经律数十部往辽东弘化，“显授三乘，立以归戒”。平原王十八年(576)大丞相高德派遣沙门义渊入中国北齐都城邺(今河北临漳县西)，向定国寺和尚法上询问佛教的缘由，宋末齐初时，高句丽僧道郎由辽东至江南，从昙庆学三论，在摄山嗣法于黄龙(今吉林地区)法度，学习《华严》等经义。天监十一年(512)梁武帝遣僧正智寂等人诣摄山从僧郎学习三论、华严，武帝还根据僧郎的义解作章疏。

佛教传入朝鲜半岛西南的百济稍晚于高句丽。枕流王元年

(384)梵僧摩罗难陀由东晋到达百济的汉山城，受到百济王的热诚接待，翌年创佛寺于汉山，度僧十人。此后佛教在百济日益兴盛，在中朝交通的门户——泰安半岛的瑞山和唐津的西海岸建有泰安磨崖伽蓝、云山摩崖伽蓝、百济金刚佛伽蓝和修德寺等。梁武帝大同七年(541)，百济遣使赴梁求《涅槃》等经义并工匠画师。

位于朝鲜半岛东南的新罗，一般认为佛教是在讷祇时(417—418)由高句丽输入的。在南北朝时，新罗有不少僧人来中国求学、巡礼。据不完全统计，自6世纪中叶到7世纪末的150年间，到中国和印度求法的新罗僧共21人，其中去印度的有9人，到中国的著名高僧有玄光、明观、元相、圆光、智明、安含、慈藏等人。梁武帝太清三年(549)遣使沈瑚并新罗学僧觉德送佛陀舍利至新罗，新罗真兴王奉迎于兴轮寺。陈文帝于天嘉六年(565)遣使刘思及留学僧明观至新罗送佛教经论2700余卷，新罗的经籍臻于完备。

## 二

6世纪末至10世纪初是中国历史上的隋唐时期，也是中国封建社会进入鼎盛时代，佛教在隋唐统治阶级的扶持下，走上了兴盛的道路，完成了外来佛教中国化的历程，先后出现了具有中国民族特色的天台宗、华严宗、法相宗、律宗、净土宗和禅宗等佛教宗派，同时也对其他邻近国家的佛教产生了重要影响。这一时期也是朝鲜半岛上的高句丽、百济和新罗三国鼎立而又统一时期。7世纪中叶，新罗联合唐王朝，先后灭亡百济和高句丽，统一了朝鲜半岛。新罗统一王朝的建立，对内采取了中央集权的各项政治措施，完备了九州(地方最大的行政区域)、五京(特殊的行政区域)和郡县制，加强了对各级地方官吏的监督，在经济上采取奖励生产的各项措施，大兴水利，提高耕作技术，铸兵器为农器，实行丁田制(按丁男、丁女分给一定数量的土地)，因之出现了"家给人足，民间安堵，域内无虞，仓廪积于丘山"的局面。由于社会经济发展，生活安定，文化艺术也随之出现了繁荣景象，为朝鲜古代文化奠定了基础。新罗政权还积极拓展与周边国家的经济文化交流，经常派遣大批留学生来唐朝学习中国文化，最多的一次达100余人。统治阶级出于政治的需要，一方面大力扶植儒教的势力，另一方面又支持佛教、道教的发展。随着新罗佛教的繁荣，国家陆续派出了不少僧侣来中国求法和巡礼，据不完全统计，整个新罗时期来华僧达117人。他们在华广参名山诸耆，参与译场活动，著书立说，回国时携去大量的佛教经籍和文物，继续从事佛教经论的宣传和研究，或开山授徒，在国内建立了具有新罗民族特点的佛教宗派或学派，与中国唐朝鼎盛期的佛教相互呼应。

中国佛教的学派或宗派除地论、毗昙少数派别外，大多数都先后传入了韩国，形成了“五教九山”之说。五教是五种佛教宗派，它们是：

一、涅槃宗　主要依据《涅槃经》经义所建立的。由新罗武烈王时期(654—660)的普德和尚开创。对《涅槃经》有研究成就的学者有元晓、义湘、憬兴、义寂、大贤等，涅槃宗有八大伽蓝，根本道场是景福寺，创始人普德和尚有无上、金趣等高足。

二、律宗　善德女王时代(632—646)由慈藏创建于梁州通度寺，曾设坛施戒。慈藏于636年率弟子僧实等入唐，在终南山云际寺学南山律，回国后任大僧统，在芬皇寺开讲“菩萨戒本”，整顿和修订了朝鲜僧尼戒律。

三、华严宗　有两个派别。一为义湘所传的中国华严宗思想体系的浮石宗；另一为元晓独自开创的海东宗。前者以浮石寺为中心，宣传智俨、法藏的思想，曾有弟子三千，湘门十德；后者以阐扬元晓的《华严经统》《大乘起信论疏》为宗旨，以《十门和诤论》调和百家的争论。

四、法相宗　由真表律师于8世纪中叶在金山寺创建。承玄奘—圆测—道证—憬兴—大贤的法统。圆测终身留在中国，传印度唯识宗安慧一系的学说。其弟子道证作《摄大乘论世亲论疏》进一步发挥其师的思想。以后憬兴作《成唯识论义记》《瑜伽论疏》，顺憬作《成唯识论科简》等，为新罗法相宗奠定了理论基础。

五、法性宗　以弘扬《中论》《百论》《十二门论》为宗旨，阐述诸法实性之义。东晋僧阿道、顺道及高句丽僧昙始曾传播“三论”思想。梁末隋初高句丽的实法师和印法师大力弘扬三论。新罗统一三国后，元晓曾著《三论宗要》《广百论宗要》等继续阐述法性学说，但不久即衰微。

除上述五宗之外，还有一些小宗派一度传承。其中比较重要的有明郎建立的神印宗传杂部密法；惠通建立的总持宗传唐善无畏的印诀，以后又有明晓、惠日、慧超等人传唐金刚智、不空等人的密法。属于小乘佛教的成实、俱舍学派也很早传入朝鲜半岛。

九山是指新罗时期佛教禅宗的九个派别。据说新罗僧法朗曾到中国从禅宗四祖道信受法，回国后传法于子神行，以后神行又来华学习北宗禅。不久，新罗僧道义入唐从马祖道一弟子西堂智藏学习惠能的南宗禅，回国后从事于南宗禅的弘化，又经来唐学习的新罗僧慧昭、无染、慧日、道无、玄昱等禅门宗徒的阐扬，南宗禅成为新罗禅宗的主流，形成了实相、迦智、阇崛、桐里、圣住、师子、曦阳、凤林及高丽初期建立的须弥山的“禅门九山”。

新罗王朝末期，由于统治阶级加深了对农民和手工业者的压迫及剥削，中央与地方势力的矛盾也日益激化。白宣德王(780—785)即位至新罗最后敬师王(927—935)的150年间，王室内部为了争夺王位，进行了血腥的残杀，先后有20个国王像走马灯一样登上王位。佛教在这个时期虽然在政治上和社会生活上还有重要的影响，但前一个时期的具有思辨色彩的、为贵族所信奉的“教学佛教”已远远不能适应社会发展的需要，因此在佛教内部出现了两种新的潮流：一是注意实践方法的禅宗，这个派别在群众中有广泛的影响；二是在民间广为流行的阿弥陀佛、观音和弥勒的净土信仰，此外还出现了把佛教功德报应思想和道教的阴阳五行及地理风水学说相结合的“祈福佛教”，使佛教更趋向民间化和神秘化。大约在9世纪初，禅宗在新罗崛起，逐渐压倒了其他宗派，成为后来各朝佛教发展的主要力量之一。

## 三

10世纪初，原为新罗王大臣的王建建立高丽王国，取代了原有的新罗王朝。高丽王朝存在了四百余年，历代诸王都笃信佛教，热衷于佛事。高丽太祖以护法者自居，即位后大兴佛寺，礼待僧侣，开办法会，国内佛教气氛隆盛，临终时遗言强调要护持佛法。后出的很多王室人员竞相出家，甚至朝廷后来规定了多子家庭必须送一个到寺庙出家的制度，推动了社会上崇佛的热潮。高丽时代朝廷还实行了选拔僧侣的僧科考试制度，参加考试的僧人先在广庙里进行预考，及格后再参加国家的统一考试，凡考试及格者可以获得官方授予的大选、大德、大师、再大师、三重大师、禅师、首座、大禅师、僧统等各种僧阶，有的甚至被奉为王师或国师。管理僧人的僧官制度也在此时完备起来，以僧录司来管理僧界的活动。11世纪初自显宗经德宗、靖宗至文宗几十年时间，朝廷雕刻了高丽藏经1106部，5048卷。高宗十九年(1232)雕板被入侵的蒙古士兵焚毁，又于1236年重新雕刻，倾尽国力于1251年再次雕成，雕板至今仍然保存在海印寺内。

高丽佛教界内部主要形成了禅宗和教宗两大系统。前者以九山禅门为主，各山竞立，互相演运，一时高僧大德各领风骚。以后天台宗兴起，禅门一度受挫，不久又重新恢复。学一、坦然等人开创了曹溪宗，知讷改为曹溪禅社，提倡顿悟的修禅法，禅宗中兴，禅风大化，许多禅宗僧被封为国师，受到国王的礼待。至高丽末期，被称为“禅宗巨匠”的普愚和慧勤大力弘扬，曹溪一宗在诸宗派中独占鳌头。

教宗是指除禅宗以外的其他佛教宗派，如华严宗、瑜伽宗、天台宗等，因为这些宗派在理论上有自己特色，带有学派的特点，不同于禅宗直指人心顿悟法门的特色实践，故名。华严宗经新罗时期义湘的阐发后，到高丽时形成了北岳、南岳两家，培养了不少精研华严理论的大家，尤以法印国师坦文最突出。瑜伽宗宣传万法唯识的学说，有些宗徒成为王师，曾向国王讲说唯识教义。这一派后来又称为慈恩宗，在高丽时代曾几度沉寂和复出。

高丽佛教最突出的表现还有义天开创的天台宗。义天是文宗王之子，幼时出家受学华严，后到中国求学，回国后建立了天台宗，弘传天台教观。他还在高丽建立了仿中国建制的国清寺，在各地开设了六大本山，一时学者辐凑，众徒云集。天台宗自义天之后，在高丽一直兴盛，并不像一些其他宗派，几度反复。

佛教在高丽发生巨大的影响，但同时也给社会带来了一些弊病。大兴寺塔和名目众多的佛事活动势必耗费国库的大量钱财，加重了人民的负担。同时又刺激了一些人为逃避劳役和想摆脱现实诸种苦难而纷纷遁入空门，僧伽虽然壮大可观，但僧人的素质却未能相应提高，佛教徒的成分十分复杂，参差不齐。片面追求禳灾祈福成为佛教界的日常主要活动。因之社会上抨击佛教，反佛的呼声日益高涨，佛教成为众矢之的。

## 四

14 世纪末高丽武臣李成桂拥兵自重，黜免了高丽恭让王，建立了朝鲜王朝。太祖李成桂曾受到高丽崇佛的影响，对佛教采取了扶植的政策，生前曾封僧人为王师，在宫中斋僧，举办法事，雕刻经板，兴建佛寺等。但是由于佛教在社会上曾有一些不良的影响，排佛的呼声仍然不断，太祖崇佛的措施并未能挽救佛教下颓的趋势。到太宗继位后，朝廷实行了尊儒抑佛的措施，淘汰僧侣，限制寺院奴婢的数量，削减寺刹总数等，以后多数帝王都遵循了太宗的抑佛政策，如世宗废除僧录司制度，将诸宗并为禅教两宗，文宗禁止百姓出家，僧尼不得进入都城，等等。其间虽有个别帝王或大妃有兴佛之举，但并没有能挽救佛教的下滑趋势。

在佛教界内部，由于受到了政府的打击，很多教团处于一盘散沙的状态，诸山各自分立，依靠师资脉脉相承的制度得以保存下来。僧侣因不得进入都城，只能在山林中栖隐，影响十分有限，韩国的佛教学者将这一时期的佛教概括为“山僧时代的佛教”。其间，虽然有一些高僧做过复兴佛教的种种活动，产生了一定的影响，但主要限制在民间范围。佛教界为了生存和发展，一方面向朝廷呼吁放宽政策，竭力向朝廷靠拢；另一方面进行自我调整，振作僧侣纪纲，创立僧风纠察机构，力图以新的形象出现在世人面前。佛教的教学也转向禅教结合、僧释融汇的道路，禅宗成为当时佛教最有势力的僧团之一。总的说来这一时期的朝鲜佛教虽然已不可能和百济、新罗、高句丽等期的佛教盛世相比，但是它在民间仍然有着广泛的影响，中央政权尽管对它采取了严格的控制和限制政策，然而各地的地方政权在执行这一政策时并没有认真地贯彻，于是造成了佛教在京城影响不大，在地方和民间仍有潜在的力量。

朝鲜王朝时期正值日本大举入侵之际，佛教僧侣在反对侵略者的斗争中做出了重要的贡献。僧人灵圭曾组织义僧军，拿起简陋的竹枪镰刀率兵勤王，打退了重围的倭寇。灵圭率800僧家弟子在与倭寇的战斗中表现十分勇敢，最后全部以身殉国，谱写了一曲佛教僧人爱国抗争、反对外侵的赞歌，受到了人们的敬仰。这一时期参加反对倭寇的佛教义僧达5000人，73岁的西山大师为僧军的首领，他们挽救了国家。由于佛教僧侣在抗倭救国斗争中表现非凡，改变了朝廷和世人对佛教的看法，因此在朝鲜王朝末期，佛教有所恢复。

1897年朝鲜改国号为大韩帝国。韩国的佛教再度复兴。光武元年(1897)朝廷正式解除不许僧侣入城的禁令，设置了管理佛教的专门机构——管理署，随后，发布《国内寺刹现行细则》36条，规定了佛教的义务、僧阶的认定、僧衣的颜色、寺刹的等级、僧官的职责等。韩国的佛教在政府的管理下，以汉城的元兴寺作为总宗所，在各道内设首寺一个，佛教以元兴寺为中心而再次发展起来。1904年管理署被撤销，佛教归地方当局管辖。两年后僧侣们又成立了佛教研究会、圆宗宗务院等团体。

## 五

1910年朝鲜被日本正式吞并。翌年日本总督重新颁布寺刹令，将朝鲜佛教分为30个本山或教区，规定寺刹的变更、合并等需经总督的认可。寺刹的土地、森林、佛像文物、字画等要得到总督的许可，才可以处理。管理寺庙的住持等人也要经朝鲜总督的批准，总之，朝鲜的佛教完全被日本当局所控制。殖民地的朝鲜佛教为了争取自立，始终存在着反对日本利用佛教殖民的活动。1910年朝鲜僧人为了反对日本曹洞宗对圆宗的控制和结盟，组织了否定圆宗的运动，倡议成立朝鲜的临济宗组织。1922 年一些朝鲜僧人为了护教自救，在觉皇寺设立朝鲜佛教禅教两宗中央教务院。1925 年又成立了朝鲜佛教中央教务院。越三年召开朝鲜佛教禅教二宗僧侣大会。1941 年朝鲜僧伽以太古寺为总本山，将禅教二宗定为统一的曹溪宗，全国僧侣在曹溪宗的旗帜下希望走上统一的道路。

与此同时，朝鲜的佛教教育也有了新的起色。佛教界曾创办了不少佛教学校、佛教私塾和杂志报纸等，致力于培养佛教人才，扩大佛教影响。另外，一些与佛教有关的新兴宗教组织也相继推出，比较重要的有圆佛教、龙华宗、弥勒宗、法华宗等。有的新兴宗教还受到日本殖民政府的镇压，被迫解散。

## 六

1945 年日本投降，韩国获得解放。不久全国分为两部分，北方是朝鲜民主主义人民共和国，南方是韩国。朝鲜的佛教界曾于 1945 年成立了佛教徒联盟中央委员会，宪法规定人民有宗教信仰的自由。近年来朝鲜的佛教活动有所加强，1986 年佛教徒联盟加入了世界佛教徒联谊会组织。

韩国的佛教在战后发展比较迅速。1945 年 10 月召开了全国僧侣大会，废除了殖民地时期的寺刹令和有关佛教法令，重新制定了新的佛教法，成立了“朝鲜佛教总务院”。政府实行政教分离的政策，保护信仰自由。1954 年又成立“朝鲜佛教信徒会”和“曹溪宗全国信徒会”。此后，又成立了“朝鲜佛教青年组织”、“全朝鲜青年会”等。过去韩国佛教因受日本佛教某些派别的影响，有的教派仿照日本某些教派的做法，允许僧人娶妻食肉，独立后曹溪宗内部一些人要求将此派僧人逐出教团，不承认他们的出家人身份。两派斗争了七八年，最后双方各自成立了总务院。1970 年蓄发带妻一派正式从曹溪宗分出，成立了太古宗。韩国的佛教不仅在民间拥有广泛影响，还渗透到军队里面。1968 年军内增设军人僧侣，军僧和士兵组成了法友会佛教徒组织。1976 年政府把佛诞日定为国家节日，保护佛教界的活动。1979 年韩国影视界拍摄了高丽藏雕板的故事《八万大藏经》电影，评论家以为这是“(韩国)电影史上的最大杰作”。现在韩国的佛教十分盛行，除了老的佛教宗派曹溪宗、太古宗外，还出现了不少新的佛教派别：真觉宗、佛入宗、元晓宗、普门宗、华严宗、总和会、一乘宗、天台宗、真言宗、净土宗、大乘宗等。在教理上也有所革新或融合各家教义。韩国的佛教大学有曹溪宗的东国大学、圆佛教的圆光大学等。佛教在韩国人民的生活中有着重要的影响，据有关统计，信仰佛教的韩国人占全国总人口的 35%以上，是全国宗教徒的 50%，达一千三百余万人。

## 七

韩国的佛教自传入至今已有一千五百余年的历史了，佛教早已成为韩国的传统宗教文化的组成部分。佛教对韩国传统文化的发展起过巨大的作用，在韩国宗教史上有着不可磨灭的贡献。韩国的佛教是自中国传入的，从历史上看，到韩国被日本吞并以前为止的一千余年里，韩国的佛教在其总的发展势态上都受到了中国佛教的影响。中国隋唐鼎盛期的佛教促成了新罗佛教的广泛流行。宋明佛教的教禅合一、僧释道三者的合流，使高丽、朝鲜佛教出现了各教会通的情况。以后禅宗在中国成为佛教主流，在韩国也出现同样的情况。韩国佛教史上的盛衰消长，往往取决于一定的社会经济条件，特别是统治阶级的干预结果，这一点在中国佛教史上亦是如此，说明在东亚专制国家，佛教的发展与统治政权的态度有着密切的关系。

中国佛教对韩国的宗教文化产生了深远影响，但是我们也应看到这种宗教文化交流是双向的运动，韩国的佛教也同样对中国的佛教产生过影响。新罗僧元晓所著的《华严经疏》与《大乘起信论疏》(海东疏)在传入中国后，对中国华严宗实际创始人法藏产生过强烈影响，法藏在其所著的《起信论义记》中一再援引元晓的疏解作为自己立论的依据。另外，元晓的注疏也深刻影响了华严宗四祖澄观所作的《华严经疏》。元晓所著的“二障义”与法藏在《华严五教章》中所述的“断惑义”、元晓倡导的“空有会通”与法藏宣传的“空有交彻”思想都是前后一贯，如出一辙。另一位新罗僧圆测是中国唯识学三个派别之一的“西明派”的理论奠基人。他的会通新、旧唯识的思想虽然在中国汉地影响不大，但在韩国落根后，迅速传播至日本，并远及中国藏地，对昙旷和宗喀巴都有影响。新罗僧顺璟来唐，直接从玄奘学习因明，传得玄奘“真唯识量”，复立“决定相违不定量”，窥基闻而感叹说：“新罗顺璟法师者，声振唐蕃，学包大小……海外时称独步，于此量作决定相违。”新罗僧太贤弘传玄奘唯识学，其著书也流入中国。新罗僧地藏渡海来华，在九华山示寂，时人尊之藏菩萨示现，九华山遂成为地藏的道场，列为中国佛教四大名山之一。五代时中国天台宗典籍散佚，四明沙门子麟前往高丽搜求甚丰。吴越王钱俶专门派遣使节到高丽索取教典。高丽僧义通来中国天台，学得台宗旨要，弘扬教观二十余年，被奉为中国天台十六祖，发展了中国天台宗教学。元世祖欲刻写藏经，延请善于书写金字经典的高丽僧 100 人至元都写经。韩国僧人对中国佛教的发展也有重要的影响和不可磨灭的功绩。

过去一些中国和日本出版的韩国佛教书籍中，曾有人认为韩国的佛教宗派是中国佛教宗派的“延长”或“移植”。这种说法是与历史事实不符的。韩国的佛教虽然取自于中国，但它在当时的历史条件下，适应了韩国社会斗争的需要，因之有着独自的传统与特质。例如陈末隋初来华求法的高僧圆光回国后大事宣传佛教的“三归五戒”。他把佛教的世俗五戒解释为：“一曰事君以忠；二曰事亲以孝；三曰交友有信；四曰临战无退；五曰杀生有择”，这种解释是和中国、印度佛教一贯主张的“不杀”“无害”精神相对立的，这明显地是要为新罗诸王统一高句丽和百济的军事行动辩护，为国民树立一个道德伦理的标准。又如被称为“八宗之祖”的元晓，在其所撰的大量注释中充分表露了韩国佛教的特点。他提倡“归一心源说”，力图调和“百家之异争”，从和诤论的立场出发，不单对朝鲜的宗派和学说，而且也对中国的佛教理论进行了批判，讥笑中国天台宗大师智顗的“五时八教”是“以螺酌海，用管窥天”，而元晓的佛学思想也受到中国华严宗正统派的批判，静法苑公把元晓的疏解视作“毒树生庭，不可不伐”。但是元晓对现实问题所作的宗教解释，他的超越一切的论证方式，相对的认识理论，会通圆融的立场，象征主义的仪式，对后世韩国的佛教发展一直有着极为重要的影响。这些说明了这样一个事实，即外来的宗教和文化要在异国落根，必须要和当地的现实社会情况和历史传统相结合，否则将不能立足、发展。

韩国的佛教属于北传大乘佛教文化圈中的一环，在这个文化圈中的另外几个国家是中国、日本和越南。韩国的佛教不仅对中国佛教有过影响，对日本的佛教也产生过重要的影响。在古代交通工具不发达的情况下，许多日本僧人往往取道朝鲜半岛，经中国东北地区到内地学习佛教，也有新罗、高句丽僧人到日本弘法，推动了日本佛教的发展。所以在中、日、韩三国组成的东亚佛教文化圈中，韩国的佛教既处于中介的地位，是中国佛教向外传播的中转站和集散地，又是会通中日佛教的结合点。今天我们再来研究韩国佛教时，应该充分正视这一史实，看到它曾在历史上起过的重要作用。

# 隋唐时期中国与朝鲜半岛佛教的交流

## ——新罗来华佛教僧侣考

中朝、中韩是唇齿相依的邻邦，自古以来就有着政治、经济和文化的联系，在人民中间凝成了深厚的友谊。佛教作为文化关系的纽带一直起着重要的作用。在隋唐时期，新罗的佛教进入了繁荣时期，有大批僧人、学者来中国求法和巡礼，他们的活动和撰述，在我国佛教历史上留下了痕迹。在他们回国后还把印度、中国的佛学思想和佛教文化带到了朝鲜，推动了新罗佛教学派、宗派的建立和发展。本文拟对隋唐时期中国与朝鲜半岛的佛教关系作一历史的回顾，对来华僧侣的情况作些必要的考证，冀以补充国内这方面研究的疏漏。

## 一、隋唐时期朝鲜的社会政治情况

隋唐时期(581—907)正当朝鲜半岛上的高句丽、百济和新罗三国鼎立而又统一时期，也是朝鲜封建社会开始形成并取得发展时期。公元6世纪以后，地处朝鲜半岛东南的新罗，借高句丽与百济争霸之际而迅速强盛起来，至7世纪60年代，联合唐王朝，先后灭亡百济和高句丽，统一了朝鲜半岛，新罗统一的王朝建立后，对内采取了中央集权的各项政治措施，完备了九州(地方最大的行政区域)、五京(特殊的行政区域)和郡县制，加强了对各级地方官吏的监督，在经济上采取了奖励生产的各项措施，大兴水利，提高耕作技术，铸兵器为农器，实行了丁田制(按丁男、丁女分给一定数量的土地)，因之出现了“家给人足，民间安堵，域内无虞，仓廪积于丘山"的局面。由于社会经济发展，生活安定，文化艺术也随之出现了繁荣景象，这个时期出现的民族文化为朝鲜古典文化奠定了基础，对外新罗加强了与中国、日本的经济文化交流，经常派遣大批留学生去唐朝学习中国学术、文化。例如公元840年学成回国的新罗留唐学生(包括质子)一次就达105人，他们把朝鲜先进的技艺和工艺品传入中国，同时也把唐代的精神、物质文明带回朝鲜。当时官方和民间的往来十分频繁，新罗"所输物产，为诸蕃之最"(《唐会要》)。从山东半岛到长江口都有新罗商人的活动，他们在聚居区建立了"新罗坊"，有的"新罗坊"内还设有自己的寺院和宿舍。日本高僧圆仁(794—864)在他的《入唐求法巡礼行记》中记述，在山东半岛的赤山，有新罗人寺庙法华院，驻僧二十九人，常年用朝鲜语讲解《法华经》和《金光明经》，听众达200至250人之多。

在隋唐时期，中国和高句丽、百济虽然发生过几次战争，但总的说来，和朝鲜半岛的三国关系还是友好的。在新罗统一三国过程中，罗唐联盟虽然一度出现过分裂，发生冲突，可是不久(在7世纪上叶)两国关系重新恢复正常，前后持续了长达二百年之久的友好睦邻关系，这种关系促进了两国之间的贸易往来以及文化和学术思想的交流。

## 二、中国佛教传入朝鲜的经过

中国佛教最早传入朝鲜三国分立时期的高句丽大概在第十七代君主小兽林王二年(372)，当时前秦苻坚曾派使者及僧顺道送去佛经和佛像，小兽林王也派使答谢。越二年东晋僧阿道又去高句丽，高句丽在首都辑安附近的丸都城建省门寺和伊弗兰寺供顺道、阿道居住。① 晋孝武太元之末(396)，"白足和尚"昙始赍经律数十部往辽东(今朝鲜地区)弘化，"显授三乘，立以归戒"，这是高句丽传闻佛法的开始。②平原王十八年(576)，大丞相王高德派遣沙门义渊入邺(北齐都城，今河北临漳县西)向定国寺和尚法上询问佛教的缘由③。宋末齐初时，高句丽僧朗由辽东至江南，从昙庆学三论，在摄山嗣法于黄龙(今吉林地方)法度，学习华严等经义，天监十一年(512)梁武帝遣僧正智寂、僧怀、惠

---

① 《三国史记》卷十八，但《海东高僧传》卷一称：顺道来后四年，僧阿道至自魏。《三国遗事》又说：越四年甲戌，阿道来自晋。

② 《高僧传》卷十。

③《续高僧传》卷八。

令等10人诣摄山从僧朗学习三论、华严，梁武帝还根据僧朗的义解作章疏①。

佛教传入朝鲜半岛西南的百济稍晚于高句丽。枕流王元年(384)梵僧摩罗难陀由东晋到达百济的汉山城，受到百济王的热诚接待，翌年创佛寺于汉山，度僧十人②，这是百济国家佛教的开始，但在这以前，百济和晋有频繁的接触，佛教已通过高句丽传入百济，这从近年来在汉江畔纛岛出土的建武四年(338)镕铸的金铜佛坐像铭文可以证实。自此以后，佛教在百济日益兴盛，“僧尼寺塔甚多”③，在中朝交通的门户——泰安半岛的瑞山和唐津的西海岸建有泰安摩崖伽蓝、云山摩崖伽蓝、百济金刚佛伽蓝和修德寺等。梁武帝大同七年(541)，百济遣使赴梁求涅槃等经义并工匠画师④。另据日本佛教史传记载，最早去日本弘法的百济僧侣中也有很多去中国留学的。如钦明天皇十五年(554)在日本最早宣教的沙门昙慧、道深都在中国学习过三论、成实等，受到鸠摩罗什思想的影响很深。

位于朝鲜半岛东南的新罗，一般认为佛教是在讷祇王时(417—418)由高句丽输入的。在南北朝时，新罗有不少僧人来我国求学、巡礼。据不完整统计，自6世纪中叶到7世纪末的150年间，到中国和印度求法的新罗高僧共21人，其中去印度的有9人，到中国的著名高僧有玄光、明观、无相、圆光、智明、安含、慈藏等。梁武帝太清三年(549)遣使沈瑚并新罗学僧觉德送佛陀舍利至新罗，新罗真兴王奉迎于兴轮寺⑤。陈文帝于天嘉六年(565)又遣使刘思及留学僧明观至新罗送佛教经论2700余卷⑥。新罗的经籍臻于完备，在陈灭隋兴后，新罗和隋唐的佛教关系尤为密切，我将在后一节中详加阐述。

## 三、隋唐时期新罗入华僧侣的活动和著译

隋唐时期适值朝鲜新罗王朝统一三国时期，由于政治的统一、经济的发展和文化的繁荣，在新罗出现了空前未有的繁荣和安定局面。史家称这个时期为“圣代”。随着佛教的蓬勃发展，新罗陆续派出了不少僧侣来我国求法和巡礼。

---

① 《续高僧传》卷八。

② 《三国史记》卷二十四。

③ 《周书》卷四十九。

④ 《梁书》卷五十四；《三国史记》卷二十六。

⑤ 《三国史记》卷四、《海东高僧传》卷二。

⑥ 《三国史记》卷四。

据朝鲜李能和所著《朝鲜佛教通史》的记录，自从6世纪前半期新罗正式信奉佛教以来，一直到10世纪初的380年左右期间，入华求法的新罗高僧共有64人，其中包括去印求法高僧10人。又据日本中吉功在其(1974)新编的《海东的佛教》所附年表统计，自隋初(581)至唐末(907)的328年中，新罗来华的佛教僧侣共66人。但据本文作者多方搜集统计共得117人，其中未见朝鲜史籍的有20余人。现将来华僧侣法名、入隋唐年月、主要活动、主要著译和阙疑的问题分别列表如下：

| 来华僧侣法名 | 入隋唐年月 | 主要活动 | 主要译著 | 阙疑 | 史料来源 |
|---|---|---|---|---|---|
| 智明 | 585(隋文帝开皇五年)陈后主至德三年 | 新罗僧。于陈后主至德三年(585)入华求法，在我国云游海陆，辗转西东，于隋文帝仁寿二年(602)与新罗入朝使一起返国，宣传戒律，深得真平王崇仰，初奉为“大德”，后又褒加“大大德”。 | 《四分律羯磨记》一卷，失。 |  | 《三国史记》卷四，《海东高僧传》卷二。 |
| 圆光 | 589(开皇九年) | 新罗僧。俗姓朴，幼习儒学，二十五岁至隋金陵，削发为僧，从庄严寺僧旻学习成实、涅槃，博览经论，后又投吴之虎丘山。开皇九年游京都长安，听昙迁、慧远讲授《摄论》，颇受影响。新罗真平王二十二年(600)奉诏回国，回国后，朝野奉迎，开讲大乘经典，宣传忠君护国思想，年九十(641)入寂。 | 《如来藏经私记》一卷，失，《大方等如来藏经疏》一卷，失。 | 《续高僧传》卷十三述圆光俗姓朴，辰韩之后，641年入寂。朝鲜史传相沿称：圆光俗姓薛氏，30岁出家，留学中国，84岁入寂。 | 《续高僧传》卷十三，《海东高僧传》卷二，《三国史记》卷四，《三国遗事义解》第五。 |
| 圆安 | 不详 | 圆光弟子，在中国云游各地，寻诸经论，住蓝田津梁寺，不知所终。 |  | 朝鲜僧传不记。 | 《续高僧传》卷十三。 |
| 波若 | 589前 | 百济僧，陈时入华，在金陵听讲佛法，隋并陈(589)，游方学业，年十六入天台，北向智者大师求授禅法，以后隐居天台山最高峰华顶十有六载，大业九年(613)忽自下，入寂于国清下寺，春秋五十有二。 |  | 朝鲜僧传不记。 | 《续高僧传》卷十七。 |

续表

| 来华僧侣法名 | 入隋唐年月 | 主要活动 | 主要译著 | 阙疑 | 史料来源 |
|---|---|---|---|---|---|
| 昙育 | 596(文帝开皇十六年) | 新罗僧。在华巡礼后于炀帝大业元年(605)随新罗入朝使惠文返国。 | | 中国僧传、僧史不记。 | 《三国史记》卷四。 |
| 玄光 | 557—589之间 | 新罗熊州人，于陈时来我国求禅法，往衡山谒天台宗六祖慧思，慧思密授法华安乐行门，自称证得法华三昧，后游锡江南，乘本国舟舰返回新罗，回国后在熊州翁山结茅成梵刹，弘天台教义，从者甚多。 | | 熊州在隋时系百济属地，称为泗沘。新罗灭高丽改称熊州(今公州)，见《中国历史地图集》(隋唐五代十四)第9—10，67—68页。由于《玄光传》中只说陈时来我国，据地名可推知玄光是新罗统一三国以后时代的人。 | 《续高僧传》卷十八。 |
| 安含(安弘)惠宿 | 616(炀帝大业十二年) | 新罗僧。诗书世家出身，真平王二十二年(600)与高僧惠宿为伴，乘桴至隋，遇风浪折回。616年入隋，隋王引见，敕配于大兴圣寺，真平王四十二年(620)偕同西域僧毗摩罗真谛返国，641年终于万善道场。 | | 按崔致远所撰《义湘传》云："湘于建福四十二年受生，东方圣人安弘法师与西国三三藏、汉僧二人至自唐"，又据《三国史记·新罗本纪》载："真兴王三十七年，安弘入陈求法，与胡僧……三人回。"自真兴王三十七年(576)至真平王建福四十二年(620)相差约44年。因此安含与安弘可能是两人，但史迹相混，几不可辨。 | 《三国史记》卷四，《海东高僧传》卷二，崔致远《义湘传》。 |

续表

| 来华僧侣法名 | 入隋唐年月 | 主要活动 | 主要译著 | 阙疑 | 史料来源 |
| --- | --- | --- | --- | --- | --- |
| 毗摩罗真谛 | 不详 | 北印乌苌高僧。44岁(605)时随昙育、慧文去新罗，在新罗从事译经。620年归唐。 | 《旃檀香火星光妙经》，失。 |  | 《海东高僧传》卷二。 |
| 农伽陀 | 不详 | 西域来华高僧，46岁(605)时随昙育等去新罗，620年归唐。 |  |  |  |
| 佛陀僧伽 | 不详 | 印度摩豆罗国高僧，46岁(665)时随昙育等去新罗。620年归唐，625年又赴新罗。 |  |  |  |
| 高句丽遣使(未记名) | 625(新罗真平王四十七年，高句丽义留王八年，唐高祖武德八年) | 入唐学佛老教法。 |  |  | 《三国史记》卷二十。 |
| 慧显 | 627(唐太宗贞观元年) | 百济僧，住修道寺，习诵法华经，贞观初年死于中国，年五十八。 |  | 朝鲜僧传不记。 | 《续高僧传》卷二十八。 |
| 阿离耶跋摩 | 627 | 新罗僧，以贞观年中(627—649)出长安，去印度求法，巡礼佛迹，住那烂陀寺，抄写众经，年七十，死于该寺。 |  | 有人考证去印游学的时间为641年(善德女王十年)。 | 《大唐西域求法高僧传》。 |
| 慧业 | 627 | 新罗僧。贞观年间往游西域，复至天竺，年六十余终于印度那烂陀寺。 |  |  | 《大唐西域求法高僧传》。 |
| 玄太 | 627 | 新罗僧。永徽(650—655)年中取道吐蕃经尼泊尔至中印度，礼拜菩提伽耶菩提树，详检经论，旋还唐土，不知所终。 |  |  | 《大唐西域求法高僧传》。 |
| 玄恪 | 627 | 新罗僧，贞观年中与玄照相随至尼泊尔大觉寺，遇疾而亡。 |  |  | 《大唐西域求法高僧传》。 |

续表

| 来华僧侣法名 | 入隋唐年月 | 主要活动 | 主要译著 | 阙疑 | 史料来源 |
| --- | --- | --- | --- | --- | --- |
| 新罗二僧 | 不详 | 莫知其讳，发自长安，远之南海，泛泊至室利佛逝国西婆罗师国，遇疾俱亡。 | | | |
| 慧轮（惠轮） | | 新罗僧。梵名般若钵摩，自新罗泛舟至闽越，涉途至长安，随玄照法师西行，遍礼印度佛迹，居庵罗跋国十年。 | | | |
| 玄游 | | 高句丽国人，随师于狮子国(今斯里兰卡)出家。 | | | |
| 明朗 | 632(贞观六年，新罗善德女王元年) | 新罗僧。字国育，称瑜伽法师，神印宗祖，635 年由唐归国。668 年唐将李勣率大军袭灭新罗时，新罗王曾求助于明朗，明朗开“秘法禳之”。 | | | 《三国遗事》卷五。 |
| 慈藏、僧实等10 余人 | 636 | 新罗僧。慈藏俗姓金，名善宗郎，父母亡后，舍弃妻子田园，出家为僧。贞观十年率门人僧实等十余人入唐求法，初往清凉山礼佛，复居长安终南山云际寺，唐太宗赏识有加。643 年本国善德王请还，携《大藏经》一部及佛舍利、幡盖归国，新罗王敕为大国统。慈藏整顿僧尼戒律，立僧统制并创议改用唐制冠服。 | 《阿弥陀经疏》一卷，失；《阿弥陀经义记》一卷，失；《四分律羯磨私记》一卷，失；《十诵律木叉记》一卷，失；《观行法》一卷，失。 | | 《续高僧传》卷二十四，《三国遗事》有关条目。 |
| 圆胜 | 627—649(贞观初年) | 新罗僧，贞观初年入唐，与慈藏同返本国，弘传律部。 | 《梵网经记》《四分律羯磨记》《四分律木叉记》。 | | 《续高僧传》卷二十四。 |

续表

| 来华僧侣法名 | 入隋唐年月 | 主要活动 | 主要译著 | 阙疑 | 史料来源 |
|---|---|---|---|---|---|
| 义湘 | 661(唐高宗龙朔元年) | 新罗高僧，俗姓金氏，出身贵族，年二十九落发。文武王元年(661)入唐，初止扬州，寻往终南山至相寺，从智俨学华严，与贤首大师同学，名噪一时，会唐与新罗失和，湘受拘留于中国的首相金钦顺密谕，于671(或670)携带唐进攻新罗的情报返国，湘回国后住太白石，创浮石寺，弘传大乘学说，为海东华严初祖，702年入寂，春秋七十有八。有弟子三千，贤哲十人。 | 《一乘法界图》一卷，存；《入法界妙品》，失；《华严十门看法观》一卷，佚；《阿弥陀经义记》一卷，佚；《白花道场发愿文》一篇，存;《诸般请文》，佚。 | | 《浮石寺碑》、《宋高僧传》卷四、《三国遗事》卷三。 |
| 惠通 | 不详 | 新罗僧。入唐传无畏三藏密咒印诀，于665年返国。 | | | 《三国遗事》卷五。 |
| 明晓 | 不详 | 新罗僧。在长安佛授记寺翻经院侍从不空三藏，译出《羂索陀罗尼经》。 | | | 《不空传》。 |
| 顺璟 | 666—667(唐高宗乾封年间) | 乐浪群人，新罗士族，于唐高宗乾封年间入唐。学唯识论，擅因明。传得玄奘“真唯识量”后立“决定相违不定量”，深得窥基赏识，名声大震，所宗法相大乘了义教。著作甚丰，惜多已遗失，在我国亦有流传。 | 《法华经料简》一卷，佚；《大毗婆娑心论抄》十卷，佚；《成唯识论简》一卷，佚;《因明入正理论抄》一卷，佚。 | 朝鲜僧传不录。 | 《宋高僧传》卷四。 |

续表

| 来华僧侣法名 | 入隋唐年月 | 主要活动 | 主要译著 | 阙疑 | 史料来源 |
|---|---|---|---|---|---|
| 神昉 | 不详 | 永徽元年(650)玄奘在慈恩寺翻经院翻译《本事经》七卷时，神昉充笔受，翌年翻译《十轮经》十卷时，作经序。 | 《十轮经抄》三卷，失；《十轮经疏》八卷，失；《十轮经音义》一卷，失；《大乘大集地藏十轮经序》一篇，存；《成唯识论要集》十三卷，失；《显成唯识论集记》一卷，失；《种姓差别集》三卷，失。 | 朝鲜史传不详 | 《开元释教录》卷八，《东域传灯目录》弘经录一。 |
| 法安 | 不详 | 669年唐高宗遣法安去新罗求磁石，翌年被杀于浿江。 | | 新罗僧或汉僧不详。 | 《三国史记》卷六。 |
| 琳润 | 不详 | 唐僧，唐高示咸亨二年(671)奉使赍书至新罗。 | | | 《三国史记》卷七。 |
| 道隆（道澄） | 不详 | 新罗僧，692年(武则天长寿元年)自唐归国，献天文图。 | | 《朝鲜佛教通史》上篇第90页作道澄。 | 《三国史记》卷八。 |
| 胜诠 | 不详 | 新罗僧。附舶入唐，诣贤首大师法藏，受华严玄义。692年由唐还新罗时，曾携法藏书信及贤首疏抄给义湘，朝鲜华严之学，由是益彰。 | | 胜诠带至新罗的书信于清嘉庆二十一年(1816)在北京琉璃厂发现。但书信的真伪和带回之人一直有争议。 | 《朝鲜佛教通史》上篇89页。《唐贤首国师真迹"寄新罗义湘法师书"考》，载《南都佛教》26号，1971。 |

续表

| 来华僧侣法名 | 入隋唐年月 | 主要活动 | 主要译著 | 阙疑 | 史料来源 |
|---|---|---|---|---|---|
| 审祥 | 不详 | 新罗僧，入唐从贤首大师学华严，以后去日本，日本天平十二年(704)在金钟道场讲华严，742年入寂。 | 《华严起信观行法门》一卷，失。 | | 《本朝高僧传》。 |
| 智忍(智仁) | 不详 | 新罗僧。贞观二十三年(649)玄奘翻译《般若心经》及《因明正理论本》时充笔受，余不详。 | 《十一面经疏》一卷，失；《四分律六卷抄记》十卷，失；《佛地论疏》四卷，失；《显扬论疏》十卷，失；《杂集论疏》五卷，失。 | | 《贞元释教录》卷十一、《东域传灯目录》二、三。 |
| 圆测 | 627 | 新罗王孙，讳文雅，幼年出家，15岁入唐长安，师事法常、僧辩，习唯识学。玄奘回国后，即前去受学，受《瑜伽师地论》《成唯识论》。46岁时任西明寺大德，讲唯识论，以后充地婆诃罗、提云般若和实叉难陀译经之证义。新罗神文王数度促其返国，武后不许。696年参加《华严经》的翻译，未竟而卒，享寿八十四。 | 共著书十九部八十三卷，但现存只三部十七卷。《解深密经疏》十卷存，《仁王经疏》六卷存，《心经赞》卷存。 | ①关于圆测出身问题。朝鲜《三国遗事》云：以牟梁里人(贱民)故，不授僧职。”与《宋高僧传》记“新罗王孙”不符；②据朝鲜僧传，圆测八十岁时(692)曾返国，但中国无记录；③对圆测之为人，中朝史料，褒贬不一，或谓“不德之人”，或谓“高洁之士”。 | 宋复撰：《圆测法师舍利塔铭》，《宋高僧传》卷四，崔致远撰《圆测和尚讳日文》。 |

续表

| 来华僧侣法名 | 入隋唐年月 | 主要活动 | 主要译著 | 阙疑 | 史料来源 |
| --- | --- | --- | --- | --- | --- |
| 道证 | 不详 | 新罗僧，圆测弟子，朝鲜孝昭王元年(692)返国献天文图，僧太贤之师。余不详。 | 《般若理趣分经疏》一卷，失；《大般若经籍目》二卷，失；《金刚般若经疏》一卷，失；《西方极乐要赞》一卷，失；《成唯识论纲要》十三卷，失；《摄大乘论世亲释论疏》十六卷，失；《弁中边论疏》三卷，失；《因明入正理论疏》二卷，失；《大因明论疏》二卷，失；《圣教略述章》一卷，失；《天台山智者大师别传》一卷，失。 | | 《三国史记》卷八，《新编诸宗教藏·总录》卷一，见《大正藏》第五十五卷，《东域传灯目录》(同上)《注进法相宗章疏》(同上)。 |
| 金思让 | 703(则天武后长安三年) | 704年由长安归，献《金光明最胜王经》。 | | | 《三国史记》卷八。 |

续表

| 来华僧侣法名 | 入隋唐年月 | 主要活动 | 主要译著 | 阙疑 | 史料来源 |
|---|---|---|---|---|---|
| 胜庄 | 不详 | 生平不详，曾充义净在东都福先寺和西明寺译出20部经论之证义，并参加菩提流支新译《大宝积经》120卷的工作。圆测的塔铭和传记中都提到胜庄，系大荐福寺的大德和圆测的弟子。 | 《金光明最胜王经疏》八卷，失；《菩萨戒本述记》四卷，存；《成唯识论决》三卷，失；《佛性论义》一卷，失；《大因明论述记》二卷，失；《起信论问答》一卷，失。 |  | 《开元释教录》卷九、《贞元释教录》卷十三、《宋高僧传·慧沼传》卷四。 |
| 金大悲 | 722(玄宗开元十年) | 洪州开元寺新罗僧，贿汝州人张净满钱二十千取禅宗六祖大师首，欲归海东供养。 | 《金刚般若经疏》一卷，失。 | 《景德传灯录》记六祖首为新罗僧窃得，归海东供养，恐失实。《般若经疏》可能是另一个叫大悲的和尚所撰。 | 《景德传灯录》卷五、《朝鲜佛教通史》上篇第99页。 |
| 无相 | 728(玄宗开元十六年) | 新罗国王第三子，728年附舶至长安，玄宗特召见，敕往禅定寺，后入蜀资中谒智诜法师，授禅法，改名为无相。安史之乱，玄宗避难入蜀时曾于内廷供养。756年无疾而终，春秋七十七。 |  | 朝鲜资料阙如。 | 《宋高僧传》卷十九。 |
| 本如 | 744以后 | 新罗禅僧，南岳怀让(677—744)法嗣。 |  |  | 《景德传灯录》卷六。 |

续表

| 来华僧侣法名 | 入隋唐年月 | 主要活动 | 主要译著 | 阙疑 | 史料来源 |
|---|---|---|---|---|---|
| 无漏 | 758(肃宗乾元元年) | 新罗王子，因避位附舟来唐，长途跋涉于阗，远达葱岭之墟，后因故折回贺兰山，结茅栖止，安史之乱，肃宗训兵灵武，宣徵不起，命郭子仪往谕之，应诏从军，不久归山示寂。 | | 《宋高僧传》亦称无漏是新罗王第三子，恐与无相混淆。朝鲜史料不详。 | 《宋高僧传》卷二十一。 |
| 无表 | 742—759(玄宗天宝至肃宗乾元年间) | 三韩人，天宝中来唐，又往西域瞻礼圣迹，身负《华严经》八十卷，寻访菩萨，寓支提石室，会昌法难时，所藏卷帙未毁，后不知所终。 | | | 《宋高僧传》卷三十。 |
| 佚名 | ？—761 | 新罗僧，生平不详，曾来中国。 | 孙逖有诗《送新罗法师归国》。孙逖主要活动于开元、天宝中，卒于761年。 | 《文苑英华》卷二一九、《旧唐书》卷一九〇、《新唐书》卷二〇二有孙逖传。 | |
| 悟真 | 781(德宗建中二年) | 新罗僧。建中二年从长安青龙寺惠果授胎藏及诸尊持念教法，贞元五年(789)去中印度，终于西藏。 | | | 《青龙寺三朝供奉大德行状》《惠果和尚碑铭》。 |
| 惠目 | 781 | 新罗僧。建中二年将本国信物，奉上青龙寺惠果禅师，求授胎藏界、金刚界等诸尊瑜伽，学成后回国。 | | | 同上。 |
| 明寂 | 784(德宗兴元元年) | 新罗僧，宣德王五年与使者韩粲、金让恭入唐。 | | | 《祖堂集》卷十七。 |

续表

| 来华僧侣法名 | 入隋唐年月 | 主要活动 | 主要译著 | 阙疑 | 史料来源 |
|---|---|---|---|---|---|
| 地藏 | 756—803（至德至贞元年间） | 俗姓金氏，新罗王子，少颖悟，落发后至唐，入池阳（今安徽清阳县）九华山修禅，后于九华山修伽兰安居。本国闻之，遣人渡海相寻。于贞元十九年（803）如趺而灭，春秋九十九。称地藏王菩萨。 | | 朝鲜史料大都不记。 | 《宋高僧传》卷二十。 |
| 梵修 | 799（德宗贞元十五年） | 新罗僧。返新罗时携去《华严经》及澄观义疏。 | | | 《朝鲜佛教通史》上篇第99页。 |
| 顺应、利贞 | 800—808（新罗哀庄王时） | 新罗僧。归国后治愈哀庄王后重病，建海印寺。 | | | 同上书，第100—102页。 |
| 慧昭 | 804 | 俗姓崔氏，其先汉族。新罗哀庄王五年（804）随岁贡使入唐，至沧州谒神鉴大师，受具足戒于嵩山少林寺，游终南山，830年还新罗，在康州智异山建玉泉寺，850年入寂，年七十七，谥真鉴国师。 | | 别记慧昭新罗兴德王时代（826—835）入唐，居沧州。 | 崔致远《真鉴国师碑铭并序》。 |
| 金宪章 | 810（宪宗元和五年） | 新罗王子，于宪德王二年入唐送金银佛像及佛经等。 | | | 《三国史记》卷十。 |
| 慧超（惠超） | 不详 | 新罗高僧。入唐后经海路至五天竺，巡礼佛迹。开元十五年（727）由陆路返西域，著《往五天竺国传》。733年在长安从金刚智授密法。740年在荐福寺充译经笔受，780年（建中元年）于五台乾元菩提寺作《大乘瑜伽大教王经》序。余不详。 | 《往五天竺国传》三卷，敦煌发现残篇，《大乘瑜伽大教王经序》一篇存，《贺玉女潭祈雨表》一篇存。 | 对《往五天竺国传》中的事迹解释不一。 | 《往五天竺国传》残篇。 |

续表

| 来华僧侣法名 | 入隋唐年月 | 主要活动 | 主要译著 | 阙疑 | 史料来源 |
|---|---|---|---|---|---|
| 惠哲（慧彻） | 814（宪宗元和九年） | 新罗僧，字体空，称寂忍禅师，元和九年入唐诣龚公山智藏大师，学禅法于怀让之弟子道一。后游历名山大川，在西州浮沙寺学习大藏经三年，839 年返新罗，建逐虻寺，为景文、宪康两朝国师，深得新罗宪德王器重，尝问理国之要，惠哲上封事若干条，皆时政之急务。861 年示寂，享年七十有七。 |  | 《景德传灯录》卷九提到的西堂藏禅师法嗣新罗国慧法师，可能就是慧彻。 | 崔贺撰《寂忍禅师碑铭并序》，见《朝鲜佛教通史》上篇第 112 至 116 页。 |
| 道义（道仪） | 814 | 新罗僧，俗姓王，814 年入唐，在广州宝坛寺受戒，后为怀让门下第三世江西开元寺西堂藏禅师法嗣。 |  |  | 《景德传灯录》卷九。 |
| 无染 | 821—824（穆宗长庆年间） | 俗姓金，武烈王八代孙，长庆初，随正朝使王子昕入唐，游历各地，为蒲州麻谷山宝彻禅师法嗣。会昌五年(845)归国，住圣住寺，为新罗三朝国师，新罗王常垂问军国大事。886 年示寂，谥大朗慧和尚。 | 《无舌土论》存。 |  | 《大朗慧和尚白月荷光之塔碑》见《朝鲜佛教通史》第 134 页，《景德传灯录》卷九。 |
| 无著 | 821(?) | 新罗僧。生平不详。 |  | 中国僧人法照有诗《送无著禅师归新罗国》，但唐朝有两个法照，一为禅僧(821)，另一为净土宗僧人(777)。 | 《文苑英华》卷二二〇，《宋高僧传》卷二十一、二十五。 |

续表

| 来华僧侣法名 | 入隋唐年月 | 主要活动 | 主要译著 | 阙疑 | 史料来源 |
| --- | --- | --- | --- | --- | --- |
| 玄昱 | 824 | 新罗僧。中国京兆章景寺怀恽禅师法嗣。837年自唐归，新罗四朝国王待以师礼，870年示寂，享年八十有二，称东国慧山和尚，谥圆鉴。 | | | 《祖堂集》卷十七，《景德传灯录》卷九。 |
| 道允（道均） | 825 | 新罗禅僧，俗姓朴，住双峰寺。道允披究《严华严经》曰，“圆顿之教岂如心印之法”，乃入唐求法。为南泉普愿禅师法嗣，847年归国，866年入寂，年七十一岁。 | | 《景德传灯录》十列道均为南泉普愿禅师法嗣。 | 《海东七代录》转引自《朝鲜佛教通史》第104—105页，《景德传灯录》卷十。 |
| 宝川、孝明 | 827（文宗太和元年） | 新罗太子宝川、孝明入唐五台山巡礼。 | | 中国史料不记。 | 《三国遗事》卷三。 |
| 梵日（品日） | 831 | 新罗僧，年十五出家，大和中入唐明州开国寺，继为盐官齐安禅师法嗣，后返国，836年又来唐，迄847年再回新罗兴建崛山寺，889年入寂，享年八十岁。世称崛山祖师。 | | 关于梵日是否再度来唐，朝鲜史料记载有矛盾。 | 《三国遗事》卷三、《三国史记》卷十、《景德传灯录》卷十。 |
| 道均 | ? | 新罗禅僧，池州南泉普愿禅师法嗣。 | | | 《景德传灯录》卷十。 |
| 金能儒并僧九人 | 831 | 兴德王遣王子金能儒并僧九人入唐。 | | | 《三国史记》卷十、《通史》上篇第103页。 |
| 金义琮 | 836 | 新罗僖康王元年王子金义琮入唐道谢，僧梵日随行。 | | | 《三国史记》卷十。 |
| 觉体 | ? | 新罗僧，京兆章景寺怀恽禅师法嗣。 | | | 《景德传灯录》卷九。 |

续表

| 来华僧侣法名 | 入隋唐年月 | 主要活动 | 主要译著 | 阙疑 | 史料来源 |
|---|---|---|---|---|---|
| 体澄 | 837(文宗开成二年) | 新罗禅僧。俗姓金，熊津人。出家后于开成二年入唐，历游诸州名山胜地。840年偕同平庐法师归国，宪安王屡请入京，未就，住迦智山寺，880年示寂，年七十有七，谥普照法师。 | | | 《普照禅师灵塔碑铭》 |
| 贞育、虚会 | 837 | 与体澄同入唐，余不详。 | | 中吉功编《海东的佛教》年表第67页。贞育作贞怀可能见之于《宝林寺彰圣塔碑》，但本文作者未见此碑铭，怀疑有误。 | 同上。 |
| 洪直(陟) | 不详 | 新罗僧，被称为东国实相和尚，西堂藏禅师法嗣，兴德王时归国，宣康太子迎入宫中，传禅法。谥证觉大师。 | | 据朝鲜资料，在兴德王时(742—764)归国，其入唐、归国年代恐不实。 | 《证觉大师碑铭》、《景德传灯录》卷九。 |
| 迦智、忠彦 | 不详 | 新罗僧，怀让禅师第3世下明州大梅山法常禅师法嗣。 | | 迦智是新罗禅宗派别之一的名称。道场在迦智山宝林寺，迦智可能是迦智山派禅僧之泛称。 | 《景德传灯录》卷十。 |
| 大矛 | 不详 | 新罗僧。庐山归宗寺智常禅师法嗣。 | | | 《景德传灯录》卷十。 |
| 智异山和尚 | 不详 | 新罗禅僧。怀让第五世镇州临济义玄禅师法嗣。 | | | 《景德传灯录》卷十二。 |
| 钦忠 | 不详 | 新罗禅僧。潭州石霜山庆诸禅师法嗣。 | | | 《景德传灯录》卷十六。 |
| 阿飡元弘 | 851(宣宗大中五年) | 新罗派遣入唐使，赍佛经并佛牙从新罗归。 | | | 《三国史记》卷十一。 |

续表

| 来华僧侣法名 | 入隋唐年月 | 主要活动 | 主要译著 | 阙疑 | 史料来源 |
|---|---|---|---|---|---|
| 大通 | 856(大中十年) | 新罗僧。与新罗派遣贺正使一起入唐。 | | | 《忠州大宝禅光塔铭》 |
| 顺之 | 858 | 新罗僧，俗姓朴，号了悟，䴗江人，早年在五冠山落发，大中十二年入唐。为袁州仰山慧寂和尚弟子，乾符初(874)归国，住五冠山龙严寺，年六十五示寂。 | 《现法相表》一篇存，《三遍成佛篇》一篇存。 | 《景德传灯录》顺之作顺至。九冠山作五冠山。 | 《景德传灯录》卷十二、《祖堂集》卷二十。 |
| 金因 | 870(懿宗感通十一年) | 于870年入唐，余不详。 | | | 《三国史记》卷十一。 |
| 行寂 | 870 | 俗姓崔，齐国丁公后裔，留㢙难林，早年出家，咸通十一年，随备朝使金紧荣入唐，住上京保堂寺，后投五台山华严寺，至成都巡谒无相法师影堂，赴曹溪拜祖师之塔，为潭州石霜山庆诸禅师法嗣，后还新罗，孝恭王待以国师之礼，住石南山寺，后梁贞明二年(916)无疾而终，春秋八十五，谥朗空大师。 | | 据《朗空塔碑铭》行寂于咸通十一年(870)来唐，中和五年(唐僖宗光启元年，885)返国。 | 《朗空大师白月栖云之塔碑》，见《朝鲜佛教通史》上篇第168—174页，《景德传灯录》卷十六。 |
| 佚名 | 不详 | 新罗僧。 | | 姚鹄有诗《送僧归新罗》。 | 《文苑英华》卷二二三。 |
| 雅觉 | 860—874 | 新罗僧。 | | 张乔有诗《送龙(新)罗僧》及《送僧雅觉归东海》，张乔唐咸通道士，隐九华山，工诗。 | 《文苑英华》卷二二四，《中国人名大词典》第954页。 |

续表

| 来华僧侣法名 | 入隋唐年月 | 主要活动 | 主要译著 | 阙疑 | 史料来源 |
|---|---|---|---|---|---|
| 清虚 | | 新罗僧，潭州石霜山庆诸禅师法嗣。 | | | 《景德传灯录》卷十六。 |
| 金藏 | | 新罗僧，袁州洞山良价禅师法嗣。 | | | 《景德传灯录》卷十七。 |
| 清院 | | 新罗僧，筠州九峰道虔禅师法嗣。 | | | 《景德传灯录》卷十七。 |
| 卧龙 | | 新罗僧，潭州云盖山志元禅师法嗣。 | | | 《景德传灯录》卷十七。 |
| 瑞岩、泊岩、大岭 | | 新罗僧，潭州谷山藏禅师法嗣。 | | | 《景德传灯录》卷十七。 |
| 大无为 | | 新罗僧，福州雪峰义存禅师法嗣。 | | | 《景德传灯录》卷十九。 |
| 迥（向）微 | 891（昭宗大顺二年） | 新罗入唐从洪州道膺法师学禅法。905年还国，917年入寂，谥先觉。 | | 道膺法师在禅宗史传中有记载，但查不到此人。 | 《先觉大师遍光灵塔碑》。 |
| 利严 | 894（昭宗乾宁元年） | 俗姓金，汉裔，12岁出家学习三藏，乾宁初随新罗入浙使崔艺熙入唐，投洪州道膺法师门下，受禅法，嗣后北游恒岱，南抵衡庐，911年返国，王命留驻舍那内院，备问政事，深得朝野欢迎，后建广照寺于开京，936年入寂，年六十有七，谥真彻国师。 | | | 《宝月乘空塔碑》见《朝鲜佛教通史》上篇第163至168页。 |
| 云住 | | 新罗僧，洪州云居山道膺禅师法嗣。 | | | 《景德传灯录》卷二十。 |

续表

| 来华僧侣法名 | 入隋唐年月 | 主要活动 | 主要译著 | 阙疑 | 史料来源 |
|---|---|---|---|---|---|
| 庆猷 | 不详 | 新罗僧，洪州道膺禅师法嗣，于909年(后梁太祖开平三年)还国。高丽太祖封为王师，965年入寂，谥法镜大师。 | | | 《景德传灯录》卷二。 |
| 慧禅师 | 不详 | 新罗僧，洪州道膺禅师法嗣。 | | 不详 | 《景德传灯录》卷二十。 |
| 兢让 | 899(昭宗光化二年) | 新罗高僧，俗姓王氏，少习儒家经论，弱冠出家，云游四方，光化二年泛舟入唐，于谷山谒道缘和尚，问石霜宗旨，历游江南河北，巡礼五台，居康州伯严寺。新罗王遣使诏回，置京师护国帝释院，命写经论，旋归故里坐化，享年七十有七，加尊号为静真国师。 | | | 《静真国师塔碑铭》，见《朝鲜佛教通史》上篇，第151—162页。 |
| 玄晖 | 906(昭宗天祐三年) | 新罗僧，入唐谒九峰山净土宗道乾大师后归国。 | | | 《净土寺法镜大师慈灯塔碑》。 |
| 丽严 | 不详 | 新罗僧，俗姓金。881年入无量寺为僧，908年(后梁太祖开平二年)由后梁归国，高丽太祖待以殊礼，住菩提寺，929年入寂，寿六十九岁。 | | 另说904年返回朝鲜，见《海东的佛教》第27页。 | 《大镜大师玄机塔碑》。 |
| 黾山 | 不详 | 新罗僧，福州长庆慧棱禅师法嗣。 | | | 《景德传灯录》卷二十一。 |
| 慧云 | 不详 | 新罗僧，安州白兆山志圆禅师法嗣。 | | | 《景德传灯录》卷二十一。 |

## 四、新罗的佛教宗派与隋唐佛教的关系

新罗在668年统一朝鲜半岛后，国势鼎盛，统治阶级出于政治需要，一方面大力扶植儒教势力，另一方面又支持佛教、道教的发展，在新罗佛教的传播和学派、宗派的建立过程中，来华的佛教僧侣起过直接的、重要的宣传和组织作用。不少僧人在华期间曾参与玄奘、金刚智等译经事业，甚至直接参加过我国宗派的组织活动。他们回国时携去大量的佛教经籍和文物，回国后有的继续从事佛教经论的宣传和研究，有的则直接开山授徒，建立宗派。经过一定时期的思想酝酿和组织准备工作，在朝鲜形成了具有民族特点的很多宗派和学派。朝鲜佛教宗派的形成和分立时期大概始自文武王(668)至第四十一代宪德王(805—826)的140余年之间。这个时期也是我国很多佛教宗派积极发展时期，彼此是相互呼应的。

当时中国传入新罗的佛教大致可以分为三种类型：(1)讲授、研习印度和我国佛教经论的所谓"教学"佛教；(2)宣传我国禅宗的禅法和密宗的咒法秘诀的实践佛教；(3)在民间广为流行的阿弥陀佛、观音和弥勒信仰等。

关于隋唐时期我国的佛教派别在目前学者中间有着不同的说法。但一般认为属于学派的有涅槃、地论、摄论、俱舍、毗昙、成实等；属于宗派的有禅、律、天台、华严、三论、慈恩、净土、密宗等。以上这些派别除了地论、毗昙外，几乎都先后传入了朝鲜，虽则它们的影响各有所不同。朝鲜历来有"五教九山"之说。五教即涅槃、律宗、法性、华严、法相等五宗。九山指禅门九山，即实相山、迦智山、阇堀山、桐里山、圣住山、师子山、曦阳山、凤林山和须弥山。现将它们的情况简介如下：

**涅槃宗** 主要依据《涅槃经》经义所建立的宗派。在新罗武烈王时期(654—660)由普德和尚开创。对《涅槃经》研究有成就的学者有元晓、义湘、憬兴、义寂、大贤等。涅槃宗有八大伽兰，根本道场是景福寺。创始人普德和尚有无上、金趣等11高足。

**律宗** 以律藏中的《四分律》为宗旨。善德女王时代(632—646)由慈藏创建于梁州通度寺，曾设坛施戒。慈藏于636年率弟子僧实等入唐，在终南山云际寺学南山律，回国后任大僧统，在芬皇寺开讲"菩萨戒本"，整顿和修订了朝鲜僧尼戒律。

**华严宗** 以《华严经》为宗旨的宗派。在朝鲜分为两派：一为义湘所传我国华严宗思想体系的浮石宗；另一为元晓独自开创的海东宗。义湘于661年入

唐，从华严二祖智俨学宗义，回国后以浮石寺为中心，宣传智俨、法藏的思想，创浮石宗。据说有弟子三千，湘门十德；元晓所建立的宗派称海东宗或芬皇宗，该宗以阐扬元晓的《华严经统》《大乘起信论疏》为宗旨，以《十门和诤论》调和百家的争论，迄高丽王朝末叶时还很盛行。

**法相宗** 亦称唯识宗，以阐扬瑜伽论和唯识论为宗旨。法相宗由真表律师(747)在金山寺创建，承玄奘—圆测—道证—憬兴—大贤的法统。圆测终身留在中国，传印度安慧一系的学说。其弟子道证作《摄大乘论世亲释论释》进一步发挥其师的思想。以后憬兴作《成唯识论义记》《瑜伽论疏》，顺憬作《成唯识论料简》等，为新罗法相宗奠定了理论基础。顺憬的著作还传入中国，受到中国佛学家的重视。

**法性宗** 以弘扬《中论》《百论》和《十二门论》为宗旨，阐述诸法实性之义。此派思想渊源很早，在佛教传入高句丽时，东晋僧阿道、顺道及高句丽僧昙始即传播"三论"的思想，但他们不是建宗的创始人。梁末隋初，高句丽的实法师和印法师大力弘扬三论。在新罗统一三国后，元晓曾著《三论宗要》《广百论宗要》等继续阐述法相学说，但不久即衰微。

除上述五宗外，还有一些小宗派，其中比较重要的是由明朗所建立的神印宗，传杂部密法；惠通所建立的总持宗，传唐善无畏的印诀，以后又有明晓、惠日、慧超等传金刚智、不空等密法。另外，小乘佛教的成实、俱舍学派很早就传入朝鲜，"毗婆娑先至则四郡驰四谛之论"①。新罗著名的佛学家如元晓、憬兴、圆测、净远等人都对《俱舍论》《大毗婆娑论》和《成实论》等作过注释。他们把小乘的空有思想传播到了朝鲜，并且传到了日本。

在新罗统一三国后一百余年，即9世纪初禅宗在朝鲜崛起，逐渐压倒了上述各个宗派。禅宗的兴起除了有着思想的根源外，还有着深刻的社会经济原因，在新罗王朝末期，朝鲜的封建身份制得到了巩固，由于统治阶级加深了对农民和手工业者的压迫和剥削，爆发了一定规模的起义，很多僧人也参加了这些起义。与此同时，统治阶级内部之间、中央与地方势力的矛盾也日益激化。自宣德王(780—785)即位至新罗最后的敬师王(927—935)的150年间，皇室内部为了争夺帝座，进行血腥的残杀，先后有二十个皇帝像走马灯一样登基。这种斗争也反映在思想领域之内。公元682年朝鲜建立了国学，鼓励贵族子弟学习儒家经典，儒学成为主要的统治思想体系。佛教在这个时期虽然在政治和社

① 崔致远：《智证国师碑铭序》。

会生活中还有着影响，但是前一个时期所流传的具有思辨色彩的、为贵族所信奉的“教学佛教”已远远不能适应社会发展的需要。因此，在佛教内部出现了两种新的潮流：一是注意实践方法的禅宗，这个派别在群众中有广泛的影响；二是在民间广为流行的阿弥陀佛、观音和弥勒的信仰。在新罗末期，还出现了把佛教的功德报应思想和道教的阴阳五行及地理风水学说相结合的祈福佛教，使佛教更趋向民间化、神秘化。

在新罗时期，朝鲜的禅宗共分八派，即实相、迦智、阇崛、桐里、圣住、师子、曦阳、凤林八山，至高丽初期又建立须弥山派，称“禅门九山”。禅宗的九山与我国的禅宗法统在思想上有着密切的关系。新罗统一三国后，法朗首先传播我国禅宗四祖道信的禅法，法朗的后嗣神行入唐从五祖黄梅弘忍学习，在朝鲜传播弘忍、神秀一系的北宗禅。另外，道义、惠(慧)哲、洪陟入唐从怀让、道一一系的西堂智藏学习禅法，在朝鲜传播我国的南宗禅。以后，慧昭、无染、慧日、道元、玄昱等又相继回国传播南宗禅法，使南宗禅成为新罗禅宗的主流。现将朝鲜禅门各派与我国禅宗的关系列表(如下页)。

## 五、余论

(一)新罗与中国佛教的交流是中朝文化交流中的一个重要组成部分，这种交流活动除了它本身的宗教意义外，还有着广泛的政治和文化意义。来华的不少僧侣都负有本国的政治和外交使命，他们有的是新罗的正式外交使节；有的是新罗派遣入唐使的引路人或译员，直接或间接参与当时的国家大计。例如陈末隋初来我国的著名僧人圆光于608年曾受新罗真平王之命，修乞师表于隋炀帝，欲请隋兵，以征高句丽。公元668年唐将李勣率大军灭高句丽，将袭灭新罗时，新罗文武王尝求助于入唐高僧明朗，明朗“开秘法禳之”。海东华严宗创始人义湘在留学中国期间，适逢罗、唐失和，唐高宗准备大举进攻新罗。义湘受拘留在中国的新罗首相金钦纯的密谕，于671年急忙返国，把唐入侵之事报告文武王。隋唐时入华的高僧如智明、圆光、慈藏、慧昭、惠哲、无染、玄昱、行寂、兢让、丽严等回国后，都受到新罗王的优渥礼待，仍预闻政事。如惠哲为景文、宪康二朝国师。宪德王问“理国之要。惠哲上封事若干条，皆时政之急务”。无染虽然“山装鸟游，影缀岩溪”，但仍“垂益国之间”，“贡兴利益除害策”。圆光返国后，大讲《仁王护国般若经》，宣传忠君爱国的思想。总之，新罗对佛教的控制比隋唐王朝更为严密，很多来华僧人大都充当着政治角色。

(二)随着佛教在新罗的传播，佛教的哲学、逻辑学、文学、音乐、绘画、

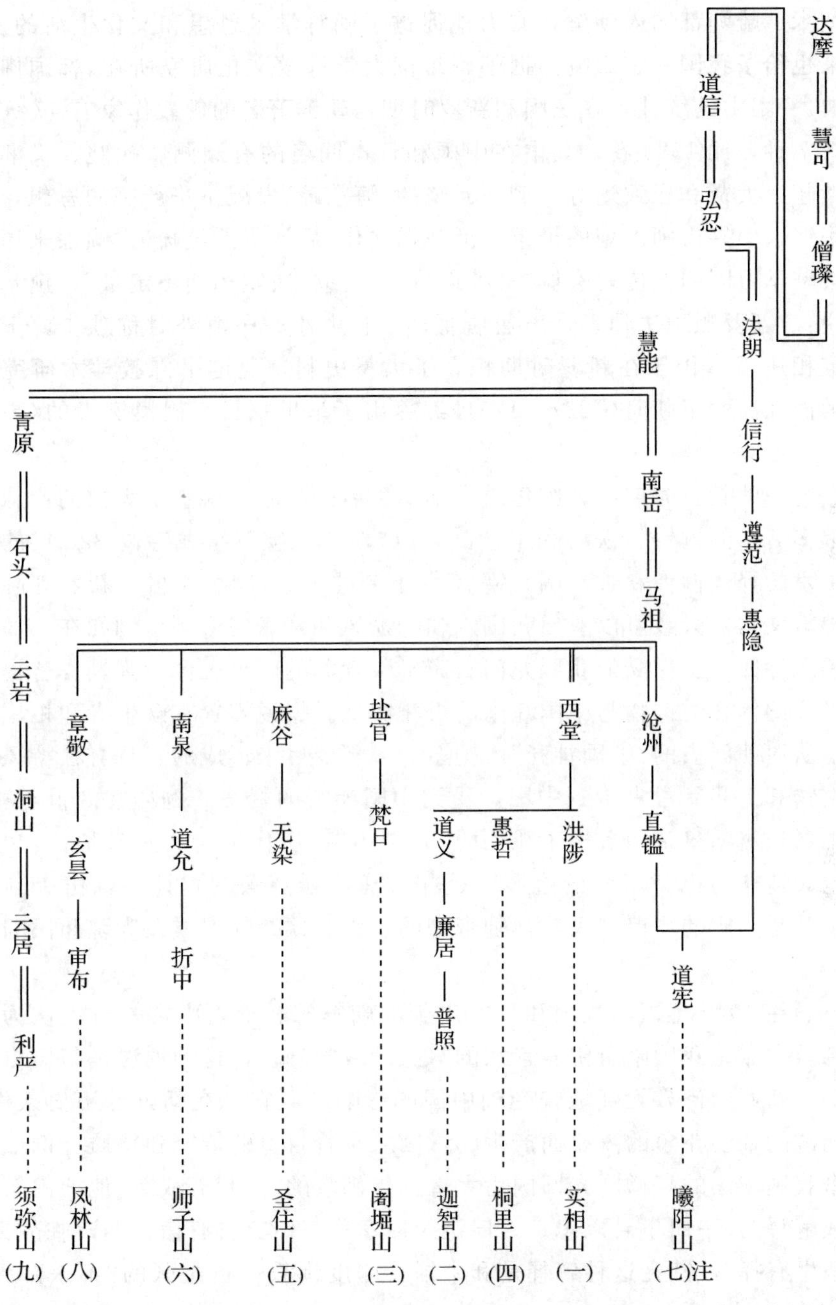


注：参见中吉功编《海东之佛教》第 24 页“九山门法系图”，日本国书刊行会，1974。图中“═”代表中国禅宗法系线，“—”代表朝鲜法系线。

建筑艺术、雕塑都输入朝鲜，有力地促进了朝鲜学术思想和文化生活的发展，反过来也给予我国一定影响。据朝鲜东国大学佛教文化研究所在《韩国佛书解题辞典》一书中的统计，在三国和新罗时期，朝鲜著名的佛教作家有 47 人，共撰著 377 种，约 1323 卷，其中在中国和日本闻名的有圆测、元晓、义湘、憬兴、慧超、大贤和崔致远等。例如元晓的"海东疏"发展了华严宗的思想，受到中国华严宗中兴祖师澄观的推重，澄观据之作《后译华严经疏》。顺璟来唐，直接从玄奘学习因明，传得玄奘"真唯识量"，复立"决定相违不定量"，窥基闻而感叹说："新罗顺璟法师者，声震唐蕃，学包大小……海外时称独步，于此量作决定相违。"①由于在新罗时期积累了大量史料，奠定了佛教学术研究的基础，因而在高丽王朝时(1237—1251)编纂出了举世瞩目、规模宏大的《高丽大藏经》。

在统一的新罗时期，朝鲜建筑了不少著名的寺院，雕塑了无数的佛像，铸造了很多著名的铜钟、铁塔和工艺品，以"新罗三宝"(皇龙寺高 325 尺的九层塔、丈六的释迦佛像和长十围、镌铸六十二的玉带)闻名于世。新罗寺院的建筑和佛教文物，大致可以看出我国六朝的遗风和隋唐的形制，例如在 682 年创建的感恩寺四天王像酷似我国龙门石窟奉天寺洞的四天王像。弥勒谷菩提寺的石佛坐像的佛容与饰物与中国江南的极相类似。据说安置在众生寺和柏粟寺的佛像是从唐朝派去的"中国神匠"所塑造的。新罗后来形成的、具有独特风格的佛教文物和工艺品常常传到中国，受到中国朝野的赞赏。例如在 8 世纪中期，景德王赠送唐朝皇帝用沉檀木雕刻的"万佛山"，唐代宗看后感动地说："新罗之巧，天造非功也。"新罗的冠服，是在入唐高僧慈藏的建议下，仿唐制改革的。茶叶是入唐的华严、天台禅师带来的，以后饮茶的习惯在寺院和民间广为流行。

(三)在 1949 年以前我国和日本出版的朝鲜佛教史籍中常常有人认为，新罗的佛教宗派是我国隋唐佛教宗派的"延长"或"移殖"，这种说法是与历史事实不符的。新罗的佛教无疑地曾受到中国的影响，但它是在朝鲜的历史条件下，适应朝鲜的社会斗争的需要而产生的，因之有着自身的传统和特质。例如陈末隋初来我国求法的高僧圆光回国后大事宣传佛教的"三归五戒"。他把佛教的世俗五戒解释为"一曰事君以忠；二曰事亲以孝；三曰交友有信；四曰临战无退；五曰杀生有择"，圆光这种解释是和中国、印度佛教一贯主张的"不杀""无害"

① 《宋高僧传》卷四。

精神相对立的，这明显地是要为新罗诸王统一高句丽和百济的军事行动辩护，为国民树立一个道德伦理的标准。又如被称为“八宗之祖”的元晓，在其所撰的大量注释中充分表露出朝鲜佛教的特点。他提倡“归一心源说”，力图调和“百家之异诤”，从和诤论的立场出发，不单对朝鲜的宗派和学说，而且也对中国的进行了批判，讥笑我国天台智顗的“五时八教”是“以螺酌海，用管窥天”，而元晓的佛学思想也受到中国华严宗正统派的批判，静法苑公把他的疏解视作“毒树生庭，不可不伐”，进行了一系列“砍伐”工作，但是元晓对现实问题所作的宗教解释，他的超越一切的论证方式，相对的认识理论，会通圆融的立场，象征主义的仪式，对后世朝鲜佛教的发展一直有着极为重要的影响。

# 印度吠檀多哲学与中国佛道思想的交流

印度教大概与佛教同时传入我国，先后在新疆地区和中原建立寺庙，进行宗教活动，印度教的正统派哲学——“六派哲学”也随之传入我国，特别是作为印度教理论基础的吠檀多哲学在我国有一定影响。我国古代翻译过不少印度婆罗门教—印度教的史籍。印度教的根本经典“吠陀”在我国不同时代的史籍中都有简略的记载。吠檀多哲学的本体论、遮诠的方法和某些伦理道德思想对我国佛教的一些派别有过间接的影响，对藏地出现的觉囊派还有过直接影响，觉囊派的“他空见”在古代就被佛教徒斥为吠檀多外道，迄今在青海、四川等地还在流传。吠檀多哲学也与我国道教有过交流。吠檀多是印度从古迄今一直占统治地位的思想体系，在目前西方宗教界、哲学界和自然科学界也有着不可忽视的影响。本文拟对吠檀多哲学思想在中国的传播及其影响作一概略的论述。

## 一

婆罗门教和印度教在何时传入中国边疆地区和内地是一个值得研究的问题。很多学者认为大概与佛教同时，根据中印史籍的记录和考古发掘出来的遗迹，可以推断，印度教传入我国大概有四条渠道：(一)是从印度科罗曼德耳海岸，经马六甲海峡、马来群岛，至我国的广州、泉州或其他海港；(二)是由印度阿萨姆进入上缅甸，再由缅甸通往我国云南省和西南地区；(三)第三条是从克什米尔，越葱岭，沿着天山南北两路，到达阳关和玉门关，它是佛教传入我国的主要径道；(四)是由印度经尼泊尔，越喜马拉雅山进入我国西藏的古道，这是印度佛教和印度密教传入藏地，同时也是喇嘛教反过来传入尼泊尔和其余南亚地区的孔道。

印度教徒在我国建庙和活动，根据历史记载和考古发现的遗迹，可以推知在新疆地区要比汉地为早。玄奘在《西域记》中曾提到，和田地区在7世纪以前曾有涂灰外道，即湿婆派的活动。在库车城东有印度教“天祠”。在云南省剑川石钟山石窟中发现外国人和西域僧人的造像。云南大理在唐时已由缅甸（骠国）和中原分别传入佛教，当时密教[当地人称为阿吒力或阿阇（梨教）很流行，这种密教是佛教和印度教的混合形式，崇拜大神摩诃迦罗（大黑天，Mahākāla，在印度教中是湿婆的别名，他是湿婆在破坏世界时的黑暗形相，佛教密宗也崇奉此神）]。在剑川石钟山第15号窟及禄劝密达拉摩石刻中都有大黑天造像。很多印度僧人驻足于大理。邓川大阿拶哩段公墓志云：“唐贞观己丑年（629）观音（人名——引者）自乾竺（印度——引者）来，率领段道超、杨法律等五十姓之僧伦，开化此方，流传密印……迨致南诏奇王之朝，大兴密教。”南诏王世隆于872年立铁柱于弥陀并崇奉大黑天神，这可证印度教密教在我国西南边疆的影响。

印度教在汉地建庙，据目前所见最早的记录是《唐大和尚东征记》。该书载：“天宝九年（750）广州有婆罗门寺三所，并梵僧居住。”泉州古称刺桐，是世界有名的海港，印度商人聚集于此。建庙的时间可能要比广州稍后一些。据《诸蕃志》记：“雍熙间（984— 987），有僧啰护那航海而至，自言天竺国人……买隙地建佛刹于泉之城南，今宝林院也。”同书又云：“王命国师作法，有诵咒书符。”护那所建立的寺院可能是印度教的寺庙。元时，马可波罗称誉泉州是“世界最大的商港”，“印度船舶运来商人之珍珠宝石，咸集此城，以获重利”。根据《清源金氏族谱》记载，印度教徒曾在此建立番佛寺，这个寺的遗址迄今还在。近几年来，泉州出土约有二百多方印度教的文物，其中除大量棱形的石制林加外，有印度教很多主要神祇的石刻造像、雕像，如毗湿奴、湿婆、黑天、婆婆娣、吉祥天女、罗摩、迦罗那和人狮等。另外，还有史诗《罗摩衍那》、《摩诃婆罗多》和《往事书》等神话和民间故事的浮雕。用古泰米尔文写作的有关印度教的碑铭，从泉州出土的文物以及克孜尔（第179窟）、敦煌（西魏第285窟）和剑川石钟山石窟等所见的壁画、雕像、文物等遗迹，并参照我国史籍中的记载，可以说明印度教的几个主要派别，即毗湿奴派、湿婆派和性力派等都在我国有所传播。

## 二

我国保存有大批印度婆罗门教—印度教的宗教哲学思想史料，这些史料大致可分为五类：(一)流传在中国不少的印度教的梵文经典。如《薄伽梵歌》《摩诃婆罗多》《莲花往事书》《摩醯姆那赞》《湿婆神赞》等，以及印度教哲学、文学著作，如《数论颂》、《胜论七句义》、《胜宗十句义论》、《罗怙世系》(迦梨陀娑的著名长篇叙事史)、《益世嘉言》、《诗光》、《波你尼经读本》等。这些梵文原典大都是11世纪以后的抄本或译本；(二)我国翻译或记录的印度教经典、教义等，包括印度教思想文化、科学艺术等对我国影响的史乘；(三)婆罗门教—印度教与佛教相互斗争和渗透的历史记录；(四)印度教在中国边疆或沿海地区建寺和活动的记述和遗迹；(五)印度教在中亚、东南亚传播的历史，这些记述对于了解印度教的发展有着重要的参考价值。

在我国各个时期所翻译的佛经和其他史籍对印度教的情况都有一定的记述。据统计，现存汉译佛经和其他经典中属于印度次大陆的共计1692种，约5700卷。根据1683年北京版西藏大藏经统计，属于正藏(甘珠尔)的计1055部，属于副藏(丹珠尔)的计3522部。这些经典极大部分是从印度梵文原典中翻译过来的，它们虽然是佛教的三藏，但也常常记载着印度教的各种情况。特别是在8世纪后半叶至12世纪中所翻译出的佛教密宗经典中包含着大量属于印度教密教的经典。日本大正藏第18卷至21卷密教部共收录经轨1420部，其中属于密部的经轨计573部，另外，在藏外还发现有密教经典60部。印度教最根本的经典——《吠陀经》在我国各个时代都有记述，我国的佛教僧侣学者对印度教正统派哲学(“六派哲学”)在不同时期也都有不同的记载。例如藏族著名佛教学者妙音笑金刚所著的《自他宗派建立》、善慧法日所著的《宗教流派镜史》、土观·罗桑却季尼玛的《土观宗派源流》、多罗那它的《印度佛教史》等书中都对印度教正统哲学有比较系统的阐述。我国在隋朝时期由真谛翻译印度自在黑所著的《金七十论》(《数论颂》)是属于印度教正统派数论哲学经典最古老的一种，在印度已失传，现已倒译成梵文。唐玄奘所译的慧月著《胜宗十句论》的梵本，在印度也没有找到。另外，我国僧侣学者为了研究和学习印度的宗教和哲学，在各个时期还编辑出版过不少词典或辞书。其中重要的有玄应、慧苑、慧琳、希麟等人所编的《一切经音义》《续一切经音义》等，隋吉藏所著的《百论疏》，西藏在9世纪所编的《翻译名义大集》等。这些辞书虽然都是从佛教的立场出发的，但也收集了婆罗门教、印度教的各种资料，颇有参考价值。

## 三

婆罗门教—印度教的根本经典是吠陀，它是关于对神的诵歌和祷文的文集，包含着吠陀本集、梵书、森林书和奥义书。奥义书也称为吠檀多，它是用思辨的形式为吠陀的宗教思想作哲学的论证，吠檀多的名字在我国史籍中出现较晚，直至中观派清辨(5世纪以后)才提到，它有时作为正面的观点被佛教的一些派别所摄受，但更多的是作为佛教的对立面而被提出。吠檀多之所以没有被注意的原因很复杂，有些人对吠檀多内部有吠陀、奥义书、吠檀多派、弥曼蹉派之分很不清楚，常常把这些另立门户的支派概称为吠陀或明论；也有少数人不能区分佛教和吠檀多"外道"的思想界限，把吠檀多作为佛教的思想而介绍，吠陀是印度教的根本经典，也是吠檀多哲学思想的渊源。吠陀在我国史籍中或者意译为明论、智论，或者音译为吠陀、毗陀、薜陀、吠驮等。《成唯识论述记》释："明论者，先云韦陀论，今云吠陀论，吠陀者，明也，明诸实事故。"对吠陀狭义的了解是指《吠陀本集》，《吠陀本集》共有四部：(1)《梨俱吠陀》(《赞诵明论》，Rg－Veda)；(2)《夜柔吠陀》(《祭祀明论》，Yajur－Veda)；(3)《娑摩吠陀》(《歌咏明论》，Sāma－Veda)；(4)《阿闼婆吠陀》(《禳灾明论》，Atharva－Veda)。这些本集在我国不同时代有着不同的译名和解释，例如三国时《摩登伽经》译为赞诵、祭祀、歌咏、禳灾；刘宋《杂心论》译为忆力、阿泰、耶训、三摩；梁陈《金七十论》译为娑摩、夜集、力、(缺一)；隋《百论疏》译为荷力、冶受、三摩、阿闼；唐《大唐西域记》译为寿、祠、平、术；《金光明经疏》译为颜力(寿明)、耶树、娑摩、阿闼(术明)等。玄奘在《大唐西域记》中对吠陀本集作了这样的解释，"婆罗门学四吠陀论，一曰寿，谓养生缮性；二曰祠，谓享祭祈祷；三曰平，谓礼仪占卜，兵法军陈；四曰术，谓异能伎数，禁咒医方。"这种解释显然与前一个时期有所不同，当时印度教的经典都是口传的，可能由于师承关系、时代、地区不同而有不同的解释。另外，对吠陀的辅助学(中国译为"明论支节录" Vedānga)，即从宗教仪式、音韵、语法、字源、天文学等方面对吠陀的解释也有一些分散的记述。我国对吠陀、奥义书思想较早和全面的记述是汉译《长阿含·梵网六十二见经》、《三明经》、《沙门果经》(以上4世纪译出)、《提婆菩萨释楞伽经外道小乘涅槃论》等。

《奥义书》也称为吠檀多(Vedānta)，所谓吠檀多就是"吠陀的末尾"或"吠陀的最高意义"。《奥义书》在我国古代没有全译，但它的某些思想、内容，甚至经文的片段在我国的佛经特别是释论中常常可以见到，例如宋法称所译的《金刚针论》(Vajrsūcika－opanishad)，即《金刚针奥义》，第一次见到了奥义的形式，但该论的内容，明显地是佛教徒对婆罗门哲学思想系统的反驳。前秦僧伽跋澄共佛念所译的《尊婆须密菩萨所集论》卷一中有印度《石氏奥义》第四章的材料，另外，在后魏菩提留支所译《提婆菩萨释楞伽经中外道小乘四宗论》，《提婆菩萨释楞伽经中外道小乘涅槃论》对吠陀、奥义种种创世学说作了概述，其中《小乘涅槃论》所记第二十外道本生安荼论(卵论)师与《歌者奥义》Ⅲ 19.4 所记，不但在内容而且在文字方面也是雷同的。清朝学者刘献廷曾翻译过奥义书中的一些章节，直至 1984 年徐梵澄先生才译出《五十奥义书》。

吠檀多不二论较早和较系统的表述者是乔荼波陀(Gaudapāda，5 至 6 世纪)。他是吠檀多最著名的理论家商羯导师牧尊(乔频陀，Govinda)的老师。乔荼波陀著有《蛙氏奥义颂》(Mūndukya－kārika)，又称《圣传书》或《阿笈摩论》，在这部论中，作者系统地提出了梵我不二论、摩耶(幻说)、心识说等，这部著作在中国直至现代才被人翻译，但其重要的内容、章节在汉藏佛经中早有译述。例如唐波罗颇密多罗所译印度清辨的《造般若灯论》卷一中载有《蛙氏奥义颂》第 3 章第 3 颂的内容。《蛙氏奥义颂》第 4 章第 75 颂和龙树《中边分别论》的头一颂，第 3 章第 5 颂和清辨《中观心论颂》第 8 章第 13 颂的内容几乎是完全相同的。另外，第 3 章第 44 颂和《大乘庄严经论》中的一颂第 3 章第 9 颂和护法《广百论释论》第 3 卷所说的“内我”也都是非常相似的，至于佛教的术语、譬喻在《蛙氏奥义颂》中随处可以见到。

印度教最著名的改革家和集吠檀多哲学大成者是商羯罗(sankara，700－750)。虽然商羯罗的传记被保存下来的有 11 种，在尼泊尔和中国藏地的佛教文献中有他生平的记述，但还不很清楚。商羯罗出生于西南印度的伽拉迪，属婆罗门种姓。少年时曾随印度著名的吠檀多不二论者乔荼波陀的弟子牧尊学习婆罗门教经典，此后遍游印度各地，在贝纳勒斯曾与其他哲学派别进行辩论，在印度次大陆四个方向建立了四大修道院，并仿照佛教组织，建立了“十名教团”，最后死于喜马拉雅山麓的基达那特，时年三十三岁。

关于商羯罗的生平事迹和神话在我国藏地著名的佛教理论家多罗那它(1575—1634)于 1608 年撰写的《印度佛教史》中有不少的记录，该书叙述商羯罗所处的时代背景说：商羯罗活动于南印度，当时“东印度与南印度一带外道普遍增长，而佛教衰减”①。商羯罗及其兄弟达多咀梨(Dattatrai)是般遮摩僧诃王时期最著名的外道，商羯罗在潘伽罗国时曾与年轻的佛教班智达(学者)辩论，“结果佛教徒失败，约有二十五处法产的资财落入外道之手。佛教徒空无所有，约有500名优婆塞不得不归入外道。”②与此同时，商羯罗的弟子婆罗门跋吒(Bhatta)在欧提毗舍国也与外道进行多次辩论。“佛教的班智达鸠梨舍世质(Kulisasestha)……用教法立誓进行辩论，结果外道获胜。许多佛教的寺院被毁，特别是寺属民户和法产被剥夺。”该书还描绘了商羯罗与佛教大师法称的辩论，法称在宾陀山破斥了裸衣外道(耆那教徒)罗睺钵罗底、弥曼蹉论师部陵迦罗瞿诃耶、婆罗门鸠摩罗难陀和被称为“外道辩论之尊”的迦奴陀楼卢(迦奴陀是“食米仙人”之意，胜论的开山祖，这里指的是胜论论师楼卢——引者注)后，商羯罗曾致书那烂陀寺，要求与法称辩论，翌年，这两人在钵罗底多王主持下于贝纳勒斯城进行了辩论，结果商羯罗失败，按事前誓约投恒河而死。嗣后，商羯罗投生为跋吒之子，又与法称再行较量，结果商羯罗的化身又一败涂地投河而死。从此吠檀多的徒众逃往遥远的东印度，有500名心地正直的婆罗门从佛教出家，另500名皈依三宝。③ 在商羯罗进行改革印度教时，印度正统派哲学和非正统派哲学以及正统派内部之间进行着非常激烈的斗争，吠檀多与佛教、耆那教、数论、胜论乃至弥曼蹉之间的斗争在同时代的摩陀婆的《摄一切见宗论》中有翔实的记载。佛教在新婆罗门教或印度教兴起以后，在东印度和南印度的衰落确是事实，因此，多罗那它的记录是可信的，但作者渲染羯罗与法称辩论的神话则是与历史事实不符的。法称从事活动的年代大概在六七世纪，这较商羯罗足足早了一个世纪，因此，他们面对面进行辩论是不可能的，但有一点可以使我们相信，商羯罗和法称是当时正统婆罗门哲学和沙门思潮的主要代表，他们的斗争集中表现了印度中世纪哲学派别的主要斗争，这则神话正是如实地反映了当时的历史事实。

商羯罗进一步发挥了乔荼波陀吠檀多不二论的思想。他认为最高真实的梵是宇宙万有的始基，也是万物的依靠，世界上一切现象都是从梵中产生出来的。梵是统一的、永恒的和纯净的。它不具有任何差别、内外、部分，也不具

① 多罗那它：《印度佛教史》中译本第171页，张建木译，四川民族出版社，1988年。

② 同上。

③ 多罗那它：《印度佛教史》第176—177页。

有任何属性、运动、变化。梵既超越于主观和客观，也超越于时间、空间、实体性、因果性等经验范畴，它是不可见、不可闻、不可触、不可说、不可思议的一种绝对实在。他进而认为，梵本身是没有任何属性的精神实体，但是一般俗人从下智去看它，给它附上了种种属性，如全知、全能等，这样就有了一个是上梵，即无属性、无差别、无限制的梵；另一个是下梵，即有限制的、有差别的并为属性所限的梵。上梵是非经验的或非现象的，下梵则是经验的或现象的，是主观化了的上梵。

商羯罗认为，下梵或受无明所限制的梵即神、个体灵魂和世界。世界是用魔力—摩耶(Māyā)创造出来的，摩耶是转为现象界名色(精神和物质)的根源，是现象界的种子，摩耶是一种无明(无知)或虚妄认识。梵转变为世界是一种幻现的转变。从因果关系上看，在这种转变中，因假象地和非实地转化成了果，其本性是不变的。例如有人把绳看成了蛇，这是一种假象，绳的本性在任何时候都不会变成蛇。

商羯罗又认为，从本体论或最高存在的意义上看，世界和一切现象都是摩耶，它们好似梦、魔术中的幻象和海市蜃楼一样不真实。他常说："梵是真实的，世界是非真实的"；但从经验的或相对的意义上看，世界及其现象则是实在的。他还描绘了梵创造世界的过程：梵生出空、风、水、火、地五种细微原素，再由五种细微原素生出空大、风大、火大、水大、地大五种基本原素，由五大组合形成世界上形形色色的事物。人可分为细身和粗身，细身是由细微原素所构成，粗身则由细微原素混合起来的基本原素(大)所构成。

佛教和印度教虽然属于不同的宗教，但它们都是从印度同一土壤中生出来的，是同一社会历史环境的产物，因此，在思想上有着不可分割的联系。特别是佛教从小乘转向大乘后，使它们之间更接近起来。印度有人说：奥义书哲学、释迦牟尼、大乘佛教、乔荼波陀和商羯罗的吠檀多不二论代表着一脉相承的思想源流之不同阶段，① 这种说法有着一定的历史根据。吠檀多不二论和佛教中观确实存在很多共同点：例如在本体论上，商羯罗的梵和龙树的空都被认为是最高的、唯一的存在，为宇宙的终极；梵、空是一切世界现象的质料因、动力因、创造的形相因和目的因，梵、空是真实的存在，而经验或现象界则是一种虚幻的存在。这正如龙树所说"以有空义故，一切法得成，若无空义者，一切俱不成"(《中论》第二十四)；梵和空二者都不能用人类的语言、文字和思

① G. D. 夏尔玛：《印度哲学批判的概述》第 318 页，德里，1964 年。

维去认识，也不能用理性或概念去把握，人们只能用否定的方法(遮诠法)去加以表述，即吠檀多的所谓“不是这个，不是这个”(Neti Neti)，中观的所谓“八不”(不生不灭、不常不断、不一不异、不来不去)；另外，二者都认为世界是由梵或空幻现出来的，梵和空既和世界有联系又是不同性质的存在，因此不二论把梵界分为上梵和下梵，中观把对空的认识区别为真谛和俗谛；二者都认为，世界现象的呈现是由于人们无明或无知的结果，只有除去无明，才能驱除虚妄和摆脱轮回，亲证空或使个我与梵合一，从而获得宗教最后的解脱。

当然，中论和不二论毕竟是属于两个不同的思想体系，也有着很多的不同点。中观的理论依据是缘起论，所谓“众因缘生法，我说即是空”，在他看来，世界上众多的事物是由彼此互为条件的因缘关系所引起的，而空则是没有因缘关系的；不二论的依据是“梵真幻假论”，一个人由于无明而引起幻觉，将一条绳子看成了蛇，这种无明的作用有二：一是掩盖了对象(蛇)的真实本质，二是投射某种附加物(蛇)到对象上面，这被称为“迭加说”(adhysa)；另外，不二论认为，经验的世界(下梵)有真实的方面，它是由梵通过地、水、风、火、空等元素或质料等所产生的，而中观则不承认这些，在他们看来，经验的世界是如幻泡影；此外，他们对解脱的途径也有各自不同的说明。从以上的阐述中可以看出：吠檀多不二论确实在一些根本的观点上和中观相类似，明显地受到大乘空观的重要影响，在思想材料的继承方面也有历史根据可寻，因此，商羯罗被同时代的人称为“假面的佛教徒”(Pracchauma Buddha)，不是没有理由的。

关于吠檀多哲学与中国哲学交流的问题，国外有一些学者如英国的比尔(Beal)教授曾经提出过，但他们都没有给予直接的回答。这是一个值得探索的问题。印度吠檀多对中国哲学思想无疑地有过直接和间接的影响。如上所述，奥义书的思想对原始佛教的兴起有过直接的影响，在小乘佛教转变为大乘佛教后，这两者显得更为密切，龙树的中观对乔荼波陀的梵我不二论、摩耶(幻)说、心识说都有过直接的影响，这些思想通过牧尊又对商羯罗发生过重要的影响。在佛教传入中国后，大乘佛教与吠檀多相似的本体论、遮诠的方法论、普遍的价值观和某些相同的伦理道德学说通过佛教中观的传播对中国佛教的很多学派、宗派和僧侣有过或多或少的间接影响，这些影响我们可以在般若学派中的本无宗、幻化宗、摄论宗、三论宗、天台宗、禅宗的宇宙观、方法论和解脱观中，找出其轨迹。另外，在著名的佛教理论家鸠摩罗什、僧肇和吉藏等人的著译中也可以见到。至于对后期儒学特别是宋明理学某些道学家的影响也值得进行探讨。值得注意的是，吠檀多对藏地觉囊派的主要哲学理论——他空见的影响则是直接的和明显的。觉囊派源自12世纪初的域摩·弥觉多吉，其五传弟子更邦·突结尊追(1243— 1313)在后藏觉囊地方创建了觉囊寺，从而正式形成了觉囊派。自14至17世纪在后藏地区一直很兴盛。迄五世达赖取得地方政权后，该派被视为异端，强令改宗格鲁派，从此逐渐在西藏地区消失影响。但根据1990年的调查，现在青海的果洛州和四川的阿坝州还有觉囊派寺院20多座，僧侣上万人。①

觉囊派宣称一切事物都有它的真实性体或真实存在，这个本体从胜义谛或真谛上去看是常恒不变的，但是，人们在思维活动中，由于认识上的迷惘，把本来存在的事物说成是空，而否定其绝对独立的实体，"性空"是被人们"虚妄分别"而迭加上去的东西，是"他空"而非"自空"，这正如多罗那它在《中观他空性要》中所说："圆成实如来藏者，任何时候自性不空，其他世俗从初住空。圆成实胜义谛是他空非自空，这样，诸世俗在他性空上自己的本性也空，是因为胜义是从他性空，故此说是他空中观。"②觉囊派这种说法是和吠檀多不二论所主张的上下二梵说、摩耶说、迭加说如出一辙，因此"他空见"一直被藏传佛教的佛学家们斥责为吠檀多外道。例如18世纪著名的佛教理论家土观·罗桑却季尼玛在他所著的《土观宗派源流》中曾指出："觉囊派说：'此诸世俗，承认纯为迷相，从此翻转，则承认为胜义真常'，这话和吠陀秘密边际外道所说相同。"(吠陀秘密边际外道系指奥义书，奥义书也称为吠檀多，奥义书是吠陀的末尾或边际，是老师在森林中向学生所传吠陀的密义——引者注)③"又觉郎(囊——引者)派说：'如是阿赖耶识等八识体，是有垢自性。'(这一段意思说：八识是污垢、虚妄的现象界的性体或实在——引者注)，此与许垢为心自性的吠檀多外道所说相同。吠檀多说垢入于心性故(这一段意思是：吠檀多主张心性是污垢的幻现，是与纯净的本体梵不同的——引者)，为断除故，虽勤对治，终无意义，故欲求解脱，仍然造成了轮回。"④从上所引可见，中世纪的吠檀多确实对我国有过直接的影响。

关于印度教和道教关系，近年来印度、中国、日本的学者都很关注，发表

① 阿旺洛追扎巴：《觉囊派教法史》汉译本第114页，许得存译并注，西藏人民出版社，1993年。

② 多罗那它：《中观他空心要》转引自《觉囊派教法史》，第116页。

③ 土观·罗桑却季尼玛著：《土观宗派源流》汉译本第119页。

④ 同上。

了不少论文，这些论文大都涉及印度教性力派与道教的关系，他们认为，道教和印度教性力派在理论和实践方面有着很多共同之处。但也有少数注意到了道教与吠檀多的关系，我国刘仲宇教授在研究道教中最古的经，被后世推为“众经之祖”的《度人经》(《灵宝无量度人上品妙经》)①与婆罗门教的关系后得出这样的结论：该经“以大梵为主神，宇宙经历劫运的演化图景，元始天尊开劫度人，等等，都是直接来自婆罗门教，或是从中引申、讹变而成的。其中‘大梵隐语’之类对诸天的赞颂之辞，译自婆罗门教经典，但经过了浓缩改写”②。这个说法有着一定的历史根据，很使人醒目，但还需要深入研究。道教的宇宙观和吠陀的创世论确实有很多共同之处，有些道教经典也把道教的“道”称为“大梵”，大梵是最高的实体，宇宙的终极，并由大梵演变出神魔和世界上的一切，例如《度人经》写道：“是为大梵，天中之天，郁罗萧台……上极无上。”《空洞谜歌之章魔王灵篇》中的《色界魔王之章》说：“梵行诸天，迂回十方。无量大神，皆由我身。”《度人经》中提出，“元始初劫，化生诸天”，《元洞玉历》中对化生宇宙作了如下的阐述：

> 龙汉延康，渺渺亿劫，混沌之中，上无复色，下无复渊，风泽洞虚，金刚乘天。天上天下，无幽无冥，无形无影，无极无穷，溟涬大梵，寥郭无光，赤明开图，运度自然。……元纲流演，三十三天。轮转无色，周迴十方。施斗历箕，回度五常。

这段经文和婆罗门教最早的经典《梨俱吠陀》(X129)的《无有歌》中所描述的世界创成论有着极为相似的地方。《无有歌》第(3)节中写道：

> 那里就是黑暗，最初全为黑暗所掩，一切都是混沌，一切都是水，那太一(唯一物，tadekam，也就是梵——引者)为虚空所掩，由于自身的热力而产生出来。

---

① 关于此经写作的时间众说纷纭，据说为三国时郭玄所传出，南朝宋陆修静依此经制立科仪，唐、宋、明时写有多种注疏。

② 刘仲宇：《度人经与婆罗门思想》，《上海社会科学学术季刊》1993 年第 3 期，第 93 页。

同歌第(6)节中写道：

> 造化是从那里来的？天神是在世界创造之后才产生的……

这印、中早期的两经都说明世界是由混沌的“太一”或道(大梵)从“自身的热力”或“赤明”中自然地流演出了神(三十三天)、世界和人类。

这种世界创成论的偶合，可能是道教与婆罗门教通过佛教交流的结果，也可能是最早的人类有着共同的思维，因之对最初世界的形成有着共同的看法。

# 印度教在中国的传播和影响

中国是印度的近邻，中国和印度人民的友好往来有着悠久的历史。远在两千年前就开始了宗教、思想和文化的交流，两汉以后逐渐频繁，隋唐时达到高潮。宋元时期更加深入发展，明清时期虽受到西方殖民主义者等人为的阻碍，仍然有所接触，到现代又有了新的发展。佛教自公元1世纪或更早一些时候传入我国，逐渐茁壮繁荣，结出丰硕的果实，由佛教孕育的佛教文化成为我国传统文化的一个组成部分。耆那教的非暴力思想很早就传入中国，但它的宗教活动在我国很少，新中国成立前只在天津建立寺庙。印度教大概与佛教同时传入我国，先后在我国边疆地区和大陆本土建立寺庙，并进行宗教活动，印度教的文学、艺术、自然科学特别是天文学、数学、医学在我国古代有过广泛的影响。印度教的宗教哲学思想在长期历史过程中，与中国的佛教、道教进行过交流，中国藏地还出现过以印度教哲学基础——吠檀多主义为主旨的宗教派别。因之我国伟大的文学家和思想家鲁迅在回顾这种文化的交流历史中曾说："印度则交通自古，贻我大祥，思想、信仰、道德、艺文无不蒙贶，虽兄弟眷属，何以加之！"①这是十分确切的。印度教与中国的关系是人所周知的事实，但是印度教在中国的影响一直被人们所忽视。本文试图对上述种种问题作一鸟瞰式的阐述。

## 一、印度教传入中国的渠道与建庙活动经过

婆罗门教和印度教在何时传入中国边疆和内地是一个值得研究

① 见唐弢编《鲁迅全集补遗续编》。

的问题。很多学者认为大概与佛教同时，根据中印史籍的记录和考古发掘出来的遗迹，可以推断，印度教传入我国大概有四条渠道：(一)是从印度科罗曼德耳海岸，经马六甲海峡、马来群岛，至我国的广州、泉州或其他海港。这条路线被称为"海上的丝绸之路"。它已为泉州发掘出来的大量印度教历史文物和我国沿海地区的地方史籍所证明；(二)是由印度阿萨姆(古代称为伽没洛国)进入上缅甸，再由缅甸通往我国云南省和西南地区。这条路线从云南省剑川县石窟中所见到的造像以及大理发现的印度密教的遗迹可以证实；(三)第三条是众所周知的丝绸之路，即从克什米尔，越葱岭，沿着天山南北两路，到达阳关和玉门关，它是佛教传入我国的主要径道。7 世纪玄奘去印度时见到在印度到中亚的要道"威镇河西"的伽毕试国(今阿富汗喀布尔北之贝格兰姆)有"天祠数十所。异道千余人或露形，或涂灰，连络髑髅。以为冠鬘"①。在丝绸之路上的克孜尔和敦煌千佛洞的佛教艺术宝库中，我们也可看到印度史诗《罗摩衍那》"助弥猴"的本生壁画(克孜尔石窟第 179 窟)和印度教象头神等画像(敦煌莫高窟西魏第 285 窟)；(四)第四条是由印度经尼泊尔，越喜马拉雅山进入我国西藏的古道，这是印度佛教和印度密教传入藏地，同时也是藏传佛教反过来传入尼泊尔和其余南亚地区的孔道。

印度教徒在我国建庙和活动，根据历史记载和考古发现，可以推知在新疆地区要比汉地为早。玄奘在《西域记·瞿萨旦那国》中曾提到，和田地区在 7 世纪以前曾有涂灰外道，即湿婆派的活动。在《西域记·屈支国》说：库车城东有印度教寺庙。另外，新疆罗布卓尔等地发现有石祖、陶祖和木祖(祖是生殖器)的遗迹。在云南白族聚居的剑川石窟石钟寺区第 8 号窟中发现正座有作莲花型的女阴，当地人称为"阿盎白"，意为"姑娘的生殖器"。在女阴旁还有印度教的天王像和佛像。可证对林加的崇拜很流行。在剑川石钟山石窟中还出现有外国人和西域僧人的造像。云南大理在唐时已由缅甸(骠国)和中原分别传入佛教，当时密教(当地人称为阿叱力或阿阇梨教)很流行，这种密教是佛教和印度教的混合形式，崇拜大神摩诃迦罗(大黑天，Mahākāla，在印度教中是湿婆的别名，湿婆在破坏世界时的黑暗形相，佛教密宗也崇奉此神)。在剑川石钟山第 15 号窟及禄劝密教达拉摩崖石刻中都有大黑天造像。很多印度僧人驻足于大理。王崧本《野史》载："丰祐时(唐穆宗 821—824 年)西僧赞陀崛哆建鹤庆元化寺"，

① 天祠是佛教徒对印度教徒的称谓，露形是耆那教徒，涂灰是印度教湿婆派的称呼。

施行密法。邓川大阿拶哩段公墓志云："唐贞观己丑年(629)观音(人名——引者)自乾竺(印度——引者)来，率领段道超、杨法律等五十姓之僧伦，开化此方，流传密印……迨致南诏奇王之朝，大兴密教"。《古滇说》又云："有菩提巴波自天竺至，以秘咒丹书神位。"南诏王世隆于872年立铁柱于弥陀并崇奉大黑天神，在故宫中迄今还保留着《大理国张胜温画佛长卷》(1190)，画中绘有大圣大黑天、摩诃首罗(大自在天)和印度国王像，这足证印度教密教在我国西南边疆的影响。

印度教在汉地建庙，据目前所见最早的记录是《唐大和尚东征记》。该书载："天宝九年(750)广州有婆罗门寺三所，并梵僧居住，江中有婆罗门(印度)、波斯、昆仑(爪哇)等船，并载香药珍宝，积载如山"，可见当时广州已有印度教的寺庙。泉州古称刺桐，是世界有名的海港，印度商人聚集于此，建庙的时间可能要比广州稍后一些。据《诸蕃志》记："雍熙间(984— 987)，有僧啰护那航海而至，自言天竺国人……买隙地建佛刹于泉州之城南，今宝林院也。"同书又云："王命国师作法，有诵咒书符。"啰护那的活动很像印度教徒的活动，他所建立的寺院可能是印度教的寺庙。湿婆的象征是林加，形似竹笋，是印度教徒崇拜的对象，泉州人称之为石笋。泉州有一条河流还叫笋江。泉州石笋崇拜的出现，据《泉州府志·古迹》记，大概在北宋大中祥符四年(1011)以前，石笋崇拜出现以后，当地人认为是秽物，引起官方的重视，府尹曾派人去破坏。元时，马可波罗称誉泉州是"世界最大的商港"，"印度船舶运来商人之珍珠宝石，咸集此城，以获重利"。根据《清源金氏族谱》记载，印度教徒曾在此建立番僧佛寺，这个寺的遗址在今泉州南门内，并有很多出土文物可证。近几年来，泉州出土约有二百多方印度教的文物，其中除大量棱形或其他形状的石制林加外，有印度教很多主要神祇的石刻造像、雕像，如毗湿奴、湿婆、黑天、婆婆娣、吉祥天女、罗摩、迦罗那和人狮等。另外，还有史诗《罗摩衍那》、《摩诃婆罗多》和《往事书》等神话和民间故事的浮雕。用古泰米尔文写作的有关印度教的碑铭，大部分雕品形象栩栩如生，造型十分美丽，堪称宗教文物中的精华，它是中印艺术交流的结晶。从以上泉州出土的文物以及克孜尔、敦煌和剑川石钟山石窟所见的壁画、雕像、文物等遗迹，并参照我国史籍中的记载，完全可以说明印度教几个主要派别，即毗湿奴派、湿婆派和性力派等都在我国有所传播。

## 二、印度教文化在中国的广泛流传

我国保存有大批印度婆罗门教—印度教的史料和文物，可惜这些史料还没有作过系统的整理和研究，这些史料大致可分为五类：(一)流传在中国不少的印度教的梵文经典。如《薄伽梵歌》、《摩诃婆罗多》、《莲花往世书》、《摩醯姆那赞》、《湿婆神赞》等，以及印度教哲学、文学著作，如《数论颂》、《胜论七句义》、《胜宗十句义论》、《罗怙世系》(迦梨陀婆的著名长篇叙事诗)、《益世嘉言》、《诗光》、《波你尼经读本》等。这些梵文原典大都是 11 世纪以后的抄本；(二)我国翻译或记录的印度教经典、教义和行事，印度教思想文化、科学艺术等对我国影响的史实；(三)婆罗门教—印度教与佛教相互斗争和渗透的历史记录；(四)印度教在中国边疆和沿海地区建寺和活动的记述和遗迹；(五)印度教在中亚、东南亚传播的历史，这些记述对于了解印度教的发展有着重要的参考价值。

在印度教的意识形态占有统治地位的时代，印度的一切科学文化知识都垄断在婆罗门的手中。婆罗门在执行祭祀、解释吠陀经典中，建立和发展了一系列被称为祭祀的辅助学科，如天文学、语言学、音韵学、逻辑学、医学、工艺学、数学(祭坛学)等。这些具有实用的知识随着佛教、印度教传入我国，对我国产生过一定的影响。例如瞿昙悉达在公元 718 年译出印度的历书《九执历》，并且编了一部《开元占经》。我国的佛教高僧一行参考印度的《九执历》创造了《大衍历》。印度的数学最早是为婆罗门建立祭坛测量服务的，以后发展成为科学分支之一，我国在隋唐时曾译出多种印度的《算经》和《算法》，对我国有过一些影响。印度教医学随着佛教传入中国，东汉末年安世高翻译的佛经中就有《人身四百病经》、《人病医不能治经》，在隋唐时一直流行着许多“胡方”，据《隋书·经籍志》载，有《婆罗门诸仙方》、《婆罗门药方》和《耆婆所述仙人命论方》等。公元 8 世纪下半叶，藏族医学家宇妥·云旦贡布，曾综合了汉地医学、西藏民间医学和印度医学，编著了《医方四续》，奠定了藏族医学的理论基础。我国在语言、文学、绘画、音乐方面都曾受过印度的影响。西藏翻译过研究吠陀梵文文法的《波弥你经》和史诗《罗摩衍那》(节译本)，汉译《杂宝藏经》卷一之“十奢王缘”(吉迦夜和瞿曜于 472 年译出)和《六度集经》第四十六之《未名王经》(康僧会于 251 年译出)就是《罗摩衍那》最早传说的形式。《罗摩衍那》在我国民间广为流传，很多研究者认为该书中的神猴诃努曼的形象是我国古典小说《西游记》中孙悟空的原型。

## 三、印度教与道教

道教是我国固有的宗教。我国道家的著作《道德经》在 7 世纪曾应东印度王尸鸠摩(童子王)的请求，由玄奘译成梵文，在印度传播。关于印度教和道教的关系，近年来印度、中国、日本的学者都很关注，发表了不少论文，我国学者刘仲宇教授在研究道教中被后世推为“众经之祖”的《度人经》(《灵宝无量度人上品妙经》)①与婆罗门教的关系后得出这样的结论：该经“以大梵为主神，宇宙经历劫运的演化图景，元始天尊开劫度人，等等，都是直接来自婆罗门教，或是从中引申、讹变而成的。其中‘大梵隐语’之类对诸天的赞美之辞，译自婆罗门教经典，但经过了浓缩改写”②。这个说法有一定的历史根据，醒人耳目，但还需要深入研究。道教的宇宙观和吠陀的创世论确有很多共同之处，有些道教经典也把道教的“道”称为“大梵”，大梵是最高的实体，宇宙的终极，并由大梵演变出神魔和世界上的一切，例如《度人经》写道：“是为大梵，天中之天，郁罗萧台……上极无上。”《空洞谜歌之章魔王灵篇》中的《色界魔王之章》说：“梵行诸天，迂回十方。无量大神，皆由我生。”《度人经》中提出，“元始初劫，化生诸天”，《元洞玉历》中对化生宇宙还作具体的阐述。

印度教的密教或性力派与中国道教也有过因缘。道教和密教在修行的理论和实践方面有着很多共同之处。例如密教认为，世界是由男女和合而产生的，道教主张“阴阳抱合”，两者都崇拜女性；道教和密教都重视精神和肉体的修炼，密教的修行法中有“双身”(“交合”)，道教中则有“合气之术”；两者都从事内、外丹的修炼，道教认为是“长命术”，密教则认为是保持肉体的“不朽之术”，印度湿婆派中还有专门从事外丹修炼的水银派等。印度密教经典《度母秘义经》、《摩诃支那功修法》、《风神咒坦多罗》、《须弥山坦多罗》等都说密教修行方法之一的“支那功”(Cinacara)是向中国学习的。《度母经》和《风神咒坦多罗》还传说在公元4世纪时伐湿斯塔(殊胜，Vesistha)为了学习“支那功”曾来我国游学等。又据泰米尔文密教的经典，南印度密教的十八位“成就者”(“修行完成了的人”)中有两位来自中国。他们的泰米尔名字叫博迦尔(Bogar)和普里巴尼(Pulipani)，这两位“成就者”在公元3世纪去印度伽耶等地传播道教医学和化学思想，写过关于禁咒、医术和炼丹术的著作，在印度化学史和密教史中都有卓越的地位，印度的赖易(P. Ray)教授和李约瑟博士都曾给予重要的

---

① 关于此经写作的时间众说纷纭，据说为三国时郭玄所传出，南朝宋陆修静依此经制立科仪，唐、宋、明时写有多种注疏。

② 刘仲宇：《度人经与婆罗门思想》，载《上海社会科学学术季刊》1993年第3期，第93页。

评价。

## 四、印度教瑜伽术与中国气功

印度教的瑜伽术大概与佛教同时传入我国，有史料可证，最早见于元魏吉迦夜于472年译出的《方便心论》。瑜伽术传入我国与佛教、道教、儒教、医学、武术、民间的气功都有过关系。我国佛教禅宗提出的“上乘禅”，天台宗修持的“六妙法门”，净土宗所主张的“念佛三昧”都可见到瑜伽的明显影响。我国古代史籍中记录的健身术与印度瑜伽术有关的，有南北朝时流行的《易筋经》《洗髓经》，唐时传入的“天竺按摩法”与宋代流传的“婆罗门引导法”等，这些瑜伽术虽然标榜源自印度，其内容确实也受到过瑜伽术的影响，但也明显地融合了很多中国的东西。《洗髓经》相传被禅宗二祖慧可(587—593)遗失，根据印度教《湿婆本集》解释，禅那是一种精神集中的作用，这种作用由人的脑髓所管理，脑髓在梵门之中，是一种细微的物质，梵门经下方会阴至六轮每重脉轮都有着若干脉蔓，连贯大小诸脉起着重要作用，“洗髓”可能就与此种理论有关。《易筋经》相传为达摩所传，长期在我国民间流传。《易筋经》所传的功法，大致可分为外壮、内壮、动功、静功、炼形、炼气、炼意等，这与印度古典瑜伽提出的“八支行法”即内修、外修、坐法(炼形)、调息(炼气)、禅定(炼意)大体相似，《易筋经》阐述的十二势与达摩所创立的十八罗汉手，与印度12世纪出现的《诃陀瑜伽之灯》所列的势法相比较，可以看出：在运气与身体姿势方面有些相似，少数名称也雷同，如《易筋经》“倒拽九年尾势”与瑜伽“牛头功”，“韦驮献杵势”与“勇士功”或“金刚功”，“出爪亮翅势”与“孔雀功”等都很相似。值得注意的是，中国十二势中提到了“韦驮”，“韦驮”即印度教根本经典吠陀(Veda)的音译，在中国提到这个名词，也可以看出吠陀的影响。孙思邈所著的《备急千金方》最早记有“天竺按摩法”，但该书记载得很简略，只有一些姿势可与印度诃陀瑜伽(力量瑜伽)相类似，很多方面则是不同的。婆罗门导引法最早见于宋时张君房所著《云笈七签》，这时密教在印度已很流行，诃陀瑜伽已传入中国内地，少林武术也由十八手发展至七十二手，因此婆罗门导引十二法中有些名称与中世纪印度诃陀瑜伽派经典著作《格楞陀说本集》(Gheranda Samhita)所提到的极为相似，如中国“龙引”与印度瑜伽“蛇功”(Bhujanagasana，我国古代常把梵文中的蛇译为龙，这里指的是眼镜蛇)，“龟引”与“龟功”，“仙人排天功”与“仙人功”(成就者功)，“凤凰鼓翅”与“孔雀功”，“鹤举”与“鹳功”，“寒松提雪”与“莲花功”等，二者的名称虽然很相似，但是在功法与身体姿势方面则很多是迥异的①。在中国功中，有人常把他们的武术概括为龙、虎、豹、蛇、鹤五式，这与印度诃陀瑜伽所提到的名称和姿势有着很多契合的地方。郭希汾先生所著的《中国体育史》中在论述中国气功与印度瑜伽的关系时曾说："予按印度婆罗门教徒，有按摩十八势、婆罗门导引法十二法，以一定时间行之，其结果有身体强健之经验，则达摩之十八手或即按摩法、导引法之变相欤?"这种说法是有历史根据的。

印度密教瑜伽传入我国西藏后与西藏本土的宗教——本教的某些修炼术结合后，得到了重要的发展，形成了多种藏密瑜伽体系。

## 五、吠檀多在我国的影响

婆罗门教—印度教的根本经典是吠陀，它是关于对神的诵歌和祷文的文集，包含着吠陀本集、梵书、森林书和奥义书。奥义书也称吠檀多，它是用思辨的形式为吠陀的宗教思想作哲学的论证。吠檀多的名字在我国史籍中出现较晚，直至中观派清辨(5世纪以后)才被提到，它有时作为正面的观点被佛教的一些派别所摄受，但更多的是作为佛教的对立面而被提出。吠檀多之所以没有被注意的原因很复杂，有些人对吠檀多内部有吠陀、奥义书、吠檀多派、弥曼蹉派之分很不清楚，常常把这些另立门户的支派概称为吠陀或明论；也有少数人不能区分佛教和吠檀多"外道"的思想界限，把吠檀多作为佛教的思想而介绍。吠陀在我国史籍中或者意译为明论、智论，或者音译为吠陀、毗陀、薜陀、吠驮等。《成唯识论述记》释："明论者，先云韦陀论，今云吠陀论。吠陀者，明也，明诸实事故。"吠陀本集共有四部：(1)《梨俱吠陀》(《赞诵明论》，Rg-Veda)；(2)《夜柔吠陀》(《祭祀明论》，Yajur-Veda)；(3)《娑摩吠陀》(《歌咏明论》，Sāma-Veda)；(4)《阿闼婆吠陀》(《禳灾明论》，Atharva-Veda)。这些本集在我国不同时代有着不同的译名和解释，玄奘在《大唐西域记》中对"吠陀本集"作了这样的解释，"婆罗门学四吠陀论，一曰寿，谓养生缮性；二曰祠，谓享祭祈祷；三曰平，谓礼仪占卜、兵法军阵；四曰术，谓异能伎数，禁咒医药。"另外，对吠陀的辅助学(中国译为"明论支节录"，Vedanga)，即从宗教仪式、音韵、语法、字源、天文学等方面对吠陀的解释也有一些分散的记述。

《奥义书》在我国古代没有全译，但它的某些思想、内容甚至片段在我国的佛经特别是释论中常常可以见到，例如宋法称所译的《金刚针论》(Vajrsucika-

---

① 参见《诃陀瑜伽之灯》1—20，22—24，30，32。梵文本，德里，1923。

opnishad），即《金刚针奥义书》，第一次见到了奥义的形式，但该论的内容，明显地是佛教徒对婆罗门哲学思想系统的反驳。另如，后魏菩提留支所译《提婆菩萨释楞伽经中外道小乘四宗论》，《提婆菩萨释楞伽经中外道小乘涅槃论》对吠陀、奥义种种创世学说作了概述，其中《小乘涅槃论》所记第二十外道本生安荼论（卵论）师与《歌者奥义》Ⅲ 19.4 所记，不但在内容而且文字方面也是雷同的。

吠檀多不二论较早和较系统的表述者是乔荼波陀（Gaudapāda，5—6 世纪）。他是吠檀多最著名的理论家商羯导师牧尊（乔频陀，Govinda）的老师。乔荼波陀著有《蛙氏奥义颂》（Mūndukya-Kārika），在这部论中，作者系统地提出了梵我不二论、摩耶（幻说）、心识说等，这部著作的重要内容、章节在汉藏佛经中早有译述。例如唐波罗颇密多罗所译印度清辨的《造般若灯论》卷一中载有《蛙氏奥义颂》第 3 章第 3 颂的内容。至于佛教的术语、譬喻在《蛙氏奥义颂》中随处可以见到。

印度教最著名的改革家和集吠檀多哲学大成者是商羯罗。虽然商羯罗的传记被保存下来的有 11 个，但对他的生平还不很清楚。关于商羯罗的事迹和神话在我国藏地著名的佛教理论家多罗那它（1575—1634）于 1608 年撰写的《印度佛教史》中有不少的记录，该书对商羯罗所处的时代背景、印度教的兴起和佛教的衰替、商羯罗与佛教大师法称和其他佛教徒在贝纳勒斯的辩论，作了形象的描绘，其中既有真实的历史内容，也有渲染印度教的神话，这为我们研究中世纪印度教与佛教的关系提供了线索。①

关于吠檀多哲学与中国哲学交流的问题是一个值得探索的问题。印度吠檀多对中国哲学思想无疑有过直接和间接的影响。奥义书的思想对原始佛教的兴起有过直接的影响，在小乘佛教转变为大乘佛教后，这两者显得更为密切。龙树的中观对乔荼波陀的梵我不二论、摩耶（幻）说、心识说都有过直接的影响，这些思想通过牧尊又对商羯罗发生过重要的影响。在佛教传入中国后，大乘佛教与吠檀多相似的本体论、遮诠的方法论、普遍的价值观和某些相同的伦理道德学说通过佛教中观的传播对中国佛教的很多学派、宗派和僧侣有过或多或少的间接影响，这些影响我们可以在般若学派的本无宗、幻化宗、摄论宗、三论宗、天台宗以及禅宗的宇宙观、方法论和解脱观中，找出其轨迹。另外，在著

① 多罗那它：《印度佛教史》中译本第 171 页，张建木译，四川民族出版社，1980。

名的佛教理论家鸠摩罗什、僧肇和吉藏等人的著译中也可以见到。至于对后期儒学特别是宋明理学某些道学家的影响也值得进行探讨。吠檀多对道教和道家的影响，如《度人经》与婆罗门教的关系等，我在前一节中已有所论述。值得注意的是，吠檀多对藏地觉囊派的主要哲学理论——他空见的影响则是直接的和明显的。

觉囊派宣称一切事物都有它的真实性体或真实存在，这个本体从真谛上去看是恒常不变的，但是，人们在思维活动中，由于认识上的迷惘，把本来存在的事物说成是空的，而否定其绝对独立的实体，“性空”是人们“虚幻分别”的结果，是“他空”而非“自空”①。觉囊派这种说法是和吠檀多不二论所主张的上下二梵说、摩耶说、迭加说如出一辙，因此，“他空见”一直被藏传佛教的佛学家们斥责为吠檀多外道。例如18世纪著名的佛教理论家土观·罗桑却季尼玛在他所著的《土观宗派源流》中曾提出：“觉囊派说：‘此诸世俗，承认纯为迷相，从此翻转，则承认为胜义真常’，这话和吠陀秘密边际外道所说相同。”（吠陀秘密边际外道系指奥义书，奥义书也称为吠檀多，奥义书是吠陀的末尾或边际，是老师在森林中向学生所传的吠陀的密义——引者注）②。“又觉郎（囊——引者）派说：‘如是阿赖耶识等八识体，是有垢自性。’（这一段意思是说：八识是污垢、虚妄的现象界的性体或实在——引者注），此与说垢为心性是自性的吠檀多外道所说相同。吠檀多说垢入于心性故（这一段意思是：吠檀多主张心性是污垢的幻现，是与纯净的本体梵不同的——引者），为断除故，虽勤对治，终无意义，故欲求解脱，仍然造成了轮回。”③从上所引可见，中世纪的吠檀多确实对我国有过直接的影响。

---

① 阿旺洛追扎巴：《觉囊派教法史》汉译本，第114页，许得存译并注，西藏人民出版社，1993。

② 土观·罗桑却季尼玛著《土观宗派源流》汉译本，第119页。

③ 同上。

# 《汉传密教》序

密教是大乘佛教的一个派别，是相对于显教而言的。密教以高度组织化的咒术、仪礼、俗信为其主要特征，宣传口诵真言咒语(“语密”)、手结印契(“身密”，即运用手势和身体的姿态)和心作观想(“意密”)，三密与诸佛之身、口、意相印，即可成佛。印度婆罗门教采用咒术密法起源很早，佛教在其诞生时释迦牟尼曾坚决反对施行密法，但在印度佛教发展过程中特别是其最后一个阶段也采用了秘密的行事，逐渐成为有纲领、有组织的派别。密教传入我国内陆地区一般以晋僧帛尸梨密多所译《大灌顶经》为嚆矢，我国学术界一直把 3 世纪以前就开始传入汉地的种种经咒、仪轨等称为杂密，在 8 世纪印度的《大日经》和《金刚顶经》等传译后出现的体系化的密教称为纯密，其时间大概在唐玄宗“开元三大士”(善无畏、金刚智、不空)来华期间，在唐中叶以后曾一度兴隆，但在会昌法难以后就开始衰颓。北宋时，由于印度无上瑜伽部的崛起，大批僧人来华，译出了印度密教根本经典 120 余部，因此稍有复苏，元朝时，由于蒙古统治者的偏信，在汉地推行藏密，因此“秘密之法日丽乎中天，波渐于四海”，明清以后，密教不但与佛教的显教——天台、华严、禅宗、净土结合，也与中国传统的儒、释、道等相交融，在民间仍很流行。在辛亥革命后掀起的佛教复兴运动中，也有不少人从日本携回东密、台密的经典，广为宣传，极一时之盛。综观密教在我国唐以后的各个朝代都有传播，法脉不断，但由于密教的某些行事常常与我国汉地占统治地位的儒家道德伦理思想相违，因之在一定的程度上受到了社会的制约，未能像显教其他宗派如禅宗、净土宗那样兴隆盛行。

密教在汉地有着如下的一些特点：首先，在汉地流传的密教，从教理、崇拜的神祇、仪轨、行事等方面上看，有着种种不同的渊源和形式。其中有来自印度婆罗门教—印度教和佛教的，也有来自中亚萨满教、蒙藏密教和云南阿阇梨教等。密教不仅与净土、华严、天台、禅宗等相结合，也与中国传统的儒释道和固有的道德伦理思想乃至古代的流行方术——六甲和占星术等相混融；其次，由于密教的世界观并不否认客观世界的存在，提倡积极入世精神，重视现实的物质生活和人们的感觉经验，因而在其发展过程中客观上不自觉地促进了科学，特别是医学、天文学和化学思想的发展。密教很注意如何保持和促进人们的生理和心理的健康，从而产生和发展了炼丹制药、服饵养生、吐纳调息，体育锻炼(瑜伽术)和性科学(房中术)等，此外，根据密教的教义和实践还创造了一套独特的文学、艺术，这包括说唱文学、图像雕塑、音韵和书法艺术等，在密教流行的地区公开或秘密地传播，与人民的生活密切相关，成为民族传统文化的一个组成部分。这是值得我们重视的；再次，汉地密教从其诞生时，就被封建统治阶级所控制和管理，很多密教僧侣在朝廷中担任要职，受到优渥礼待。封建帝王们为了求得王朝的永世太平与自己物质生活骄奢淫侈的满足和精神生活空虚的慰藉，因而不惜动用国家的财力和人力营造华丽的地宫、密坛，建立皇家道场，铸造金银神像和祭祀器皿，定期举行大规模的舍利崇拜或种种密仪，因此密教是统治阶级手中掌握的一种隐蔽的统治人民的精神武器，当然，密教在某些时期内也曾经作为组织农民起义或反叛作乱的旗帜，起过某些推进历史的作用。

本书作者严耀中同志系上海师范大学教授。他长期耕耘在宗教史的研究领域中，发表过不少有价值的著作和论文，是我国佛教学术界的新秀。本书是他研究江南佛教最新的研究成果，他为了写作此书，多年来奔走各地，博采佛教藏内外有关史料、典章文物、民间传说等，并对这些资料进行了校勘、考证和比较研究等，给予了科学的和新的说明。由于密教的活动和文字常常不向外界传授，因此收集起来倍觉困难。我国近年来虽然发表了不少有关密教的著译，但其中极大部分属于西藏密教的。有不少汉地密教的撰述也都局限于对唐代密教、宋代密教经典的翻译和元朝喇嘛教在汉地的泛滥等的阐述。至今还没有一本比较全面、系统论述汉地密教发展历史的著作，严耀中同志在这个方面进行了努力，取得了成功，填补了空白。他对汉地密教的起源、历史发展过程、社会影响、重要的寺院、僧人、有影响的经典、密教诸神与民间信仰的关系等都作了详密的考证和论述，提供了大量的新资料和可靠的证据，这使我们对密教在汉地的发展有了全景式的、完整的认识；其次，作者在撰述中十分注意密教在传播中与佛教显教中各派的关系，这些关系也就是持咒、参禅与教观之间的关系，我觉得这正是汉地密教的核心内容和特点。关于密教与历代帝王的关系，作者除了阐述“护教”与“护国”的关系外，也提到了密教在中国农民战争和“反叛作乱”中的种种事实与表现，这种评论是比较全面和实事求是的，在同类研究的著作还未见到过。密教传入云南后有否存在着“滇密”的问题，在目前学术界中有着不同甚至截然相反的看法，作者在此书中阐述了自己的观点，颇有见地。总之，这是一本虽然很专门，但也是解释密教不密的著作，值得向读者推荐。严耀中同志时值壮年，如能锲而不舍，当在中国宗教史研究的领域中做出更多更大的贡献，故乐为之序。

# 《西藏密教史》序

密教也称为坦多罗教，是大乘佛教中的一个重要派别，它是相对于显教而言的。密教以高度组织化的咒术、仪礼、俗信为其主要特征，宣传口诵真言咒语（“语密”）、手结印契（身密，即运用手势和身体的姿态）和心作观想（“意密”），三密与诸佛之身、口、意相印，即可成佛。印度佛教采用咒术密法起源很早，大概在佛祖释迦牟尼时就已存在，但作为一个有组织的派别，大概要在7世纪中叶前后。密教在印度西南地区产生后经种种重要的变化，出现了不少派别。嗣后密教由印度传入南亚和东南亚各地，并经“丝绸之路”传入我国藏汉地区，以及蒙古、中亚、西伯利亚等地。佛教传入中国后，我国学术界一直把3世纪前就开始传入的种种经咒、仪轨等称为杂密；在8世纪印度《大日经》和《金刚顶经》等传译后出现的体系化了的密教称为纯密；把8世纪后叶由印度直接传入西藏并与藏族民间信仰相结合的密教称为藏密；另外，把7世纪初由印度传入缅甸，复由缅甸传入我国云南大理一带的密教称为滇密或阿阇梨教。

密教不单是一种独特的宗教信仰，也是一种社会生活样式和文化形态。密教在大乘佛教中是一种特殊的、复杂的思想体系，它和宗教行事和实践有着不可分割的联系。密教肯定现实世界是存在的（“有”），以此区别于佛教其他派别所主张的非存在（“无”），它在肯定万物的基础上，认为宇宙的真实本体是和森罗万象合二而为一的，所谓“当相而道，即事而真”或者“自它不二”、“内外不二”等，从而把精神与物质、大我（“宇宙”）与小我（“身体我”）、实在与现实、本质与现象、自然与人生、真理与虚妄、直观和推理等都融合在一起。密教认为，宇宙本体和现象，都是由六种元素(“六大”)即地、水、火、风、空、识所构成的，这六种元素还有相应的属性，例如地性坚，起着保护万物的作用；水性湿，起着摄受万物的作用等，另外，还认为宇宙及其派生出的各种现象都是由对立的两个方面，即男女或日月、阴阳所构成的，两性的和合形成了大千世界，他们认为原女或女性原理的性空、般若和原男或男性原理的慈悲、方便的不二合一是最高的实在，也是修持最后解脱的境地。由于密教重视现实的物质生活和人们的感觉经验，因而在其长期发展过程中客观上促进了科学，特别是医学、天文学和化学的发展，这些集中体现在密教的教学体系之中。例如在西藏—蒙古密教的教学体制中一般设有四学部：显教学部(传授一般佛教学理)、密教学部(传授密教的宗教实践)、时轮学部(也称天文学部，主要传授、研究宇宙与人间的关系，熟悉历法的变化)、药学部—医学部(传授、研习如何保持和促进人类的健康)。密教医药从古代到现代一直是一门流行的知识学科，称为“医方明”，从而产生和发展了炼丹制药、服饵养生、吐纳调息、性科学(房中术)、体育锻炼(瑜伽术)等，此外，根据密教的教义和实践还创造了一套独特的密教文学与艺术，这包括绘画、图像雕刻、音乐、诗歌、说唱文学、音韵学、书法艺术等，这些文学艺术在密教流行的地区广为传播，与人民的生活密切相关，成为当地民族传统文化的一个组成部分和精华，并对世界文化有着相当的影响。

1995年我们看到了吕建福同志所写的《中国密教史》，最近又看到索南才让同志撰写的《西藏密教史》。这说明我国的密教研究正在走向欣欣向荣，人才辈出的时代。《西藏密教史》与近年来国内外出版的同类书籍相比，明显地有如下的一些特点：首先，作者把西藏密教看作是一种受到高原地区影响的民族文化，从民族文化的角度来阐述西藏密教的起源、发展过程及其特点，西藏密教与周围印度密教和汉地密教的相互关系及其影响。作者在处理这个十分敏感的宗教问题中抱着十分谨慎、科学的态度，弃其糟粕，取其精华，发掘弘扬密教文化中的积极内容，使之适应我国社会主义精神文明建设的需要和促进东西方文化的交流与融合，因此，这书不单是从宗教学、民族学，而且也是从文化学的角度来阐述密教的；其次，此书搜集、援引的资料极为丰富和全面，作者不仅从浩如烟海的《西藏大藏经》及藏外的佛教经、律、论中作了拔萃，并且从藏地的历史、传记、民间传说、文学故事等中汲取了很多有价值的内容，作者在论及重要的佛学思想家的学说和修持方法时尽量从他们本人的著作出发，很少引用第二手资料，因此本书的很多重要的结论都是以确凿的历史事实为根据的，值得我们重视；第三，此书对当前藏密在国内外的传播，特别是近年来我国蒙藏地区和外蒙、西伯利亚等地的复苏，藏密瑜伽与人体科学受到科学界和体育界的重视，目前世界上主要的研究机构和代表人物等都作了比较详尽的介绍，这对于我们了解密教在世纪更替时期的转型、发展趋向，密教在东西方文化交流中所起的作用和意义是大有益处的。

《西藏密教史》的作者索南才让同志，汉名许得存，出生于藏族家庭。1982年毕业于青海民族学院，1988年毕业于中国社会科学院研究生院世界宗教系，获硕士学位。毕业后曾在青海和西藏社会科学院工作。他在当研究生时我就与他认识了，当时他已经取得了成绩，翻译了一些藏文古籍。在研究生院时，他非常刻苦，勤奋学习，努力思考，特别是在藏汉佛经的对译上下了很大的功夫，成为现在我国学术界能够将藏文的佛教理论经典直接译为汉文的少数人之一。由于他懂佛教理论，所以他毕业后，一直在从事藏传佛教的理论研究，发表过一些有关教义研究的文章，这为他日后全盘研究西藏密教的工作打下了坚实的基础。20世纪20年代以后，大勇法师开始从事西藏密教的研习，到后来的法尊法师以及陈健民等人对藏密的弘扬，对藏密在汉地的传播起过重要的作用。近年来，学术界和出版界也出版了不少藏密的书籍，这些工作对促进藏密的研究功不可没。但是，除了老一辈的学者外，现代藏密的研究或多或少地都是建立在已经翻译成汉文资料基础上的工作，从藏文中挖掘原始资料的人还不是很多，而藏文的资料仍然是一个等待开发的巨大宝库，我们需要见到的是各种成体系，建立在第一手资料基础上的有见解、有新意、有学术价值的著作。本书即是索南才让同志多年来对密教的确切的认识，是他对西藏密教的理论、历史、派别、修持、仪礼以及与密教有关的种种文化现象所作的深入研究和与社会实践印证的结果，也是目前我国所见到的论述西藏密教部头最厚、最系统、最新的著述。我十分高兴看到此书的出版，并希望作者在此书之后能够写出更多更好的、更有分量的西藏佛教研究著作，故乐为之序。

# 印度瑜伽与少林武功

少林武功的创始人是达摩抑或跋陀，在目前学术界有着种种说法，但他们的活动无疑地与印度佛教的禅定理论和实践有着因缘关系。印度佛教的禅定渊源于远古时代流传下来的巫术或宗教实践——瑜伽术，在瑜伽成为印度婆罗门教正统派哲学之一后，与佛教仍然有着若即若离的关系。印度古典瑜伽大概与佛教同时或稍后一个时期传入我国，并与我国的道教、儒家、医学、武术和民间气功等相交流，这些交流在少林武功中表现得尤为突出。本文拟对少林武功与印度瑜伽的关系作一初步的探索。

## 一

瑜伽是梵文 Yoga 一词的音译，这个词的词根是 Yuj，原意是给牛马"装上道具"，以后引申为联系、结合、冥想、活动、心的统一等多种涵义。我国旧译为相应。从狭义上看，瑜伽是印度婆罗门教—印度教正统派哲学("六派哲学")的一个派别；从广义上看，它是一种系统锻炼身心的理论和实践方法。瑜伽为印度各大宗教乃至世界宗教(伊斯兰教、基督教)所摄取、运用并给予了不同的解释。《瑜伽经》称瑜伽有"抑止心的作用"，也就是说一个修行者通过瑜伽种种行法，控制自己的心理活动，使个体意识与宇宙意识相结合，从而获得解脱。佛教《唯识述记》二释："言瑜伽者名为相应。此有五义，故不别翻。一与境相应，不违一切法自性故；二与行相应，谓定慧等行相应也；三与理相应，安、非安立二谛理也；四与果相应，能得无上菩提果也；五得果既圆，利生救物，赴机应感，药病相应也。此言瑜伽，法相应称，取与理相应，多说唯以禅定为相应。”这当然是从佛教唯识论立场上去解释的，但也表示出瑜伽原有的一些涵义，因此，佛教的唯识宗在印度被称为瑜伽行派，印度和中国的佛教密乘也常常被概称为瑜伽宗。

瑜伽有着古老的渊源。据考古发掘证明：公元前三千年左右的印度河流域文明中就有瑜伽的实践。在莫亨约·达罗和哈喇帕古城出土的遗物中曾发现有一颗印章，这颗印章刻有盘坐冥想、沉思或其他姿式的神像，还发现有一些作瑜伽坐法的刻印。后来在雅利安人入侵印度河流域并与当地的土著结合以后，印度的婆罗门教吸收了瑜伽作为他们宗教实践的补充，这在古老的吠陀本集和奥义书的赞颂中可以得到证明。在公元前 6 至 5 世纪佛教与耆那教兴起时，瑜伽也被吸收到他们的宗教实践中去。瑜伽的系统论述出现在公元 3 至 5 世纪之间编纂的《瑜伽经》以及后人为之所作的大量论释中。在中世纪初期，瑜伽与婆罗门教另一个哲学派别数论相结合成为婆罗门教—印度教正统派哲学体系之一，另外在实践过程中派生出了多个派别。在中世纪后期，瑜伽向波斯、中亚和中国等地传播，它被伊斯兰教所吸收并成为沙菲派宗教实践内容。瑜伽在 19 世纪传入欧美后，被称为“超觉静坐”等等，引起了宗教界、体育界、学术界、医学界等的广泛兴趣，风靡全世界。

瑜伽在其发展过程中出现过五花八门的派别，这些派别主要是根据实践的方法划分的：

(1)王者瑜伽(rājayoga)，也称主宰瑜伽，即对心及其一切活动完全控制的瑜伽。与佛教的禅宗相似。

(2)信仰瑜伽(bhaktiyoga)，对神和师长悉心奉献的瑜伽，与佛教的净土宗与净土真宗相似。

(3)行动瑜伽(karmanyoga，精进瑜伽，业瑜伽)，通过对社会的奉献活动而获得证果，类似禅宗参加耕作活动。

(4)知识瑜伽(jñānayoga)，通过哲学、理论的思索，使精神凝聚，达到修炼目的。类似佛教的禅宗。

(5)咒语瑜伽(mantrayoga)，通过读诵咒文而获得解脱，与佛教的密宗有着密切的关系。

(6)灵体瑜伽(kuṇḍalinīyoga)，用气息(风)的力量，引发脊骨中潜藏的灵体或力量，由下而上直达顶端，打开脉结，获得无尽智慧和成就。类似佛教的密宗。

(7)拉耶瑜伽(layayoga，三昧瑜伽)通过修炼，消灭气息和意识，亲证三昧。

(8)行瑜伽(hatayoga，力瑜伽、诃陀瑜伽)，通过身体的运动(苦行)，特别是控制吸气(ha)、呼气(tha)达到修行的目的。与藏密行瑜伽相似。

古典瑜伽在上述各种实践中着重行瑜伽与智瑜伽两种，前者主要对自律行为，如善恶、苦乐、爱憎、欲求等和身体的活动，如坐法、控制呼吸等的修炼，称为外修法；后者是对道德、身心和精神等综合修炼，尤其重视禅思的活动，称为内修法。瑜伽的修炼常常被分为八个阶段或八支分行法。它们是：

(1)禁制(夜摩)，包括非暴力、真实、不盗、不淫、无所有(不贪图别人所有)五种禁戒；

(2)劝制(尼夜摩)，包括清净、知足、苦行、读诵、敬神等五劝戒；

(3)坐法，身体的姿势和精神状态，如莲花座、英雄坐、杖坐、吉祥坐等；

(4)调息，调整呼吸，有吸气、呼气和止息三种作用；

(5)制感，制止心的各种活动；

(6)执持，心专注或凝聚一处，不使驰放；

(7)禅定，即静虑；

(8)三昧。

## 二

瑜伽与佛教有着密切的关系，这种关系贯彻在整个佛教发展的历史过程中。释迦牟尼在其成道以前曾师事瑜伽的先行者阿逻罗·迦罗摩和郁陀迦·罗摩子，从他们那里学习过禅定，并经过苦修亲证了“无所有处”和“非想非非想处”。佛教后来把他们修持的层次规定为“四禅八定”。佛教主要的理论是四谛和八正道，这套学说主要讲一切皆苦，这对古典瑜伽有着重要的影响。毗耶娑在注释《瑜伽经》(Ⅱ.15)中也认为世界是“众苦所集”，引起苦的原因是无明，无明是“四颠倒”(《瑜伽经》Ⅱ.3；Ⅱ.5)，摆脱道路是正见。当然，他们的正见与佛教有着不同的解释。大乘佛教讲般若，主张“定慧双修”，“定慧双修”也就是讲“止观”，止(奢摩他，śmata)是排除盲想，使心专注一处，统一精神。观(毗婆舍那，vipaśyanā)就是慧，在止的凝聚力中所产生，所谓“由定入慧”，这和瑜伽所说，通过总制(执持、禅定、三昧)，抑制心的作用，从而生慧一样(《瑜伽经》，Ⅲ—5)。另外，大乘佛教把修行分成若干阶梯(地)，瑜伽也有心地之别，两者都把修行的最高境地称之为法云三昧。值得注意的是：在大乘佛教中也出现过不少亲证瑜伽的著作，如《瑜伽师地论》等等。印度佛教进入密宗的金刚乘、俱行乘和时轮教后与印度教的密教(特别是性力派)无论在理论上和实践上都难解难分。两者都修三密，当然在崇拜的对象和某些具体方法上还有一些不同。根据西藏所传印度密宗的经典和部派，可分为：所作坦多罗、行坦多罗、瑜伽坦多罗、无上瑜伽坦多罗，这四个部派的主张和行事与印度教的诃陀瑜伽极为相似。由于佛教和印度教在宇宙观、社会伦理学说和修行解脱观上是不同的，因之印度古典瑜伽派与佛教瑜伽有着明显的不同方面。佛教主张缘起说，认为世界上的一切都依缘而起，因此对主体的人来说不存在一个主宰作用的灵魂(人无我)，对客观世界来说也不存在一个主宰者或神(法无我)；但古典瑜伽派看来，世界是在神或自在天的指导下由不动的神我和能动的原初物质(自性)所结合起来而发展的，两者都认为要消除造成烦恼的无明，但佛教消除烦恼是要达到涅槃，即认识到缘起的无常、无我、自性空等，而瑜伽认为修持三昧是要证悟原初物质(自性)和神我本来不是一个东西，使人从原初物质，亦即现实世界的系缚中解脱出来而达到自在的境地。佛教和古典瑜伽都谈到了戒、定、慧，要人们注重道德、身体和精神的训练，但是两者各有所侧重。佛教着重修心，他们把修持分成若干层次，层层剥去，步步深入，直至断灭心识作用，但是他们不像瑜伽那样着重外修，也不很重视外修对内修所起的作用(佛教密乘中某些派别是和印度教结合的产物，因此较注意外修)。古典瑜伽特别重视身体的姿势和坐法的训练，在诃陀瑜伽中发展成八十四种功法。

## 三

关于佛教大小乘禅法传入我国的经过，目前我国已有一些学者从事这方面研究，并已在某些方面取得了共识，但对印度瑜伽在我国的传播，仍然是一段不明的历史，至今还没有理出个头绪。笔者认为，印度古典瑜伽大致与佛教大小乘禅法同时传入我国，当时，有很多人不易分辨两者的不同。因此，把印度古典瑜伽的某些实践看作是佛教的。例如我国早期翻译的佛教小乘禅法经典《大安般守意经》《中阿含·念处经》都述说与瑜伽类似的三昧修行法。

佛教的禅法最早传入我国始于公元148年来华的安世高所译出的《大安般守意经》。这部经传播了小乘"四静虑"和"数息观"等禅法。最早介绍印度古典瑜伽的部分内容可能是在后魏(472)吉迦夜所译出的《方便心论》。北魏太和十九年(495)孝文帝敕建少林寺，请印度僧人跋陀任住持，跋陀与勒那摩提共同译出了《十地经论》，这是我国较早出现宣传分阶段修禅的著作，其中无疑地也杂有瑜伽的内容。其后，菩提达摩来少林寺修禅，在中国建立了禅宗。达摩宣传"理入"和"行入"的思想和实践。有人把少林寺的武术归初于达摩也是有根据的。相传达摩传《洗髓经》和《易筋经》，《洗髓经》已被禅宗二祖慧可(487—593)遗失。关于《洗髓经》的内容历史上只提到名字，后人无从臆测。但根据印度教《湿婆本集》解释：禅那(dhānana)是一种精神集中的作用，这种作用由人的脑髓所管理，脑髓在梵门(brahmarandha)之中，是一种细微的物质，从梵门经下方会阴至六轮：根持轮(位于骶骨部分)、自依处轮(已舍轮)位于前列腺区；满宝珠轮(圣居轮)位于腹部；无触轮(不打轮)位于心脏；清净轮(除杂轮)位于喉部；神命轮(受令轮)位于顶穴区，每重脉轮都有若干脉釁，联贯周身大小诸脉，起着十分重要的作用，这类似我国道教所主张任、督两脉在躯体中所起的功能。因此，在瑜伽看来，修习禅定，也就是要使脑髓或灵体通过一定的路径进行活动，打开脉结，获得智慧和成就。少林气功也重视脑髓的"清洗"或活动。从佚经的名称，我们可以猜度这是一本受到瑜伽影响，讲修持禅定的著作。

《易筋经》一直在民间流传，但所传内容并非一致，或则繁杂而寡要，或则简略而失真。这可能与师传有关，也可能与我国流传的各种气功理论相混杂有关。《易筋经》传授的功法，大致可分别为外壮、内壮、动功、静功、炼形、炼气、炼意等，这与印度古典瑜伽提出的"八支行法"即内修、外修坐法(炼形)、调息(炼气)、炼意(禅定)大体相似。《易筋经》阐述的十二势与达摩所创立的十八罗汉手明显地受到印度瑜伽，特别是唐时传入的、阐述瑜伽实践的天竺按摩法和宋时传入的婆罗门引导法的影响，这将在后节中详加叙述。明徐东皋所著《古今医统》是一部总结我国气功实践的论著，它不仅总结了老子导引十二法、赤松子导引十八法、钟离导引十八法、胡见素五脏导引十二法，也总结了婆罗门导引十二法。徐东皋解说的十六法，其中涉及的十种坐法，明显地引进了瑜伽的内容。

少林"禅武归一"或"禅武双修"的思想和实践，虽然是由跋陀、达摩等人所倡导，承袭了印度佛教禅定的传统，但在其发展过程中明显地摄收和总结了中国道、儒、医、民间武术等宗教实践和锻炼身心的经验，也受到了印度瑜伽的影响，这种影响荦荦大者可简述如下：

(1)少林武术最重要的特点是提倡“禅武归一”，亦即内功与外功、动功与静功相结合的原则。达摩在论及这个问题时一再强调动静无分的原理，他说：“灵魂欲其静而悟，躯壳则欲其健而通，非静则无以证悟而成佛，非健则无以行血而走气，故须勤劳得中，使筋畅神怡。而后灵魂无拘殢瘁弱之苦。”关于动静结合的原理源于印度教和佛教中的“经行”(Cankrama)，印度宗教徒在修炼中由于长期坐禅，经常出现昏沉和烦恼的现象，因此，佛教和印度教都允许僧人在一定的时间和场所做些活动，但这种活动都有严格的规定，据说达摩提倡“心意拳”或“十八手”最初也是为了这个目的，后来逐渐习惯地成为禅宗的日常行事之一，甚至规定午夜还要起来“经行”。

(2)瑜伽的修行方法分为内修和外修两支。在八种行法中，前五支被称为外修，着重对道德、精神和身体的训练，它包括禁制(不害、真实、不淫、不贪)，劝制(清净、轻安、苦行、读诵、敬神)，坐法，调整呼吸，制感等。所谓身净可以远离执着；后三支被称为内修，它包括执持(心专注一处)、禅定、三昧。少林武功也分为内功和外功。有些流传的《易筋经》有上下两卷，分别讲述内功和外功，内功主静，外功主动。少林武术中还传有《十二势图》与《十二段锦》，《十二段锦》着重讲精神等的训练，即内功，《十二势图》着重讲锻炼身体之用，即外功。但少林和瑜伽对内功或外功的解释也有些不同之处。在少林的某些著作中常把调整呼吸(运气)、坐势(“端坐势”“双盘势”“插花势”等)、站势、队势列入内功之列。少林武功很注意对僧人和俗信者道德的修持，僧人除执行佛教戒律外，还要信守少林内部的规定。这种规定在不同时代有着不同的内容。少林武术在达摩数传之后，得到广泛的传播，由于习武者人多品杂，有些不良之辈不能信守佛教的戒律和规定，把佛门慈悲救世之场变成了弄拳习棒追逐私欲之地。因此金元之际觉远上人树立了十戒。(“健体魄”戒逞私“敬师长”不得恃强凌弱“忍辱救世”“不可逞愤相较”“戒酒肉女色男风”“不可轻以技术相授”“戒恃强争胜，贪得自夸”等)。迨明末清初之际，又重订戒约十条，其内容由轨范个人的行为扩大至社稷国家的责任，如“恢复中国为志意”“如演习马步，以退后三步，再前三步，以示不忘中国之意”“恢复河山之志为我宗第一目的……如不如此者，谓之少林外家”“济危扶倾，忍辱度世”等。瑜伽所提倡的禁制和劝制与少林戒约有很多相同的地方，但少林武术为适应中国社会的需要，还提出了很多独特的要求。甚至提倡和渲染儒家的忠义思想和道家的无为飘逸的风尚。

(3)关于对身体的训练，印度瑜伽在后期发展中出现了很多的派别，他们十分注意身体的坐法与势法，有些派别竟把坐法扩大到八十四种。如果把《易筋经》十二势与印度12世纪出现的《诃陀瑜伽之灯》所列的势法相比较，可以看出：在运气与身体姿势方面有些相似，少数名称也雷同，如少林“倒拽九牛尾势”与瑜伽“牛头功”，“韦驮献杵势”与“勇士功”或“金刚功”，“出爪亮翅势”与“孔雀功”等都很相似。值得注意的是，少林十二势中提到“韦驮”，“韦驮”即印度教圣典“吠陀”(Veda)的异译，这部经典，一直被瑜伽派奉为他们的根本经典，少林僧人在功法中提到这个经典，也可以看出瑜伽对他们的影响。唐时道教徒、著名的医学家孙思邈所著的《备急千金要方》最早记有天竺按摩法，当时密乘的著作已传入中国，但《备急千金要方》记载得很简略，只有一些姿势与印度诃陀瑜伽相类似，因此，少林武功中哪些势法受到天竺按摩法的影响，还需要深入研究。婆罗门导引十二法最早见于宋时张君房所著《云笈七签》。这时密教在印度已很盛行，诃陀瑜伽已传入汉地，少林武术也由十八手发展至七十二手，因此婆罗门导引十二法中有些名称与印度诃陀瑜伽派经典著作《格楞陀师说本集》(Gheranda Saṁhitā)所提到的极为相似，如少林“龙引”与瑜伽“蛇功”(Bhujanāgasana，我国古代常把蛇译为龙，这里指的是眼镜蛇)、“龟引”与“龟功”(Kurma)，“仙人排天功”与“仙人功”(成就者功，Sidhasana)、“凤凰鼓翅功”与“孔雀功”(Mayurasana)、“鹤举”与“鹤功”，“寒松提雪”与“莲花功”等，二者的名称虽然很相似，但是在功法与身体姿势方面则很多是迥异的(参见《诃陀瑜伽之灯》Ⅰ—20，22—24，30，52)。在少林武功中有人常常把他们的武术概括为龙、虎、豹、蛇、鹤等五式，这与诃陀瑜伽所提到的名称和势态有很多契合的地方，这种模仿动物的行动以锻炼身体是一种可以见到实效、合乎科学的方法。我国古代就有“五禽之戏”。但彼此都强调要模仿龙、虎、蛇、鹤的活动，这可能是相互交流的影响。关于达摩的十八法，在《少林拳术秘诀》一书中有详细的论述。郭希汾先生在其所著的《中国体育史》中论及中国气功与印度瑜伽的关系时曾说：“予按印度婆罗门教徒，有按摩十八势、婆罗门导引法十二法。以一定之时间行之，其结果有身体强健之经验，则达摩之十八手或即按摩法、导引法之变相欤?”①郭先生虽然对十八法没作具体的论说，但根据我的研究，他的推论是有科学根据和正确的。

---

① 《少林宗法》，载《少林拳术秘诀》，中华书局1915年版。

(4)最近，澳大利亚的格·皮特森先生(G. Peterson，归宗少林后，法号释德潮)，从海外携回少林密宗失传的拳艺，经释德水、释德潮和胡勇刚三人依据残缺不全的古拳谱，整理后发表在1995年第4期《少林与太极》杂志上。从这个《古拳谱》中我们可以看出少林禅宗也有一套自己系统的功法。这套功法主张禅武双修，动静结合，气沉丹田，周天运行。练武要仿照龙、蛇、虎、猴、鸡等动作，强调外功对内功的作用。现将《古拳谱》的要点摘录如下：

禅武双修为上乘，武学文化禅中藏。
双手绕头防贯耳，蹲马沉气丹田旺。
周天运行气走通，双拳下裁护我裆。
黑蟒出调丧敌胆，罗汉推山赛霸王。
盘龙扫尾把敌伤，猛虎探爪威力强。
进步切掌迎面锤，金丝缠腕绝无双。

少林禅宗的主张与佛教密宗无上瑜伽和印度教灵体瑜伽派的主张大致相似。他们都主张动功与静功、内修与外修相结合，通过"三脉五轮"或"三脉六轮"运行气息，打开脉结，周遍全身，引发潜藏的力量或灵体，获得智慧和成就。

(5)瑜伽派主张调息是外功训练的基本手段之一。他们认为，调息有吸气、呼气和止息三种作用。练功时要注意气息在身体内出入的范围(处)，呼吸之间的间隔(时)，呼吸的次数(数)，呼吸要长而细微，逐步进入禅定的境界。少林武功也认为："养气之学乃至学之紧要关键"，"欲学技击先学数息……数息之功，即不动心之道，臻至境界而后可称上乘……盖以气息由于呼吸，呼吸由于肺部而鼻为出入之门，凡技击学步之始，先使气脉沉静，直达气海(又名为丹田)……听气之出入，抛却万念，默记其度数……此数息之法也"①。从上述的论述中可以看出，两者对禅定基本手段的认识是一致的。

瑜伽的后三支(执持、禅定、三昧)被称为总制，着重对瑜伽行者的精神训练。少林对僧众的训练也从禅机入手，从心理上入禅，这种内修或静功的训练正如《气功阐微》一书中所概括："以入定为功夫，以参证为法门，能于此而有所悟入，而后性静心功，脱离一切挂碍，无挂碍始无恐怖矣"，这可见两者的

① 《少林宗法》，载《少林拳术秘诀》，中华书局1915年版。

相互影响。

综上所述，可以看出：少林武功不仅追踪印度佛教禅定的理论与实践，而且也受到印度古典瑜伽的重要影响。由于少林武术是一个博大精湛的体系，有着无数的门派和路数，本文只能略窥其门径，作一初步的探索，错误和遗漏很多，望读者匡正。

# 唐孝敬皇帝之死与印度顺世论的关系

## ——唐初朝廷向印度寻求长生不死之药史迹考

武则天的两个亲生儿子李贤、李弘之死是唐初历史上的重要疑案，我国古代史籍中有着不同的记载，近人也有不同的意见。关于李贤之死，郭沫若同志和袁震同志都曾发表过自己的看法①。他们的争议是很有意义的。本文拟对李弘之死，特别是此事与印度卢伽逸多(顺世论)的关系作一简略的论述。

李弘(652—675)是武后亲生的儿子。高宗废掉前后所生的儿子太子李忠后，曾册封李弘为太子。李弘死后被追谥为孝敬皇帝。这位皇帝的孝行，一直为古代史学家所乐道。关于他的死因，唐朝当时人的著作中就有着不同的说法，司马光在编修《资治通鉴》时不得不抱着“以疑传疑”的客观主义态度叙述了当时人的说法。我国古今的史学家们对李弘之死大概有着下面几种意见：

一些人认为，李弘是因“深疾而终”的。例如，在李弘死后，唐高宗为李弘所立的功德碑——《孝敬皇帝睿德之纪》上明确写道：“凉宫避暑……伏枕流欷，哽绝移时，重致绵留，遂成枕痼，……吹汤之医，莫返逝川之命。”②后晋刘昫等所编《旧唐书》卷八十六也说：“上元二年，太子从幸合璧宫，寻薨，年二十四。制曰：皇太子弘……自琰圭在手，沉瘵婴身，顾惟耀掌之珍，特切锺心之念。

① 参见袁震《是谁杀死了李贤?》，载《光明日报》“史学”第246号。

② 该碑矗立于河南省偃师市缑氏乡唐恭陵道东侧第二、三翁仲之间。碑身正文已漫漶不清，不可卒读，仅存1700字，但《全唐文》和《金石萃编》中有辑录。

庶其痊复，以禅鸿名，及腠理微和，将逊于位，而弘天资仁厚，孝心纯确，既承朕命，掩欷不言，因兹感结，旧疾增甚。……遽永诀于千古。”

《全唐文》卷十四“册谥孝敬皇帝”、卷十五“孝敬皇帝睿德记”及敦煌出土的《一切道德经序》(伦敦所藏敦煌写本斯氏 1513 号)、《金石萃编》卷五八等也有同样的记述。

另一些人认为，李弘曾得罪过武后，由于他是武后争夺政权中的一个障碍，因而阴谋把他毒死。例如《新唐书》孝敬皇帝传载：“义阳、宣城两公主以母故，幽掖廷，四十不嫁。弘闻眙恻，建请下降，武后怒，即以当上卫士配之，由是失爱。……后将骋志，弘奏请数怫旨。上元二年从幸合璧宫，遇鸩薨。”再如宋王溥在《唐会要》卷二“杂录”中转记了唐苏颋的说法：“代宗收复两京，遣判官李泌入朝献捷，从容语及倓(即唐承天皇帝——引者注)事，泌曰：朕幼稚事(时——引者注)得‘黄台瓜辞’，陛下闻其说乎？……天后所生四子……长曰孝敬皇帝弘，为太子监国，仁明孝悌，天后图临朝，……鸩杀之，立雍王贤……乃作‘黄台瓜辞’……辞曰：‘种瓜黄台下，瓜熟子离离，一摘使瓜好，再摘令瓜稀，三摘尚自可，四摘抱蔓归。’太子贤终为天后所逐，死于黔中。”

这个说法为后来大多数史学家辗转相承，但也有人抱着怀疑的态度并进行辩解。在反对意见中最堪注意的是宋朝史学家范祖禹、元朝著名的史学家胡三省和清朝金石考据学家王昶的看法。王昶在《金石萃编·睿德碑文跋尾》中写道：

“天皇(指唐高宗——引者注)晚年倦勤，庶政多决于天后，即使太子受禅，天后自度亦不难制其子，……何至于请嫁二主(二公主——引者注)激怒，遽萌杀子之心？此事本有可疑者，特以武后罪恶已甚，后世无复原之耳。”

胡三省在注解《资治通鉴》时曾追索过李弘鸩死之说的来源，他认为此说的主要依据是李泌和唐典的记载，但他也没有作出自己的结论。

第三种意见是郭沫若同志在《武则天》一剧中提出的。他写道：

“武：……你(指太子——引者注)潜藏武器，图谋杀害我！贤：正是这样，……我的亲哥哥太子弘就是你在合璧宫把他毒死的。……

高宗：我要先告诉你，你哥哥到底是怎样死的。是十二年，一位乌荼国的婆罗门叫卢迦逸多，他给我配了什么不死药，是天后阻挡着我，没有让我吃。他说先帝陛下太宗皇帝是误服了婆罗门那罗迦婆寐的所谓不死药中毒死了的，叫我千万不要乱吃药，不料被你哥哥把它偷去了，……他在合璧宫里把不死药吃了，弄得七窍流血，一晚上就死掉了。”

郭老提出这种说法的根据是《资治通鉴》高宗总章元年条记载。据我所知，司马光对于婆罗门炼长生不死之药的事情确有记述，但始终没有涉及李弘之死。恰巧相反，在《孝敬皇帝睿德之纪》碑中曾提到，李弘“出群以验长寿之书事独察，此其至明也”。由于最可靠的碑文前后文漫漶不清，这“独察”不知是否指唐太宗吃了印度婆罗门药之事或者高宗纳郝处俊之谏，未吃印度婆罗门所献的长生不老之药事(详见下文)，再或正如郭老所说，李弘本人为了证验长寿而偷吃了婆罗门的药饵，我想郭老的《武则天》虽然是文学剧本，但肯定也有历史根据，而且他自己还表明根据是《资治通鉴》高宗总章元年的记载，因此，我们无法遽以作出否定的结论。

在前三种意见中，我认为第二种意见或许有更多的合理成分。因为在宋朝欧阳修编修《新唐书》时已较多地摆脱了唐代党争的影响，对武则天的所作所为已有了可能较客观的评述。《新唐书》记录的代宗中兴重臣李泌的意见虽然不可尽信，但类似李泌的意见在唐初也有很多人提出，并有史书可稽。司马光在叙述这件事时曾写道：“时人以为天后鸩之也”(《资治通鉴》卷二〇一)，此外，参考当时武周夺取政权的激烈程度以及武后残忍性格，她谋杀亲子的可能性也是有的，武后既能杀死自己的亲儿子李贤，那么，也有可能除掉自己当大周女皇的绊脚石李弘，因为李弘当时已被册封为皇太子，而且在咸亨二年高宗幸东都时又曾留西京为监国，实际上已经处理朝政，武后的所为是符合封建统治阶级“天无二日，国无二君”的政治哲学的，而且还有着深刻的社会政治背景。李弘死后，武则天“兴言鞠育，感痛难胜”，并为了“发展哀情”，特地写了《一切道德经》三十六部，计七万卷，此外，还追谥李弘为“孝敬”皇帝，表扬他的孝敬。在《孝敬皇帝睿德之纪》中，对李弘的孝行曾有这样的描述：“朕及天后摄卫微乘则不满容行不正，□出青宫而视膳，悟寝通霄入紫廷而扇枕，缠忧□日，岂止必亲而已哉!”这种肉麻的描述和假仁假义的做法实际上是要掩饰他们的罪愆。正如宋范祖禹所评说：“盖武后谋篡国，酖太子而加之尊名以掩其迹，李泌之言信矣!”①

这里还是要谈一个与李弘之死有关的问题，即郭老提出的唐太宗、高宗与李弘请求印度婆罗门僧来华炼长生不死之药问题。关于印度路伽耶陀(Lokayata)即汉译顺世论或顺世外道来华炼丹的问题，《旧唐书》卷三、八四、一八九，

① 引自《金石萃编》卷五十八，原出自范祖禹《唐鉴》。

《新唐书》卷一二一,《唐会要》卷五十二、一〇〇,《册府元龟》卷四六,《酉阳杂俎》卷七以及《大唐高僧传·玄昭传》等都有详细的记载。例如《旧唐书·郝处俊传》写道:“有胡僧卢伽阿溢多(路伽耶陀另译)受诏合长年药,高宗将饵之,处俊谏曰:‘修短有命,未闻万乘主,轻服蕃夷之药,昔贞观末年,先帝令婆罗门僧那罗迩婆寐(Naraymavamin)依本国旧方合长生药,……先帝服之,竟无异效,大渐之际,名臣莫知所为。……龟镜若是,惟陛下深察。’高宗纳之。”

印度婆罗门僧人来华为唐初几个皇帝炼长生不死之药的问题,是中印交通史和文化交流史上的一个重要事件,而这个事件长期以来被忽视或误解。在《新唐书》《旧唐书》和《册府元龟》等史籍中,一般都把路伽耶陀(异译卢迦逸多)当作唐初从乌荼国(Ouda,此国在尼泊尔西南)来的婆罗门教僧侣,但大量史料证明,印度顺世论派大都是从印度西北部的乌苌国(Udyana,另译乌仗那国)来的,因此乌荼国应是乌苌国。例如唐义净在《西域求法高僧传·玄昭》中写道:“沙门玄昭法师……行至北印度界,见唐使人(此指唐高宗派至印度的使者王玄策,王曾奉命在印度物色炼长生不老药之人——引者)引卢迦溢多于路相遇。卢迦溢多复令玄昭及使仆数人向西印度罗荼国取长年药。”

文中所提到的“卢迦溢多”是古代印度唯物主义者的一个派别名称,而非为印度婆罗门僧个人的名字,这种称谓在印度和欧洲的研究家中大都是这样看的。例如印度穆克吉(P. K. Mukherji)在其所著《印度文献在中国和远东》一书中就把上述唐史中提到的“卢迦溢多”看作是印度古代的“唯物主义者”①。美国的戴尔·列柏(Dale Reip)在其所著《印度自然主义传统》中也曾提到卢迦溢多,并把卢迦溢多解释为“明显地从事炼金术等类事情”的自然主义者②。

卢迦溢多是梵文 Lokayata 的音译,意译是“顺世论”“世间行”,即“流行在世间或人民中间的观点”。慧琳《一切经音义》解释道:“路伽耶陀,梵语此名恶论议(义),正梵音云路伽耶底迦,此则随顺世外道随顺世间凡情所说执计之法,是常、是有等。”顺世论是印度最古老的唯物主义哲学派别,参加这个派别的大都是印度下层群众,他们从事医卜、陶工等职业,它的基本特征是:(1)承认世界的基础是物质,物质的基本原素是地、水、火、风;(2)意识是从物质中产生的;(3)感觉经验是认识的唯一来源;(4)心和身是统一的,不存在永恒的灵魂;(5)没有超自然的实体——神;(6)业报轮回是不可证明的;

① P. K. 穆克吉:《印度文献在中国和远东》,1931 年,加尔各答,第 276 页。

② 戴尔·列柏:《印度自然主义传统》,1961 年,华盛顿出版社,第 52 页。

(7)禁欲主义是与生活不符的。顺世论是印度古代和中世纪一直流行在下层人民中间的世界观和人生观，它与印度最早的印度河流域文明直至当前的民间信仰之间有着联系，顺世论与印度婆罗门教—印度教、佛教的说教和实践进行过长期的、不可调和的斗争。顺世论随着佛教传入我国后，一直被佛教看作异端，对它进行了无情的攻击，在南北朝、隋唐时期儒释道三教斗争中，常常被作为道教“道法自然”的同盟军而向儒释的唯心主义作斗争，因此在中国思想史和医学史、化学史中都有一些影响①。印度顺世论是中印科学思想和唯物主义哲学思想交流的见证，在两国友好关系中留下了痕迹。

① 详见拙著《印度哲学史》有关顺世论章节，商务印书馆，1989 年。

# 道教与密教

最近一个时期以来，中外学术界对东方的两大宗教——密教与道教表现出了强烈的兴趣，进行了广泛深入的研究和讨论，参加讨论的不仅有宗教学者、佛教或印度教研究家，而且还有不少的化学家、物理学家、历史学家和社会学家等。密教和道教之所以引起人们的重视，主要因为这两个宗教都是传统宗教，在南亚和东亚地区有着广泛的影响，特别是它们的化学和医药学思想在历史发展过程中曾经起过一定的作用，而且它们的某些哲学观点对现代的量子力学和生理学还有借鉴意义。密教和道教虽然是印度和中国的民族宗教，但是这两个宗教有着长期的交流的历史，在教义和修持实践方面有着很多的相似之处。不少学者认为，印度的密教渊源于中国的道教，也有人持相反的看法。本文拟根据中印各自保存的历史资料，对密教和道教的关系作一粗略的试探。

## 一、中国道教与印度密教的共同特征与交流

密教由密教经典咒语坦多罗(Tantra)而得名。关于密教的起源有着种种的说法，一般认为溯源于印度远古时代在民间流传的瑜伽术，它和印度很多古代宗教、哲学特别是婆罗门教—印度教和佛教有着不可分割的联系，当这些秘密的修持与印度教湿婆派和性力派的神学玄想相结合的时候就产生了湿婆派和性力派的密教，当它们与佛教的形而上学相结合的时候就产生了佛教拼凑起来的密宗体系，由于它们都是在印度同一的社会历史背景中兴起和发展的，有时很难加以区分，因此有人说："佛教的密宗实际上是佛教的印度

教，穿着佛教外衣的印度教”。从印度佛教的历史发展过程看，密宗是佛教的最后一个阶段，它是由大乘中观、瑜伽的哲学理论和密教的实践相结合的产物，这正如《真言之宝颈饰》(Tattvratnavali)开宗明义所说：“真言的原理是由瑜伽行派与中观派的立场所说明。”密教是以高度组织化了的咒术、仪礼、俗信为其特征，宣传口诵真言咒语(“语密”)，手结印契(“身密”，即运用手势和身体姿势)和心作观想(“意密”)，三密相印，可以即身成佛。

道教是我国土生土长的宗教，溯源于古代的巫术和秦汉时期的神仙方术，汉代张陵创五斗米道，奉老子为教主。在南北朝时，不少道士把民间道教引向了神仙道教或者改造成为适合于贵族需要的道教，从而出现了具有全国性规模的天师道等。隋唐时期，儒释道三教鼎立，有时道教居先。道教经历了南宋、金、元的宗派分化以后，到明朝中叶以前，发展到了鼎盛的地位，至清逐渐衰微，但在民间还有相当影响。道教基本的信仰是道，认为道是宇宙、阴阳、万物化生的原因。崇拜多神。修炼方法有服饵、导引、胎息、内丹、外丹、符录、房中术、辟谷等。

据印度师觉月、P. C. 雷易、S. N. 达斯古普塔、N. N. 薄泰恰里耶等的研究和中印保存的大量史料，可以得出这样的结论：印度的密教和中国的道教不仅在古代和中世纪有过长期交往的历史，而且在宇宙观、生命观和宗教修持方面有着惊人的相似之处，当然，这不是一种偶然的巧合，或者是宗教具有的共同的特征，它有着深刻的社会历史原因。

道教和密教与中印佛教的显教和印度教的正统派在教理和实践上都有明显的不同，这两个教派都以积极入世为其主要特征，道教和密教在哲学上都主张二元论，道教把它们的最高实在称之为道，道是阴阳相互交感作用所产生的，是宇宙生存的根本法则，自然现象、社会现象和人体自身的发展、运动、变化都受阴阳的规定和制约，因之，道不单是万物禀赋的自然属性，而且也是社会道德伦理的属性，阴阳和合才能使人类生命得以持续和延长。

密教的宇宙创成论、生命观和社会主张的基础也是二元论。它们认为，世界有二极，即原男(自性、原初物质，Prakriti)和原女(purusa，神我、灵魂)，原男和原女的结合开展或形成了大千世界，这种二元论的思想在印度有着古老的渊源，可以追溯到吠陀、奥义书的时代。佛教密教认为，原女或女性原理的性空(Sunyata)、般若(Prajna)和原男或男性原理的慈悲(Karuna)、方便(Upaya)的不二合一是最高的实在，也是修持最后解脱的境地。佛密的这种解释，是要把佛教显教的基本范畴——有相与无相、能执与所执、世俗与胜义、轮回与涅槃合二为一，印度教密教认为，男性的原理是静的湿婆神，女性原理是动的萨克蒂(Sakti)即性力，湿婆与性力的结合或双入(yaganada)才可以获致人们的最后解脱。印密和佛密从这个二元的关系出发演绎出了遍于女性的原理，认为女性原理是宇宙的根本原理，性力是宇宙的自然能力或第一推动力，甚至认为，佛性存在于女性的阴门中，因此，无论中国或印度的密教都崇拜象征化了的性力女神及其化身，如中国密教盛行着对观音化身的多罗或救度母崇拜，① 等等。在印度教密教中提到的很多大师都是女性，如旃陀罗、董毗、罗阇基、乔罗义等，据很多印度学者研究，他们大都出身于下等种姓或贱民，从事陶工等等职业。由于密教中崇拜女神，他们公开宣传性解放和男女平等，甚至否定传统的婚姻规范，宣称："婚姻制度是一种荒唐的虚构"。

中国道教主张阴阳学说，以阴性作为世界、人自身的主体象征，在不同程度上崇拜女性。这种崇拜大概从远古就开始。《道德经》第六说："谷神不死是谓玄牝，玄牝之门是谓天地根"。"知其雄，守其雌，为天下蹊"，在这里"玄"为深奥幽远的意思，牝为母性，具有生殖意义，玄牝为微妙的母性，不可思议的生殖力和大道无形的创造力量。

在印度教密教的宇宙论中另一个重要的原理是"即身说"(Dehavada)，也称为"身成就法"(Kayasidha)或"身真实说"(Dehatattva)。密教认为，人和外在世界的一切都是由同一质料按照同一规律创造、运行的，外在世界的一切存在都可以通过人的身心体认或亲证，宇宙是人身的大天地，人身是宇宙的小天地，如果人们能够了解人体自身的奥秘，也就可以了解宇宙或自然的奥秘，人们能够支配自身的各种力量，也就能影响、控制宇宙和自然的一切。在他们看来，宇宙的诞生并不比人类生孩子那样神秘，据此，密教为了影响和控制外界的力量，建立了种种控制人体和精神的瑜伽修炼方法，这种"即身说"和道教的"人道合一"思想有着极为相似的地方。《道德经》说："故道大、天大、地大、人亦大，域有四大而人居其一焉。""人法天，地法天，天法道，道法自然。"庄子也提出："无以人灭天"，这种"玄妙之门是天地根"的说法，虽然说明了人与自然密迩不可分的关系，人力可以胜天，但在远古生产力十分低下的情况下，这只是一种宗教的幻想。

① 在印度佛教中观音是一位男性菩萨，多罗是他的妻子，但观音崇拜传入中国后，中国佛教徒认为观音是慈悲的象征，是女性的化身。救度母是观音化身救苦救难的本尊。

道、密在修行的实践方面有着更多相似性：(一)房中术或性技术；(二)炼丹与制药技术；(三)服饵养生法；(四)吐纳调息法；(五)按摩或体操锻炼法。现分别阐述如下：

道教与密教一样都认为修炼的目的是要延长生命，获得现世的解脱，因此，对身体和精神的修炼十分重视，另外，也注意服饵养生、医疗等。在众多的修炼方法中，首先推重的是房中术或性技术。印度对房中术的研究在公元前6世纪至2世纪之间所作的传承经书如《家庭经》《法经》中已见端倪。在难陀王朝和孔雀王朝之间，即公元前3世纪左右，筏蹉衍那写作了《爱经》，系统地阐述了性爱的目的和性交的技术等，使性爱成了一门专门的科学，印度教认为，性交不仅是一种传宗接代的情爱活动，也是一种庄严的宗教仪式。印密因袭了这种传统，把性交规定为五种根本的修行方法或“五实性”(Pancatattva，即酒、肉、鱼、谷物、性交)之一。《摩诃涅槃坦陀罗》Ⅶ—18说：“第五个要素(即性交——原注)的标志是使一切生类获得无上欢乐的原因，是无始无终世界一切创造的根源。”[①]密教的左道认为，要修成极乐身和金刚萨埵除了这个根本的方法以外没有其他的方法。密教宣传的性交修持法有一定的、严格的规定和仪式。有一种叫作“轮座”的仪式，规定在月圆之日和寂静的地方秘密举行，参加的性伙伴要有对等数目，这种“双修”或“双入”的思想，大概在6世纪时就传入中国，在后魏失译的《提婆菩萨释楞伽经中外道小乘涅槃论》中载：“外道……作如是说，初生一男共一女，彼和合生一切有命、无命等物，后时离散，还设彼处。”密教举行的轮座方式在20世纪50年代初我国云南地区也发现过。

性技术在我国道教中也广泛流行，被称为“男女合气之术”或“容成之术”。马王堆汉墓帛书《合阴阳》将房中术尊为“天下至道”。值得注意的是道教用以“补救损伤、治病，或以采阴益阳，增年益寿”[②]的“还精补脑术”，至今还在孟加拉地区毗湿奴教阇塔尼亚派中流行。

关于中印道、密性交技术的交流，在庞大的道藏中几乎没有一点蛛丝马迹可寻，但在印度梵文和泰米尔文献中却有不少记录。印度最早提出印度密教“女人道”(Vamacara，性交术)的是H. 萨斯特利教授(H. Sastri)。1874年印度R. M. 查特吉(Rasik Mohan Chatterji)在东孟加拉发现一批婆罗门教的梵文

---

① 见A. 阿瓦隆英译《摩诃涅槃坦陀罗》第156页，纽约丹佛出版社，1972。与梵本稍有出入，梵本写得很简略，不易明了。

② 《抱朴子·内篇·释滞》。

文献，这些文献中提到了印度密教的“女人道”，并涉及了与中国道教的关系，其中重要的有 B. 吉里等所撰的《度母秘义经》(Tararahasya)、《风神咒坦多罗》(Rudrayamala Tantra)和《摩诃支那道修法》(Mahacinaeara Krama)等。1908 年室利·文卡斯特瓦尔又编辑出版了《弥罗山坦多罗》(Meru Tantra)，这个坦多罗也涉及了密教与中国的关系。1913 年印度瓦伦特剌研究会(Vaendra Research Society)又编辑出版了《风神咒坦多罗》和《梵天坦多罗》，这些文献中都记录了印度“女人道”来自中国的事实。①

上述文献中都提到印度密教中与救度母崇拜或独结母崇拜(Ekajaka)有关的“女人道”都来自中国，印度密教中奉行的“五真性”供养也与中国有关。另外，还提到一个叫筏湿斯塔(殊胜，Vesistha)的密教徒曾亲自来中国向佛陀学习过“摩诃支那道”，据此，比利时的西尔维·莱维教授(Sylvia Levi)还进一步研究了“女人道”与中国秘密社会的关系。以上文献中的记载，虽然不可避免地带有一些神话，但印度密教与中国道教交往的事实是确凿无疑的。

道、密的炼丹与制药技术是现代化学与医药学实验的先驱，对人类化学和医学的发展做出过一定的贡献。道教的炼丹术也称为“黄白之术”，它在两汉发展起来，至唐代发展到了高峰，而后衰落下去。唐代炼丹家奉《周易参同契》为祖经，这是世界炼丹术最早的著作，炼丹的术士们由于对炼丹制药的理解不同形成了铅汞派、硫汞派及金砂派。炼丹术是古代自然科学的化学实验和巫术活动的奇妙结合，它的实质是在炼丹炉中将时、空压缩起来，模拟宇宙演化和反演化的规律，从而炼制出了一种称作还丹凝固化了的道，因之，炼丹过程实际上是对道的模拟实验。外丹家认为服了这样炼出的固态的道，就可得道成仙，这当然是一种荒诞的想法。

印度密教对炼丹术做出过重要的贡献。印度著名化学家雷易(P. C. Ray)在其《印度化学史》中称：“印度的炼丹术、炼金术绝大部分带有密教的色彩或味道。”②密教的崇拜“是一种奇怪的混合物，一方面属于炼丹活动；另一方面又是稀奇古怪的放荡淫猥，有时令人厌恶的仪轨。”②印度和中国一样，存在着大量的炼丹术文献，P. C. 薄泰恰里雅教授已编著出长长的目录，这个目录使人眼花缭乱不已，其中重要的有《丹鼎宝身经》(Rasaratrakara)和《汞海》(Rasar-

① 参见 S. K. 查特吉：《印度与中国：古代的接触》，载《亚洲学会学报》1959 年第 1 卷第 1 期。

② 见 P. C. 雷易《印度化学史》第 10 页及绪论。修订版，加尔各答，1956。

nava)等。印度教湿婆派密宗也和中国道教一样，用水银炼长生不老之药，据说服后可与神冥合为一，达到解脱的境地。11 世纪在印度还出现过独立的水银派(Rasesvara—darsana)。

关于印度密宗与中国道教交流的问题，国内外很多学者都作了一定的研究，有的问题已比较明确，但系统的研究还付阙如。中国道教在什么时候传入印度现在已不可考。根据中国史籍的记录，我国的高僧宋云在 516—520 年去印度巡礼，在西北印度的乌仗衍那(乌苌)国时，曾向该国的国王“具说周孔老庄之德，次序蓬莱山上银阙金堂，神仙圣人并在其上”，这大概最先提到道教有关的问题。公元 644 年，我国派出使节王玄策去印度迦摩缕波国(当今阿萨密地区)时，该国国王拘摩罗曾“请老子像及《道德经》”。① 公元 646 年，唐西域使李义表出使迦摩缕波国时，国王拘摩罗及其太子再请翻译《道德经》，李义表向朝廷报告后，唐太宗敕令“玄奘及道士蔡晃、成英等三十余人，共集五通观，同别参议，详校《道德经》。奘乃句句披析，穷其旨理，方为译之”。② 这个梵文译本经中外学者多年在印度和中国寻找，仍无结果。关于唐初几位皇帝遣使去印度寻求长生不死之药一事，在我国《新唐书》《旧唐书》《册府元龟》和《西域求法高僧传・玄照传》中都有详细的记载。例如《旧唐书・郝处俊传》写道：“有胡僧卢伽阿溢多受诏合长年药，高宗将饵之，处俊曰：‘修短有命，未闻万乘之主，轻服蕃荑之药，昔贞观末年，先帝令婆罗门僧那骡尔裟寐(Narayamavamin)依本国旧方合长生药……先帝服之，竟无异效。’”又如义净撰《西域求法高僧传・玄昭》记有：“沙门玄照……行至北印度界，见唐使人引卢伽溢多于路相遇。卢迦逸多复令玄昭及使仆数人向西印度罗荼国取长生药。”上述引文中提到的“卢迦溢多”“卢迦阿溢”都是路伽耶陀(Lokayata)的异译，意译为顺世外道。据印度德・恰托巴底亚耶和 S. N. 达斯古普等的研究，顺世论派也实行密教的三种修行法(酒、肉、性交)，在组织上是属于迦波里迦派(Kapalikas)，迦波里迦派是密教的信徒。③ 顺世论(意为流行在人民中的派别)一直流行在民间，因此，唐朝初年朝廷请来炼长生不老之药的婆罗门也属于密教中人。众所周知，唐太宗、高宗和太子李弘都是虔诚的道教徒，迷信服饵丹

① 《旧唐书・天竺传》，《新唐书》卷二二一上。

② 《集古今佛道论衡》卷丙。

③ P. C. 雷易：《古代中世纪印度化学史》第 126—127 页，加尔各答，1956。转引自德・恰托巴底亚耶《顺世论》，第 425—427 页。

药，据历史记载，他们都是服了不老之药而死的，因此，他们邀请印度的顺世论者来中国炼药一事，确有根据，也是中印密教交流史中的一页。

感谢印度P.C.雷易教授对印度泰米尔文献的整理与研究，使我们对印度炼丹术与中国道教的关系有了比较确切的认识。雷易在他的《印度化学史》中说，印度泰米尔文献中提到的十八位密教“成就者”或大师中有两位是中国人，他们的泰米尔名字叫博伽尔(Bogar)和普利波尼(Pulipani)。博迦尔原是道教徒，在公元3世纪时去印度，最先住在巴特那、伽耶，嗣后迁居南印度，皈依了密教。他撰写了不少炼金术和医药学的著作，并为印度培养了大批学生，后来带着一批弟子回到中国，这些弟子在中国学成之后又回到南印度的纳德，传授“中国道”。① 另一个大师普利波尼与博迦尔一起到印度，定居于纳德。他根据密教的观点，用泰米尔文写了不少有关巫术、医药、炼金术的著作。② 这些著作可能把中国道教炼丹的经验融合到了密教中去。博迦尔和普利波尼的材料虽然在中国史籍中没有记录，但他们的事迹是确凿无疑的。在博迦尔、普利波尼活动的年代，中国道教的黄白术已向炼丹术发展，当时只有道教徒才从事炼丹的工作，因此，他们道教徒的身份是可以肯定的。总之，博迦尔和普利波尼为中印密教与科学的交流做出了贡献。

印度佛教进入密教的金刚乘、俱行乘和时轮乘后与印度教的密教或性力派在实践上很难加以区分。两派都以瑜伽为无上的法门，因此密教也被人称为瑜伽教。密教的行事一般分为所作坦多罗、行坦多罗、瑜伽坦多罗和无上坦多罗四部。所作坦多罗以念诵真言、结坛、供养等事为主，因之不属于瑜伽范围之内；行坦多罗以密咒和观想并重，故可附属于瑜伽；瑜伽坦多罗以五相成身观想法为主；无上瑜伽部以修中脉(详后)、控制呼吸(气息)和专注一处(明点)，其中父部着重修气息(Prana)，故称为“命瑜伽”；母部注重对意念的集中，因而称为“精进瑜伽”或“努力瑜伽”；无二部着重修“双身”(男女交合)。印密把印度古典瑜伽与密教的玄学思想结合以后，出现了很多派别，其中最重要的是由古罗俱商那特建立起来的诃陀瑜伽派(Hatha－Yoga)，他们的主要经典是《瑜伽灯论》和《湿婆本集》。诃陀瑜伽和无上瑜伽的母部都注意修呼吸技术和专注一点(“明点”)。这和道教中的修呼吸技术的吐纳法极为相似。吐纳法在我国春

---

① P.C.雷易：《古代中世纪印度化学史》第126—127页，加尔各答，1956。转引自德·恰托巴底亚耶《顺世论》，第425—427页。

② 同上书。

秋时就已流行，《庄子》曾提到“吹呴呼吸，吐故纳新”，马王堆出土的《养生方·十问》中十分强调“息必深而久”，“深息以为寿”，这和印度教的密教诃瑜伽所要求的“呼吸要长而细微，注意间隔”等是相似的。道教很重视在吐纳中的“存想”或“守一”(把意念存放在一起，例如放在丹田上)，而印度秘密密教的无上瑜伽和印度教密教的诃陀瑜伽都主张：在人体中有“三脉五轮”或“三脉六轮”，“三脉”指左、右、中三脉，秘密佛教认为，中脉位于背脊骨中，上起顶门，下达会阴，是人性命的中枢，左右二脉贴于脊椎左右。而诃陀瑜伽所主张的“三脉”(Triveni)也位于大脑神经中枢。秘密佛教认为“五轮”(“五重脉轮”，相当于现代科学的神经节)其位置在头顶、喉、心、脐和会阴处。诃陀瑜伽主张有“六脉轮”，这些脉轮位于骶骨、前列腺区、腹部、心脏、喉部和头顶穴。每重脉轮都有着若干脉结，连贯大小诸脉。这种说法与我国道教所主张的任督两脉学说极为相似。密教所主张左中右三脉相当于道教的督脉、任脉，顶、喉、心、脐、会阴等脉轮大致位于任、督两脉分布的很多穴位上(泥丸宫、神庭、重楼、绛宫、气海等)。密教认为，人们在修习瑜伽时，可用气息(风)的力量，引发背脊骨中潜藏的力量或灵体(Kaudari)由下而直上达顶端，打开脉结，获得无尽的智慧和成就。道教也认为，在修持中可以使元气自行发动，冲开督脉，以通任脉，使督、任周流，达到养生的目的。

关于印度传入我国着重炼身的瑜伽术有史可证的有南北朝时期传入的《易筋经》《洗髓经》，唐时传入的“天竺按摩法”和宋时传入的“婆罗门引导法”，这些著作相传都是道教中人物编撰或假托的。《易筋经》为达摩所传，但实不可信。试以《易筋经》中的十二势，与12至15世纪间出现的印度教密教的《诃陀瑜伽明灯论》相比，少数名称如《倒拽九牛尾势》与“牛头功”“韦驮献杵势”与勇士功或金刚功相似外，其余都是不同的。《洗髓经》已被禅宗二祖慧可(487—593)遗失，关于《洗髓经》的内容，历史上只提到名字，后人无法臆测。但根据印度教密教《湿婆本集》解释：禅那是一种精神集中的作用，这种作用由人的脑髓所管理，脑髓在梵门(Brahmaranda)之中，是一种细微的物质，从幽门经下方会阴至六轮，每重脉轮都有若干脉结，连贯周身大小诸脉，起着十分重要的作用。这类似道教所主张任、督两脉在躯体中的功能，因此，在瑜伽看来，修习禅定，也就是要使脑髓或灵体通过一定的路径进行活动，打开脉络，获得智慧和成就。少林气功也重视脑髓的“清洗”或活动。从佚经的名称，我们可以猜度这是一本受到密教影响的著作。唐时道教徒、著名医学家孙思邈所著的《备集千金要方》中最早记有天竺按摩法。此时佛密的著作已传入中国，但《备急千金要方》记载得很简略，使人不得要领，因此虽然说是由天竺传入的，但也不能证明道密之间的关系。“婆罗门导引法”最早见于道家著作、宋时张君房所编撰的《云笈七签》，又分别见于王仲久所编《摄生纂录》《内外功图说辑要》。这时中印密教已很盛行，诃瑜伽可能已传入中国内地，因此“十二导引”中有些名称与密教的著作所列很相似。如“龙引”与“蛇功”、“黾引”与“龟功”、“仙人排天功”与“成就功”或“仙人功”、“鹤举”与“鹳功”等，但是在功法与身体姿势方面有很多是迥异的，两者对照不起来。① 在时间上也有矛盾。《云笈七签》可能比《诃陀瑜伽灯明》为早。但我想这个导引法与印度婆罗门有不少功法极为相似，可能受到过密教的一定影响。

## 二、中国密教与道教的关系

### (一)中国佛教与道教的关系

儒释道是我国的传统文化的主要组成成分，它们之间的相互融合与斗争构成了中国近千年来文化发展的总画面，而释道之间的斗争则表现了这个总画面的一个侧面。释道之间的融合与斗争，我想可以从三个方面来加以考察：一是释道在中国历史发展过程中的起伏跌宕；二是彼此教义、经典、文化艺术之间相互的融合、争论与排斥；三是在民间的流传与混淆。

众所周知，佛教在东汉传入中国时主要依附道教的神仙方术与黄老的信仰，所谓“诵黄老之微言，尚浮屠之仁祠”，汉末张陵创五斗米道，张角组织太平道，形成了具有相当规模的群众运动，出现了比较完备的经典《太平经》，为道教宗派的建立作了理论和组织的准备。自三国至晋代，《老子化胡经》开始出现，使佛道之间首先发生了龃龉。葛洪为了使道教思想系统化纳入儒教为主流的社会，提出了以神仙养生为内，儒术应世为外的三教合一的主张。南北朝时释道互相融合表现在道教经典的建立过程中摄取了大量佛教的思想内容，采用了佛教的法相名目。例如道教重要经典《灵宝经》的创立，曾借鉴佛教的《法华经》和《涅槃经》，道教《太一真一本际经》主要摄取了大乘佛教空的思想，《海空智藏经》摄取了唯识论的思想，② 但是释道的融合并不能掩饰彼此之间在教义上的争论和组织上的倾轧，这种争论和倾轧有时表现得十分激烈，甚至发生流血斗争。其荦荦大者有：南朝宋末齐初(465—493)道佛之间的夷夏之辩，在北

---

① 参见《诃瑜伽灯明》Ⅰ.20，22—24，30，32，日文版，东京。

② 此经也有人认为是隋朝时期的作品。

朝时由于佛、道斗争的原因所引起的北魏太武帝(424—452)和北周武帝(561—589)二次废佛法难事件，以及北齐文宣帝时(550—589)展开的佛道之间的倾轧，导致灭道的举措。隋唐是我国的统一的封建帝国创建时期，佛道为了适应庞大的帝国政治文化的需要，都作了各自相应的调整，在统治阶级的支持下获得了繁荣发展，形成了“三教归一”的局面，但释道之间的斗争也达到了一个新的高潮，其重要的表现是：隋开皇年间(581—600)的三教辩论大会，大业(605—618)时令沙门道士致敬王者而引起的斗争，唐武德年间(618—626)的儒道联合反对佛教的斗争；贞观年间(627—649)释道先后之争；高宗时的多次佛道大辩论；高宗、武后和中宗时的“老子化胡”之争；唐中后期多次举行的佛道大辩论；武宗时的灭佛等。宋元以后，佛道之间的融洽日益加深，道教的很多派别都高举“三教归一”的思想，例如金丹派南宗的祖师张伯端以修炼性命说会通道、佛，他说：“先以神仙命脉诱其修炼，次以诸佛妙用广其神通，终以真如觉性遣其幻妄，而归于究竟空寂之本原。”①元明以后，佛道衰落，理学勃兴，理学摄取了释道大量的哲学思想、思维形式和修持方法。入清以后，释道没有重大的变化，影响及今。值得注意的一个现象是，宋明以后释道的结合逐渐走向民间，在寺庙或道观中塑有佛教的神像，也有道教的神祇，这些造像有分龛、同龛、融溶像、混杂像等各种形式，目前可见最典型的是重庆大足石窟、山西的悬空寺、平顺的宝崖寺、云南昆明的圆通寺和甘肃庆阳平定川石窟等。道释混融的思想对科举、教育、科学、医药学、雕塑、绘画、戏曲、小说和诗歌等都有重要的影响。各个时代都出现过专门画道释的专家，例如唐朝的曹仲玄，擅绘道释壁画，时人称为“道释人物第一”。明朝的戴进(1388—1462)“画道释用铁线描，间亦用兰叶描……绝技出南宋以后诸人之上，为有明画第一”。②

### (二)中国汉地密教与道教的关系

密教在中国汉地的流传大致可以分为两个阶段，即杂密阶段和纯密或有组织的经典传播阶段。前者是公元前后自佛教传入起到唐中叶开元三大士来华译出《大日经》等形成独立的中国密教派别为止。日本大正藏卷十八至二十一密教

---

① 《悟真篇》。

② 《中国画家大辞典·戴进》，中国书店版。

部共收密教经典、经轨等共 1420 个，另外未收入密藏的经典还有 60 部。① 这些经典据不少学者研究，绝大部分属于杂密的经典。我国早期传入的密咒大部分属于小乘部派佛教特别是犊子部、法藏部以及大乘佛教初期、中期的经轨，也有少数属于婆罗门教的咒文、赞歌。这些密咒一般用以祈愿、降福、驱魔、除害等，属于巫咒、魔术等的内容。由于佛教是从印度经中亚传入内地的，而中亚一带又是萨满教流行的地区，因此在传入的杂密中或多或少地混杂了一些萨满教的信仰和巫术。我国最早译出的密咒是后汉失译的《佛说安宅神咒经》。东晋帛尸黎密陀罗翻译的《大灌顶神咒经》(12 卷)是我国最早编译的佛教密咒或陀罗尼的汇编。据不完整的统计，自公元 2 世纪上叶至 8 世纪中叶即纯密形成以前，印度次大陆和中亚地区来汉地的僧侣中熟谙密教法术的共计 39 人，约占来华僧侣的一半。这些僧侣虽则在教义上信仰大小乘佛教，但在修持上则各行其是，真是五花八门，各显神通。《高僧传》对这些僧侣的活动都有记载，例如最早来华的安世高谓其"七曜五行之学，风角云物之占，推步盈缩，悉窥其变，兼洞晓医术，妙善针脉"。赞誉竺法护说："护公澄寂，道德渊美，微吟穹谷，枯泉漱水"。称佛图澄是"善诵神咒，能役使鬼物"。求那跋陀罗是"天文书算医方咒术靡不该博"。昙无忏是"明解咒术，所向皆验，西域号为大禅师"。总之，在这些人身上集中表现了印度婆罗门教、中亚萨满教、西藏的本教和中国道教的巫术、魔术、占星术、方术、谶纬、神咒等之大成。

据日本长部和雄教授的统计，在《大正藏经》卷十八至二十一的密教部经轨 593 部中受到道教影响的有 70 部，在这些经典中，我们可以看出，密教和道教交融的情况，道密融合不但表现在教义内容，尤其表现在行事实践方面，大致可以分为三种情况：(一)密教吸收了道教以前先行的思想和信仰，如阴阳五行说，五脏六腑说、谶纬、神仙方术、六甲、巫祝、鬼神等；(二)道、密在传播过程中摄取、融合了对方的教义内容、仪礼、符咒、印法等，采用了对方的术语、文句、咒声等；(三)道、密全盘吸收了对方思想和内容，甚至名称也很雷同。

杂密吸收道教先行思想的经典一般是在佛教入华初期，其中比较典型的是后汉失译的《安宅神咒经》和与此内容酷似的《太上洞渊神咒经》。《安宅神咒经》说："佛告，日月五星，二十八宿，天神龙鬼皆来受教明听。……青龙、白虎、

---

① 见长部和雄著《唐宋密教史论考》第 213 页，日本永田文昌堂，1982。藏外的 60 个是长部教授苦心搜集到的。

朱雀、玄武，岁月劫杀，六甲禁忌。”文中提到的日月五星、二十八宿是我国古代对星宿的分类，也是占星和占卜的对象，“六甲”即“遁甲”，是后汉时流行在民间的方术。青龙、白虎、朱雀、玄武是我国古代神话东西南北四方之神，后来被道教吸收为七宿的星君。又如《佛说灌顶经》中说：青、白、赤、黄、黑五色神侵入人的左右手指、中指和左右脚趾可以使人得病，复可仰请五龙神王给予治愈。这本自早期道教的五行五气可以消除五行邪气的治病思想。《梵天火罗九曜》提到了“春巽夏坤秋乾冬艮”等八卦和十二支的名目。《北半七星护摩经》中提到了道教先行的五行五星思想。从以上的事例中可以看出，佛密进入中国后是十分注意我国古代的民间信仰和神话的。佛教之所以能在世界各地扎下根来，成为世界大宗教，正像婆罗门教徒批评的那样，他们用“甘露软绵绵地灌醉了当地的神明”。

第二类是道密相摄，互为影响的情况，这类经典和经轨无论在道教或密教中都占有绝大的比重。道密相摄不仅表现在教义内容方面，也表现在符咒、礼仪、巫祝、印法、名相、咒声等方面。例如道教的重要经典《灵宝经》《洞渊神咒经》追随借鉴佛教的《法华经》。① 又如不空所撰的《焰罗王供行法次第》中，他把佛教的诸佛诸天和道教的洞天神明按次序作了排列。现将祭祀图抄录如右图所示：②

这是道密习合的典型说明，曲折地反映了封建社会君臣百官的等级制度。

又如在《大药叉女欢喜母并爱子成就法》中所列举的造像法、印契、坛法、咒诅法等都可以看出道教巫祝的模式。

佛教传入中国时一开始就采用了道教的很多名词术语，密教也承袭使用，后来，道教在其建立经典的过程中也大量采用了很多佛教法相，虽然有时对法相有不尽相同的自己解释，例如佛教的三界、三宝、三学、四生、四大、五

---

① 参见镰田茂雄：《中国佛教史》卷一，第 36 页，东京大学出版会，1982。

② 录自宫坂宥胜、金冈秀友等编：《密教的理论与实践》第 111 页，日本春秋出版社，1978。

浊、五阴、六尘、六度、六根、六情等，在《道教义枢》中都被采纳。

此外，道教与密教在咒语发声方面也有互通的情况。例如道教的《太上三洞神咒》中记录雷咒是："唵阿暮伽毗罗左曩摩贺毋捺态摩利发啰摩仔伐罗密多耶吽利吽……"，这无疑是从密教中借用来的，而密教《阿吒薄俱元师大将上佛陀罗尼经》中所记的甘露咒"曩谟阿罗怛那多耶……阿—啰……吒……"中的咒音唵、吽、唎、阿、吒等发声是与道教相通的。

在道、密中全盘照搬对方的思想和行事，甚至连名称也雷同的经轨亦不少。例如道教《洞玄灵宝太真人问疾经》收录的问疾、治耳戒神通、治眼戒神通等十二品的品名都是抄自《维摩经·问疾品》。梁失译的《阿吒婆拘鬼神大将上佛陀罗尼经》提到的九种治愈疾病的符咒以及敕语"急急如律令"都是仿效道教的。另外，与上述经文内容酷似的《龙树五明论》经日本长部和雄教授细致的考证和研究，认为与道教有着"很多道密混淆的经轨和同轨"。在此就不再赘论了。①

在唐朝中晚叶以后，纯密和杂密的界限日益清晰，在纯密金胎两部习的尊胜陀罗尼信仰和在三种悉地破地狱仪轨中都杂有道家的思想和行事。例如在《金刚顶经》五部、五智观法中有道教相应的五行、五脏观法。由于本文作者对金胎两部复杂的密仪没有研究和亲身的体认，只好留待将来再作研究了。

① 参见长部和雄：《龙树五明论小考》，见他所著《唐宋密教史论考》第241页，日本永田文昌堂，1982。

# 东北亚的文化模式

最近一个时期，东北亚经济取得了举世瞩目的成就，日本、韩国的经济发展被作为成功的模式而倍加推崇。人们不禁要问，什么是它们成功的原因，文化背景在经济发展中起了什么作用？关于经济与文化的关系，众说纷纭。社会学创始人孔德认为，文化的进化决定了社会经济的进化。马克思则与之相反，主张经济是基础，文化是上层建筑，经济决定了文化的发展。但是文化对经济也起着巨大的反作用，如果没有文化的推动和维护，现代经济高速度的发展是难以想象的。

中、日、韩同处在亚洲的东北隅，是一衣带水的近邻，两千年来一直有着不可分割的联系。中、日、韩在古代由于共同使用汉字，儒家思想和文化在这里有着广泛的传播，因此常常被称为“汉字文化圈”或“儒学文化圈”。从宗教和文化的覆盖面而言，亚洲最重要的文化传统之一是起源于印度的佛教，但对东北亚而言，是已经中国化了的佛教和产生在中国的儒家文化。在东北亚，儒家的文化有着更为重要的影响，它对这个地区的政治、法律、国家体制的形成起到决定性的作用，并通过这一文化影响了人们的行为方式、价值观念和伦理道德，渗透到社会政治、经济、生活之各个层面。进入中世纪以后，佛教文化与儒家文化虽然不能说完全融合起来，但已形成了混合文化的基础，彼此难解难分。中、日、韩在实现现代化的过程中曾经遇到本土文化和外来文化、东方文化和西方文化之间交融的空间复合，同时也面临着传统和现代错综交叉的时间复合。

一

日本是一个发达的资本主义国家，在政治、经济上我们常常把她划入西方的范畴，但在文化上她明显地是属于东方之列。关于日本文化的基本特征和模式，日本、中国和西方学者有着种种不同的说法，有的是从日本人的民族心理或者从政治组织、社会结构上去分析的，有的则是从历史特点、地理环境或者奉行的宗教哲学去阐明的。我觉得这些分析都有一定道理，但有的分析也有以一概全的缺点。我认为，日本文化最基本的特点是多元性的杂交文化，这可从空间和时间或者从历史和地理两个坐标上加以分析。

从横的方面看，当前的日本文化是东西方各种不同文化进行杂交产生的结果，在日本文化中我们既可以追溯东方文化的痕迹，例如中国儒教的道德规范在日本人的人际关系中迄今还有着深刻的影响；与此同时，也能找到西方政治制度、法律体系、科技文明和经营管理方式等的广泛影响。但是日本采用西方政治、法律和管理制度也不是全盘照搬的。例如"日本模式"的公司机构与管理，是在更大的家庭型国家资本主义框架内形成的资本主义生产方式与传统的儒家家庭观念的混合体。

日本文化对外来文化的吸收是多方位、多层次的，但是他们的摄取又不是全盘照搬或搞"拿来主义"，而是经过认真的鉴别与选择之后，排斥了不符合他们需要或者腐朽落后的东西，然后再将这种外来文化融入他们的传统文化中去。日本文化在吸收外来文化的过程中，它的自我主体一直处于主导地位，这个主体渗透在民族的性格、心理、思维方式、审美情趣乃至风俗习惯之中。日本文化既具有强烈的继承性和连续性，同时又有适应性。总之，由于日本文化融合了其他民族的先进成果，因而它才能成为日本迅速医治战争创伤的灵药，从而使日本在很短时期内就把经济恢复起来并迅速实现了腾飞。

二

韩国虽然处在东方历史文化的背景下，但她实现现代化的过程，走的不是日本或西欧的道路。韩国本来是一个发展中国家，她没有日本或西欧那样可资利用的自然资源、长期积累的资本和发达的科技，也不具备现代工业的基础和西方式的民主管理制度。但她拥有巨大的人力资源，勤劳勇敢的人民和优秀的道德观念以及深厚的文化底蕴，于是决定了她所走的道路是一条完全依赖自己、自力更生的道路，因此在其发展过程中，精神文化因素起着更为重要的作用。

韩国文化是“汉字文化圈”中最接近中国的一部分。中国文化从思想、制度到行为都传入了朝鲜半岛。儒学传入韩国后对韩国的政治、思想、伦理、教育和社会习俗等无疑起过重要的推动作用，韩国古代的礼乐、教育、科学和行政管理制度也都是仿照中国建立的。但是我们细心考察一下，可以看出，韩国的大一统观念或民族思想常常是儒、释、道三者与韩国固有的民族思想、信仰，特别是萨满教相结合的产物。这种思想构成了韩国传统文化，并在当前经济活动中仍然起着重要的作用。

目前韩国正朝着以工业为中心的产业社会化和城市社会化的方向高速度前进，它的文化模式也相应地在起着变化。韩国经济腾飞的文化动因有两个：一是把某些传统文化融入从美国、日本和西欧大量涌入的现代新科学技术之中；二是把国内外思想文化因素、制度文化和行为文化因素有机地结合起来。制度文化因素包括教育制度、科技管理体系、大众信息传播系统等。精神文化因素包括源于儒、释、道、萨满教和基督教等的权威主义、群体意识、家族集团主义、世俗主义(宗教宽容)、入世主义、普世主义等，这些思想文化因素对于韩国广大群众在参加国家经济建设和社会生活中的精神状态、世界观、人生观、价值观、伦理道德观等都有着极为重要的影响。韩国宗教中的很多教义、道德箴言常常演变成为世俗的职业道德，起着促进经济发展的作用。

## 三

中国是一个正在发展中的国家，也是一个多民族、多宗教和多样性文化的国家，她有 56 个民族，8 大块文化区域。但是这些分散的现象都汇成了若干共同点，从而形成了文化的统一性。有人认为儒家大一统的意识形态和共同的礼乐制度是这种统一性的表现，我觉得有一定的道理，儒家在中国文化史上从两汉起到近代一直居于统治地位。

中国文化强调人的问题高于一切，认为人的终极目的或人的价值在于道德人格的自我实现，并从个人道德实现扩及家庭、社会和国家，因此富于人道主义精神，在儒、法、纵横、墨家等哲学思想的熏陶下，形成了中国刚健有为、自强不息的精神。

中国文化自成一个独立系统，但是这个系统的形成也是与在不同时期学习和摄取其他国家、民族的优秀文化分不开的。

20 世纪初中国发生五四运动以后，由于马克思主义的传播等原因，中国产生了簇新的文化，以后经历了东西方文化之争、全盘西化与本位主义之争以及中国社会性质等的论争，为中西结合创造中国特色的新文化提供了宝贵的经验。毛泽东同志总结了中国文化发展的经验，提出了“民族的、科学的和大众的”方针。当前中国实行改革开放，在建设有中国特色的社会主义过程中正在创造有中国特色的社会主义新文化。

随着经济的发展，现在中国在物质文明和精神文明方面都取得了巨大的成就，但无可讳言，在物质文明发展的过程中，一些地方和部门的领导工作中还有忽视精神文明的现象。未来中国的精神文化建设主要表现在“社会主义思想道德集中体现着精神文明建设的性质和方向”，即“应当在全社会认真提倡社会主义、共产主义思想道德。同时要把先进性要求同广泛性要求结合起来，鼓励支持一切有利于国家统一、民族团结、经济发展、社会进步的思想道德”。中国的经验证明，精神文明建设和物质文明建设密切相关，只有两个文明一起抓，才能促进经济的发展和人们思想道德的提高，在任何时候都不能以牺牲精神文明为代价换取经济一时的发展。

# 亚洲价值观与亚太文明和宗教的发展

最近一个时期以来亚洲地区遇到了空前的金融危机。学术界、舆论界对亚洲或东亚的价值观提出了种种评论，有人认为亚洲的价值观已经过时，东亚价值观已经破产；但也有很多人持不同意见，认为亚洲经济的崛起，使人民摆脱了长期苦难的生活，亚太文明的建立和发展，都仰赖于推动亚洲经济发展的社会历史文化背景，特别是亚洲的价值观。本文拟对上述看法提出一些自己的意见，对"亚洲价值观"与亚太地区的文明和宗教发展的关系作一简略的阐述。

## 亚太地区的崛起与亚洲价值观

亚太地区之所以为世界所瞩目，主要是近20年来在经济方面有了持续的、飞跃的发展，出现了"经济的奇迹"。进入20世纪80年代以来，世界经济常处于低增长的阶段，而亚太地区，特别是东亚地区的经济发展一直保持着高速的增长。1981—1990年间整个世界经济的增长速度为3.3%，而东亚地区为7.9%。20世纪90年代整个世界经济的增长速度只有1.1%，而东亚却高达8.3%，约为世界平均水平的7—8倍。东亚的发展，构成了亚太地区发展的最重要的内容。国际货币基金组织最近的报告说，1996年亚太经济合作组织成员经济的平均增长率约为4.9%，1997年可达5%，1998年将达4.8%，而1996年世界其他国家的经济平均增长率约为4%，1997年可达4.3%，1998年将达4.5%，从以上经济增长率看，太平洋沿岸国家的经济将在1997年和1998年超过世界其他地区。亚太经合组织 15 个主要成员国的生产总值约计为 14 万亿美元，占全世界生产总值的 60%，贸易额约占世界贸易总额的 40%。

对于东亚乃至亚太地区出现的奇迹，人们一直在寻求其社会经济和历史文化的原因。有人认为，在冷战结束后，世界冲突的热点由亚太地区转移到了欧洲和非洲，亚太地区暂时取得了相对的稳定，在这种和平有利的时机下，亚太地区很多国家都把中心工作转移到了经济建设方面，并取得了巨大成功；也有人认为，亚太经济的成功取决于亚太安全机制的保证，因而区域内外之间的合作步伐加快，贸易、投资日益增多，并达到了高潮，这些都可说明目前亚太地区已开始进入了和平合作与发展的时代。此外，还有很多人认为，东亚经济的蓬勃发展与它的历史背景、文化传统有着密切的关系，东亚的民族宗教意识或者宗教文化正在作为国家或民族之间关系的准则，日益起着重要的作用，东亚的价值观、伦理思想形成了使东亚社会实现经济繁荣、进步，公民关系和谐以及法律秩序的基础。不少人欢呼东方的传统文化已经觉醒并在新的建设生活中释放着巨大的能量。有些人还把文化在经济社会发展中的作用推向极端。例如缪尔·亨廷顿在其《文明的冲突》一书中写道：未来的世界不是按意识形态或国家划分，而是按文明来划分，文明主要指的是宗教，文明的差异是未来世界发生冲突的根源，西方文明与非西方文明之间的冲突是国际政治的主线，儒教—伊斯兰教将成为非西方文明的主要威胁。亨廷顿这个观点我们当然不能同意，但他确实提出了一个新的观察世界政治、经济的视角，承认文化因素，特别是人的精神上的追求、宗教信仰、价值观等对经济所起的推动作用。

亚太地区的文化是在长期历史过程中形成的一种多民族的、多宗教的、多元的文化。如果用亨廷顿对世界文明分类的标准来区分的话，那应该包括儒教文明、印度文明、日本文明、伊斯兰文明、斯拉夫东正教文明以及拉丁美洲文明等，但我们通常所称的亚太文化，实际上都指的是亚洲文化或者东方文化。其中主要的又是东亚文化，东亚最重要的文化传统是起源于印度，繁荣于中国、日本、韩国的佛教和起源于中国、发展于东亚和东南亚诸国的儒、道，儒、道在长期的历史过程中还形成了混合的基础。什么是东亚文化的文化模式或理性构架？我认为最重要的是：尊重权力、个人服从社会、步调一致、牢固的家庭价值观念、勤劳节俭、重视教育等。新加坡的外交家科埃在《国际先驱论坛报》上列举了在东亚操作的十项策略，人民和国家之间订立社会契约，保证基本需求、维持法治、自力更生，不提倡福利主义，良好的道德环境，反对西方个人主义的极端形式等，这十项操作策略确实是建立在东亚文化价值观特别是儒家的基础上的，因之得到了东亚和东南亚很多国家和人民的呼应。很多学者、政治家都强调儒学(术)对亚洲“四小龙”和中国、新加坡所起的现代影响，例如德国前总理施密特在访问中国之后曾在德国《时代》周刊(1992年5月)上撰文说：“垂直的实力主义倾向、由年龄构成的阶层秩序、学习欲望、节俭主义、家族及集团的团结性等，这些形成了儒教的文化遗产。它完全不同于欧洲及北美的宗教伦理的精神概念，但是它可以产生同等的经济效果。西方世界恐怕不能不承认，深深扎根于与西方世界大不相同的文化中的人们，即便没有欧美人所认为的不可缺少的民主制度，仍然可以幸福地生活。”美国著名作家劳伦斯·哈里森在《纽约时报》(1996年6月2日)著文称：“东亚的成功——包括日本——很重要的原因是‘儒教’(社会精神的特质还包括道教和崇拜祖先的因素)。这些价值观强调了工作、教育、美德、未来和节俭。它使人回想起社会学家马克斯·韦伯引为工业革命动力的新教道德观。”

目前，儒学的价值观念不仅作为一种东亚传统的哲学、宗教的思想而存在，而且也融合于现代的经济和生活之中。例如儒教的道德规范在日本现代企业的生产管理(质量管理、终身雇用制、意见建议制度、官员和企业家的密切合作、国家的推动等)和人际关系中迄今有着极为重要的影响。韩国把儒家的权威主义运用到经济中去，形成了“政府主导型经济”，这对政府在制定经济战略、保护国内外市场，特别是统摄全民族一致追赶和实现现代化的目标方面起着十分重要的动员和组织作用。1997年韩国遇到严重的金融危机和货币贬值，从韩国人民为了协助国家克服种种困难所表现出的献身精神中也可以看出儒学的影响。我国的传统文化对我国现代化企业的组织领导和管理也都起过重要的借鉴作用。例如青岛钢铁公司在党的政策的指导下，坚持“以人为本”的思想，善于发挥我国优秀文化的积极作用，使这个厂迅速崛起，成为先进企业，他们对儒家的“五德”(仁、义、礼、智、信)作了新的、合乎时代需要的解释：“‘仁’施仁政，得民心，在企业中就是要关心爱护职工，全心全意为人民服务；‘义’就是通晓大义，同党中央保持一致，在维护大局的原则下行动；‘礼’就是要讲文明礼貌，培养‘四有’职工，在市场经济中讲道德、讲文明；‘智’就是群策群力，讲究经营策略，善于把握机遇，开拓市场；‘信’就是言而有信，维护企业信誉，真抓实干，赢得群众的信任和支持”，因此儒学起着十分重要的凝聚作用。

当然，也有不少人对儒学的价值观一直抱着怀疑甚至否定的态度。例如在亚洲金融和币值危机的困扰中，国外一些政治家、出版物和权威评论家都对

“亚洲价值观”进行了各种评论和嘲笑，有的暗示这种价值观实际上是造成亚洲出现问题的根源，而不是亚洲很多国家以往取得成功的原因。一位获得诺贝尔经济学奖的教授公开撰文说，亚洲金融风暴标志着儒学价值观的破产。国际货币基金组织总裁康德苏认为，亚洲经济模式已经过时，他说：“东南亚的错误在于将其模式过于理论化，并把它同亚洲的价值观混为一谈。当这种模式失败时，可以看出在储蓄、劳动和社会同情观念上存在的问题。”但也有不少人不同意这种看法，指出：有些舆论对东亚国家的指责超出了合理的逻辑，东亚的奇迹是实实在在的，它们遇到的问题是由种种复杂的因素包括西方的市场模式强加给亚洲政治经济文化体系所引起的，而且目前危机已接近谷底，促使亚洲经济增长的成功因素或条件目前仍存在，因之东亚经济前景仍是美好的，它将继续成为全世界成功发展的样板。例如世界银行副行长约瑟夫·斯蒂格利茨说：“东亚奇迹对亚洲经济的改造是历史上最突出的成就之一。东亚奇迹使得国内生产总值大幅度增长，这体现在千百万亚洲人生活水平的提高上，其中包括寿命延长，健康状况和教育水平提高，千百万人民摆脱贫困，过着充满希望的生活。这些成功是实实在在的。”美国麻省理工学院金融研究中心主任斯科特·帕迪指出：“亚洲将恢复经济增长。亚洲国家是有活力的社会，它们的人民受过良好的教育，勤劳苦干，富有创业精神，并且总是把很大一部分收入积存起来，它们的政府汲取了非常重要的教训，懂得了开放市场和增加金融交易的透明度以吸引和留住外资的必要性。今后，亚洲仍然是世界上经济增长潜力最大的地区。”秦家骢认为，亚洲的价值观是客观存在着的，但要作辩证的考察。他写道：“一个国家价值观的形成同它的历史有着密不可分的关系。最近罗珀—斯塔奇公司进行了一次调查，该机构在 35 个国家向 3.5 万人征询了意见。调查结果表明，亚洲国家有着共同的价值观。比如在菲律宾，该公司发现，尊敬先人被认为是价值观中最重要的一条，当然，孝道是孔子传授的最佳美德。很难想象西方国家会把这一条放在第一位。”又说：“现在或许是把亚洲价值观所包括的各种品质认真归类的最好时机……亚洲价值观也像其他价值观一样有着它的优点和弱点。在经济发展的不同阶段，一些价值观可能比另一些价值观更有用，所需要的是要用那些能够提供帮助的价值观，而摆脱那些阻碍发展的价值观，倒洗澡水时把孩子也倒掉是没有道理的。”我觉得秦家骢对亚洲价值观的评价是符合历史的、中肯的。我们对待任何文化遗产必须采取科学的、历史的和批判的评价。

## 东西方文明正在亚太地区汇合

随着当代东西方交通、经济频繁的接触，信息的高速传递，东西方科技、思想、文化的交流、融合已蔚为当今时代的总趋势，亚太地区由于其所处的独特的地理环境、历史条件和经济的发展，特别是大量的东方移民向北美环太平洋地带和大洋洲迁移，因而显得尤为突出。东西方文明正在亚太地区汇合，并形成为一种新的世界文明。当今时代是以网络、电脑、数码、光纤、多媒体为主要标志的“信息时代”，“信息时代”也可能为西方文明继续领先世界提供一个强有力的支点，并为其有效迎接“亚太世纪”的挑战创造了有利条件。东方现在正在追求“工业社会”的大机器、大生产、大体制等目标，而西方正向智能机器、质量生产、精干体制等“后工业社会”或“前信息社会”目标进发。据统计，目前亚洲国家对“信息系统”的年投入只有美国及西欧年投入的1/3。亚太地区虽是世界上电信发展最快而且变化最大的地区，但目前的电话平均密度每百人只有5条主线，而全世界的电话平均密度却为每百人12条主线，因此可以说，亚太地区信息科技方面还远远落后于西方。为了迎接一场人类重大的变化，东方必须迎头跟上西方，向西方学习，否则东方永远摆脱不了“亦步亦趋，被动跟随”的局面。

东西方精神观念的交流是东西方文明交流的主体组成部分，有着超乎寻常的意义。东方的宗教哲学思想远在古代就已传入西方，在近代大规模传入西方后，对西方的宗教、哲学、科学、文艺、医学、体育等方面都产生过重要影响。印度教、佛教和伊斯兰教等的信仰、人生哲学、价值观、伦理道德观、思想方式、气功和瑜伽术等几乎都被逐渐融入西方社会生活之中。印度乃至东方最古老的宗教哲学文献奥义书在1801—1802年被译成拉丁文，其中一些哲学思想远在古代就通过新柏拉图派创始人普罗提诺(公元204—274)、奥古斯丁(354—430)传入西方，影响了当时的基督教。印度佛教大概在基督教诞生以前就传入巴勒斯坦和希腊本土，基督教中的轮回、隐遁、灵智等思想无疑受到过佛教的影响。基督教的不少仪式直接来自东方宗教。因此，黑格尔说：“欧洲人的宗教——属于超越部分，来自一个很远的渊源，从东方特别是叙利亚；但是属于此地的目前的科学与艺术——凡使一切生活满足，使生活优美的——我们皆直接、间接得自希腊。”①叔本华也说：“所有基督教中真实的东西，均可

① 加尔特著，贺麟译：《黑格尔》第7页。

断定为和婆罗门教、佛教一样，这好似从遥远的热带原野所吹来的花香，在《新约全书》中，竟可以看出印度圣贤的痕迹。”① 1896 年印度著名的宗教改革家辨喜在美国芝加哥召开的世界宗教大会上发表了关于东方宗教的演讲，从此引起整个西方宗教界和学术界对东方宗教、哲学的重视。印度教和佛教的哲理对近现代西方的基督教、新兴宗教和某些哲学、科学派别和人物都有过直接的影响。例如，早期生物进化论者拉马克、达尔文，唯意志论者叔本华，实用主义者杜威，现象学派的雅斯贝尔斯，人格主义者布莱特曼等，都乞灵和求助于东方的宗教和哲学。雅斯贝尔斯在论证他的哲学本体“无所不包者”时曾借鉴印度教“梵我同一”的理论。他写道：“对我成为对象的万物，我觉得是从‘无所不包者’而来的，而我作为主体也是从那个‘无所不包者’而来的。对象对我来说是一个确定的存在……因此‘无所不包者’是仅仅——在客观现实与视野中——宣示自己的那个东西，但它从来不能成为对象和视野。”②他对“无所不包者”的描述和印度教中对最高实体梵我的描述是同样的。布莱特曼认为，印度毗湿奴派的理论家罗摩奴阇是人格主义历史经验的“显著”例子。叔本华在论述其哲学思想和印度宗教哲学的关系时曾说：“我可以肯定……组成《奥义书》的每一个别的、摘出的词句，都可以作为从我所要传达的思想中所引申出来的结论看；可是绝不能反过来说，在那儿已经可以找到我这里的思想。”③现代量子波理论物理学奠基人薛定谔在解释量子理论时也求助于中国的道教宇宙论、印度教吠檀多不二论。他在阐述作为物质基本结构的量子与无垠宇宙的关系时说：“我们所感知的多样性仅仅是一种表面现象，它们并非实在。”“吠檀多哲学用水晶石来比喻这一原理：看上去似乎有千百个小图像，实际上只是反映出同一物。”④

目前值得注意的是，基督教的某些派别已直接把中国的气功、印度瑜伽融合到他们的修持体系中。佛教的禅宗正在和西方心理学说相汇合。1980 年美国兴起的印度教改良派拉杰希尼教团的思想家们以吠檀多“梵我同一”的理论为基础，力图融汇强调个性解放的弗洛伊德主义和存在主义等西方现代思想，另外，印度甘地的“非暴力主义”和“坚持真理”也常常被美国黑人民权运动用作反

---

① 叔本华：《作为意志和表象的世界》。

② 雅斯贝尔斯：《哲学导论》第 30 页，德文本。

③ 叔本华前引书。

④ 薛定谔：《 1934 年在都柏林大学的讲演录》。

对种族主义的政治武器。

东方宗教在西方的兴起和盛行，东西方宗教、哲学思想的相互融汇，有着深刻的社会和历史原因。自 20 世纪下半叶以来，西方科学技术突飞猛进，物质生产力的提高带来了社会的空前繁荣，但是物质生活的提高，却使人们精神上滋生了困惑。在资本主义市场经济激烈竞争下，有人为了追求无限的利润，竟然丧失了理智和道德，社会在一定程度上陷入了病态；另外有一些人在东西方冷战结束后，感到社会矛盾重重，危机四伏，因而对固有的信仰——民族主义、社会改良主义和社会主义等——都失去了信心。也有人认为，科学虽然日益昌明，但未能解决一切问题，特别是社会贫困和苦难的问题。随着科学的昌盛，人的理性逐渐占了上风，但理性以外的非理性世界仍然是一个谜，有待探索。由于宗教长期以来一直在人民思想和社会中根深蒂固，而科学只是“变化的催化剂”，所以只有当变化真正发生时，宗教习俗或信仰才能有所变化。与此同时，人们对基督教和西方文化的种种没落现象也感到失望，因之憧憬东方古老的文明，力图从东方宗教哲学思想中寻求精神上的支撑和慰藉。他们认为东方宗教强调人的内在精神的自我解脱，可以启迪人的直觉智慧，抑制人的各种世俗欲望，亲证人与神、人与自然和人与社会的和谐统一，从而达到“普遍之爱”理想社会的实现。当然，这是对东方宗教哲学的一种奢望。

## 亚太地区宗教的发展

21 世纪即将来到，关于 21 世纪是不是“亚太世纪”或“太平洋文明时代”，目前众说纷纭，莫衷一是。特别是经历 1997 年东南亚货币危机或金融风暴后，不少人更是抱着怀疑的态度，甚至宣称，“亚洲的模式已过时”。不管人们对未来的世纪作出肯定或否定的回答，但有一点是共同的，即来自亚太的挑战是一个不可否定的事实，亚太地区是世界政治经济格局多极化趋势中最重要的地区，无论是亚太地区内国家或是世界其他地区的国家都要迎接这场挑战！因之，目前世界上几个大国都把目光投向这个地区，把触角伸入这个地区，抛出了种种为它们利益服务的战略或措施。例如最近一个时期来，美国愈来愈重视对亚太地区的政策。美国负责东亚和太平洋事务的前助理国务卿洛德宣称：“对美国来说，世界上没有什么地区比东亚和太平洋地区更为重要。”克林顿上台后曾提出建立一个“新太平洋共同体”的构想，这个共同体有两根支柱：进一步开放经济和扩大贸易，继续保持美国在亚洲的军事存在，支持这个地区的民主和人权。日本近年来在经济、外交和文化上一直很明显地面向亚洲，力图扭转其从明治维新以来长期实行的“脱亚入欧”为“脱欧入亚”或“脱美入亚”的政策。据日本野村综合研究所的报告，70%的日本海外投资目前在亚洲，亚洲已经取代美国成为日本最大的贸易伙伴，日本制造业在亚洲的直接投资现在已超过了在北美的投资，日本在二战期间建立的所谓“大东亚共荣圈”的观念现在又以新的姿态向人们展开，极端民族主义的情绪在社会各个方面都有所显露。俄罗斯经过多年努力后，从1998年起成为亚太经合组织的成员，俄国正在把外交重心从欧洲转移到中国、日本等亚洲国家，这正如该国当时的外交部长普里马科夫在加入亚太经合组织时所说：“俄罗斯是地跨欧亚两大洲的国家，俄罗斯的双头鹰，一只眼睛望着东方，另一只眼睛望着西方”，俄国加入亚太经合组织的目的明显地是要取得在亚太地区的发言权和扩大其在亚太地区的市场，开发西伯利亚区。中国在这个地区愈来愈重要的地位和作用自不待言。因此从国际战略出发，我们必须对亚太地区在冷战以后所形成的政治、经济格局，亚太地区在当前国际政治经济乃至社会文化中的作用进行全面的调查了解。

以苏美为首的两大阵营相互对立的冷战时代结束后，国际关系的基本要素发生了重要的变化，在世界范围内，激进的民族主义正在抬头，部族和宗教的冲突呈现上升的趋势，因此宗教愈来愈成为国际和国内争端中十分敏感的问题，受到人们的关注。不少学者为此提出了种种解释。例如亨廷顿以“与世俗性意识形态截然不同”的各种宗教来划分世界文明的类型，并把宗教看成是影响国际关系的“一种中心势力，或许就是唯一的中心势力”。当然，我们不能同意亨廷顿的观点，但宗教因素在当前国际和民族争端中作用的增多确是事实。

关于宗教在当前亚太地区值得注意的动向，首先是亚太地区的传统宗教包括世界性宗教——佛教、伊斯兰教、基督教以及地区性宗教——印度教、神道教、锡克教、耆那教、琐罗亚斯德教等都在全面地复兴。在冷战时期长期受压抑的蒙古和西伯利亚地区的喇嘛教等也正在复苏，这些复兴不仅表现在教徒的绝对数和相对数的增加、教派组织层出不穷，而且也表现在宗教的思想和信仰日益深入人心，各种形式的原教旨主义应时而起。据1993年不完整的统计，亚太地区的佛教徒共有30124万，约占世界佛教徒总数的99.4%，分布在53个国家和地区；伊斯兰教徒共有61286.8万，约占世界伊斯兰教徒总数的65.5%，分布在66个国家和地区；基督教徒共有38879.68万，约占世界总数的22.1%，分布在73个国家和地区；印度教徒有70079.8万，占世界总数的99.3%，分布在41个国家和地区。其次是民族、宗教冲突日益激烈，甚至诉诸武力。据华盛顿防务情报研究所的统计，在当前世界上发生的27次以民族和宗教为诱因的军事冲突中，亚太有些地区一直是热点，其中重要的有印巴在克什米尔的争端，斯里兰卡信仰佛教的僧伽罗人与信仰印度教的泰米尔人的武装冲突，中亚地区很多穆斯林国家和西亚阿富汗伊斯兰教内部派别之间的斗争等。再次，由于亚太地区社会和民族矛盾日益加剧、尖锐，反映各社会集团利益的新宗教也不断涌现，这些新宗教千姿百态，规模不一。有的从传统的宗教中杀出，强调个性化，力图与当前亚太社会的政治、法律、道德或新的科技相呼应，致力于和平、环保、社会公益、妇幼和修身养性等事业。它们一般注重宗教教义的研修而不重视宗教仪式、戒律的遵行；另一类与上述不同，有着强烈的反传统、反时代、反社会、反道德的倾向，信仰狂热，欺骗性和破坏性极大，最典型的如日本出现的奥姆真理教等。第四，由于东西方之间经济、交通频繁的接触，信息的高速传递，各宗教之间加强宣传和人员的交流，因而促使各宗教之间信仰的融合正在增强，出现了普世化或国际化的特点。这不仅表现在产生了很多新的普世或联合的宗教，而且也表现在传统宗教内部派别之间的联合，出现了很多普世性的国际组织，如佛教建立了世界佛教徒联谊会，印度教建立了世界印度教徒大会，伊斯兰教建立了世界穆斯林大会、世界伊斯兰联盟，耆那教、锡克教也有它们的国际联合组织。这些国际组织在国际政治和社会运动中常常起着十分重要的组织和宣传作用。最后是宗教正在日趋世俗化、政治化。不少宗教为了迎合时代的需要，提出了世俗化、大众化和现代化的口号，并与政治结下了不解之缘。目前亚太地区有不少国家在宪法中公开宣布某一宗教为国教，或者规定国家的宗教性质和意识形态，有些国家还把宗教的教义内容作为国家的立法、司法的指导原则或政策的依据，有的政党、社会团体高举宗教的旗帜，以实现宗教的目标相号召，很多宗教政党不是以宣教而是以参政、议政为主，有的虽标榜世俗主义，但与宗教有着千丝万缕的联系，他们的选民绝大多数是同一宗教的信徒或者同一种姓或同一社会职业集团，因此，宗教在国家政治生活中有着重要的作用。从以上亚太宗教发展的几个趋势中可以看出，宗教对广大地区的人民群众仍然有着极为重要的影响。

# 黄心川主要著作目录

### (一)著作

1.《印度哲学史》，北京：商务印书馆，1989。

2.《印度近现代哲学》，北京：商务印书馆，1989。

3.《玄奘研究》，西安：陕西师范大学出版社，1999。

4.《大梵与自我：商羯罗研究》，北京：宗教文化出版社，2000。

5.《东方佛教论》，北京：中国社会科学出版社，2002。

6.《印度哲学通史》，郑州：大象出版社，2014。

7.《古代印度哲学与东方文化研究》，北京：中国社会科学出版社，2018。

### (二)主编或合作主编

1.《东方著名哲学家评传》(八卷本)，济南，山东人民出版社，1999。

2.《玄奘研究文集》，郑州，中州古籍出版社，1995。

3.《宗教大辞典》(与任继愈、郑建业、赵复三合编)，上海，上海辞书出版社，1998。

4.《南亚大词典》，成都：四川人民出版社，1998。

5.《现代东方哲学》，杭州：浙江人民出版社，1988。

6. 《世界十大宗教》，北京：东方出版社，1988。

7.《当代亚太宗教》，杭州：浙江人民出版社，1999。

### (三)代表性论文

1. 《试论龙树的中观哲学》，载《南亚研究》，1981 年第 3 期、第 4 期。

2.《. 印度的“吠陀经”》，载《宗教研究》，1982 年第 2 期。

3，《古代印度、希腊原子论的比较观》(与宫静合作)，载《哲学研究》，1982 年第 3 期。

4.《印度的胜论哲学及其在中国的影响》，载《外国哲学》，1983 年第 3 期。

5.《印度数论哲学述评》，载《南亚研究》，1983 年第 3 期、第 4 期。

6.《中国传统文化与东亚文化模式》，载《当代亚太》，1996 年第 5 期。

7.《亚太地区宗教的起源、传播、现状及其发展趋向》，载《亚太研究》1992

年第 3 期。

8.《中国宗教与中国传统文化》，载《宗教研究》，1992 年第 1 期。

9.《中韩文化的共同特征及其相异性》，载《当代韩国》，1995 年第 3 期。

10.《隋唐时期中国与朝鲜佛教的交流——新罗来华佛教僧侣考》，《隋唐佛教研究论文集》，三秦出版社，1990 年。

11.《亚洲价值观与亚太文明和宗教的发展》，载《当代亚太》，1998 年第 11 期。